BASTEI
LÜBBE

»Das postkommunistische Vakuum läßt Rußland von einer Krise in die nächste stürzen, das Tempo des Sturzes scheint sich zu beschleunigen ... Und nach Ansicht und dem Willen vieler ... ist das Ziel dieses Falles die Vergangenheit. Rußland stürzt in den Abgrund der eigenen Geschichte.«

Andreas Razumovsky[1]

Gerhard Konzelmann studierte an den Universitäten Tübingen und Besançon. 1956 begann er, für den Rundfunk zu arbeiten. Nach verschiedenen Aufgaben im Rahmen der ARD wurde er 1968 Nahostspezialist des Deutschen Fernsehens. Seit 1989 ist er Abteilungsleiter im Fernsehen des Süddeutschen Rundfunks Stuttgart.

Gerhard Konzelmann DIE WOLGA

Schicksalsstrom der Völker

BASTEI LÜBBE

BASTEI-LÜBBE-TASCHENBUCH
Band 64138

Lizenzausgabe im Gustav Lübbe Verlag GmbH, Bergisch Gladbach
Printed in Germany, Januar 1996
Einbandgestaltung: Jutta Schneider, Frankfurt/Main
Titelfoto: Jürgens Ost und Europa Foto, Berlin
Druck und Bindung: Ebner Ulm
ISBN 3-404-64138-8

Inhalt

Die Zeit der Wirren geht von der Wolga aus

Die befohlene Öffnung nach Westen macht vor dem Fluss nicht halt

Vorrevolutionäres Spannungsfeld

Die Antagonisten

Die Wolgaregion als »Bauern- und Arbeiterparadies«

Der Grosse Vaterländische Krieg und seine Folgen

Der mühsame Abschied vom Sowjetsystem

ANHANG

Einleitung

»Wolga, Wolga, teuere Mutter Wolga. Rußlands breiter Strom...« So beginnt das Volksepos, das von Stenka Rasin erzählt, dem Rebellen, der um das Jahr 1670 die herrschende Schicht in Moskau vernichten wollte. An der Wolga entstand die Kraft, die dem Volk Gerechtigkeit zu schaffen versprach. Vom längsten Fluß Europas aus wurde Rußland immer wieder aufs neue geboren. Die Wolga bot auch Rettung vor Invasionen aus dem Westen. Als Napoleon Moskau besetzt hielt, organisierte sich der Widerstand gegen die Franzosen an der Wolga. In Kasan ist heute die Meinung zu hören, es seien die Tataren von der Wolga gewesen, die weite Teile Rußlands vor Hitlers Zugriff gerettet hätten. An der Wolga, in den Ruinen von Stalingrad, vollzog sich die Wende des Zweiten Weltkriegs. Der Name Wolga ist für das russische Volk zum Mythos geworden.

Welche Gefühle er auslöst, wird deutlich in Jewgenij Jewtuschenkos Gedicht »Die Wolga« (s. S. 15); es ist Zeugnis dafür, daß die Russen den Fluß als ihr Eigentum betrachten. Seit Beginn der neunziger Jahre ist dieser Besitzanspruch freilich umstritten. Mit dem Zerfall der Sowjetunion haben auch andere Völker und neuartige politische Gruppierungen ihre Interessen angemeldet.

Zum Jahreswechsel 1992/93 zogen viertausend moslemische Tataren zum Sitz der Regierung in Kasan. »Alahu akbar!« war ihr Ruf: »Gott ist über allem!« Das Freitagsgebet war soeben zu Ende gegangen. Viele dieser Männer hatten in der Moschee die Predigt des Geistlichen gehört, in der er sagte, daß die Zeit der Herrschaft der Russen an der Wolga zu Ende gehen müsse: nach fast viereinhalb Jahrhunderten. Begeisterung erfaßte die Menge. Die grüne Fahne des Islam flatterte über ihren Köpfen. Angeführt wurden sie von vier jungen Männern auf schwarzen Pferden – und von einer Frau.

Fauziah Bairamowa ist die Führerin der islamisch-nationalistischen Partei Ettefagh, was »Einheit« bedeutet. Frau Bairamowa trägt einen langen Ledermantel und ein weißes Kopftuch. Sie wird vom Mufti von Kasan als Haupt der Tatarenbewegung vorgestellt. Sobald der Mufti schweigt, redet sie in der Sprache der Tataren: »Ich schwöre bei Allah, daß ich mir keine Stunde Ruhe gönne, bis unser Volk vom russischen Joch befreit ist. Wenn nötig, werden wir die Freiheit unseres Volkes mit Waffen verteidigen![1]

Fauziah Bairamowa kümmert es wenig, daß die Hälfte der Bewohner der Tatarischen Autonomen Republik Russen sind. Ihrer Meinung nach haben sie an der mittleren Wolga keine Zukunft mehr. Frau Bairamowa wäre sogar bereit, für die Auslöschung des russischen Einflusses einen Bürgerkrieg in Kauf zu nehmen. Und das sind keine leeren Worte.

Als sich im Oktober 1991 tatarische Demonstranten nicht mehr mit Slogans hatten begnügen wollen und sich anschickten, das Parlamentsgebäude zu stürmen, da reagierte die russisch kontrollierte Miliz rasch. Sie schoß in die Menge. Die Zahl der Opfer ist bis heute nicht bekannt. Aber die Toten nützen der tatarischen Bewegung: Sie sind Märtyrer, die Rache und die völlige Unabhängigkeit eines Tatarenstaates fordern. »Das Herz der Wolga gehört den Tataren«, ist weithin zum politischen Programm geworden. Es bedeutet im Klartext jedoch nichts anderes, als das Herrschaftsgebiet Rußlands auf seine frühe Geschichte zu reduzieren.

Das Parlament in Kasan hat bereits am 30. August 1990 seine Souveränität erklärt. Bei einem Referendum im März 1992 stimmten mehr als sechzig Prozent derer, die ihren Wahlzettel abgaben – und das waren vier Fünftel der Einwohner – für die volle Unabhängigkeit von Rußland. Das russische Verfassungsgericht hatte diese Volksabstimmung zwar vorsichtshalber im voraus für verfassungswidrig erklärt, konnte aber nicht verhindern, daß Tatarstan am 21. März 1992 einseitig seine Unabhängigkeit ausrief.[2]

Die Tataren haben – neben den Tschetschen – als einziges Volk den Föderationsvertrag mit der GUS nicht akzeptiert. Bei einem Besuch in der Bundesrepublik auf diese Tatsache hin angesprochen, antwortete Ministerpräsident Tschernomyrdin, die Bayern hätten das Grundgesetz schließlich auch nie unterzeichnet.

Das Scherzen dürfte ihm spätestens beim Studium der Wahlergebnisse vom Dezember 1993 vergangen sein: Nur sieben Prozent aller wahlberechtigten Tataren sind zu den Urnen gegangen, und ein hoher Prozentsatz der gültigen Stimmen ist gegen die vom russischen Präsidenten Boris Jelzin vorgeschlagene Verfassung abgegeben worden. Deutlicher als alle Erklärungen und Demonstrationen zuvor zeigen diese Zahlen, daß hier eine Ordnung zerfällt und neue Strukturen entstehen.[3] Hoffentlich auf friedlichem Weg!

Im Wolgagebiet haben stets zahlreiche Völker und Stämme neben- und miteinander gelebt. Über Herrschaftsansprüche und Unterdrückung hinweg haben wirtschaftliche Interessen für längere Zeiträume zumindest Koexistenz ermöglicht. Trotz lautstarker religiöser Propaganda und bewaffneter Auseinandersetzungen hat es über weite Strecken sogar Toleranz gegeben.

Darauf bauen gemäßigte Politiker in Moskau wie in Kasan. Im Gegensatz zu den Extremisten der verschiedenen Lager sind sie sich darüber im klaren, daß es nur ein Miteinander geben darf. Wer immer im Kreml zu Moskau regiert – er kann nicht zulassen, daß die mittlere Wolga sich von Rußland lossagt oder radikalen Kräften in die Hände fällt.

Dennoch ist diese Gefahr nicht mehr zu übersehen. Wladimir Shirinowskij, der Vorsitzende der sogenannten Liberaldemokratischen Partei Rußlands und Wahlsieger von 1993, will das Rad der Geschichte zurückdrehen. Er wünscht sich, daß sich die Nachfahren der Turkvölker und der Mongolen gegenseitig umbringen mögen, damit Rußland seine Vorherrschaft an der Wolga und im Kaukasus wieder ausüben könne. Ein autonomes Tatarstan ist für ihn indiskutabel. Die Wolga soll »mitten durch Rußland«, im Herzen eines großen Reiches, fließen und russisch bleiben. Vergeblich wäre sonst – und so denken viele Russen – der jahrhundertelange Kampf gewesen, um die Völker und Stämme zu unterwerfen, die in das Wolgabecken eingeströmt sind und sich im Einzugsbereich des mächtigen Stroms niedergelassen haben.

Bis vor einer Generation lag die Stadt Kasan, die den Tataren heilig ist, an der Kasanka. Die Wolga war selbst von den Türmen aus kaum zu erkennen. Heute ist Kasan eng mit der Wolga verbunden. Behäbig und langsam strömt der Fluß in Sichtweite der Stadt vorbei. Der »Damm von Kujbyschew« hat die Landschaft verändert. Die Wolga, die früher bei Kasan nicht einmal einen Kilometer breit war, dehnt sich jetzt zwischen den Ufern über sechs Kilometer aus. Dem gewaltigen Stausee haben die Bewohner der Region die Bezeichnung »Meer« gegeben. Kasan liegt für die einen am »Meer von Kujbyschew«, für die anderen am »Meer von Samara«, wie die Stadt seit 1990 wieder heißt, an der Kasanka oder an der Wolga. Und in ihren Mauern leben Angehörige von mindestens einem Dutzend Völkern.

Tataren und Russen, aber auch Kosaken und Wolgadeutschen gilt die Wolga als Symbol der eigenen Identität.

Wir Russen alle sind erzogen
von ihr, der Wolga. Tief und rein
sind ihre langsam-schweren Wogen,
gewichtig wie das Felsgestein.

Geliebt von Rußland ist sie ewig.
Es sehnen sich nach ihrer Näh
Kuban und Dnepr, Lena, Newa
und Angara und Jenissej…

O daß im Grame wie im Glücke
ich singend so mein Dasein künd,
als ob auf hohem Uferrücken
ich immer vor der Wolga stünd!

Ich werd' mich schlagen, mag versagen,
doch zwänge nichts mich in die Knie.
Werd Schrammen, Beulen, Wunden tragen;
doch klagen und verzagen: nie!

Denn leben werd ich jugendtoll ja,
werd brausen, blühen, sturmumstiebt,
solang es auf der Welt die Wolga,
solang es dich, mein Rußland, gibt.

Jewgeni Jewtuschenko,
aus »Die Wolga«[4]

Finnischer Meerbusen
Ladoga-See
Newa
Swir
Onega-See
EST-LAND
Narva
St. Petersburg (Leningrad)
Wolchow
Marien-Kanal
Weißer See
Belosersk
Scheksna
Suchona
Peipus-see
Nowgorod
Ilmensee
Msta
Pskow
Wologda
Rybinsker Stausee
LETT-LAND
Rybinsk
Galitsch
Kostroma
Kostroma
HÖHE
Seliger See
WALDAI-
Lowat
Uglitsch
Jaroslawl
Twer (Kalinin)
Pljos
Rostrow
Iwanowo
Wolga
West. Dwina
Rshew
Moskwa-Wolga-Kanal
Sergijew/Sagorsk
Susdal
Wladimir
Kljasma
Düna
Witebsk
Moskau
WEISS-RUSSLAND
Smolensk
Wjasma
Moskwa
Murom
Oka
Minsk
Beresina
Dnepr
Ugra
Kolomna
Oka
Kaluga
Rjasan
Tula
R U S
Gomel
Orel
Oka
Don
Zna
Pripjet
Desna
Tschernobyl
Kursk
Woronesh
Kiew
Dnepr
Woronesh
Chopér
Charkow
Bug
Don
MOLDAWIEN
Dnepropetrowsk
Donezk
Wolgograd (Stalingrad; Zari
Kalatsch
UKRAINE
Saporoshje
Donez
Dnestr
Bug
Odessa
Don
Rostrow
Wolgodons
Cherson
Sarkel
Dnepr
Don
Asow
SCHWARZES MEER
ASOWSCHES MEER
KRIM

Kama
Wjatka
Kirow
Tschepsa
Perm
Serebrjanka
Tschussowaja
Tschussowoj
Tura
Tagil
Jekaterinburg
(Swerdlowsk)
Tscheljabinsk
Wjatka
Kama
Belaja
Ufa
Ufa
Kasanka
Kasan
Tschistopol
Bulgar
Ik
Tujmasy
Swijaga
Belaja
Sysran
Togliatti
Samara
Samara
(Kujbyschew)
L A N D
U R A L
Ural
Sakmara
Tobol
Gr. Irgis
Ural
Orenburg
Uralsk
Woga-Ural-Kanal
Gr. Usen
Kl. Usen
K A S A C H S T A N
Ural
KASPISCHE SENKE
Gurjew
-28
KASPISCHES MEER
heutige Grenzen
Kanäle
0
200
km
Karte: Alfred Skowronski

Das Rätsel der Khasaren

Die Wolga floß mitten durch ihr Reich, das sich zwischen dem Schwarzen Meer und dem Kaspischen Meer erstreckte. Das Land um das Delta des großen Flusses bot Zuflucht, wenn islamische Heere mit Wucht über den Paß von Dariel, der heute Kasbek-Paß genannt wird, aus dem Kaukasusgebirge hervorbrachen. Auf dem Landstreifen zwischen den Flußarmen sammelte das Volk der Khasaren Kraft, um dann die arabischen Reiter über die Küstenstraße, die am Kaspischen Meer entlangführt, wieder nach Süden zurückzutreiben.[1] Die gepanzerten Krieger aus dem Wolgastaat stießen um das Jahr 730 unserer Zeit weit in das Reich der islamischen Kalifen vor, doch gelang es den Khasaren nie, den Moslems in der Region des Kaukasus eine entscheidende Niederlage beizubringen. Die Auseinandersetzung um den Besitz des mächtigen Gebirges wurde zum »Abnützungskrieg«, der Kräfte verzehrte.

Das jahrelange Geplänkel im Bergland war dennoch von geschichtlicher Bedeutung: Es hat das Vordringen des Islam nach Norden verhindert. Vereitelt wurde damit die Islamisierung der Region um Wolga, Don, Moskwa und Dnepr. Kalif Marwan II., der 744 in Bagdad die Macht übernahm, sah ein, daß das kriegerische Khasarenvolk nicht zu unterwerfen war. Die Stämme an der Wolga wollten sich nicht zum Islam bekehren lassen. Aus politischer Klugheit bot der Kalif einen Verständigungsfrieden an.

Etwa zur selben Zeit scheiterte der arabische Angriff, der von der Iberischen Halbinsel aus die Flüsse Loire und Seine zum Ziel hatte, an der Entschlossenheit Karl Martells. Die Franken zwangen die Heerspitzen der Moslems durch erfolgreichen Widerstand bei Tours und Poitiers 732 zum Rückzug und hielten so den Islam von Westeuropa fern. Eine Zangenbewegung islamischer Heere von Südosten und Südwesten in Richtung Zentraleuropa war damit vereitelt.[2]

Der Kleinkrieg im Kaukasus bewirkte auch, daß die Flanken des Byzantinischen Reiches vor den Attacken der Reiterei des Kalifen geschützt waren. Konstantinopel zu erobern war eines der Hauptanliegen aller Herrscher in Bagdad. Aussichtsreich erschien ihnen eine Offensive, deren Stoßrichtung das Schwarze Meer im Norden umging. Nicht von See her, sondern über das Festland sollte Konstantinopel gestürmt werden. Doch das Reich der Khasaren bildete einen Puffer, der von den Arabern nicht überwunden werden konnte.

Geheimnisvoll ist die Herkunft dieses Volkes. Seine ursprüngliche Heimat dürfte sich in den westlichen Randgebieten Chinas befunden haben. Das Khasarenvolk muß während der ersten Jahrhunderte unserer Zeitrechnung von chinesischen Sippen, die ihr Siedlungsland vergrößern wollten, vertrieben worden sein. Ein Ausweichen war aber nur nach Westen möglich: hinein in die zentralasiatischen Steppen. So begaben sich einige zehntausend Khasaren zusammen mit Angehörigen anderer Großfamilien auf Wanderschaft. Diese Turkstämme waren miteinander verwandt und hatten ähnliche Idiome. Möglich ist, daß in der Sprache der Tschuwaschen, die heute in der Region von Tscheboksary an der Wolga leben, Struktur und Klang der Ausdrucksweise der Khasaren von einst nahezu identisch erhalten geblieben sind.

Spekulationen über den Namen des Volkes besagen, er stamme von der türkischen Wortwurzel *gaz* (wandern) ab. Der Name könnte also andeuten, daß es sich um ein Wandervolk, um Nomaden, handelte. Vom Namen der Khasaren wiederum, so besagen andere Vermutungen, sei der Begriff »Kosak« abgeleitet, der auf einen »freien Krieger« angewandt wurde. Dies könnte auf den kriegerischen Charakter der Khasaren hindeuten, den bereits Chroniken des 6. Jahrhunderts n. Chr. erwähnen.

Allerdings gehört manches, was diese frühen Textquellen festhalten, in den Bereich der Legende. So wird erzählt, der persische König habe für den Thronsaal seines Palastes drei goldene, mit Edelsteinen besetzte Sessel anfertigen lassen. Sie seien dem Kaiser von Byzanz, dem Kaiser von China und dem Mächtigsten der Mächtigen aller Sippen der Khasaren vorbehalten gewesen. Doch sie blieben immer leer, denn keiner der drei Herrscher hat den persischen König je besucht. Diese Legende, die aus dem 7. Jahrhundert überliefert ist, soll wohl ausdrücken, daß die Regierenden von Byzanz, China und der Khasaren als gleichberechtigt galten – und als gleichermaßen geschätzte Partner des mächtigen Perserreiches angesehen wurden. Da hier weder vom Kalifen der Moslems noch vom Islam die Rede ist, muß sie in einer Zeit entstanden sein, zu der sich der Machtbereich des Islam noch auf die Arabische Halbinsel beschränkte und Persien stark, vor allem aber unabhängig war: also vor der Mitte des 7. Jahrhunderts. Dann verlor das Weltreich seine Selbständigkeit, und die Heere des Islam ritten aus, um für die Nachfolger des Propheten die damals bekannten Regionen der Erde zu erobern.

Es waren die Khasaren, die im Kaukasus den Ansturm nach Norden aufhielten. Im Verlauf der Jahrzehnte müssen die Kämpfe um das Gebirge an Heftigkeit nachgelassen haben. Es kam eine Zeit, in der die Moslemherrscher friedlichen Kontakt zu den Khasaren suchten. Diese Entwicklung ist in der Beschreibung einer Reise nachzulesen, die ein Araber namens Ahmed Ibn Fadlan Ibn al-Abbas im Auftrag des Kalifen Muqtadir in den Jahren 921 und 922 unternommen hatte.[3] Die islamische Hauptstadt Bagdad war Ausgangspunkt des langen Ritts. Die Route führte durch das gebirgige Land südlich des Kaspischen Meeres, das zur Nordgrenze der persischen Provinz im Islamischen Reich zählte. Dann wandte sich der Gesandte des Kalifen nach Nordosten zum Fluß Amu Darja, der allerdings zugefroren war. Ahmed Ibn Fadlan Ibn al-Abbas mußte drei Monate lang auf Tauwetter warten. Als mit dem Frühjahr warme Winde kamen, erreichten er und seine Begleiter den

Aralsee. Durch Wüsten und Steppen gelangten sie zur Wolga. Sie sahen den großen Fluß zum erstenmal an der Stelle, wo Wolga und Kama zusammenströmen. Der Ort befand sich im Norden des Khasarengebiets. Der arabische Gesandte hatte – aus Furcht, die Khasaren könnten sich an die Feindschaft der Vergangenheit erinnern – vermieden, khasarisches Gebiet zu betreten. Doch war er nahe genug an die Siedlungen des geheimnisvollen Volkes herangeritten, um Informationen sammeln zu können. Ahmed Ibn Fadlan al-Abbas notierte, daß das Volk von einem König beherrscht werde, der den Titel Khagan trage. Seine Hauptstadt liege am Fluß Atil.

Atil war zu jener Zeit die gebräuchliche Bezeichnung für die Wolga. Die Hauptstadt der Khasaren befand sich am Unterlauf des Flusses, dort, wo sich das Delta auffächert – in der Nähe von Wolgograd. Die Reisebeschreibung nennt die Stadt Itil.

Allerdings werden für die Lage der Stadt auch andere Theorien angeboten. Der Historiker Valentin Gitermann[4] ist der Meinung, Itil habe sich direkt am Ausfluß der Wolga ins Kaspische Meer befunden – genau dort, wo sich heute die Stadt Astrachan erhebt.

Nach Ibn Fadlan bestand Itil aus zwei Teilen, die ein Arm der Wolga trennte. Durch eine Schiffsbrücke gelangte man von einem Stadtteil zum anderen. In beiden gab es feste Häuser, Brunnen und Märkte. Der wichtigste Markt im Teil ostwärts des Flußarms aber war der Platz, an dem Sklaven verkauft wurden; der Sklavenhandel befand sich in den Händen der Moslems. Erstaunliches weiß Ahmed Ibn Fadlan Ibn al-Abbas von den Bewohnern der Stadt Itil zu berichten: Nach seinen Informationen waren die Häuser im Osten des Wasserlaufs von Moslems bewohnt, während im Westen Menschen khasarischer Abstammung lebten. Diese Khasaren aber bekannten sich zum jüdischen Glauben.[5] Sie stellten die Mehrheit und die Elite in ihrem Reich – die Moslems waren geduldete Untertanen.

Zum Interesse islamischer Geschichtsschreiber für dieses geheimnisvolle Volk an der Wolga könnten die Enttäuschung und der Zorn der Moslems darüber beigetragen haben, daß sich die Khasaren in der Vergangenheit offenbar beharrlich geweigert hatten, den Glauben an Allah anzunehmen. Während der kriegerischen Konflikte mit den Arabern war der Khasarenkhagan mehrmals aufgefordert worden, sich zum Islam zu bekennen. Damals, in der zweiten Hälfte des 7. Jahrhunderts n. Chr., hätten die Herrscher an der Wolga ohne Probleme dieser Aufforderung Folge leisten können, denn dies hätte nicht die Aufgabe eines anderen Glaubens bedeutet. Die Mächtigen der Khasaren hatten sich zu jener Zeit noch nicht auf einen Gott festgelegt. In Bethäusern und vor Altären war kein göttliches Gesetz verkündet worden. Als verbindliche Vorschrift für das Zusammenleben der Menschen galt allein das Wort des Khagan.

Wie es geschah, daß der Khagan bereit war, die Autorität des Gesetzgebers an eine göttliche Macht abzugeben, ist den Schriften des Arabers al-Masudi zu entnehmen, der das Land an der Wolga um das Jahr 950 bereiste. Ob ihn allein Neugierde in das Reich der Khasaren getrieben hat oder ob er im Auftrag des Kalifen unterwegs war, ist aus den Texten nicht zu erkennen. Al-Masudi schildert, zur Regierungszeit des Kalifen Harun al-Raschid – also um das Jahr 800 – habe der Kaiser von Byzanz einflußreiche Juden seiner Hauptstadt zur Auswanderung gezwungen. Diese Juden hätten es nicht gewagt, den islamischen Kalifen um Asyl zu bitten, und so seien sie in das Land der Khasaren gezogen, in dem noch kein für alle Bewohner verbindlicher Glaube vorhanden gewesen sei. Der Khagan habe die Juden bereitwillig aufgenommen. Nach einiger Zeit habe er von den Juden wissen wollen, was die Rituale bedeuteten, die sie Tag für Tag und Woche für Woche in ständig gleicher Form ausführten.

Der Khagan habe auch gefragt, was aus den Büchern zu erfahren sei, die von den Juden verehrt würden. Ohne Scheu, so berichtet al-Masudi, hätten die Priester Auskunft gegeben. Die jüdischen Asylanten hatten wohl gespürt, daß sich ihnen die Chance bot, den Khagan, und damit das Volk der Khasaren, zum jüdischen Glauben zu bekehren. Die Menschen, die an der unteren Wolga zu Hause waren, seien von den Zuwanderern als gescheit eingestuft worden, doch habe ihnen jegliche geistige Anleitung und Bildung gefehlt. Dieser Mangel sei den führenden Männern in der Stadt Itil durch die Begegnung mit den Juden bewußt geworden. Sie seien schließlich bereit gewesen, sich von den Fremden unterweisen zu lassen. So sei es geschehen, daß das Volk der Khasaren den jüdischen Glauben annahm.

Zuvor aber habe der Khagan gewissenhaft Unterschiede und Übereinstimmungen der drei Religionen geprüft, die für sein Volk in Frage kamen. Ein Christ sei von ihm befragt worden, welcher andere Glaube dem christlichen am nächsten stehe, und er habe die Antwort erhalten: »Der Glaube der Juden.« Danach sei einem Moslem dieselbe Frage gestellt worden, und der Moslem habe wieder dieselbe Antwort gegeben. Der Khagan habe sich daraufhin entschlossen, sich zur Religion der Juden zu bekennen.

Die Legenden schildern sicher nur einen Teil der Wahrheit. Vermutlich haben sich die Verantwortlichen im Khasarenvolk auch von politischen Gründen leiten lassen. Die Annahme des islamischen oder des christlichen Glaubens hätte ein Ende der staatlichen Unabhängigkeit bedeutet. Wären die Khasaren christlich geworden, hätten sie sich dem Einfluß des christlichen Staates Byzanz ausgeliefert; wären sie islamisch geworden, hätte der Kalif von Bagdad, als »Beschützer aller Gläubigen im Islam«, Anspruch auf die geistige und damit auch auf die politische Oberhoheit stellen können. Das Bekenntnis zur jüdischen Religion aber bewahrte die Eigenstaatlichkeit der Khasaren.

In jener Epoche gab es nirgendwo sonst einen eigenständigen jüdischen Staat. Aus ihrem angestammten Land waren die Juden im Jahre 70 n. Chr. durch die Römer vertrieben und zerstreut worden. Viele hatten in Spanien, einem überaus toleranten Land, eine Heimat gefunden. Zu diesen spanischen Juden gehörte Jehuda Halevi, der von 1085 bis 1141 lebte. Eine seiner Schriften trägt den Titel »Kusari«[6]. Es handelt sich dabei weniger um eine Beschreibung der Geschichte und Lebensumstände der Khasaren als um eine theologische Bewertung ihrer Bekehrung. Jehuda Halevi ist der Meinung, in der göttlichen Weltordnung falle allein den Juden die Aufgabe zu, die Brücke zu bilden zwischen Gott und den Menschen. Dabei sei allein den Juden der Zugang zum Innersten des Reiches Gottes vorbehalten. Diese Erkenntnis werde schließlich allen menschlichen Bewohnern der Erde zuteil. So sei es ganz selbstverständlich, daß der jüdische Glaube schließlich als einziger wahrer Retter vor der Verdammnis angesehen werde. Je näher das Jüngste Gericht rücke, desto mehr Menschen würden sich zum Judentum bekennen. Beim Erscheinen des Messias werde die Welt von gläubigen Juden bevölkert sein. Die Bekehrung des khasarischen Volkes, so meint Jehuda Halevi in seinem Buch »Kusari«, sei ein Zeichen dafür, daß die Phase der Endzeit angebrochen sei.

Kamen allerdings andere Juden mit den Khasaren in direkten Kontakt, dann wunderten sie sich über die Eigenheiten ihres Glaubenslebens. Der Talmud, die Erkenntnisse der jüdischen Gelehrten und Weisen, sei ihnen völlig unbekannt. Diese Erfahrung machte Rabbi Petachia, der von Regensburg aus in das Land der Khasaren gereist war. In seiner 1180 entstandenen Schrift »Reise um die Welt«[7] erzählt er, daß er die Geistlichen an der Wolga auf den Talmud hingewiesen habe. Die Antwort sei gewesen: »Wir wissen nur, was uns die Väter gelehrt haben. Von einem Buch namens Talmud haben sie uns nichts gesagt!«

Daß der jüdische Glaube der Khasaren nur ein schwaches Fundament hatte, muß mit der Zeit auch den Mächtigen in Konstantinopel bekanntgeworden sein. Sie hofften offenbar, es werde gelingen, die Bewohner des Landes an der Wolga zum orthodoxen Christentum zu bekehren und so Verbündete gegen eine nicht mehr zu übersehende Bedrohung aus dem Norden zu gewinnen: In zunehmendem Maße wurden flußnahe Siedlungen von »Nordmännern« überfallen.

Kaiser Michael III. schickte den Geistlichen Kyrill, der bereits unter den Südslawen erfolgreich missioniert hatte, nach Itil. Dies geschah in der zweiten Hälfte des 9. Jahrhunderts. Kyrill zog über das Schwarze Meer zur Halbinsel Krim und dann über Land zum Don. Dort, wo der Don der Wolga ganz nahe kommt, befand sich damals schon ein Schlepp-Pfad, auf dem Schiffe von einem Fluß zum anderen gezerrt wurden. Über diesen Schlepp-Pfad gelangte Kyrill zur Wolga, ins Land der Khasaren, und traf bald darauf in Itil ein. Der Khagan der Khasaren empfing den orthodoxen Geistlichen. Anzunehmen ist, daß Kyrill dem Khagan Lehren und Werte des Christentums zu erläutern versuchte. Der Herrscher soll zwar beeindruckt gewesen sein, doch habe er sich nicht zur Annahme der Taufe bewegen lassen. Nach dieser glücklosen Begegnung waren Kyrills Bekehrungsmühen auch bei den Untertanen vergebens.

Einen Erfolg konnte der Missionar dennoch aufweisen: Der Khagan ließ christliche Gefangene frei, die in Itil als Sklaven gehalten wurden. Die Befreiten wanderten in Richtung Byzanz. Kyrill aber wandte sich in die entgegengesetzte Richtung: Er fuhr mit einem Schiff die Wolga hinauf, um die Bekehrung slawischer Stämme fortzusetzen.

Kyrill und sein Bruder Method, beide große Gelehrte und Prediger, schufen mit einem eigenen Alphabet das Rüstzeug, um biblische Texte ins Slawische zu übersetzen. Als »Apostel der Slawen« wurden sie später heiliggesprochen.

Nordmänner besiegeln den Untergang des Khasarenreichs

Wolgaaufwärts, im Norden, bahnten sich Entwicklungen an, die das Entstehen neuer Machtzentren erkennen ließen. Die Wikinger hatten begonnen, der ihnen erreichbaren Welt ihren Willen aufzuzwingen.

In Osteuropa wurden die Eindringlinge aus dem Norden »Rus« genannt. Möglich ist, daß dieses Wort vom schwedischen Begriff »rodher« abgeleitet wurde, das Ruderer bedeutet. Dieses Volk aus dem Norden unterschied sich von anderen Neuankömmlingen durch seine Vorliebe für Wasserwege. Auch die Männer, die später im europäischen Westen zu Raubzügen unterwegs waren, folgten den Flüssen: Über die Seine gelangten sie nach Paris; sie drangen in das Rhônetal ein und ruderten die Loire hinauf. Ihre offenen Kriegsboote waren für die Fahrt auf Flüssen und auf hoher See gleichermaßen geeignet. Manche waren bis zu 24 Meter lang. Mit einem solchen Schiff soll der Wikinger Leif Erikson um das Jahr 1000 Amerika erreicht haben.

Zum Dnepr vermochten sie ihre Schiffe bereits im 9. Jahrhundert zu bringen. Es handelte sich, genauer gesagt, um warägische Kriegerkaufleute, die auf der Suche nach neuen Märkten in Richtung Süden unterwegs waren.

Ins Reich der Khasaren stießen die Waräger auf der Wolga vor. Zuvor hatten sie die Ostsee überquert und waren auf der Newa zum Ladogasee gelangt; der Fluß Wolchow hatte sie bis in die Nähe des Ilmensees gebracht. Dort waren sie so weit von ihrer skandinavischen Heimat entfernt, daß sie es für notwendig hielten, eine feste Basis zu errichten. Auf einer Insel im Ilmensee gründeten sie eine Siedlung, aus der sich später die Stadt Nowgorod entwickelte. Die slawischen Stämme, in deren Gebiet die Nordmänner hier eingedrungen waren, haben offenbar kaum Widerstand geleistet.

Bald nach dem Jahr 900 notierte der arabische Chronist Ibn Rusta, was er über die Siedlung im Ilmensee und über die Menschen dort erfahren hatte: »Die Männer, die in jener Stadt zu Hause sind, bewegen sich in Booten fort. Ständig sind sie in Booten unterwegs. Sie überfallen die slawischen Dörfer und rauben sie aus. Sie machen die Slawen zu Sklaven. Diese werden wolgaabwärts zum Land der Khasaren gebracht und dort auf dem Sklavenmarkt verkauft. Die Leute in jener Stadt am See arbeiten nicht auf Äckern und nicht mit Werkzeugen. Sie leben allein von den Überfällen, die sie zu Schiff durchführen.«[8]

Arabische Texte berichten ferner, die Rus hätten um das Jahr 910 über fünfhundert Schiffe verfügt; auf jedem hätten rund hundert Männer Platz gefunden. Der größte Teil dieser Schiffe sei auf der Wolga zu sehen gewesen.

An den Ufern des großen Flusses hielten sich die Waräger und Slawen aber nicht lange an eine Trennung der Sippen. Die Männer aus dem fernen Norden heirateten in die Familien der ostslawischen Mächtigen ein, wie sich an Namen ablesen läßt, die slawischen Lautgewohnheiten angepaßt wurden: Ingvar wurde zu Igor; Helji zu Oleg; Hörekr zu Rurik. Nachkommen der Skandinavier nahmen schließlich slawische Namen an, zum Beispiel Wladimir und Jaroslaw.

Die Identität der Waräger ging allmählich verloren. Als tüchtige, aber auch grausame Kriegerkaufleute leben sie in der Erinnerung fort. Wenig ist überliefert von ihrer Lebensart in den Siedlungen an Ilmensee, Wolchow und Wolga. Geblieben ist nur der Name: Rus wurde zum Sammelbegriff für alle Bewohner des Gebietes um die nördliche Wolga, um Oka, Dnepr und am oberen Don.

Was bei der Gründung der Kiewer Rus im einzelnen vor sich ging, ist ein unter Fachleuten bis heute diskutiertes Thema. Anscheinend hat es bereits Ansätze zu einer ostslawischen Staatsgründung gegeben. Aufgrund ständiger Streitigkeiten aber seien die Waräger um Hilfe gebeten worden. So ist es zumindest in der »Nestorchronik« nachzulesen. Denkbar wäre auch, daß diese »herrschaftserfahrene Elite« Nutzen aus einer unsicheren Situation zog.[9] Im Jahr 860 belagerten zweihundert Schiffe aus der Kiewer Rus urplötzlich die byzantinische Hauptstadt von See her. Konstantinopel sei nur durch ein göttliches Wunder gerettet worden, erklärte der Patriarch Photios und setzte eine massive Missionierungspolitik in Gang, die auch den Bulgaren galt.

Der Aufstieg des Volkes der Rus, das Waräger und Slawen[10] in sich vereinigte, war also direkt und indirekt verbunden mit dem Abstieg der Khasaren. Der Khagan hatte seine Sicherheitspolitik auf das Bündnis mit Byzanz ausgerichtet. Die Reiter der Khasaren kämpften auch im Interesse des oströmischen Kaisers, indem sie verhinderten, daß islamische Heere auf dem Umweg über die Steppengebiete um Wolga und Don von Norden her das christliche Reich angriffen. Als dann die Angriffslust der Araber nachließ, fühlten sich Byzantiner und Khasaren als Verbündete in ihrer gemeinsamen Sorge vor der Aggressivität der Rus.

Die Khasaren, mit deren Geschicklichkeit es in der Schiffahrt nicht weit her war, sahen voll Entsetzen, daß schnelle Ruderschiffe mit gewaltigen, schreckenerregenden Drachenköpfen am Bug die Wolga herunterfuhren und die Ruderer ihre Schiffe ohne Angst mitten durch die Hauptstadt steuerten. Die Khasaren besaßen nicht genügend Boote, um die Drachenköpfe aus dem Delta der Wolga zu vertreiben. Es zeigte sich jetzt, daß sie den Fluß offenbar nie wirklich beherrscht hatten.

Die Mächtigen in Byzanz aber hatten nach der gefährlichen Situation von 860 die militärisch-politische Entwicklung erkannt und in Nowgorod am Ilmensee erfahrene Ruderer angeworben. Sie ließen eine flußtaugliche Flotte bauen. Je stärker die eigene Wasserstreitmacht wurde, desto geringer war die Angst der Byzantiner vor den Drachenköpfen. Die fremden Schiffsleute wurden geduldet und schließlich sogar nach Byzanz eingeladen. Sie fuhren den Dnepr hinunter zum Schwarzen Meer und ruderten dann weiter zum Bosporus. Die Bewohner der prächtigen Hauptstadt des Oströmischen Reiches veranlaßten die Nachfahren jener Nordmänner, die ursprünglich Überfälle hatten verüben wollen, dazu, mit ihnen Handel zu treiben. Die Rus brachten kostbare Pelze nach Byzanz, mit denen sich Kaiser und Höflinge schmükken konnten. So entwickelten sich Geschäftsbeziehungen zwischen Byzanz und Nowgorod. Kiew am Dnepr wurde zum wichtigsten Umschlagplatz für Waren. Die Stadt Itil und der Fluß Atil aber lagen abseits.

Die »Ruderer« begannen sich für die Lebensart der Stadtmenschen zu interessieren. Sie lernten die Religion der Byzantiner kennen und waren beeindruckt von den warmen Farben in den Hallen der Kirchen, von den Lichtern und dem dunkelgefärbten Gesang. Sie erlagen dem Zauber der orthodoxen Gottesdienste. In der Heimat – in Kiew, in Nowgord – wollten die Händler, die in Byzanz gewesen waren, ähnliches erleben. So mancher hatte sich in der Fremde bereits taufen lassen. Dem Sog konnte sich schließlich auch der Herrscher nicht mehr entziehen. Im Jahre 988, zur Regierungszeit des Fürsten Wladimir, nahmen die Rus den orthodoxen Glauben an.[11] Durch die gemeinsame Religion waren die Kiewer Rus und Byzanz nun verbunden und verbündet.

Eine Legende, die auf den arabischen Autor al-Bakri zurückgeht, erzählt, Wladimir habe sich genau informiert, ehe er seine Wahl unter den möglichen Religionen getroffen hätte. Aus dem Reich des Islam sei eine Delegation gekommen, die habe dem Fürsten erläutert, im Paradies stünden jedem Mann wunderschöne Frauen zur Verfügung; der Preis dafür sei, daß der Gläubige in diesem Leben auf berauschende Getränke verzichten müsse. Wladimirs Antwort aber sei gewesen: »Trinken ist die größte Freude des Volkes Rus. Ich darf niemandem zumuten, darauf zu verzichten. Ich kann es vor allem auch mir nicht zumuten!« Nachdem die Moslems abgereist seien, wären Geistliche der römisch-katholischen Kirche aus den reichen Städten am Rhein nach Kiew gekommen; sie hätten darauf hingewiesen, daß für die Gläubigen ihrer Kirche das Fasten unerläßlich sei. Den Gedanken an Fasten habe Wladimir jedoch weit von sich gewiesen: »Unsere Väter haben uns nichts davon gesagt. Sie aber wußten, was dem Menschen nützt. Sie fasteten nicht! Unser Leben ist hart. Wir müssen essen!« Betrübt hätten die katholischen Geistlichen den Weg zurück an den Rhein eingeschlagen.

Als nächste Delegation – so wird berichtet – hätten Juden von der Wolga die Stadt Kiew erreicht. Wladimir habe die würdigen Männer sehr ungnädig empfangen. Sie seien von ihm sehr direkt gefragt worden: »Warum seid ihr nicht in dem Land, das Gott euch offenbar versprochen hat? Warum betet ihr nicht in eurer Stadt Jerusalem?« Die Antwort der Khasaren war: »Wir dürfen nicht im Land leben, das Gott dem Volk der Juden versprochen hat, weil sich das Volk der Juden Sünden wider Gott aufgeladen hat!« Die Antwort des Fürsten sei kurz gewesen: »Verlangt ihr von uns, daß wir an euren Sünden teilhaben?« Bestürzt hätten sich die Männer aus Itil an der Wolga zurückgezogen.

Auf die Abreise der Juden, so erzählt die Legende, habe ein Gelehrter aus Byzanz nur gewartet. Als er vor den Fürsten Wladimir gerufen worden sei, hätte der orthodoxe Glaubensmann Moslems, Katholiken und Juden als irregeführte Menschen bezeichnet, die dem ewigen Verderben verfallen seien. Dieser Ausbruch des Hasses habe dem Fürsten mißfallen, und er sei nahe daran gewesen, keine der angebotenen Religionen zu wählen. Nach langer Überlegung habe er sich dann doch entschlossen, den Auftritt des orthodoxen Geistlichen zu vergessen und sich trotz persönlicher Abneigung für dessen Überzeugung zu entscheiden. Fürst Wladimir erkannte sogar die geistliche Oberhoheit des Patriarchen von Byzanz über das Volk Rus an.[12]

Der Khasarenkhagan mußte sich durch diese Entwicklung isoliert fühlen. Er befürchtete Verschwörungen der Orthodoxen gegen die jüdischen Stämme an der Wolga. Wirtschaftliche Auswirkungen der neuen Bündnissituation waren bald schon zu spüren: Die Händler der Kiewer Rus aktivierten den Dnepr als Handelsstraße und sorgten so dafür, daß auf der Wolga kaum mehr Waren befördert wurden. Der Sklavenmarkt in Itil wurde nicht mehr mit Nachschub beliefert, und der Pelzhandel starb ganz ab. Itil wurde zu einer armen Stadt. Die Konsequenz war, daß sich das Land der Khasaren keine starke Reiterstreitmacht mehr leisten konnte.

Diese militärische Schwächung der Khasaren sollte allerdings nicht ohne Auswirkungen auf die Kiewer Rus bleiben. Über Generationen hinweg hatte die Khasarenreiterei erfolgreich Turkstämme abgewehrt, die von Osten her über die Wolga nach Westen vordringen wollten. Die Bewohner des Wolgalandes waren selbst türkischer Abstammung und hatten gewußt, wie den türkischen Eindringlingen zu begegnen war. Die Rus aber waren noch den Wikingertraditionen verhaftet; sie dachten nach wie vor in Begriffen der Schiffahrt. Menschen aus der Steppe waren ihnen fremd. Die Ruskrieger mochten zwar die Flüsse Don, Donez und Dnepr beherrschen, doch die weiten Steppengebiete dazwischen kontrollierten sie nicht. Die Folge war, daß die Steppenvölker an Boden gewannen, und schließlich bedrohten sie Kiew, das seit Gründung der Kiewer Rus, dreihundert Jahre zuvor, zu einer in ganz Europa bekannten Metropole herangewachsen war.

Schrecken breitete sich aus in der Handelsstadt. Die Regierenden begriffen, daß sie die Khasaren zu früh geschwächt hatten. Jetzt wäre deren Reiterei zur Abwehr der Turkstämme nötig gewesen. Doch der politische Fehler konnte nicht mehr korrigiert werden: Der Feind stand bereits vor Kiew. Viele Händler verließen die Stadt und zogen nach Norden – vor allem nach Nowgorod und an die obere Wolga. Dort entstand die Stadt Susdal.

Wenig ist zu erfahren über den Untergang des Reiches der Khasaren.[13] Die Chronisten verloren das Interesse an den Sippen jüdischen Glaubens im Gebiet der unteren Wolga. Ein entscheidender Stoß zur Schwächung des Khasarenvolkes ist nachweislich schon in der zweiten Hälfte des 10. Jahrhunderts geführt worden. Damals ist die Stadt Itil vom Kiewer Großfürsten Swjatoslaw erobert und geplündert worden. Sie muß dann noch einmal aufgebaut worden sein, doch die frühere Bedeutung hat Itil nie mehr erlangt. Die Stadt bot wohl keine ausreichende Sicherheit mehr, denn viele der Bewohner verließen Haus und Heimat.

Berichtet wird, daß einige Familien daran dachten, nach Jerusalem auszuwandern. Es sei sogar der Gedanke aufgekommen, die Heilige Stadt mit dem Schwert zu erobern, um so die Schande der Vertreibung aus dem Gelobten Land zu tilgen. Begeisterung flammte auf für die Absicht, den Tempel der Juden wiederzuerrichten. Doch als aus dem Plan Wirklichkeit werden sollte, schreckten die Einflußreichen in den Sippen zurück: Der Weg nach Jerusalem war ihnen letztlich doch zu weit. Unüberwindbar erschienen die Schwierigkeiten, Tausende von Menschen auf einer Strecke von mehr als dreihundert Tagesmärschen zu versorgen.

Nach diesem Aufflammen des jüdischen Bewußtseins an der Wolga, verfiel das khasarische Volk in Mutlosigkeit. Den letzten Anstoß, der Stadt Itil den Rücken zu kehren, gaben Nachrichten von einer Gefahr, die aus dem Osten drohte: Ein Reiterheer, das vom Rande der Erde oder gar aus der Hölle hervorgebrochen sei, nähere sich mit Feuer und Schwert. Um die Mitte des 13. Jahrhunderts bedrohten die furchterregenden Fremden auch die Wolga. Vor ihnen her flohen Völker und Großfamilien mit ihren Herden und ihrer Habe, auf der Suche nach Sicherheit irgendwo im Westen. Sie glaubten, die mächtigen Flüsse würden ihnen Schutz bieten. Die Sippen der Khasaren schlossen sich diesen Flüchtenden an und paßten sich damit ein in die allgemeine Wanderbewegung der Turkvölker in Richtung Westen oder Nordwesten. Für lange Zeit blieben die Ufer der unteren Wolga unbewohnt.

Der Zusammenhalt der Khasaren schwand rasch. Die einzelnen Sippen machten sich selbständig und wählten unabhängig von anderen ihre neue Heimat. Viele siedelten sich am Dnepr an – vielleicht erinnerte sie dieser Fluß an die vertraute Wolga. In Kiew entstand eine starke jüdische Gemeinde, ebenso in Smolensk und Lubetsch. Denkbar ist, daß Teile der Juden Osteuropas Nachfahren der Khasaren sind.

Arthur Koestler will in seinem Buch »Der dreizehnte Stamm. Das Reich der Khasaren und sein Erbe«[14] nachweisen, daß sich die Gemeinden der »Ostjuden nicht aus Flüchtlingen gebildet haben können, die während der Judenverfolgungen zu Zeiten der Kreuzzüge aus den rheinischen Städten Mainz, Speyer und Worms weggewandert waren, um den Massakern durch christliche Kreuzfahrer zu entgehen«[15]. Koestlers abschließende Feststellung, die Mitglieder der ostjüdischen Gemeinden seien nicht als Bestandteil des jüdischen Volkes zu bezeichnen, denn sie gehörten nicht zu der jüdischen Glaubensgemeinschaft, die am Ostufer des Mittelmeers zu Hause ist, wird von der neueren Forschung allerdings abgelehnt.

Nachfahren jenes Turkvolkes, das einst an der Wolga gewohnt und den jüdischen Glauben angenommen hat, leben bis heute auf der Krim. Im Land an der Wolga aber ist keine Spur des geheimnisvollen jüdischen Volkes der Khasaren mehr zu finden.

Am Donbogen – dort, wo die Wolga nicht weit entfernt fließt – waren lange Zeit noch die Ruinen der Festung Sarkel zu sehen, deren Mauern eine gewaltige Stadt umgeben haben. Der Patriarch Pimen, der den Don 1389 bereist hat, zeigt sich in seiner Reisebeschreibung beeindruckt von den Ruinen der Stadt.[16] Sie sind in unserer Zeit im Wasser des Staudamms am Donbogen verschwunden.

Die Orthodoxie schlägt Wurzeln

Die Khasaren besaßen zu ihren Glanzzeiten ein Reich, das viele Völker und Sippen umfaßte. Dazu gehörten Magyaren, Petschenegen, Slawen und Alanen. Einige dieser Völker haben bis heute überlebt, andere sind verschwunden. Auf die Alanen weist in Rußland nur noch das Sprichwort hin, jemand sei »vom Erdboden verschwunden wie die Alanen«.

Als Wandervölker waren sie aus dem Osten gekommen. Eine ihrer bedeutendsten Sippen, die Bulgaren, hatten sich nach langer Wanderung zunächst im fruchtbaren Land zwischen Don und

Wolga niedergelassen. Bald aber wurden sie von den Khasaren bedrängt und schließlich offen angegriffen. Die Attackierten hatten kaum die Kraft zum Widerstand. Dies mag daran gelegen haben, daß es sich bei den Bulgaren nicht um eine einheitliche Volksgruppe handelte: Slawische und turkstämmige Gruppen hatten sich zusammengetan. Als sie dem khasarischen Druck weichen mußten, wandte sich ein Teil der Bulgarfamilien nach Norden: Die Flüchtlinge fanden unerschlossenen und fruchtbaren Boden in der Region des Zusammenflusses von Wolga und Kama. In der Nähe der Kamamündung bauten sie ihre Hauptstadt, die sie Bulgar nannten. Manche Bewohner des Kamaufers sind heute noch stolz auf die hohe Kultur der »Wolgabulgaren« – auch wenn nur geringe Reste vom frühen Glanz des Volkes erhalten geblieben sind.

Andere Bulgarensippen aber hatten geglaubt, das Land um den großen Fluß biete in Zukunft keine Sicherheit mehr. Sie wandten sich nach Westen, um der Reichweite der Khasaren zu entkommen. Sie gelangten in die Region der unteren Donau westlich des Schwarzen Meeres und ließen sich dort nieder. Das Reich der Bulgaren entstand. Bis 925 war dieser Vorgang abgeschlossen. Zu diesem Zeitpunkt beherrschten die »Donaubulgaren« ein Territorium, das Bereiche der heutigen Staaten Albanien, Griechenland und Serbien umfaßte. Regiert wurde das Reich der Bulgaren von einem Zaren, der allerdings Rücksicht auf die mächtigen Herrscher von Byzanz nehmen mußte, die sich als Beschützer des Bulgarenzaren fühlten: Dem Zaren Boris war im Jahre 865 nichts anderes übriggeblieben, als sich zum Glauben der Byzantiner, zur Orthodoxie, zu bekehren.

Anzunehmen ist, daß die Verbindung zwischen Wolgabulgaren und Donaubulgaren nie ganz abgerissen war. Die Wolgabulgaren haben wohl vom religiösen Wandel des westlichen Brudervolkes erfahren. Ihre Bereitschaft, christlich zu werden, war vermutlich gegeben. Solange sie jedoch im Machtfeld der Khasaren lebten, war ihnen das Bekenntnis zur Orthodoxie verwehrt. Manche der Wolgabulgaren waren direkte Untertanen des Khasarenkhagans. Als seine Herrschaft schwand, öffnete sich das Volk der Bulgaren den aufstrebenden Kiewer Rus – und damit auch deren religiöser Überzeugung. Die politische Entwicklung schaffte Berührungspunkte. Im 10. und 11. Jahrhundert zogen bewaffnete Einheiten aus den Städten Nowgorod, Susdal und Wladimir zur mittleren Wolga, um den für diese Handelszentren wichtigen Wasserweg zu sichern.

Über ihre Ankunft schrieb der bereits erwähnte arabische Chronist Ahmed Ibn Fadlan Ibn al-Abbas: »Die Männer des Volkes Rus kommen zu Schiff aus ihrem Lande. Sie fahren auf dem Fluß Atil, der ein mächtiger Strom ist. Sie werfen Anker, machen ihre Schiffe fest und bauen am Ufer des Atil große Häuser aus Holz. In solch einem Haus leben zehn oder zwanzig Männer. Jeder von ihnen hat eine Ruhebank. Darauf lagert er, meist mit einem Mädchen. Sie alle sind groß gewachsen. Manche so hoch wie Palmbäume. Ihre Haut ist fleischfarben. Der Mann trägt ein Gewand aus grobem Stoff, das er um eine seiner Seiten herumwirft, so daß ihm eine Hand frei bleibt. Jeder hat einen Dolch am Leib und ein Schwert. Ohne diese Waffen sieht man sie niemals. Ihre Schwerter sind breit, mit wellenförmiger Klinge. Ich glaube, diese Schwerter stammen aus Ländern im Westen.«[17]

Mit dieser überlegenen Waffe kämpften die Krieger der Kiewer Rus gegen Steppenstämme, die sich am Fluß niederlassen wollten. Vor allem die Polowzer, Turksippen, die am östlichen Wolgaufer im Gebiet zwischen den heutigen Städten Samara und Wolgograd lebten, waren zur Bedrohung der Handelsrouten geworden. »Griechenwege« waren sie genannt worden, weil sie das Land der Rus mit Byzanz verbanden. Zu den Griechenwegen gehörte neben dem Dnepr auch die Route, die über die Wolga zum Donbogen führt. Die Reiter der Polowzer hatten es zunächst auf die Salztransporte abgesehen, die auf der Wolga nach Norden unterwegs waren. Die Kaufleute der Kiewer Rus verzichteten schließlich völlig auf die Benützung des Wasserwegs Wolga.

Als der Schiffsverkehr eingestellt war, suchten die Polowzer Beute in den Dörfern am Fluß. Sie nahmen Frauen, Männer und Kinder gefangen und schleppten sie fort. Wolgabulgaren und Rus wurden als menschliche Ware den Sklavenmärkten der islamischen Welt südlich des Kaukasus zugeführt. Die Folge war, daß die Menschen die Wolgagebiete verließen, um nach Norden zu fliehen. Nur wenige blieben zurück.

In der »Chronik des Nestor« wird über die Raubzüge der Polowzer berichtet: »Die Städte veröden. In den Dörfern brennen Kirchen, Häuser, Hütten und Scheunen. Die Bewohner fallen dem Schwert der Feinde zum Opfer oder erwarten zitternd den Tod. Nackt und barfuß schleppen die Gefangenen ihre Ketten ins Land der Barbaren. Keine Herden, keine Rosse sieht man mehr auf unseren Weiden. Die Äcker sind vom Unkraut überwuchert.«[18]

In die Abwehrfront gegen die Polowzer mußten, wenn überhaupt eine Chance zur Verteidigung bestand, die Wolgabulgaren einbezogen werden. Grundlage dafür aber war ihre Bekehrung zum Christentum: Damit wurden sie als Partner verläßlicher.

Wie mehr als ein Jahrhundert zuvor die Rus, verzichteten nun auch die Wolgabulgaren auf ihre gewohnten Götter. Bis dahin scheinen an der oberen und mittleren Wolga unterschiedliche übermenschliche Wesen angebetet worden zu sein. Eigentümlich farblos wirkt das wenige, das von dieser Götterwelt überliefert ist: Gott Daschbog sei angerufen worden, wenn die Menschen Sehnsucht nach Wärme und Licht bekamen; Gott Stribog befahl den Winden und Stürmen – er brachte Kälte und Schnee; Wolos beschützte Menschen und Herden vor Hitze und vor Frost – er galt zugleich als Urvater des Menschengeschlechts; durch Donner und Blitz machte sich Gott Perun bemerkbar – er verbreitete Schrekken und mußte durch Menschenopfer besänftigt werden.

Eine organisierte Priesterkaste, die es verstand, die Beziehungen zwischen Göttern und Menschen zu erklären und zu regeln, gab es offenbar nicht. Weder Mauerreste noch ausgegrabene Fundamente bezeugen die Existenz von Tempeln oder Gebetsstätten. Die Rituale haben sich wohl in Beschwörungsformeln erschöpft. Angerufen und beschworen wurden vor allem die Seelen der Toten. Vor ihnen herrschte Furcht. Sie bestimmten über Heil und Unheil und waren damit mächtiger als die Götter. Die Seelen waren als unheimliche Geister und Dämonen unterwegs. Sie lauerten den Menschen in Wäldern, Sümpfen, an Wegkreuzungen und

Flußufern auf. In der kalten, nebligen Zeit von Herbst und Winter war die Gefahr am größten, den Seelen zu begegnen und damit Unglück auf sich zu ziehen.

Weder Götter noch Dämonen verlangten von den Menschen Beachtung von Geboten und Verhaltensregeln. Beide waren ohne Einfluß auf Sitte und Moral der Sippen. Götter und Dämonen handelten willkürlich. Die Götterwelt der Sippen an der oberen und mittleren Wolga entsprach den Vorstellungen einer einfach denkenden menschlichen Gesellschaft. Daß diese primitive Götterwelt abgelöst wurde durch die höherstehende Ordnung der Beziehung zwischen Gott, Mensch und Welt, die vom orthodoxen Glauben angeboten wurde, ist verständlich. Der Wandel von der slawischen Götterwelt zur Orthodoxie scheint den Bulgaren nicht schwergefallen zu sein.[19]

Die Wolgabulgaren, denen die Donaubulgaren auf dem Weg zur Orthodoxie vorangegangen waren, verfielen bald der Faszination, die von der hohen Kultur der byzantinischen Kirche ausstrahlte. Die Bulgaren insgesamt haben dann zur Weiterentwicklung der russisch-orthodoxen Rituale beigetragen. Die Texte werden in kirchen-slawischer Sprache rezitiert, die sich aus einem altbulgarischen Dialekt entwickelt hat.

Die Bulgaren glaubten nun wie die Russen an Jesus Christus, den Sohn Gottes. Doch sie waren – im Gegensatz zu den Katholiken – nicht verpflichtet, von der Trinität, der gleichgewichtigen Bedeutung von Vater, Sohn und Heiligem Geist, überzeugt zu sein. Über allem steht der Vater. Allein ihm, und nicht auch dem Sohn, ist der Heilige Geist zugeordnet.

Die orthodoxe Kirche erkennt nur die Beschlüsse der ersten sieben Konzilien an. Spätere Entscheidungen der Bischöfe wurden in die Glaubenslehre nicht aufgenommen. Die spätere dogmatische Entwicklung des Christentums lehnten die Metropoliten und Patriarchen ab.

Schon die Lehren des Kirchenvaters Augustinus blieben auf das orthodoxe Glaubensgebäude ohne Wirkung. So wird dem Tod Jesu am Kreuz keine Bedeutung zugemessen für die Erlösung der Menschen von der Sünde. Daß ein Fegefeuer auf den sündigen Menschen warte, hat ebensowenig zur Überzeugung der Orthodoxie gehört wie die Lehre von der unbefleckten Empfängnis. Der Ablaß wird als Irrlehre der römischen Kirche bezeichnet. Die niedere Geistlichkeit ist nicht zur Ehelosigkeit verpflichtet; allein Bischöfe sollten unverheiratet sein. Zwei Unterschiede zur katholischen Kirche betreffen das Abendmahl: Das Brot besteht nicht aus ungesäuertem Teig – die Geistlichen reichen ganz gewöhnliches Brot; am Abendmahl können auch Kinder teilnehmen, da es keine Firmung als Vorbedingung für die Teilnahme gibt.[20]

Auch auf das Volk Bulgar übte die Faszination des Geheimnisses, das die orthodoxe Kirche stärker betont als die westliche Schwesterkirche, eine wichtige Anziehungskraft aus. Was am Altar geschieht, bleibt vor den Augen der Gläubigen verborgen, denn der Altar befindet sich hinter der Ikonenwand, dem Ikonostas. Der Geistliche steht dort allein vor Gott. Die Besucher des Gottesdienstes nehmen an der heiligen Handlung nicht aktiv teil, doch sie fühlen sich deshalb nicht ausgeschlossen: Gott, auch wenn er nicht vor aller Augen tritt, ist für sie anwesend.

Rasch erwies sich die orthodoxe Kirche als geschickte Lehrmeisterin des Volkes, vor allem im Bereich der Kunst. Hatte die animistische slawische Götterwelt wenig Anreiz zur künstlerischen Umsetzung des Glaubensguts geboten, so regte die byzantinische Kirche zur bildlichen Darstellung des Lebens Jesu und dessen Martyrium an. In Goldfarben und warmen Tönen, von denen sich die Menschen angesprochen fühlten, wurden die bewegendsten Szenen der Heilsgeschichte ausgeführt. Das byzantinische Vorbild spornte heimische Maler zur Nachahmung und zu eigenständiger Gestaltung an.

Hatte das Volk bisher nur wenige Regeln und Gesetze zur Organisation des Zusammenlebens der Menschen gekannt, so sorgten die Geistlichen für eine Änderung des sozialen Verhaltens. Als Druckmittel setzten sie die Drohung ein, wer ihren Anordnungen nicht folge, werde die Schrecken der Hölle zu spüren bekommen. Die Würdenträger der Kirche wurden zu Richtern über Sitte und Moral der Gemeinde. Sie kämpften dagegen, daß Männer mehrere Frauen heirateten; sie verboten den Brauch des Brautkaufs. Die

Geistlichen verlangten, daß Sklaven gerecht behandelt würden: »Auch der Sklave ist ein Mensch, also ein Geschöpf Gottes«, predigten sie. Dieser Grundsatz bedeutete jedoch keineswegs, daß alle Menschen gleich waren. Wer zur Obrigkeit gehörte, der war mehr als jeder andere zu respektieren. Dem Großfürsten, so lehrte die Kirche, war unter allen Umständen Gehorsam zu leisten – und jedem, der in seinem Dienst stand. Die Geistlichen forderten unter Hinweis auf das Gottesgnadentum zur Verehrung des Monarchen auf. Der Herrscher ist in seinem Handeln keinem Menschen verantwortlich; niemand kann ihn zur Rechenschaft ziehen, denn der Monarch vertritt die göttliche Macht und Gerechtigkeit.

Diese Sicht der Welt entstammt dem byzantinischen Staatsrecht. Sie ließ sich aber nicht immer ohne Schwierigkeiten auf die Kiewer Rus übertragen. Die Bürger der Stadt Nowgorod zum Beispiel, die wohlhabende und selbstbewußte Kaufleute waren, wollten keinen absoluten Herrscher über sich dulden. Sie waren daran gewöhnt, Entscheidungen, die das Gemeinwohl betrafen, im »Rat der Stadt« zu fällen. Doch gegen das Bündnis von Geistlichkeit und Großfürst, der seine Streitkräfte einsetzen konnte, waren die Kaufleute machtlos. Ihre Freiheit war auf Dauer nicht zu verteidigen. Sie mußten sich dem Herrscher unterwerfen. In der Rus hatten fortan persönliche Eigenständigkeit und Entwicklung des Geistes kaum noch Chancen.

Als das Christentum an der oberen Wolga Fuß faßte, befand sich die Kiewer Rus als Staat in einer folgenschweren Krise. Bruderkriege lähmten seine Kraft. Gleichzeitig wuchs die Bedrohung von außen: Im Verlauf des 12. Jahrhunderts waren die traditionellen Handelswege so unsicher geworden, daß sie kaum noch genutzt werden konnten. Die Ufergebiete waren bald menschenleer. Die »Chronik des Nestor«, schildert den Zustand des Landes mit den Worten: »Dort, wo sonst Christen wohnten, hausen nun wilde Tiere.«

Gerade zu jener Zeit geschah es, daß auch Byzanz in eine Krise geriet. Die Ursache war die Verlagerung des Orienthandels: Er wurde mehr und mehr von Venedig organisiert. Byzanz lag fortan abseits der Routen, auf denen die wertvollen Güter der kultivierten Welt befördert wurden. Die schwindende Wirtschaftskraft Ostroms ließ den Lebenswillen erlahmen. Im Jahre 1207 konnten die Venezianer mit Hilfe eines Kreuzritterheeres Byzanz erobern, plündern und zum Teil zerstören. Der Handelsplatz am Bosporus hatte keine Bedeutung mehr.

Das wiederum hatte zur Folge, daß die Flüsse als Handelswege fast gar nicht mehr benötigt wurden. Die Kaufleute von Nowgorod, Wladimir und Susdal verlagerten ihre Aktivitäten nach Norden, in den Ostseeraum. Die Hansestädte wurden zum wichtigsten Handelspartner der Kiewer Rus.

Dschingis-Khans Reiter stoßen an die Wolga vor

Nicht lange blieb der Fluß im Schatten der Geschichte. Wie in der Vergangenheit, so zog er auch weiterhin Völker aus dem Osten an.

»Ein Volk erschien«, berichtet eine Chronik aus dem Jahr 1223, »das niemand kennt, von dem niemand zu sagen weiß, wer diese Menschen sind, woher sie kommen, welche Sprache sie sprechen, welchem Stamm sie angehören, was für einen Glauben sie haben. Man nennt sie Tataren.«[21]

Die Organisation des Feldzugs der Tataren hatte in den Tälern des Gebirgsmassivs Karakorum stattgefunden, das sich zwischen Himalaja und Pamir erstreckt und mit seinen Spitzen 7000 Meter erreicht. Streitbare Sippen lebten dort, deren Männer sich damit vergnügten, aus den Gebirgstälern hervorzubrechen, um Raubzüge durchzuführen. Als besonders erfolgreich erwies sich ein ehrgeiziger junger Mann, der Temüdschin hieß und 1162 geboren worden war. Er wurde wegen seiner Kühnheit von Altersgenossen bewundert. Sie ordneten sich ihm unter. Junge Männer aus anderen Stämmen schlossen sich ihm an. Temüdschin wurde Anführer einer beachtlichen Reitertruppe und schließlich eines gewaltigen berittenen Heeres. Seine Kämpfer waren bewaffnet mit Lanzen, Pfeil und Bogen und kurzen Schwertern. Ihr Vorteil war die Beweglichkeit und die Geschwindigkeit, mit der sie über die Feinde herfielen. Es zeigte sich bald, daß ihnen kein Gegner gewachsen war.[22]

Händler erzählten davon, er stamme väterlicherseits von einem grauen Wolf und mütterlicherseits von einer weißen Hirschkuh ab. Den spärlichen Berichten über seine Erfolge, die nach Westen drangen, war auch zu entnehmen, daß dieser Temüdschin schließlich zum absoluten Herrscher über die Stämme der tatarischen Mongolen gewählt worden war und nun den rätselhaften Titel Dschingis-Khan trug.[23] Als das Reiterheer des Dschingis-Khan Buchara und Samarkand im Reich der Moslems erobert hatte, dauerte es Monate, bis die Nachricht von diesem Ereignis die wenigen Siedlungen an der Wolga erreichte.

Im nördlichen Teil des Flußgebietes, wo Oka und Wolga zusammenströmen, war gerade in jener Zeit (1221) die Stadt Nishnij Nowgorod entstanden, die zum zunächst bescheidenen Handelszentrum am Fluß wurde. Dort nahmen die Kaufleute die Gefahr allmählich wahr, die sich Tausende von Kilometern entfernt zusammenbraute. Doch glaubten sie nicht an eine unmittelbare Bedrohung der sie interessierenden Region – auch dann nicht, als die Kette der schlechten Nachrichten nicht mehr abriß. Die mongolischen Tataren bezwangen die Gebirge des Kaukasus und fielen in die Ebene ostwärts der Wolga ein. Bald schon hatten sie das Volk der Polowzer niedergezwungen.

Der Polowzerfürst Kotjan, der zuvor der Kiewer Rus gewaltigen Schaden zugefügt hatte, floh über die Wolga ins Land seiner früheren Feinde. Er versuchte die Stämme der Rus zum Widerstand gegen die Eindringlinge zu bewegen, doch diese folgten ihm nur halbherzig. Der Haufen, der sich Kotjan anschloß, wurde 1223 besiegt. Doch dann geschah ein Wunder: Die tatarischen Mongolen zogen sich unmittelbar nach ihrem Sieg wieder über die Wolga zurück. Die Reiter aus dem Osten hatten nur den Auftrag gehabt, das Land um den großen Fluß zu erkunden. Die Verantwortlichen der Kiewer Rus aber glaubten, die Gefahr sei endgültig abgeklungen. Die »Nowgoroder Chronik« aus dem Jahr 1223 stellt fest: »Wir wissen nicht, woher diese Bösen gekommen sind. Wohin sie verschwunden sind, das weiß allein Gott.«

Im Karakorumgebirge kannten die Verantwortlichen nun den Feind. Die Vorbereitungen für den entscheidenden Angriff konnten getroffen werden. Dschingis-Khan, so wird berichtet, habe einmal zu einem seiner Reiteranführer gesagt: »Das höchste Lebensglück besteht darin, die Feinde zu besiegen, sie in die Flucht zu jagen, ihre Pferde zu reiten, ihre Habe zu rauben, ihre Frauen und Töchter zu besteigen.«[24]

65 Jahre alt wurde der Schöpfer des Reiches der tatarischen Mongolen, dann stürzte er vom Pferd und starb an inneren Verletzungen. Er hatte ganz China und Zentralasien unterworfen. Bei seinem Tod befand sich der riesige Staat in straffer Ordnung. Dschingis-Khan war ein Gewaltmensch gewesen, doch er hatte überall ein einheitliches Recht eingeführt; und die Beamten waren angewiesen, die einheitlichen Rechtsvorschriften streng zu beachten. Niemand sollte der Willkür regionaler Fürsten ausgesetzt sein. Das Ergebnis war Sicherheit für die Menschen in seinem Reich. Kaufleute und Gewerbetreibende konnten auf verläßlicher Basis arbeiten.

Nachfolger als Herrscher des Riesenreiches wurde Ögötai, der älteste Sohn des Dschingis-Khan. Er setzte die Politik des Vaters fort und nahm sich vor, das Land um die Flüsse der russischen Ebene zu erobern, das bereits erkundet war. 1229 beschloß eine Versammlung aller Stammesführer, die in einem Tal des Karakorummassivs stattfand, die Strategie des Ögötai zu billigen. Die Stämme waren bereit, beachtliche Kontingente an Kämpfern zu stellen. Als der Aufmarsch zwei Jahre später beendet war, bestand das tatarisch-mongolische Heer angeblich aus 500000 Reitern.[25] Zum Oberbefehlshaber wurde Dschingis-Khans Enkel Batu ernannt. Er ließ sich Zeit. Sein Grundsatz als Heerführer war: gründliche Vorbereitung. Nichts sollte dem Zufall überlassen bleiben. Erst im Frühjahr 1235 begann die Offensive in Richtung Westen.[26]

Die Wolga wurde von der gewaltigen Reitertruppe in der Gegend der heutigen Stadt Wolgograd erreicht. Die Flußbarriere erwies sich als unüberwindlich für eine derartige Masse von Menschen, Tieren und Kriegsmaterial. Beim Einfall der tatarischen

Mongolen im Jahre 1223 war die Reitertruppe weit kleiner gewesen. Männer und Pferde waren damals durch den Fluß geschwommen. Nun aber hinderte die Wolga Batu daran, in das bereits erkundete Gebiet westlich des Flusses vorzustoßen. Auf der Suche nach flachem Wasser wandte er sich nordwärts, immer dem Verlauf des Gewässers folgend. Nach einem Weg von 600 Kilometern gelangten die Reiter an den Nebenfluß Samara und den großen Wolgabogen. Noch immer war das Wasser zu tief und der Strom zu breit für die Heermasse des Batu. Der Feldherr war gezwungen, auf dem Ostufer der Wolga zu bleiben.

Die Samara bildete kein Hindernis auf dem Vormarsch nach Norden. Doch kaum war sie überschritten, stießen die tatarischen Mongolen auf den ersten ernsthaften Widerstand des Feldzuges. Die Wolgabulgaren stellten sich vor ihrer Hauptstadt Bulgar den Angreifern in den Weg. An Zahl waren sie weit unterlegen, aber sie kämpften zäh. Als sie schließlich doch von den Reitermassen überrannt wurden, brachen die Mongolen in Bulgar ein. Die Stadt wurde geplündert und zerstört.

Als Bulgar ein qualmendes Ruinenfeld war, fanden Batus Kundschafter unweit der Stadt eine Furt durch die Wolga, die seicht genug war, um Troßwagen und schweres Kriegsgerät überzusetzen. Die Angreifer führten in der Nachhut auch Maschinen mit sich, die sie bei der Belagerung befestigter Städte einsetzen wollten.

Batu wußte, daß am Oberlauf der Wolga keine reichen Siedlungen existierten, die sich als Ziel für ein Massenheer lohnten, das Strapazen auf sich genommen hatte und darauf wartete, plündern und vergewaltigen zu dürfen. Wenn der Feldzug zum Erfolg werden sollte, mußte Batu endlich die Richtung nach Westen einschlagen; nur dort befanden sich die wohlhabenden Städte der Kiewer Rus. Die Furt bei Bulgar bot jetzt die ersehnte Möglichkeit zur Offensive nach Westen.

Batu und seine Reiter folgten noch eine Strecke von 150 Kilometern dem Fluß; doch sie ritten jetzt auf dem rechten Ufer, das »Bergufer« genannt wird. Es erwies sich als schwieriges Gelände für die Pferde, denn es ist hügelig und war damals von dichten

Wäldern bewachsen. Dieser Nachteil mußte in Kauf genommen werden. Die Wolga bot, zum Vorteil der Kundschafter, die ideale Orientierungsmöglichkeit. Das Flußsystem der Wolga führte die Angreifer direkt zu den Orten, die Beute versprachen. Die Reiter erreichten die Oka, die bei der heutigen Stadt Nishnij Nowgorod breit von Westen her in die Wolga mündet. Dieser Nebenfluß Oka bildete die Verbindung zu den Städten, die Batu suchte. Als er sich nach einem Ritt von rund 300 Kilometern der Stadt Rjasan näherte, verließen die Angreifer das Flußufer und schlugen einen Bogen durch ein bewaldetes Gebiet.

Was dann geschah, schildert ein Bericht, der von den Historikern »Laurentius-Chronik«[27] genannt wird, so: »Im Winter des Jahres 1237 kamen die gottlosen Tataren von Osten her. Durch den Wald drangen sie vor gegen das Land, das zur Stadt Rjasan gehört. Nachdem sie das ganze Land Rjasan besetzt hatten, verwüsteten sie es durch Feuer. Viele heilige Kirchen zündeten sie an. Auch Klöster brannten sie nieder. Kein Dorf wurde verschont. Den Fürsten erschlugen die Tataren.«

Von diesem Fürsten von Rjasan – sein Name war Jurij Igorewitsch – berichten andere Quellen[28], er sei zuvor aufgefordert worden, Tribut abzuliefern. Durch Geld hätte er offenbar Schonung für sich und sein Land erkaufen können. Verlangt worden sei »von allem der zehnte Teil«. Der Fürst und die Vornehmen, so wird erzählt, hätten die Aufforderung abgelehnt mit den Worten: »Erst wenn keiner in Rjasan mehr am Leben ist, könnt ihr euch holen, was ihr wollt!« Offenbar hofften sie, der Fürst der Stadt Wladimir werde Bewaffnete zu Hilfe schicken. Doch dieser glaubte, durch Zurückhaltung in diesem Konflikt seinen Besitz retten zu können.

Allein gelassen konnte sich Rjasan nur fünf Tage lang verteidigen. Am 21. Dezember 1237 brach der Widerstand zusammen. Rjasan fiel den tatarischen Mongolen in die Hände. Keiner der Bewohner soll überlebt haben.

Obgleich es längst Winter geworden war, setzte Batu den Feldzug seiner Reitermassen im Gebiet des Flußsystems der Wolga fort. Schnee und Eis behinderten Pferde und Reiter nicht. Die

Stadt Kolomna wurde erobert – sie liegt dort, wo die Moskwa in die Oka fließt. Bald darauf wurde auch das damals noch kleine Dörfchen Moskau niedergebrannt. Zu Beginn des Jahres 1238 vernichteten die Mongolen die wohlhabende Stadt Susdal, das Zentrum des eigenständigen russischen Fürstentums Rostow-Susdal. Zwei Wochen später näherte sich der Reiterverband des Batu der Festung Wladimir an der Kljasma, die ihrerseits etwas weiter östlich in die Oka mündet.

In Wladimir hatte der legendäre Großfürst Wsewolod regiert, der die Hoffnung der Kiewer Rus gewesen war, als Stadt und Volk von Steppennomaden bedroht waren. Im »Igorlied« ist Großfürst Wsewolod erwähnt, in der einzigen überlieferten weltlichen Dichtung der altrussischen Literatur. »Großfürst Wsewolod! Gedenkst du nicht, aus der Ferne zu kommen, um den goldenen Thron deiner Väter zu bewohnen? Du kannst die Wasser der Wolga mit deinen Rudern verdrängen und den Don mit den Helmen deiner Krieger ausschöpfen.«[29]

Wer heute von Rjasan her auf Wladimir zufährt, der sieht von weitem den hellen Bau der Mariä-Entschlafens-Kathedrale mit den goldenen Kuppeln. Sie hatte schon zur Zeit des Großfürsten Wsewolod existiert. Die Kathedrale überragt die Stadt, die aus dem Tal der Kljasma aufsteigt. So hatten auch die Reiter der Tataren die Kuppeltürme erblickt und waren von ihnen angelockt worden. Als Batu dann die Festung unmittelbar vor sich hatte, da erkannte er rasch, daß die Stadt gut geschützt im Dreieck lag, das die zwei Flüsse Kljasma und Lybied bilden. Zwar ist die Lybied nur ein schmales Gewässer, doch der Boden ringsum war damals sumpfig und damit äußerst ungeeignet für die Entfaltung eines Sturmangriffs. Möglich schien dieser nur von der nicht vom Wasser gedeckten Seite des Stadtdreiecks her. Dort aber befanden sich starke Mauern. Deren Zentrum bildete das Goldene Tor. Die Bewohner von Wladimir hatten den Haupteingang der Stadt so genannt, weil sein vergoldetes Kupferdach weithin strahlte.

Heute steht das Goldene Tor von Wladimir frei in der Stadt; die Mauer, deren Mittelpunkt der Bau war, ist längst abgerissen. Aus weißem Stein bestehen die Wände des Goldenen Tors. Vier bullige

Türme sind den Ecken angefügt. Über dem Torbogen befindet sich eine geräumige Kirche. Die Bürger von Wladimir sind stolz darauf, daß dieses Tor zwar oft belagert, aber nie erstürmt worden sei. In Wahrheit ist auch dieser Teil der Festung gefallen, als die Mongolen nach einer Belagerungszeit von nur fünf Tagen in einer Flut von Menschen die Mauer überwanden.

Sie bezwangen eine noch junge Stadt. Wladimir war erst 129 Jahre zuvor gegründet worden. Damals hatte der in Kiew regierende Großfürst erkannt, daß eine Verlagerung seiner Macht vom Dnepr-Becken nach Norden zum Flußsystem der Wolga notwendig wurde. Kiew war nahezu ungeschützt den Angriffen der Völker des Ostens ausgesetzt. Die Angreifer waren die Herren der Steppe. Ihnen auszuweichen erschien klug. In jener Zeit wurde jedoch auch die Machtsubstanz des Kiewer Reiches immer schwächer. Die Zersplitterung in Teilfürstentümer begann. Zuständig für die obere Wolgaregion wurde damals das Fürstentum Rostow-Susdal.

Über den Untergang der Hauptstadt berichtet die »Laurentius-Chronik«: »In der Fastnachtswoche belagerten die Tataren die Stadt Wladimir. Es herrschte keine Freude in der Stadt wie sonst in der Fastnachtswoche. Gewaltig war das Weinen wegen unserer Sünden. Gott hat die Tataren nicht geschickt, um ihnen eine Gunst zu erweisen, sondern um uns zu bestrafen. Gott sucht uns heim durch die Einfälle der Heiden, denn sie sind seine Zuchtrute.«

Am Ende der Erstürmung von Wladimir, so heißt es weiter, hätten sich tausend Männer, Frauen und Kinder in der Mariä-Entschlafens-Kathedrale eingeschlossen, in der Hoffnung, Gott werde sie beschützen. Doch die Tataren hätten die Kirche angezündet. Alle, die dort Zuflucht gesucht hätten, seien eines schrecklichen Erstickungstodes gestorben.[30]

Batu erhielt die Nachricht, beim Fluß Sot im oberen Wolgabecken sammle sich eine gegnerische Streitmacht – das letzte Aufgebot der Kiewer Rus. Batu schickte daraufhin einen Teil seiner Reiter nach Osten über die Wolga, um den Widerstand schon im Entstehen zu brechen. Berichtet wird, 50000 Reiter – die Zahl ist mit Sicherheit übertrieben – hätten die Wolga bei der heutigen

Stadt Kostroma überquert. Dort, wo Sot und Wolga zusammenfließen, fand die Schlacht statt. Großfürst Jurij soll mit erbitterter Entschlossenheit gekämpft haben. Doch als er, von Lanzenspitzen zerstochen, vom Pferd fiel und getötet wurde, brach die Widerstandskraft seiner Kämpfer zusammen. Wer noch lebte, der floh. In der Kiewer Rus gab es keine Streitmacht mehr, die sich den tatarischen Mongolen hätte entgegenstellen können.

Nur eine Stadt von Wohlstand und Bedeutung war noch nicht geplündert und angezündet worden: Nowgorod am Ilmensee. Der Rat der Stadt wußte, daß keine Möglichkeit für eine ernsthafte Verteidigung bestand. Nowgorod war ein Handelszentrum. Seine Bewohner waren nicht auf Krieg vorbereitet. Die Kaufleute schickten ihr bewegliches Eigentum über den zugefrorenen Wolchow nach Norden. Als die Bewohner sich schon verloren glaubten, geschah für sie ein Wunder: Batu gab seinem Reiterheer den Befehl, den Feldzug im Bereich der oberen Wolga abzubrechen. Das neue Ziel waren die Steppengebiete des Südens zwischen Don und Wolga.

Der Grund, warum Batu Nowgorod verschont hat, ist nicht bekannt, doch ist anzunehmen, daß der Feldherr Sorge hatte vor den warmen Winden des Frühlings, die Schnee und Eis zum Schmelzen bringen und den harten Boden in weichen und glitschigen Schlamm verwandeln. Solange noch Frost herrschte, verließ das tatarisch-mongolische Reiterheer das obere Wolgabecken. Mit Beute beladen waren die Pferde auf ihrem Zug durch die Steppenzone am Don. Noch ehe die heiße Jahreszeit begann, erreichten Batus Reiter den Donbogen. Von dort aus ritten sie über den schmalen Landstreifen zur Wolga. Wo sie sich zum Delta auffächert, ließ Batu eine Zeltstadt für seine Kämpfer errichten. Die Tataren wurden seßhaft. Damals wurden die letzten Siedlungsreste des Volkes der Polowzer ausgelöscht.

Die Zelte wurden bald schon durch feste Häuser ersetzt. Um sie herum wurde eine Mauer gebaut. Die bedeutende Stadt Saraj entstand. Sie befand sich etwa fünfzig Kilometer ostwärts von Wolgograd.

In Saraj residierte Batu. Zwar war er Untertan des Großkhans, doch der befand sich im fernen Karakorum. Der Herrscher von Saraj konnte unabhängig handeln. Von Saraj aus stieß die Mongolenreiterei im Jahre 1240 in das Dnepr-Becken vor. Wieder führte Batu einen Winterfeldzug. Bei Einbruch der kalten Jahreszeit erreichten die Angreifer Kiew. Die Tataren nannten die Stadt »die Residenz der goldenen Häupter«. Damit waren die weithin strahlenden Kuppeln der Kirchen gemeint. Am 6. Dezember 1240 ging die ganze Pracht in Flammen auf. Es war das vorläufige Ende der Stadt, von der aus drei Jahrhunderte zuvor die Rus zu Macht und Ansehen aufgestiegen waren.

Eine Darstellung der Ereignisse aus jener Zeit findet sich in der »Ipatjew-Chronik«. Sie berichtet: »Batu zog gegen Kiew mit einer großen Streitmacht. Gewaltig war die Zahl seiner Reiter. Batu verfügte über so viele Tataren, daß er die ganze Stadt umzingeln konnte. Die Luft war erfüllt vom Wiehern der Pferde, vom Brüllen der Kamele, vom Knarren der Wagenräder. Den Leuten von Kiew gelang es, einen Tataren zu fangen, der Towrula hieß. Dieser Mann sagte ihnen, wie stark das Heer der Tataren war. Befehlshaber waren die Brüder des Batu. Ihre Namen waren: Urdjuj, Bajdar, Birjuj, Kajdan, Betschek, Mengu, Kjujuk. Vor Kiew befand sich auch Burundaj Bogatyr, der Bulgar und Susdal erobert hatte. Und Batu stellte Sturmgeräte vor die Stadtmauer. Er wählte den Abschnitt der Polentore, weil hier der Wald bis nahe an die Mauer reichte. Die Sturmböcke donnerten Tag und Nacht gegen das Mauerwerk, bis die Quader losbrachen und die Mauern einstürzten. Die Stadtbewohner eilten zur Bresche. Mit Spießen wehrten sie sich. Schilde dröhnten aufeinander. So viele Pfeile wurden abgeschossen, daß der Himmel nicht zu sehen war bei der Bresche. Bald erstürmten die Tataren die Mauern und blieben dort die ganze Nacht über. Die Bewohner von Kiew aber zogen eine zweite Befestigung hoch bei der Kirche der Heiligen Mutter Gottes. Am Morgen begann der Sturm der Tataren aufs neue. Gewaltig war der Kampf. Da flohen die Menschen mit ihrer Habe in die Kirche. Auf die Empore wollten die meisten, weil sie glaubten, dort seien sie sicher. Da brachen die Mauern der Kirche zusammen. Das war das Ende des Kampfes.«[31]

Fünf Jahre später reiste der päpstliche Legat Johann de Plano Carpini von Rom aus zu den Tataren – in dienstlichem Auftrag.[32] Papst Innozenz IV. hatte den Franziskanerpater an die Wolga geschickt, damit er die Identität des fremden Volkes ergründe, das so rasch politische Bedeutung errungen hatte. Carpini sollte sich auch über Religion, Gebräuche und Besonderheiten der Tataren informieren. Sein Weg führte den Legaten über Kiew. Er habe in den Dörfern vor der Stadt nur Ruinen vorgefunden, so berichtet er nach Rom. In Kiew selbst stünden nur noch ungefähr zweihundert brauchbare Häuser. Überall seien Gerippe von Erschlagenen zu sehen. Niemand habe die Kraft gehabt, die Toten zu bestatten. Ohne Lebensmut seien die wenigen Bewohner. Angst vor den Tataren beherrsche sie. Kiew sei ohne jede Bedeutung. Der Handel sei erloschen.

Plano Carpini erreichte die Tatarenhauptstadt Saraj im Jahre 1246. Es gelang ihm, nachdem er ihre Sprache erlernt hatte, das Vertrauen der Mächtigen zu erringen. Er konnte schließlich genaue Auskünfte über die Politik des Tatarenfürsten geben: »Seine Absicht ist, die ganze Welt zu unterwerfen. Mit keinem Volk, das sich ihnen nicht beugt, wollen sie in Frieden leben. Da es in der Welt außer der Christenheit keine Macht gibt, die sie ernst nehmen und fürchten, bereiten sich die Tataren gerade deshalb auf einen Krieg gegen die christlichen Länder vor. Sie haben die Absicht, alle Könige und Adligen zu vernichten. Diese Politik verfolgt der Tatarenfürst hinterlistig und klug. Was er verspricht, das hält er nicht. Deshalb darf man vor ihm nicht kapitulieren. Die Tataren wollen unseren Glauben vernichten und unsere Seelen ins Verderben stürzen.«[33]

Der Herrscher weise jedem Menschen, der ihm wichtig sei, den Ort zu, wo er sich aufzuhalten habe. »Jeder Befehl, wann und wo er auch erteilt wird, ob er sich auf den Krieg, auf Tod und Leben bezieht, wird ohne jeglichen Widerspruch befolgt. Auch wenn der Fürst eine jungfräuliche Tochter begehrt, wird sie ihm ohne Widerspruch gegeben.« Und obwohl Plano Carpini die Untaten des mächtigen Heiden verdammte, zollte er ihm doch auch Respekt: »Der Fürst hat eine wunderbare Herrschergewalt über alle.«

Über den Glauben der Tataren schrieb Plano Carpini an den Papst: »Sie wissen, daß es einen Gott gibt, und sie halten ihn für den Schöpfer aller Dinge. Sie nennen ihn Itoga. Gott Itoga, so sagen sie, verteilt Glück und Unglück. Die Tataren verehren diesen Gott jedoch weder durch Gebete noch durch Lobgesänge noch durch irgendein anderes Ritual. Allerdings besitzen sie Götzenbilder, die aus Fels bestehen und in menschlicher Gestalt geformt sind. Diese Götzenbilder stehen an beiden Seiten der Hauseingänge. Die Tataren sind überzeugt, daß die Götzen über die Herden wachen und für Fruchtbarkeit sorgen. Fürsten und Befehlshaber haben immer einen Götzen in ihrer Behausung. Diesen Figuren opfern sie Speisen oder das Herz eines Tieres, das geschlachtet worden ist. Im übrigen befolgen die Tataren keine Vorschriften für irgendeine Form des Gottesdienstes. Vom ewigen Leben und von der ewigen Verdammnis wissen sie nichts. Sie glauben immerhin, daß sie nach dem Tode irgendwie weiterleben werden. Vor dem Mond beugen sie das Knie. Sie glauben, daß der Mond Macht über uns habe. Viel halten sie von Weissagungen und Orakelsprüchen. Haben sie etwas Besonderes vor, so warten sie immer Neumond oder Vollmond ab.«[34]

Zu seinem Erstaunen hat der päpstliche Legat keine verbindlichen Rechtsvorschriften entdecken können: »Die Tataren haben keine Gesetze für die Justiz und für die Bekämpfung von Verbrechen.« Und doch hat Plano Carpini festgestellt, daß Männer und Frauen, die beim Ehebruch ertappt werden, getötet werden, wobei dem Mann aber nach Brauch und Sitte mehrere Frauen erlaubt sind. Plano Carpini berichtet, daß auch Räuber und Diebe getötet werden – wie er ausdrücklich vermerkt: »ohne Erbarmen«.

Über das Erscheinungsbild der Tataren notierte der Gesandte aus Rom: »Sie unterscheiden sich von allen anderen Menschen. Die Augen stehen weiter auseinander. Die Backenknochen ragen über die Backen hinaus. Um die Hüften sind sie schlank. Die Tataren sind alle von mittlerer Größe. Die Männer haben nur spärlichen Bartwuchs. Manche haben einen dünnen Kinnbart, den sie nur wenig scheren. Vom einen Ohr zum anderen zieht sich bei ihnen über das Haupt ein glattrasierter Streifen hin. Die Kleider sind bei Männern und Frauen von gleicher Form. Sie tragen Kleider aus Stoff, die bis zu den Fußgelenken reichen. Der Stoff ist mit Purpur und Goldbrokat geschmückt. Jungfrauen, Frauen und Männer sind an der Kleidung nicht voneinander zu unterscheiden.«

Plano Carpini empfand offenbar Sympathie für einzelne Tataren, doch sein Gesamturteil war vernichtend: »Menschen töten, andere Länder überfallen, fremdes Eigentum rauben, perverse Unzucht treiben, Gottes Gebote verletzen, gilt ihnen nicht als Sünde.« Skepsis an der Wahrheit des Berichtes ist angebracht.

Das Volk der Tataren hat während der Jahre von 1237 bis 1240 die Kiewer Rus zum Vasallen gemacht. Saraj an der Wolga war das Zentrum. Von hier aus wurde im eroberten Land eine neuartige Verwaltung eingerichtet. Beamte zählten die Menschen – das hatte es bisher nicht gegeben. Die Zähler gingen von Hütte zu Hütte, ließen sich die Namen der Bewohner nennen und trugen diese in Papierrollen ein. Wer registriert war, der mußte Steuern bezahlen. »Wychod« hieß diese Abgabe. Das Wort ist eine Ableitung vom Verb »hinausgehen« – die Steuer ging hinaus zu den Tataren an der Wolga.

Die Steuern bestanden aus Realabgaben, wobei die tatarischen Einnehmer darauf zu achten hatten, daß jeder Russe des Wolgagebiets im Jahr ein Bärenfell ablieferte. Diese Felle mußte Fürst Batu dem Großkhan in die Täler des Karakorummassivs schicken. Dort wurden sie sehr geschätzt. Um die Ablieferung zu sichern, war Batu gezwungen, zu scharfen Maßnahmen zu greifen. Wenn ein Steuerpflichtiger kein Bärenfell abgeben konnte, wurde er nach Saraj verschleppt und dann als Sklave verkauft.

Die Teilfürsten, die den Tatarensturm überlebt hatten, waren von Batu nicht abgesetzt worden. Starb ein Fürst, durfte ein Nachkomme oder ein Verwandter den Titel führen. So repräsentierten in Wladimir, Smolensk, Rjasan auch weiterhin Vertreter der traditionellen Herrschergeschlechter die Macht. Die wahrhaft Mächtigen aber waren die Statthalter, die Batu in die Residenzen geschickt hatte. Die Vertreter Batus waren die Befehlshaber über die Bewaffneten, über die Streitmacht. Sie waren damit in der Lage, ihren Willen durchzusetzen. Die Fürsten hatten zu gehorchen.

Die Goldene Horde

Ungewiß ist, warum das Reich des Batu an der Wolga »Die Goldene Horde«[35] genannt wurde. Vielleicht ist der Name durch den Eindruck entstanden, den die Zeltstadt Saraj – in der Tat: *orda* bedeutet Lager – auf die Teilfürsten der Rus machte, die Saraj besuchen mußten, um Batu-Khan ihre Aufwartung zu machen. Zu jener Zeit, als die Stadt noch nicht aus festen Ziegelhäusern bestand, waren die spitzen Zeltdächer reich mit Gold verziert. Ein leuchtender und blinkender Kegel reihte sich an den anderen. Verwirrend und bedrohlich zugleich muß der Eindruck gewesen sein. Die Goldzelte wurden von den Unterlegenen als primitive Entfaltung des Reichtums empfunden. In Kiew war der goldene Reichtum in Form von Ikonen, Wandbildern und Architektur dargeboten worden – in Saraj wurde das Gold kunstlos zur Schau gestellt.

Saraj war vom Jahre 1240 an die Hauptstadt des Khanats der Goldenen Horde. Jeder Teilfürst der Rus hatte sich zur Bestätigung seines Amtes an die untere Wolga zu begeben. Im Zelt des Batu – unter dem Dach, das aus geraubtem Gold bestand – mußte sich der Fürst demutsvoll auf den Boden werfen. Dann durfte er die Geschenke, die er mitgebracht hatte, vor dem Khan ausbreiten. War der Khan mit den Tributabgaben und dargebotenen Geschenken (oft Bärenfelle und Zobelpelze) einverstanden, dann ließ er eine Urkunde ausfertigen, die »Jarlyk« hieß. Sie ermächtigte den Fürsten, sein Amt anzutreten.

Selbst die Stadt Nowgorod, die nicht von den Tataren zerstört worden war, die mit keiner tatarischen Besatzungstruppe belegt war, sah sich veranlaßt, die Autorität des Khan anzuerkennen.[36] Die Stadt am Ilmensee besaß in jener Zeit einen klugen Fürsten[37], der begriffen hatte, daß Tributzahlungen für die Bürger am Ende billiger waren als die Kosten eines Krieges gegen die Tataren, der dann doch verlorenging. Die Kaufleute aber waren stolz auf die Unabhängigkeit ihres Gemeinwesens – und sie glaubten, die Tataren hätten es schon einmal nicht gewagt, Nowgorod zu belagern. Die Reichen hielten ihre Stadt für unverwundbar. Sie wollten nicht einsehen, warum sie Zahlungen ans Schatzamt in Saraj leisten sollten. Doch der Fürst setzte durch, daß tatarische Steuereinnehmer in Nowgorod Quartier bezogen. Der Name dieses Fürsten war Alexander Newskij.

Newskij war der Ehrenname des Fürsten. Er trug ihn, seit er am 15. Juli 1240 die katholischen Schweden an der Newa besiegt hatte. Für diesen Sieg wurde Alexander Newskij von der orthodoxen Kirche später in den Kreis der Heiligen aufgenommen.

Die Schweden hatten das reiche Nowgorod besetzen und in ihr Gebiet eingliedern wollen. Sie waren allerdings nicht die einzigen Gegner im Norden. Im Baltikum hatten sich die Ritter des Deutschen Ordens festgesetzt. Auch sie waren von dem Willen getrieben, ihren Staat und damit den katholischen Herrschaftsbereich nach Osten auszudehnen. Die Stadt Pskow, 150 Kilometer westlich von Nowgorod, hielten die Ritter besetzt. Von dort aus wollten sie ihren Eroberungszug gegen die reiche Handelsstadt führen. Doch am 5. April 1242 schlugen die Streitkräfte des Alexander Newskij die Deutschordensritter auf dem Eis des Peipussees in die Flucht. Drei Jahre später besiegte der Fürst die Litauer, die ebenfalls begierig waren auf den Reichtum der Kaufleute von Nowgorod.

In dieser gefahrvollen politischen Situation sah sich Alexander Newskij gezwungen, nicht auch noch die Tataren zum Angriff auf Nowgorod zu reizen. Allerdings befand er sich in einer schwierigen Lage: Er war nicht Fürst durch Erbfolge, sondern von den Bürgern von Nowgorod gewählt; erwartet wurde vom Fürsten, daß er den Willen der Reichen erfüllte.

Hatten sie nach langer Diskussion widerwillig zugestimmt, daß sich die Stadttore für tatarische Steuereinnehmer öffneten, so nahmen sie Alexander Newskij im Verlauf der Jahre die Nachgiebigkeit gegenüber den fremden Herren übel. Als im Jahr 1257 die Beamten des Khans wieder einmal eine Volkszählung zur Neufestsetzung der Steuersätze durchführen wollten, da rebellierten die Kaufleute. Sie verschlossen ihre Ladengewölbe vor den tatarischen Herren. Für den Fürsten war die Situation äußerst kompliziert, denn sein eigener Sohn hatte die Stimmung in der Stadt gegen die Unterdrücker hochgepeitscht. Der Sohn verlangte, die Fremden zum Tor hinauszujagen. Es bestand die Gefahr, daß die

Tatarenbeamten erschlagen wurden. Die Bewaffneten des Fürsten mußten die Bedrohten schützen. Er bezog damit Stellung gegen die eigenen Bürger.

Zwei Jahre später beschloß eine Gruppe von Reichen erneut, die Steuereinnehmer zu töten. Da drohte Alexander Newskij, er werde seinen Vertrag mit der Stadt aufkündigen und Nowgorod mitsamt seinen Truppen verlassen. Darüber erschraken die Kaufleute dann doch – denn niemand hätte sie mehr beschützt. Sie lenkten ein und hörten auf die Argumente des Fürsten.

Dann allerdings geschah es, daß ein Russe, der als Steuereintreiber im Dienst des Khans tätig war, hinterrücks überfallen und zu Tode geprügelt wurde. Eigentümlich war, daß dieser Russe Moslem war: Kurz vor Übernahme seines Amtes hatte er den orthodoxen Glauben aufgegeben und sich zum Islam bekannt. Dieser Wechsel des Glaubens deutet einen Vorgang an, der sich in jenen Jahren, verborgen vor den Chronisten, abspielte: Die Tataren wurden Moslems – und verlangten offenbar von ihren Hilfswilligen, daß auch sie Moslems wurden.

Der Vorfall veranlaßte Alexander Newskij jedenfalls, eilends zur unteren Wolga zu reisen, um die Hauptstadt Saraj aufzusuchen. Mehr als 2000 Kilometer betrug die Entfernung zwischen Nowgorod und Saraj. Die bequemste Art, diese Strecke zurückzulegen, war die Benützung eines Wolgaschiffes. Allerdings ist der Fluß in seinem Oberlauf mehr als 120 Tage im Jahr zugefroren. Wie der Fürst tatsächlich gereist ist, hat kein Chronist überliefert. Nur dieser kurze Bericht ist erhalten: »Fürst Alexander ging zur Goldenen Horde und suchte den Khan auf. Vorher hatte er sich noch von Bischof Kyrill segnen lassen. Als Khan Batu den Fürsten erblickte, sagte er zu seinen Würdenträgern: ›Es ist mir gesagt worden, daß es keinen Mann gibt, der diesem Fürsten ähnlich ist. Wer dies gesagt hat, der hat die Wahrheit gesprochen.‹«[38]

Trotz der hohen Meinung über den Nowgoroder Fürsten ließ sich der Khan erst nach Erhalt von reichen Pelzgeschenken dazu bewegen, der Bitte Alexander Newskijs um Gnade für seine Stadt zu entsprechen. Die Stadt bezahlte teuer für den Tod des russischen Moslems – doch sie wurde vor der Vernichtung bewahrt.

Die Anstrengung der Verhandlungen mit dem Khan hatten an den Kräften des 43jährigen Mannes gezehrt. Krank legte er den Heimweg zurück. Am 14. November 1263 starb Alexander Newskij. Nowgorod hatte einen geschickten Taktiker verloren. Der Schwerpunkt des Geschehens verlagerte sich nach Südosten, in den Herrschaftsbereich Wladimir–Susdal.

Unterdessen waren die meisten Tataren und die von ihnen unmittelbar abhängigen Sippen zum Islam übergetreten. Anstoß dazu hatten die Moslems im Gebiet ostwärts des Kaspischen Meeres gegeben, die ebenfalls Untertanen des Tatarenstaates waren. Sie hatten zu überzeugen vermocht, daß es nur den einen und allmächtigen Gott, *al-lah*, gebe, dessen Macht unumschränkt sei und dem Menschen innere Kraft verleihe. Der Glaube an die Macht der unpersönlichen Gottwesen der Vorväter verblaßte. Hatte es bisher schon Moscheen in Buchara, Samarkand und Taschkent gegeben, so entstanden jetzt auch islamische Bethäuser an der unteren Wolga.

Im Jahre 1272 bekannte sich auch der Khan zu Allah. Damit war der Islam zur Religion der Tataren geworden. Die Goldene Horde besaß fortan ein Weltbild, das sie scharf von der Orthodoxie abgrenzte. Die beiden Ideologien standen einander unversöhnlich gegenüber.

Das Bekenntnis der Tataren zum Islam verschärfte das Gefühl der Russen, einem fremden Volk ausgeliefert zu sein. Es ließ sich auch hervorragend propagandistisch auswerten: Daß die orthodoxe Kirche unter dem Joch des Islam existierte, wurde zum unerträglichen Gedanken. Dabei änderte sich nichts an der duldsamen Haltung des Mächtigen in Saraj gegenüber der orthodoxen Kirchenorganisation. Die Geistlichen blieben von allen Steuern befreit. Allerdings hatten sie als Gegenleistung die Gläubigen zu ermahnen, den islamischen Tataren gute Untertanen zu sein. Die orthodoxe Kirche hat auch tatsächlich nie zur nationalen Rebellion gegen die Goldene Horde aufgerufen. Die Geistlichen haben die russischen Fürsten, die den Herrn der Tataren um Bestätigung ihrer Rechte bitten mußten, vielmehr darauf hingewiesen, die Reise an die untere Wolga sei ihnen von Gott auferlegt. Die Bischöfe segneten die Reisenden und machten ihnen Mut – auch wenn Gefahr bestand, daß sie aus Saraj nicht lebend zurückkommen könnten.

Mit der Zeit aber änderte sich die Stellung der Fürsten gegenüber dem Khan der Goldenen Horde. Es zeigte sich schon bald, daß der Übertritt der Tataren zum Islam nicht den Aufschwung brachte, der durch die eindeutige weltanschauliche Ausrichtung zu erwarten gewesen war. Die Kämpfer ritten zwar nun mit dem Schrei »Allahu akbar!« (»Allah ist über allem!«) ins Gefecht, doch waren sie keineswegs vom Feuer des Glaubens erfüllt. Das Reiterheer konnte nicht verhindern, daß der Goldenen Horde weite Landstriche durch die Litauer entrissen wurden. Das von Saraj abhängige Gebiet verkleinerte sich.

Mit der Schwächung seiner Macht aber gewährte der Khan den Teilfürsten weitere Souveränitätsrechte, die bis dahin den Statthaltern der Tataren vorbehalten gewesen waren. Der Herrscher von Moskau, Iwan Kalita (»der Geldsack«), erreichte das Zugeständnis, daß ihn der Khan zum Steuereinnehmer erhob. Damit war die bisherige Trennung der Funktionen zwischen Fürst und tatarischem Beamten aufgehoben.

Iwan Kalita setzte die Mittel, die ihm zur Verfügung standen, klug ein: Er kaufte Russen aus der tatarischen Sklaverei frei. Auf diese Weise gewann er Sympathien und ihm ergebene Anhänger.

Die Autorität der Goldenen Horde begann zu schwinden. Das Ergebnis waren interne Auseinandersetzungen. Schließlich starb kein Khan mehr eines natürlichen Todes. Der Streit der Mächtigen führte dazu, daß in der zweiten Hälfte des 14. Jahrhunderts das Reich der Horde in zwei Hälften zerfiel: in das Gebiet um die untere Wolga und in die Region um den Unterlauf des Don.

Die Teilfürsten der ehemaligen Kiewer Rus reagierten rasch – sie stellten die Tributzahlungen ein, mit dem Argument, sie wüßten nun nicht mehr, wer der rechtmäßige Empfänger von Gold und Pelzen sei. Nur Iwan Kalita, der Herrscher von Moskau, trieb weiterhin im Auftrag der Tataren Geld ein – um hinter den Kulissen seine eigenen Interessen zu verfolgen und seine Macht zu festigen. Voll Empörung schrieb der Fürst der Stadt Twer einen

Brief an die Mächtigen der Rus. Er rief dazu auf, Iwan Kalita zu ächten: »Er verrät unsere Brüder an die Moslems!« Der Fürst von Twer wollte mit seinem Brief aufrütteln: »Sind wir überhaupt noch Russen, oder sind wir, wie Iwan Kalita, Diener der gottlosen Tataren? Zusammen sollten wir die Tataren bekämpfen! Ich auf jeden Fall bin bereit, den Kampf aufzunehmen, um die russische Erde und unsere heilige orthodoxe Kirche zu verteidigen!«[39]

Moskau, das einstige Palisadendorf an der Moskwa, war zum Rivalen von Twer geworden. Iwan trotzte dem Khan die Großfürstenwürde ab, veranlaßte den Metropoliten, von Wladimir in seine »Hauptstadt« Moskau überzusiedeln, und begann nun seinerseits mit der »Sammlung der russischen Erde« – so wird die Ausweitung des russischen Gebiets umschrieben.

Zum offenen Bruch mit den Tataren kam es aber erst eine Generation später. Das Chaos im Land der Goldenen Horde war so weit fortgeschritten, daß die Reitertruppe jegliche Disziplin vergaß. In der Gegend der unteren Wolga machten sich kleine Verbände unter Führung ihrer Hauptleute selbständig. Sie verwandelten sich in Räuberbanden, die Siedlungen rings um Saraj plünderten. Als sie dort keine Beute mehr fanden, zogen sie wolgaaufwärts ins Gebiet der Rus. Diese Herausforderung konnten sich die Teilfürsten nicht gefallen lassen. Sie mußten Widerstand leisten. Doch da mußte zunächst einmal die Überzeugung überwunden werden, die Tataren seien nicht zu besiegen.

Die Passivität der Fürsten hatte erst ein Ende, als der Bandenführer Mamaj die Macht an sich riß. Ehrgeiz und Aggressivität hatten ihn zum Kommandeur der stärksten aller Banden gemacht. Sobald ihm niemand mehr gewachsen war, ernannte er sich selbst zum Khan der Goldenen Horde.

Als Herrscher begann Mamaj staatsmännische Ideen zu entwickeln. Der alte Glanz des Tatarenreiches sollte wiederhergestellt werden. Mamaj wollte dafür sorgen, daß die Russen den Tataren wieder mit Respekt entgegentraten, daß sie Demut empfanden beim Anblick eines Mächtigen der Goldenen Horde. Die Autorität der Tataren über die ganze Rus zu erringen war das Fernziel; zunächst aber sollten die Grenzscharmützel aufhören, die an Häufigkeit und Heftigkeit zunahmen. Mamaj mobilisierte ein Reiterheer und zog die Wolga hinauf. Seine Truppe war gewaltig an Zahl, doch es fehlte den Kämpfern an Disziplin. Sie aber war in der Vergangenheit die Grundlage des Erfolgs der Tataren gewesen.

Im Jahre 1380 wollte Mamaj seine Truppen nach Moskau führen, um den Großfürsten Dimitrij abzusetzen. Diplomatisch war diese Strafexpedition gut vorbereitet. Mamaj hatte ein Zweckbündnis mit dem litauischen Großfürsten geschlossen, der eine merkwürdige Doppelrolle spielte: Er galt als Erzfeind Moskaus, gleichzeitig aber auch als Gegenspieler des Khanats. Damit trug er zur Lösung »russischer Erde« aus der Oberhoheit Sarajs bei. Großfürst Dimitrij war sich rasch über die drohende Gefahr im klaren und stellte sich der tatarischen Streitmacht am Don, ehe die Litauer eingreifen konnten. Was dann geschah, schildert der Rjasaner Mönch Sofonij in seinem Heldenepos »Sadonschtschina« so: »Es war am Geburtstag der Heiligen Gottesmutter, da wurde das gottlose Heer auf dem Kulikowo Pole (Schnepfenfeld, 250 Kilometer südlich von Moskau) von den Christen vernichtend geschlagen. Fürst Wladimir Andrejewitsch spornte sein Pferd an. Sein Helm glänzte weithin sichtbar. Dann zwangen der Großfürst Dimitrij Iwanowitsch und sein Vetter die heidnischen Heerscharen zur Flucht. Sie schlugen mit ihren Schwertern ohne Gnade zu. Groß war die Bedrängnis für die Tataren. Ihre Befehlshaber fielen von den Pferden. Überall auf den Feldern lagen Leichen der Tataren. Der Fluß war rotgefärbt vom Blut. Bald löste sich das Heer der Gottlosen vor Schreck auf. Die Feinde flohen in die Wälder. Wer gefangen war, der warf die Waffen auf die Erde und beugte seinen Kopf unter das russische Schwert. Der Teufel Mamaj schlich davon wie ein grauer Wolf. Schon begann das Tatarenland zu seufzen. Diesmal holten die Söhne Rußlands Beute. Sie trugen Rüstungen davon, wertvolle Gewebe und Tücher, die mit Gold durchwirkt sind. Dazu erbeuteten sie Pferde, Kamele und Ochsen. Nie mehr wird ein Tatarenkhan Tribut von einem Russen fordern.«[40]

Großfürst Dimitrij, der dafür den Beinamen Donskoj (der vom Don) erhielt, verkündete: »Die Zeit der Tataren ist vorüber. Gott hat uns befreit!«

Diese Bilanz war allerdings voreilig gezogen, wie sich wenig später zeigen sollte. Aber ihre Niederlage von Kulikowo Pole hatte bewiesen, daß die Tataren nicht unbezwingbar oder von Gott gesandte Züchtiger der sündigen Rus waren. Allerdings hatten auch die Russen schwere Verluste erlitten, so daß es ihnen nicht möglich war, den Sieg auszunützen.

Um das desorganisierte Heer der Goldenen Horde völlig aufzureiben, wäre ein starker und vor allem schneller Reiterverband nötig gewesen. Alle Fürstentümer hätten ihre besten Kämpfer zur Verfügung stellen müssen. Doch die Befehlshaber weigerten sich, die Verfolgung Mamajs aufzunehmen, zumal dieser ja nur ein tatarisches Teilheer angeführt hatte. Sie hatten Angst vor einem Kräftemessen mit der mongolischen Hauptstreitmacht. Die Fürsten verließen den Kampfplatz, um nach Hause zu ziehen.

Zweifelhaft ist auch, ob ein solches Unternehmen den gewünschten Erfolg gehabt hätte, denn während Khan Mamaj mit seinen Reitern in Richtung Moskau unterwegs war, hatte sich in Saraj eine politische Wende vollzogen. Ein Reiterverband aus dem Osten war eingetroffen, entsandt von dem in Samarkand residierenden Herrscher Timur-Lenk[41], der Persien, Nordindien, Kleinasien, aber auch Buchara, Samarkand und Taschkent erobert hatte. Nachdem er dieses Riesenreich geschaffen hatte, wollte er ihm noch das Gebiet um die Wolga anfügen. Diesen Auftrag hatte der Reiterverband, der vom tüchtigsten Befehlshaber des Timur-Lenk kommandiert wurde: Tochtemysch.

Die Machtübernahme in Saraj verlief reibungslos. Tochtemysch begann sofort für Ordnung zu sorgen. Als erstes setzte er Mamaj ab, der sich noch auf dem Rückweg von der verlorenen Schlacht befand. Mamaj konnte sich vor Tochtemysch auf die Krim retten. Nachdem die Machtverhältnisse in Saraj geklärt waren, schickte Timur-Lenk die Bestellungsurkunde, die Tochtemysch mit den Befugnissen des Khans der Goldenen Horde ausstattete.

Die zweite Maßnahme zur Herstellung der Ordnung an der unteren Wolga war die Aufforderung an die russischen Teilfürsten, den früher üblichen Tribut nach Saraj zu entrichten. Zudem sollte jeder der abhängigen Fürsten persönlich in der Hauptstadt der Goldenen Horde erscheinen, um seinen neuen Herrn Tochtemysch kennenzulernen. Doch keiner machte sich auf den Weg ins Wolgadelta. Schrecken lähmte die Verantwortlichen in Moskau und Wladimir. Sie waren unsanft aufgeweckt worden aus ihrem Traum, die Tatarengefahr sei für alle Zeiten vorüber.

Als die Herren der Rus nichts von sich hören ließen, handelte Tochtemysch rasch. Kamen die Fürsten nicht zu ihm, so kam er zu den Fürsten. Seine Reiter brandschatzten Moskau und Wladimir. Um seine Herrschaft zu retten, mußte Großfürst Dimitrij den Siegern seinen Sohn als Geisel mitgeben.

Weit entfernt von seinem Herrn Timur-Lenk, dachte Tochtemysch immer intensiver daran, sich an der Wolga selbständig zu machen. Er schickte Timur-Lenk keine Berichte mehr und nahm keine Befehle entgegen. Tochtemysch regierte nach eigenem Gutdünken. Dies bedeutete vor allem, daß er von den eingenommenen Tributzahlungen nichts an Timur-Lenk abführte. Schließlich verkündete Tochtemysch vor aller Welt seine Absicht, das Land der Goldenen Horde für völlig unabhängig zu erklären. Zentrum seiner Macht und deren Symbol sollte die Stadt Saraj an der unteren Wolga sein.

Diese Politik führte dazu, daß die Region um die heutige Stadt Wolgograd Familien und Sippen anzog, die dort Verdienstmöglichkeiten sahen. Der Markt von Saraj blühte. Um den Stadtkern wuchsen Viertel, die zunächst aus einfachen Zelten bestanden; die Zelte wurden bald durch Hütten ersetzt, an deren Stelle dann Holzhäuser errichtet wurden. Nach der Vorstellung des Tochtemysch sollte Saraj zum bedeutendsten Siedlungszentrum zwischen Buchara und den Hansestädten werden. Die Tributzahlungen der Teilfürstentümer wurden zur Finanzierung dieses gewaltigen Bauprogramms gebraucht.

Großfürst Dimitrij, dessen Hauptstadt Moskau durch die Reiterei des Tochtemysch zerstört worden war, bemühte sich, von seinem Zufluchtsort Kostroma aus, die Gelder aufzubringen, die der Tatarenherrscher forderte. Die Stadt befindet sich dort, wo der Fluß Kostroma in die Wolga mündet – im Nordosten von Moskau. Daß die Wolga für Kostroma wichtig war, zeigte das Stadtwappen:

Über hellglänzende Flußwellen bewegt sich mit geblähten Segeln ein Schiff; darüber spannt sich ein blauer Himmel. Die Bewohner der Stadt waren sich offenbar im klaren über die Bedeutung des Schiffsverkehrs für ihr Wohlergehen. Dieses Wappen war Werbung für die Segel, die in Kostroma gefertigt wurden und als die besten weit und breit galten. Auch die Tataren von Saraj kauften die Segel für ihre Handelsschiffe in Kostroma. So floß ein Teil des Geldes, das als Tribut bezahlt wurde, wieder in die Stadt zurück.

Großfürst Dimitrij konnte sicher sein, daß ihm Tochtemysch die Handelsstadt Kostroma nicht wegnehmen wollte. Der Tatarenfürst wußte, daß die Eroberung der Stadt mit Plünderung und der Zerstörung von Warengewölben und Werkstätten verbunden gewesen wäre. An einer toten Stadt Kostroma war Tochtemysch nicht interessiert. Er brauchte das Handelszentrum auch für die Geschäftsbeziehungen seiner Kaufleute. Der Tatarenherrscher hatte begriffen, daß seine wachsende Hauptstadt Saraj nur lebensfähig war, wenn der Handel blühte.

Die besondere Situation von Kostroma gab dem Großfürsten Dimitrij die Möglichkeit, seine Grenzwächter aus der Gegend abzuziehen, wo Oka und Wolga zusammenfließen, um sie nach Norden zu verlegen – an die Grenze zur Handelsrepublik Nowgorod, die sich rings um den Ilmensee ausbreitete. Zu Nowgorod gehörten weite Gebiete des oberen Flußsystems der Wolga.

Nowgorod war nahezu 150 Jahre zuvor durch die kluge Politik des Alexander Newskij vor der Eroberung durch die Tataren bewahrt worden. Seither hatte die Stadt der Kaufleute keine ernsthafte Krise mehr durchzustehen gehabt. Kein Konflikt behinderte in der zweiten Hälfte des 14. Jahrhunderts den Handel mit den Städten der Hanse. Zwischen Lübeck und Nowgorod bestand eine Partnerschaft: Nowgorod lieferte Bärenfelle und Zobelpelze, Flachs, Hanf, Holzkohle, Fischtran, Honig und Wachs; aus Lübeck kamen Salz, Wein, Werkzeuge und Gold an den Ilmensee. Nowgorod wurde reich.

Die Ausweitung des Pelzhandels hatte allerdings zu Spannungen zwischen Nowgorod und Kostroma geführt. Nowgorod schickte seit langem schon Gruppen von Pelzjägern in die dichten und finsteren Wälder des Danilow-Hochlandes ostwärts der nördlichen Wolga. Dort, fernab von jeder Stadt, unterstanden sie keiner Aufsicht und waren völlig auf sich selbst gestellt. Die Jäger waren ohnehin Abenteurer, die durch ein hartes, erbarmungsloses Leben geprägt waren – der Schritt zum Verbrecher war für manchen nicht groß. Zu den Jägern gesellten sich aus Gefängnissen entflohene Männer, meist Schuldner ohne Hoffnung auf ein besseres Leben. Aus den Gruppen von Jägern wurden Haufen von Gesetzlosen. Ihnen war das Jägerleben in den Wäldern bald zu anstrengend. Sie verließen das Danilow-Hochland und zogen hinunter zur Wolga. Sie sahen, daß auf dem Wasser Handelsschiffe unterwegs waren, und vermuteten, daß Überfälle reiche Beute bringen würden. Sie lernten, Boote zu bauen, die den Transportschiffen an Schnelligkeit überlegen waren. Die Männer aus den Wäldern waren dazuhin mutiger und verwegener als die Kaufleute und deren Knechte. So geschah es, daß in Kostroma bald Berichte eintrafen, die Wolga oberhalb der Stadt sei ein unsicherer Wasserweg geworden.

Am Fluß befanden sich die einstigen Jäger wieder im Bereich der Staatsgewalt von Nowgorod, doch der dort gewählte Fürst unternahm nichts, um die Verbrecher zu fangen. Er fühlte sich zu keiner Strafaktion aufgerufen, denn die Schiffe, die im Auftrag der Handelsherren von Nowgorod unterwegs waren, blieben immer unbehelligt. Offenbar hatte Nowgorod ein Abkommen mit den Bandenanführern.

Großfürst Dimitrij konnte diese Entwicklung nicht zulassen. Er entschloß sich im Jahre 1382 zum Kriegszug gegen Nowgorod. Die Stadt verfügte nur über wenige Bewaffnete. Der Rat der Kaufleute erkannte rechtzeitig die Gefahr und bot die Bezahlung von Bußgeldern an. Dimitrij Donskoj verlangte Entschädigung für die geraubten Waren und Schiffe. Die Staatskasse von Nowgorod bezahlte. Der Fürst sorgte dafür, daß der Verlauf der oberen Wolga für die Kaufleute von Kostroma wieder zum sicheren Transportweg wurde.

Als Großfürst Dimitrij im Jahre 1389 starb, da wurde spürbar, daß sich etwas geändert hatte. Früher hatten die Tatarenreiter den

Augenblick des Machtwechsels in einem russischen Fürstentum immer zu einem Einbruch in dieses Gebiet ausgenützt. Diesmal aber blieb der Raubzug aus.

Erst zwei Jahre später war der Grund für diese Zurückhaltung zu erfahren: Tochtemysch hatte mit einem Angriff aus dem Osten rechnen müssen. Timur-Lenk, der sich noch immer als Herr über das untere Wolgagebiet fühlte, bereitete sich darauf vor, den Rebellen von Saraj zu züchtigen. Im Jahre 1391 brach die Katastrophe über Tochtemysch herein. Aus der Ebene des Turgaj-Plateaus ritten die Kämpfer des Timur-Lenk auf die Wolga zu. Sie hatten Befehl, den Wolganebenfluß Kama zu erreichen, um von dort wolgaabwärts vorzustoßen. Tochtemysch hatte diese Angriffsrichtung des Gegners in seinen Abwehrplan einbezogen: An der Kama wartete er mit seinem Reiterheer auf Timur-Lenk. Doch diesem gewaltigen Ansturm waren seine Männer nicht gewachsen. Nach kurzem Kampf brach die Verteidigungsfront des Tochtemysch zusammen. Dem Verlierer gelang noch die Flucht in seine Hauptstadt Saraj.

Dort erwartete der Tatarenfürst den Stoß des Timur-Lenk, doch der zögerte, seinen Triumph vollständig zu machen. Erst im Jahre 1395 zerstörte Timur-Lenk die Stadt Saraj. Die Holzhäuser gingen in Flammen auf. Die Männer, Frauen und Kinder, die den Angriff überlebt hatten, flohen mit ihrer beweglichen Habe über die Wolga nach Westen. Zurück blieb ein Aschenfeld, das bald von Steppengras bedeckt war. Kaum einer der Geflohenen dachte an Rückkehr, an Wiederaufbau. Die Hauptstadt der Goldenen Horde blieb für lange Zeit bedeutungslos.

Dem geschlagenen Tochtemysch gelang die Flucht nach Litauen, mit dessen Großfürsten Witold er verbündet war. Der islamische und der katholische Fürst hatten ein Abkommen gegen die aufstrebende Macht Moskau getroffen. Tochtemysch war überzeugt gewesen, er könne durch diese Allianz die Herren von Moskau und Nowgorod gefügig machen, und Großfürst Witold wollte die Stadt Smolensk seinem litauischen Staat eingliedern.

Timur-Lenk gab sich mit der Vertreibung des Tochtemysch jedoch nicht zufrieden. Er nahm sich vor, den überheblichen Statthalter zu verfolgen und zu fangen. Nur sein Tod vereitelte die Ausführung dieses Plans.

Nachfolger als Herrscher des Tatarenreichs wurde einer seiner Befehlshaber, der Edigü hieß. Er war noch durch Timur-Lenk dazu verpflichtet worden, die Suche nach Tochtemysch aufzunehmen. Tatsächlich sammelte er 1408 ostwärts der Wolga ein Reiterheer und machte sich flußaufwärts auf den Weg.

Dort, wo Wolga und Oka zusammenströmen, war, wie bereits erwähnt, im Jahre 1221 die Stadt Nishnij Nowgorod entstanden: als Festung der russischen Herren des Gebiets von Wladimir. Seit einer Generation gehörte Nishnij Nowgorod zum Großfürstentum Moskau, das sich nach und nach derart ausgedehnt hatte, daß die Wolga mitten durch Moskauer Territorium floß.

In unmittelbarer Nähe Nishnij Nowgorods befand sich eine Furt. Edigü benützte diese seichte Stelle im Wasser, um seine Reiter über den Fluß zu führen. Obgleich Nishnij Nowgorod Grenzort Moskaus an der Wolga war, befand sich nur eine schwache Besatzung in der Festung. Die Verteidiger vertrauten darauf, daß ihnen ihre Position hoch über der Mündung von Oka und Wolga genügend Sicherheit bot. Den Tatarenkämpfern gelang jedoch die Einnahme von Stadt und Festung.

Es zeigte sich nun, daß es nie die Absicht des Edigü gewesen war, in Richtung Litauen zu ziehen. Edigü wollte vielmehr Moskauer Gebiet plündern. Wiederum mußte der Großfürst fliehen: Kostroma an der Wolga, etwa 300 Kilometer von Nishnij Nowgorod entfernt, bot ihm Schutz. Der Feldzug der Tataren nahm jedoch ein rasches Ende. Innenpolitische Schwierigkeiten im Zentrum seines Reiches zwangen Edigü zum Rückzug.

Dem Großfürsten in Kostroma schrieb Edigü folgenden Brief: »Edigü grüßt Wassilij! Ich bin mit dem Heere gegen Dich gezogen, weil ich erfahren habe, daß die Kinder des Tochtemysch bei Dir Aufnahme gefunden haben. Auch weiß ich, daß in Deinem Fürstentum unsere Kaufleute beschimpft und unterdrückt werden. Meine Gesandten werden in Deinem Lande verhöhnt. Bisher aber war Rußland unsere treueste Provinz. Das Land kannte Furcht und Gehorsam. Es zahlte Tribut und ehrte die Gesandten und die

Kaufleute der Goldenen Horde. Du jedoch, der vornehmste Fürst in Rußland, mißachtest den Fürsten der Horde. Die Zerstörung Deines Landes war die Folge. Das christliche Land wäre ganz und gar unversehrt geblieben, wenn Du den Tribut an uns richtig bezahlt hättest. Jetzt aber mußtest Du, wie ein feiger Hund, aus Moskau nach Kostroma fliehen.«[42]

Großfürst Wassilij kehrte bald darauf nach Moskau zurück. Den Brief des Tatarenfürsten beantwortete er nicht. Die Antwort hätte Edigü auch gar nicht mehr erreicht. Er hatte das Wolgagebiet verlassen und ritt mit seinem Heer in Richtung Buchara. Am Fluß kehrte Ruhe ein.

Dreißig Jahre lang gab es keine starke Persönlichkeit mehr im Volk der Tataren. Es fehlte auch ein Machtzentrum, in dem sich eine politische und militärische Führung hätte heranbilden können. 1438 aber setzte sich ein Mann an die Spitze der Tataren, der zu einer Sippe gehörte, die einst in Saraj gelebt hatte. Ulug nannten ihn die Frauen und Männer seiner Großfamilie. Mit vollem Namen hieß er Ulug-Mahmet. In jenem Jahr 1438 gelang es Ulug-Mahmet, auch andere Tatarenclans unter seinem Befehl zu vereinigen. Als sein Volk groß genug war, um autonom leben und die Nachfolge der Goldenen Horde antreten zu können, stellte sich die Frage, in welcher Gegend der Tatarenstaat entstehen sollte. Das Land um Saraj an der unteren Wolga wollte Ulug-Mahmet nicht besiedeln, am Fluß aber wollte er bleiben. Er wählte schließlich einen Platz aus, der ihm aus strategischen Gründen vorteilhaft zu sein schien. Ulug-Mahmet führte sein Tatarenvolk in eine fruchtbare Region, die nur spärlich besiedelt war. Dort, im Mündungsgebiet des Flusses Kasanka in die Wolga, lebten noch Reste des einst stolzen Volkes der Wolgabulgaren. Sie waren orthodox, doch die islamischen Tataren begannen keinen religiösen Streit. Wolgabulgaren und Tataren einigten sich über die jeweiligen Siedlungsgebiete. Im Schutz der beiden Flüsse Wolga und Kasanka ließ Ulug-Mahmet seine Hauptstadt Kasan erbauen.

Bald schon war Ulug-Mahmet, der Tatarenkhan von Kasan, auch bei den russischen Fürsten eine geachtete Persönlichkeit. Er wurde, obwohl Moslem, bei Streitigkeiten unter den orthodoxen

Herrschern als Schiedsrichter angerufen. Allerdings konnte es auch vorkommen, daß sein Schiedsspruch nicht angenommen wurde, wie das folgende Beispiel zeigt: Am Fluß Kostroma, dessen Wasser sich in die Wolga ergießt, war das Fürstentum Galitsch entstanden. Seine Wälder waren reich an Tieren, deren Felle in Nishnij Nowgorod teuer an Händler der Goldenen Horde und der Hansestädte verkauft werden konnten. Der Fürst von Galitsch hatte das Problem der Räuberbanden durch entschlossene Maßnahmen seiner Bewaffneten lösen können. Jäger, Händler und Handwerker hatten sich angesiedelt. Auf gerodetem Boden hatten sich Dörfer und Städte gebildet. Das Fürstentum Galitsch verfügte über eine gesunde wirtschaftliche Grundlage. Schwierigkeiten entstanden erst durch familiären Zwist unter den Fürsten.[43]

Der Herrscher von Galitsch – sein Name war Jurij Dimitrijewitsch – war ein Bruder des Großfürsten Wassilij von Moskau. Beim Tod Wassilijs erhob Jurij Dimitrijewitsch Anspruch auf das Erbe: unter Berufung auf das Testament Dimitrijs, das dem jeweils Ältesten das Thronrecht zusprach (Seniorat). Wassilij hingegen hatte die Macht der eigenen Linie, das heißt seinem Sohn Wassilij II., sichern wollen (Primogenitur). Während also Jurij Dimitrijewitsch argumentierte, es sei in Rußland immer schon gültiges Recht gewesen, daß der Bruder in der Erbfolge vor dem Sohn zu bevorzugen sei, betrachtete Wassilij sich als legitimen Großfürsten, weil er vom Vater dazu bestimmt worden sei. Recht stand gegen Recht, und eine Lösung des Problems war nicht in Sicht. In dieser schwierigen Lage einigten sich die Kontrahenten darauf, den Fall dem Khan von Kasan zu unterbreiten.

Diese Übereinkunft zeigt beispielhaft, daß die beiden orthodoxen Adligen die Autorität des Tatarenherrschers anerkannten und daß sie im Oberhaupt der Goldenen Horde aus Tradition den Souverän des Wolgagebiets sahen.

Wassilij II., der noch nicht volljährig war, vertrat sein Anliegen beim Khan von Kasan nicht selbst. Er schickte den redegewandten Bojaren Wsewoloshskij in die Stadt beim Zusammenfluß von Wolga und Kasanka. Wsewoloshskij plädierte dafür, dem Sohn des Verstorbenen das Erbe zuzusprechen, denn dieser wende sich an die Gnade des allmächtigen Herrn der Goldenen Horde, Jurij Dimitrijewitsch aber habe nur das Recht auf seiner Seite. Der Bojar hatte den richtigen Ton getroffen: Ulug-Mahmet, überaus geschmeichelt, entschied, Wassilij II. sei von nun an Großfürst von Moskau. Der Khan ließ sofort das Jarlyk (Anerkennungsschreiben) ausstellen.

Jurij Dimitrijewitsch, der Verlierer, hielt sich jedoch nicht an die Zusage, er werde den Schiedsspruch anerkennen. Die Folge war ein wechselvoller, grausamer Krieg zwischen den Fürstentümern Moskau und Galitsch, der mehr als zwanzig Jahre dauerte. Das Elend, das dadurch über das Land kam, mag dazu beigetragen haben, daß die Menschen in einer Ordnung schaffenden Zentralgewalt das kleinere Übel sahen. Nur sie konnte die Eigeninteressen der Teilfürsten eindämmen.

Wassilij II. nutzte die Chance: Um die Bojaren, die einflußreichen Adligen mit Landbesitz, dauerhaft an sich zu binden, sollte der Anspruch auf die Scholle künftig mit einer Dienstverpflichtung gekoppelt sein. Das würde den großen Familien zumindest den beliebigen »Frontenwechsel« erschweren und die Gefahr innerer Kriege mindern.

Dazu schien ihm allerdings noch ein weiteres Mittel geeignet: Bereits sein Vater hatte Litauer und Tataren in seine Dienste genommen, die loyal zu ihm standen. Wassilij II. führte diese Personalpolitik nicht nur fort, sondern setzte sie gezielt als Druckmittel ein. So nahm er die beiden Söhne Ulug-Mahmets bei sich auf, als diese aus Kasan vertrieben wurden. Sehr zum Ärger seiner Gegenspieler, die wütende Vorwürfe gegen ihn erhoben: »Warum hast du die Tataren in das russische Land gebracht und ihnen Städte gegeben (...)? Die Tataren und ihre Rede liebst du über die Maßen, die Christen aber peinigst du über die Maßen ohne Gnade, und Gold und Silber und Güter gibst du den Tataren.«[44]

Doch gerade auf diese Emigranten konnte der Großfürst sich verlassen, weil sie allein ihm ihre neue Karriere verdankten. So entstand ein Dienstadel, mit dem die alteingesessene Aristokratie künftig zu rechnen hatte. Moskau war auf dem Weg, ein Einheitsstaat zu werden, dem sich dank einer klugen Bündnispolitik auch andere Fürstentümer anschlossen. Wohlstand kehrte ein, der tüchtige, unternehmungslustige Leute anzog. Als Wassilij II. nach einer außerordentlich langen Regierungszeit starb, hatten sich die Machtverhältnisse unumkehrbar verändert. Von den einstigen Konkurrenten waren nur noch Groß-Nowgorod, wohin der Fürst von Galitsch geflohen war, und das Khanat von Kasan übrig. Moskau war zum Zentrum der orthodoxen Fürstentümer geworden.

Ein seltsamer Krieg

Wie lange muß ich noch Sklavin des Tatarenkhans bleiben?« Diesen Satz soll, so erzählten sich böse Zungen im Moskau des späten 15. Jahrhunderts, Iwan III. fast täglich von seiner Frau zu hören bekommen haben. Iwan war der Sohn Wassilijs II. und hatte im Jahre 1462 die Herrschaft über Moskau geerbt. Seine Gemahlin, die ihn angeblich immer wieder mit deutlichen Worten an die politische Realität erinnerte, war eine byzantinische Prinzessin, die Tochter eines Bruders des letzten Kaisers von Byzanz und »Erbin des griechischen Reiches«.

Die Hochzeit Iwans III. mit Sophia Palaiologina hatte jedenfalls 1472 in einem Kloster stattgefunden, das rund 400 Kilometer von Moskau entfernt liegt und das für die russische Geschichte noch bedeutsam werden sollte. Sein Name: Kyrillo-Beloserskij-Kloster. Es befindet sich beim Weißen See, in der nördlichsten Region des Wolgagebiets und wurde von den russischen Großfürsten wegen seiner Abgeschiedenheit geschätzt. Bei der Trauung verkündete Großfürst Iwan III., das Wappen Rußlands trage fortan einen Adler mit zwei Köpfen. Der Doppeladler aber war bisher das Staatssymbol von Byzanz gewesen.

Konstantinopel war im Jahr 1453 von den Moslems erobert worden. Die Christenheit insgesamt empfand dies als bitteren Verlust. Für die orthodoxe Kirche wog er aber um so schwerer, als damit die Hauptstadt der Orthodoxie, das »Zweite Rom«, Heiden in die Hände gefallen war. Das »Erste Rom« galt als von einem »verderbten« Klerus beherrscht. So schien die Hauptstadt des Moskowiter Reiches als ein »Drittes Rom« zum Hort des wahren, des orthodoxen Christentums bestimmt.[1] Aus diesem Blickwinkel kam der dynastisch wohldurchdachten Heirat des russischen Herrschers mit einer byzantinischen Prinzessin eine ganz besondere Bedeutung zu.

Iwan III. verstand sich selbst als Autokrator, als Selbstherrscher.[2] Als seine vordringlichste Aufgabe sah er das »Sammeln russischer Erde« an, das Iwan I. begonnen und die beiden Großfürsten Wassilij so erfolgreich fortgesetzt hatten. Pskow und Nowgorod[3] wurden mit Waffengewalt angegliedert. Daraufhin traten die letzten Stadtstaaten und Teilfürsten um Oka und Wolga dem Moskauer Reich von sich aus bei – nicht gerade freiwillig, aber friedlich; eine andere Wahl hätten sie ohnehin nicht gehabt. Iwan III. wurde zum »Herrscher der ganzen Rus«.

An künftige Gebietserweiterungen war freilich nur zu denken, wenn ein Dauerproblem geklärt wurde: das Verhältnis des Moskauer Staates zu den Tataren. Iwan ergriff die Initiative. Als erste Maßnahme beendete er die Tributzahlungen an die Staatskasse in Kasan. Dann ließ er Gesandte des Khans hinrichten, die ihn an seine Schuldigkeit erinnerten.

Diese kompromißlose Politik konnte Iwan III. wagen, weil er mit einem zweiten Tatarenstaat, der dem Khan von Kasan feindlich gegenüberstand, unbeirrbar Frieden hielt. Es waren die Tataren der Krim, die bereits Wert auf ihre Unabhängigkeit von der Goldenen Horde gelegt hatten. Ihr Khan hieß Mengli-Girej. Auf Bitten des Großfürsten von Moskau bezeugte er seine Friedensbereitschaft auch schriftlich: »Im Namen Allahs, des Allmächtigen, bestätige ich, Khan Mengli-Girej, daß ich gnädig willens bin, mit meinem Bruder, dem Großfürsten Iwan, in ewigem Frieden zu leben. Der Freund des einen sei auch der Freund des anderen. Der Feind des einen sei auch der Feind des anderen. Ich, Khan Mengli-Girej, werde gegen Dein Land und gegen die Fürsten, die mit Dir verbündet sind, keinen Krieg führen. Wenn aber ohne meine Kenntnis meine Leute gegen Deine Leute ziehen und dann mit

Beute zurückkommen, so haben wir sie zu strafen und die Beute zurückzugeben.«[4]

Der Khan der Krimtataren sah es gern, daß der Khan der Wolgatataren Schwierigkeiten bekam. Iwan III. brauchte also kein Bündnis zwischen den beiden islamischen Herrschern und damit einen Zweifrontenkrieg zu fürchten. So konnte Iwan seine Sticheleien gegen den Herrn der Goldenen Horde fortsetzen. Mit einer hochmütigen Absage beantwortete der Großfürst die Aufforderung des Khans von Kasan, in die Hauptstadt der Goldenen Horde zu kommen, um sich dort zu verbeugen und Befehle zu empfangen.

Prinzessin Sophia war allerdings Realistin genug, um die Heirat ihres Sohnes Wassilij mit einer von der Wolga stammenden Tatarenprinzessin gutzuheißen. Sie selbst suchte das Mädchen aus. Berichtet wird, Sophia habe fünfhundert Töchter adliger Häuser aus Rußland und angrenzenden Gebieten nach Moskau zur Auswahl kommen lassen. Im Badehaus des Terem-Palastes im Kreml fand die Brautschau statt. Die fünfhundert Mädchen mußten nackt vor Prinzessin Sophia erscheinen. Sie entschied sich für die Tatarenprinzessin Salomonia.

Die Wahl brachte dem Thronerben Wassilij wenig Glück. Salomonia war zwar überaus schön, doch sie konnte keine Kinder gebären. Wassilij verbannte seine Frau deshalb in ein Kloster bei Susdal. Unterdessen bereitete sich Iwan III. auf den aktiven Kampf gegen den Khan von Kasan vor. 1480 stellte er ein Heer von 150000 Kämpfern[5] auf.

Im selben Jahr zog ein ebenso gewaltiges Reiterheer der Goldenen Horde die Wolga herauf bis Nishnij Nowgorod. Die Moslems folgten dann dem Flußlauf der Oka. Bei der heutigen Stadt Kaluga stießen sie auf die Mündung der Ugra. Dort, im Südwesten von Moskau, ist das Netz der Nebenflüsse des mächtigen Stromes Oka weit verzweigt. Die gesamte Region im Süden und Westen der russischen Hauptstadt bis hin zum Ursprung des Dnepr gehört zum Gewässersystem der Wolga. Einer der westlichen Nebenflüsse der Oka ist die Ugra, deren Wasser aus der Gegend von Wjasma stammt.

An der Ugra machte der Khan von Kasan mit seinem Reiterheer halt. Er wollte auf Verstärkung warten, die ihm der Herrscher von Litauen versprochen hatte. Gemeinsam mit den Litauern sollten seine Reiter dann Moskau angreifen.

Iwan III., der Großfürst von Moskau, wurde von seinen Befehlshabern bedrängt, er solle die Order zum Angriff auf die Tataren geben, solange der Khan noch auf Verstärkung warte. Doch der Großfürst scheute die Entscheidungsschlacht. Er hielt seine Kämpfer bei Moskau zurück. Erst als die Bewohner der Hauptstadt drohten, sie würden dem Großfürsten den Gehorsam verweigern, ordnete er den Marsch zur Ugra an.

Als er das Ufer erreichte, sah er das Lager des Khans auf der anderen Seite des Flusses. In Blickweite des Feindes ließ Iwan III. sein eigenes Lager aufschlagen. Die Ugra trennte die beiden Heere. Und an dieser Situation änderte sich wochen-, ja monatelang nichts. Mehrmals ritt der Großfürst die Strecke zwischen dem Fluß und Moskau – sie betrug immerhin 240 Kilometer – hin und her. Er hielt seine Anwesenheit in der Residenz für wichtig, weil er eine Rebellion der eigenen Brüder befürchtete. Blieb er jedoch längere Zeit der Front an der Ugra fern, wurden die Kämpfer dort unruhig und neigten zu Aufruhr.

Der Sommer verging, und der Herbst auch. Der Khan von Kasan – sein Name war Ahmed – wartete vergeblich auf die litauischen Hilfstruppen. In der Hoffnung, bald schon den Russen an Zahl der Kämpfer so überlegen zu sein, daß er um den Sieg nicht zu fürchten brauchte, nahm er die Chance nicht wahr, den Feind während der Abwesenheit des Großfürsten anzugreifen. So rührten sich auch die Tataren nicht.

Doch dann geschah es, daß der Fluß Ugra innerhalb weniger Tage und Nächte zufror. Die Eisdecke trug schließlich Pferd und Reiter. Damit existierte das trennende Hindernis nicht mehr. Diese Situation fürchteten offenbar beide Befehlshaber, denn gleichzeitig gaben Khan Ahmed und Großfürst Iwan III. den Befehl, die Lager abzubrechen und abzuziehen. Die feindlichen Heere flohen voreinander in Richtung Heimat. Das war genau hundert Jahre nach dem Erfolg auf dem Kulikower Feld.

Iwan III. konnte behaupten, er habe die Tataren vertrieben und somit einen Sieg errungen. Seine selbstbewußten Reden stießen auf Skepsis. Erst nach und nach begriffen die Menschen, was sich wirklich ereignet hatte: Der Tatarenkhan hatte seine Machtansprüche nicht durchsetzen können.

Mit der Zeit verklärte die Erinnerung die Vorgänge. Die Dichter von Heldengesängen schmückten das eher ruhmlose Geschehen prachtvoll aus. Sie priesen die Tapferkeit des Großfürsten, dem es gelungen sei, das »tatarische Joch« abzuschütteln und die Unabhängigkeit des stolzen Großfürstentums Moskau zu erringen. Geholfen habe ihm dabei seine Frau, die byzantinische Prinzessin.

Khan Ahmed aber wurde von seinen eigenen Kommandeuren als Verlierer des Feldzugs gegen Moskau betrachtet. Sie konnten die Schmach nicht ertragen und ermordeten den Herrn der Goldenen Horde wenige Wochen später. Daß sie historisch begründete Machtansprüche gegenüber Rußland besaßen, vergaßen die Nachfolger des Khan Ahmed völlig. Sie waren nur noch daran interessiert, von Kasan an der Wolga aus Raubzüge zu unternehmen. Dabei machten sie Jagd auf junge Frauen und Männer, die auf den Sklavenmärkten am Unterlauf des großen Flusses gegen gutes Gold verkauft werden konnten. Die Großfürsten von Moskau waren gezwungen, zur Sicherung ihrer Bevölkerung das Festungsnetz an der Wolga zu verstärken.

Über einen Abschnitt von 50 Kilometern verläuft der Fluß südlich von Kostroma in einer geraden Strecke von West nach Ost. Am rechten Ufer liegt die kleine Stadt Pljos. Das Wort »Pljos« bedeutet »gerader Flußverlauf«. Direkt am Wasser und am steilen Abhang des Westufers stehen niedrige Holzhäuser und zwei verwahrloste Kirchen. Birken wachsen an Straßenrändern und in den Gärten. Frauen und Kinder sind mit Eimern unterwegs, um Wasser zu holen, das an der Straße aus Leitungsrohren fließt. Ende des vergangenen Jahrhunderts war das Städtchen eine Malerkolonie. Künstler hatten sich hier niedergelassen, die sich vorgenommen hatten, die Wolga zum zentralen Thema ihrer Werke zu machen.

Gegründet worden war Pljos aber als befestigter Platz zur Abwehr der Tataren. Mit Absicht war der »gerade Flußverlauf« als

Ort der Festung ausgewählt worden: Fluß und Ufer waren weithin zu überblicken. Stoßtrupps der Tataren, die meist im engeren Bereich des flachen linken Ufers vordrangen, konnten frühzeitig vom Hochufer aus entdeckt werden. Um die Sicht noch zu verbessern, bauten Zimmerleute aus Kostroma hölzerne Wachtürme auf die höchsten Erhebungen. Bewaffnete aus Kostroma bildeten die Besatzung der einfachen Festung. Sie konnten tatarische Angriffe weitermelden, doch selten hielten sie dem Hagel der Pfeile lange stand. Oft wurde Pljos niedergebrannt. Kaum aber waren die Tataren abgezogen, kamen auf Flößen die Zimmerleute aus Kostroma die Wolga herunter. Innerhalb weniger Wochen entstand der Stützpunkt Pljos aufs neue.

Die Besatzung sah den Schiffen nach, die russische Krieger wolgaabwärts trugen zur Verfolgung der Tataren. Pljos war für lange Zeit der letzte Ort am Fluß, der russisch war. Schon an der nächsten Biegung begann das Khanat Kasan.

Mönche jenseits der Wolga

Sie genossen hohes Ansehen, die Mönche, die weit von der Hauptstadt entfernt in Klöstern ostwärts des Flusses lebten. Sie folgten noch den Regeln des einfachen Lebens und der Entsagung, als in den Klöstern um Moskau und Nowgorod längst weltliches und kommerzielles Denken vorherrschte. Schuld daran, daß Handel und Gewerbe den Dienst an Gott verdrängt hatten, war der Grundsatz, jedes Kloster müsse sich selbst versorgen. Unterstützung durch die orthodoxe Kirche wurde nicht gewährt. Die Mönche vernachlässigten das Gebet und wurden Kaufleute, die schließlich nur noch ein Ziel hatten: ihr Kloster reich und damit auch einflußreich zu machen. Hatte ein Kloster erst einen gewissen Wohlstand erreicht, erbat es sich vom Großfürsten Steuerbefreiung – unter Zusage besonderer Fürbitten. War dieses Privileg erteilt, dann war der Besitzstand an Geld gesichert, und das Kloster konnte daran denken, Darlehen zu verleihen und Zinsen einzunehmen. Die Klöster in und um Moskau und Nowgorod erwirtschafteten reichlichen Gewinn. Schenkungen machten sie zu Besitzern von Häusern und Dörfern. Das Ergebnis war, daß die Bewohner abhängig wurden von den Mönchen.

Diese Entwicklung war nicht unumstritten und wurde gerade von frommen, klugen Mönchen als Irrweg der orthodoxen Kirche empfunden. Zu ihnen gehörte Maxim, genannt »der Grieche«, weil er vom Berg Athos gekommen war. Großfürst Wassilij III. – der Sohn Iwans III. und Sophias – hatte den Mönch angefordert, weil er einen theologischen Berater brauchte.[6] Doch schon bald nach der Ankunft erwies sich Maxim als unbequemer Mahner, der mit Vorliebe gegen die Geldgeschäfte der Mönche predigte:

»Wer sein Leben Gott widmet, der soll auch ein gottgefälliges Leben führen. Doch was geschieht? Mönche verleihen, gegen die Vorschriften des Glaubens, Geld gegen Zinsen. Sie erpressen sogar Zinseszinsen von den Armen. Dies geschieht gegen Dorfbewohner, die sich in unseren Diensten abrackern. Wir belasten die Bauern mit hohen Zinsen, bis sie nicht mehr bezahlen können. Dann vertreiben wir die Bauern samt Weib und Kindern aus dem Haus. Und wenn dann ein Bauer fortziehen will, dann verbieten wir es ihm. Wir verlangen erst die Bezahlung der Schulden. Was kann denn unmenschlicher sein?«[7]

Weit entfernt von Moskau hörte ein junger Mönch von den Predigten des Griechen. Am Weißen See, im nördlichen Einzugsbereich der Wolga, lebte dieser junge Mönch – im Kyrillo-Beloserskij-Kloster. Er hatte dort um Aufnahme gebeten, weil es eine Ehre war, gerade zu den Mönchen dieses Klosters zu gehören, das stets von den Großfürsten gefördert worden war. Wer sich im Kyrillo-Beloserskij-Kloster auszeichnete, der durfte auf Unterstützung der Mächtigen in Moskau hoffen. Der Name des jungen Mönches war Nil Majkow.

Der heilige Kyrill hatte, wo später das Kloster entstand, im Jahre 1397 eine Einsiedelei bewohnt, mitten in unwegsamem Gebiet, etwa fünf Kilometer von der Scheksna, einem Nebenfluß der Wolga, entfernt. Ein Kreuz bezeichnet die Stelle, an der sich die Zelle des Heiligen befand. Dicht daneben steht die hölzerne Kapelle, die Kyrill erbaut haben soll. Zur Zeit, als Nil Majkow in das Kloster am Weißen See eintrat, standen um die Kapelle einfache Holzhäuser. Doch besaß die Gemeinschaft der Mönche bereits eine beachtliche Bibliothek.

Maxim der Grieche, der Mahner, war vom Berg Athos gekommen – Nil Majkow reiste dorthin. Er lernte bei den Athosmönchen die asketische Form des Glaubenslebens in der Gemeinschaft kennen, die sich völlig Gott weiht. Nil Majkow vertiefte sich unter Anleitung der Mönche in Meditationsübungen, die zu einem Verschmelzen der Seele mit Gott führen sollten. Nach einer Abwesenheit von zwei Jahren kehrte er wieder ins Kyrillo-Beloserskij-Kloster zurück – geläutert und mit anderen Vorstellungen über die Hingabe an Gott. Vor allem mißfiel ihm jetzt die enge Verbindung des Abtes und dessen Vertrauten mit den Mächtigen Rußlands. Die Klosterleitung war ständig darauf vorbereitet, den Großfürsten samt dem Hofstaat zu empfangen und sich vor der weltlichen Macht zu beugen.

Die Bereitschaft, Gastgeber zu sein für die Mächtigen, löste auch Veränderungen im Erscheinungsbild des Klosters aus. Die Gebäude um die Kapelle des heiligen Kyrill wurden geräumiger und prächtiger. Bescheidenheit war nicht mehr gefragt. An Askese dachten die Mönche kaum noch. Nil Majkow aber hatte erfahren, wie Mönche wirklich leben sollten. Er zog weg vom Kyrillo-Beloserskij-Kloster und baute sich an einem kleinen Flüßchen des oberen Wolgagebiets eine eigene Zelle.

Bald schon kamen Gleichgesinnte in seine Einsiedelei. Er lehrte die Anhänger, ein Mönch müsse wohl arbeiten, das Ergebnis der Arbeit aber dürfe nur das Notwendigste zum Lebensunterhalt erbringen. Der Mönch dürfe nie daran denken, Besitz zu haben. Genausowenig aber sei Besitz der Gemeinschaft der Mönche und der Institution des Klosters erlaubt. Nil Majkow predigte: »Nur der kann zur Vollendung gelangen, der auf alle irdischen greifbaren Werte bewußt verzichtet. Besitz darf das Denken des Mönches nicht beeinflussen.«[8]

Das Ergebnis solcher Predigten war offener Streit unter den Geistlichen der orthodoxen Kirche. In den Klöstern und Kirchen Moskaus waren die Verteidiger des Grundbesitzes der Glaubensgemeinschaften zu finden; in der Region ostwärts der Wolga waren bald schon die Anhänger der asketischen Kirche in der Mehrheit. In der Hauptstadt wurden sie »Trans-Wolga-Starzen« genannt; das Wort »Starzen« bedeutet Mönche, Einsiedler oder Greise.

Jahrelang blieb der Streit unentschieden, ob die Kirche auch Grundbesitzer sein dürfe. Erst 1551, zur Regierungszeit Iwans IV., setzten sich die Trans-Wolga-Starzen durch: Das Bodeneigentum der Klöster wurde eingeschränkt. Erwarb ein Kloster neues Land, mußte der Abt die Regierung um Genehmigung bitten.

Die Klöster wehrten sich auch deshalb so lange gegen die Beschneidung ihres Eigentums, weil sie Lasten in der fortwährenden Auseinandersetzung mit den Tataren zu tragen hatten. Den Einsiedlern ostwärts der Wolga wurde vorgeworfen, sie könnten leicht Armut predigen, da sie nichts beitrügen zum Schutz der Bevölkerung – die Trans-Wolga-Starzen nähmen den Konflikt zwischen Moskau und Kasan nicht einmal zur Kenntnis. Die Klöster aber seien Zufluchtsorte für die Familien der völlig ungeschützten Dörfer in weitem Umkreis.

Tatsächlich existierten im gefährdeten Bereich der Wolga, südlich des Beobachtungspunktes Pljos, über Generationen hin keine befestigten Plätze. Erst nach dem verheerenden Tatareneinfall des Jahres 1521, bei dem Tausende von Russen in die Sklaverei verschleppt worden waren, baute Großfürst Wassilij an der Einmündung des Flusses Sura in die Wolga die Festung Wassilsursk. Sie befindet sich, von Nishnij Nowgorod aus gesehen, 120 Kilometer stromabwärts.

Genau in der Mitte zwischen Nishnij Nowgorod und Wassilsursk liegt am linken, flachen Wolgaufer der imposante Komplex des Klosters Makarjew. Weiß leuchten seine Außenmauern, die ein Quadrat bilden mit jeweils 220 Meter Seitenlänge. Fünf Türme geben dem Bau einen trutzigen Charakter. Daß das Kloster jahrelang dem Verfall preisgegeben war, zeigt sich beim Umschreiten der Wehrmauer: Die hölzerne Abdeckung ist zum Teil heruntergebrochen. Ein Turm ist bis auf die Fundamente eingestürzt. Über dem Haupttor, das durch Bretter versperrt ist, fehlt die Heiligenfigur. Im Innenhof liegen Haufen von Schutt – Reste eingestürzter Gebäudeteile. Brüchig sind Mauern und Dächer. Das einst reiche Kloster Makarjew ist in seinem Innern zerstört – durch Vernachlässigung.

»Makarjew wird wieder aufgebaut«, sagt Äbtissin Eugenia, die mit einer Novizin im zerfallenden Gemäuer haust. Sie erzählt, das Kloster sei im Jahre 1927 von den Kommunisten geschlossen worden. Sie hätten daraus eine Veterinärfachschule gemacht. Die Kirche sei in kommunistischer Zeit ein Viehstall gewesen. Um zu reparieren, was die Gottlosen der Zerstörung preisgegeben hätten, fehle das Geld. Frisch angestrichen wurden die Türme und die Umfassungsmauer. Wer auf der Wolga vorüberfährt, dem präsentiert sich Makarjew hell strahlend.

Die Novizin Marina hat sich mit der Geschichte des Klosters befaßt. Sie berichtet, die ersten Gebäude seien am Ende des 15. Jahrhunderts entstanden. Der heilige Makarios habe sie zur Zeit der Tatarenstürme errichten lassen. Die Novizin sagt: »Die Grenze des islamischen Khanats war nicht weit entfernt. So geschah es, daß die Tataren Makarjew überfielen. Damals waren die Mauern noch schwach, und sie hielten den Angreifern nicht lange stand. Vierhundert Mönche wurden von den Tataren hingemetzelt. Nur der heilige Makarios überlebte. Er wurde vor Khan Mohammed geschleppt, der sich lange mit dem heiligen Mann unterhielt. Das Ergebnis war, daß Makarios zurückkehren durfte an den Platz des Klosters. Er konnte die vierhundert toten Brüder bestatten. Das Kloster wieder aufzubauen aber wurde ihm nicht erlaubt, denn Khan Mohammed betrachtete das Gebiet als sein Eigentum. Erst nach dem Ende des Tatarenjochs ist Makarjew wiedererstanden.«[9]

Der Name des Tatarenfürsten gibt einen Anhaltspunkt für den Zeitraum der Zerstörung. Khan Mohammed herrschte im Jahr der islamischen Flut 1521. Erst 31 Jahre später besiegten die Russen den letzten Rest der Goldenen Horde.

Die Tatarenfestung Kasan fällt

Obwohl der Tatarenkhan längst nicht mehr den Ehrgeiz hatte, die Fürstentümer der einstigen Kiewer Rus zu beherrschen und Tribut von ihnen zu fordern, war Kasan nach wie vor Ausgangspunkt für Raubzüge. Die Herren der Goldenen Horde sahen die mittlere und obere Wolga als Gebiet an, aus dem Beute zu holen war: Die tatarischen Reiter sollten Menschen einfangen, die auf den Sklavenmärkten der islamischen Welt und Osteuropas verkauft werden konnten. Offenbar glaubten die Mächtigen in Kasan, das Kräfteverhältnis im weiten Umkreis der Wolga werde sich nie ändern. Sie beachteten dabei nicht, daß die innere Instabilität des Khanats eine wachsende Gefahr für sie selbst darstellte. Die Adelsfamilien intrigierten weiterhin gegeneinander; und am besten gelang dies, wenn der Khan selbst schwach war. Als 1550 gar ein Kind von ungefähr fünf Jahren Staatsoberhaupt des Tatarenreiches an der mittleren Wolga wurde – Utemisch Girej war sein Name – und ein Adliger aus einer Tatarenfamilie der Krim, Ulan Korschtschak, die Regentschaft übernahm, wurde die Selbsttäuschung schließlich existenzbedrohend. Korschtschak verachtete die Russen und sprach die Überzeugung aus, sie seien nie in der Lage, für das Khanat zur ernsthaften militärischen Bedrohung zu werden. Und die Adligen glaubten ihm bereitwillig, zumal ihm die Ereignisse zunächst recht zu geben schienen.

Iwan IV., der Großfürst von Moskau, dem die Geschichte den Beinamen »der Schreckliche«[10] zusprach, entschloß sich im Jahre 1549, die Tataren so zu schwächen, daß sie keine Raubzüge mehr durch russisches Gebiet unternehmen würden. Er rief aus seinem und den anderen Fürstentümern Bewaffnete zusammen und ritt mit einem riesigen Heer zunächst nach Wladimir, dann nach Nishnij Nowgorod. Dort kam die Truppe am 18. Januar 1550 an. Beabsichtigt war, bis Kasan die zugefrorene Wolga als Straße zu benutzen.

Iwan IV. war sicher, daß der Feldzug ohne Schwierigkeiten zum Sieg führen werde, denn die Vorzeichen standen günstig. Als der Marsch nach Kasan vorbereitet wurde, meldeten sich beim Befehlshaber in Moskau tatarische Reitertrupps, die am Kampf gegen ihre islamischen Brüder teilnehmen wollten. Sie gehörten meist Sippen an, die nicht einverstanden waren, daß ein Adliger von der Krim in Kasan Regent war. Andere wiederum wollten Rache nehmen für Beleidigungen in Sippenfehden. Die Tatarentruppe, die nach Moskau kam, bestand also aus unzufriedenen, aber entschlossenen Männern. Angeführt wurden sie von Khan Schigalej, der von sich sagte, ihm allein stehe das Recht zu, in Kasan zu regieren. Khan Schigalej war überzeugt, Anfang Februar jenes Jahres 1550 werde er, mit Hilfe der Russen, Herrscher an der mittleren Wolga sein.

Unvorhergesehenes entschied gegen Schigalej. Nie seit Menschengedenken war das Eis der Wolga Mitte Januar aufgebrochen. Doch genau dies geschah im Jahre 1550. Warme Winde wehten von Süden her. Statt Schnee fiel Regen. Die Schneedecke des ganzen Landes schmolz. Nebenflüsse wurden zu reißenden Strömen. Die Eisdecke barst. Der Fluß konnte nicht mehr als Transportweg benützt werden: Wagen und Kanonen versanken im Wasser. Einige konnten an Land gerettet werden, doch dort blieben sie im Schlamm stecken.

Das russische Heer erreichte zwar mit seinen tatarischen Verbündeten von der Krim die Gegend von Kasan, doch waren sie zum Sturm auf die Stadt nicht mehr stark genug. Nicht einmal zur Belagerung reichten die Kräfte mehr aus. Außerdem regnete es unentwegt weiter. Nahezu zwei Wochen wartete Iwan IV. ab, dann entschied er sich zum Rückzug. Nicht der Feind, die Wolga hatte ihn besiegt.

Kaum war die Entscheidung gefallen, den Feldzug abzubrechen, da sanken die Temperaturen. Die Wolga fror wieder zu. Die Oberfläche des Flusses wurde zur bequemen Straße. Dem Großfürsten wurde bewußt, daß er den Krieg gegen die Horde zu früh beendet hatte. Mit dem Empfinden, versagt zu haben, wollte Iwan IV. aber auch nicht nach Moskau zurückkehren. Ein Zeichen mußte gesetzt werden: In Sichtweite Kasans sollte eine russische Bastion entstehen. Einen geeigneten Platz dafür fand der Großfürst selbst. Dort, wo der rechte Nebenfluß Swijaga in die Wolga strömt, befand sich eine Erhebung, die einen weiten Rundblick erlaubte. An dieser Stelle sollte sich die Stadt Swijaschsk erheben.

Doch das Vorhaben konnte zunächst nicht verwirklicht werden, denn die Tataren hielten das Land fest im Griff. Die Befehlshaber in Kasan nützten die Lage geschickt aus; bei ihren Raubzügen während des restlichen Jahres 1550 stießen sie kaum auf russischen Widerstand.

Ein Jahr später aber organisierte Khan Schigalej seine Revanche für die Niederlage des warmen Winters. Im Vorfrühling erreichte sein Heer den Platz, den Iwan IV. für die Stadt Swijaschsk ausgesucht hatte. Dort schlug der Khan sein Hauptquartier auf. Unter dem Schutz der Tataren konnten russische Zimmerleute mit dem Bau von hölzernen Türmen, Häusern und Wällen beginnen. Vier Wochen später segneten orthodoxe Priester die Holzkirche und die sie umgebende Festung.[11]

Im ebenen Land rings um Swijaschsk siedelten Stämme, die dort auch heute noch leben und ihren durchaus eigenen Charakter bewahrt haben. Die Tschuwaschen und die Mordwinen betrachteten das Westufer der Wolga zwischen Nishnij Nowgorod und Samara als ihren Lebensraum. In unmittelbarer Nähe zum Zentrum der Tataren in Kasan waren sie über Generationen hin gezwungen gewesen, den Khan als ihren Herrn anzuerkennen. Mit der Ankunft des russischen Heeres und dessen tatarischen Hilfstruppen änderte sich die Situation der Tschuwaschen und Mordwinen. Sie beugten sich vor Iwan IV. und waren fortan Untertanen des Moskauer Großfürsten.

Daß sie so rasch wichtige Teile ihres Hinterlandes verloren hatten, beunruhigte den Adel in Kasan nun doch. Wenige Wochen nach der Fertigstellung der Stadt Swijaschsk begannen die Verantwortlichen realistisch zu denken. Für die Verteidigung standen zuwenig Bewaffnete zur Verfügung; die Vorräte waren knapp; Aussicht auf Hilfe bestand seit dem Ausfall des Hinterlandes nicht mehr. Dem Regenten Ulan Korschtschak warfen die Adligen vor, er habe die »russische Gefahr« unterschätzt und sei in der Vorbereitung der Verteidigung zu nachlässig gewesen. Ulan Korschtschak wehrte sich gegen die Anschuldigungen mit dem Argument, er wisse ein Rezept zum Sieg. In Wahrheit wußte er nur, wie er sich selbst in Sicherheit bringen wollte. Mit einer kleinen Zahl von Männern, auf die er sich verlassen konnte, ritt er zur Nachtzeit aus dem Südtor der Stadt Kasan. Die Goldschätze des Khanats hatte er auf ein Dutzend Pferderücken packen lassen. Mit dem Gold wollte sich der Tatarenfürst in der Gegend von Saraj eine neue Residenz schaffen. Doch die Flüchtenden kamen nur bis zur Furt des Kamaflusses im Süden von Kasan. Dort hielt sich – ob zufällig oder geplant, ist unbekannt – ein Moskauer Reitertrupp auf. Der fing Ulan Korschtschak samt Goldschatz und Begleitung ab. Gefangene und Beute wurden nach Moskau gebracht.

Nach der Flucht des Regenten war Kasan ohne Führung. Und in dieser Situation wirkte sich die unterschiedliche Herkunft der Bewohner als Nachteil aus. Die islamischen Tataren bildeten zwar den Kern der Bevölkerung, doch stellten sie nicht die Mehrheit. An Zahl waren ihnen die orthodoxen Wolgabulgaren und die Nachfahren der Khasaren, die noch treu dem jüdischen Glauben anhingen, längst überlegen. Die Wolgabulgaren und Khasaren hielten die Zeit zur Auflösung der tatarischen Herrschaft für gekommen. Ihre Wortführer vertraten die Meinung, orthodoxe und jüdische Händler in Kasan besäßen alle Voraussetzungen zur Zusammenarbeit mit wirtschaftlich aufstrebenden Kräften in Moskau. Die Händler wollten aus Kasan das Wirtschaftszentrum an der mittleren Wolga machen. Mit Neid sahen sie, daß sich Nishnij Nowgorod in diese Richtung entwickelte. Einflußreiche Wolgabulgaren und Khasaren wußten vom Interesse der Moskauer Kaufleute an einer Öffnung der gesamten Wolga für den Schiffsverkehr – ein Vorhaben, das sich durchaus mit den politischen Zielen des Moskauer Herrschers, deckte, der den Titel Zar führte. Handelsherren der russischen Hauptstadt forderten ein Ende der Sperrung des Flusses durch die Tataren. Sie wollten Niederlassungen in Kasan gründen – und die dort ansässigen orthodoxen und jüdischen Kaufleute sahen in dieser Absicht eine Chance für ihre eigene Zukunft.

Wolgabulgaren und jüdische Händler waren allerdings nicht der Meinung, daß künftig ein orthodoxer Gouverneur aus Moskau am Zusammenfluß von Kasanka und Wolga regieren sollte. Sie mußten mit dem tatarischen Bevölkerungsteil rechnen, der islamisch und damit dem Grundsatz verpflichtet war: »Ein Moslem darf nur durch einen Moslem regiert werden!« Nun bestand aber der Glücksfall, daß auch Khan Schigalej mit Moskau gegen die Kasaner Tataren kämpfte. Khan Schigalej war Moslem – und dazuhin kraft seiner Abstammung berechtigt, in Kasan zu regieren. Er war damit der ideale Kompromißkandidat. Mit Khan Schigalej waren auch die Häupter der Tataren einverstanden. Sie hatten ohnehin, außer dem sechsjährigen Khan, niemanden mehr, der als Herrscher in Frage kam.

Nach reiflicher Abschätzung ihrer Situation machte sich eine Delegation aus Kasan auf den Weg zu Iwan IV., um den Großfürsten zu bitten, Khan Schigalej zum Oberhaupt Kasans zu ernennen. Gnädig erließ der Herr über Moskau das Ernennungsdekret. Er war überzeugt, nun selbst der Mächtige an der mittleren Wolga zu sein. In Khan Schigalej sah er nur einen Vasallen.

Khan Schigalej aber bestand auf Unabhängigkeit. Kaum war er zum Khan von Kasan ernannt, erlangte er den Verzicht des Moskauer Großfürstentums auf das rechte Wolgaufer im Gebiet um den Nebenfluß Swijaga. Damit wären die Stämme der Mordwinen und Tschuwaschen wieder der Herrschaft des Khans zugeordnet worden. Vor allem aber hätte die neuerbaute Festungsstadt Swijaschsk nicht mehr dem Moskauer Großfürsten gehört.

Vielleicht wäre es dem Khan gelungen, wenigstens eine beschränkte Unabhängigkeit absichern zu können, wenn er es verstanden hätte, auch Kräfte an sich zu binden, die ihn ungern im Regierungspalast sahen. Zu diesen Abseitsstehenden gehörten einige der einflußreichen Adligen von Kasan. Doch der Khan glaubte, er müsse jede Opposition im Keim ersticken. Er lud die Adligen, von denen er der Meinung war, sie seien seine Feinde, zu einem nächtlichen Versöhnungsbankett ein – um sie dann beim letzten Gang des Mahls umbringen zu lassen. Siebzig Männer sollen ermordet worden sein. Mit diesem Verbrechen machte sich Khan Schigalej alle Tatarenfamilien zum Feind. Wer bisher zu ihm gehalten hatte, der erklärte sich nun solidarisch mit den Opfern. Der

Rat der tatarischen Adligen verlangte von Iwan IV., er möge den blutrünstigen Khan wieder absetzen.

Bereitwillig unterzeichnete der Großfürst das Absetzungsdekret. Diese Maßnahme entsprach seinen Absichten. Auf die Frage, wer denn künftig in Kasan regieren solle, erhielt der Großfürst keine Antwort. Damit hatte er gerechnet; eine Lösung des Problems war vorbereitet. Iwan IV. ernannte den orthodoxen Fürsten Simeon Mikulinskij zum Khan von Kasan. Die Tatarenadligen versprachen, dem neuen Herrn treu dienen zu wollen; sie würden ihn mit allen Ehren vor den Toren Kasans empfangen.

Doch während der wenigen Wochen bis zur Ankunft des Regenten änderten die maßgeblichen Tatarenfamilien ihre Meinung. Sie besannen sich darauf, Moslems zu sein, und wollten keinem Orthodoxen gehorchen müssen. Als Fürst Simeon Mikulinskij schließlich vor Kasan ankam, fand er die Tore verschlossen. Auf Türmen und Mauern standen tatarische Bogenschützen. Sie wurden kommandiert von Jediger Mahmet, den die Adligen inzwischen zu ihrem Khan erwählt hatten. Er war der Sohn eines ehemaligen Khans von Astrachan.

Die Tataren hatten Kasan wieder fest in ihrer Hand. Die Pläne der Wolgabulgaren und der Nachfahren der Khasaren, das Gebiet der mittleren Wolga an Moskau zu binden, waren fehlgeschlagen. Wer zu den beiden Sippen gehörte, der hatte sich nun still zu verhalten, zu gehorchen. Mit Sorge erlebten sie, daß Fürst Mikulinskij hilflos vor dem Tor gegen die Behandlung protestierte, die ihm angetan wurde, und daß er schließlich in Richtung Wolga davonritt. Das Gepäck, das er vorausgeschickt hatte, gaben die Tatarenherren nicht mehr frei. Sie behielten den Familienschatz der Fürsten Mikulinskij.

In Swijaschsk bezog der Fürst Quartier in der Hoffnung, die Tore von Kasan würden sich doch noch für ihn öffnen. Dann aber befielen Krankheiten die Menschen von Swijaschsk: Zuerst plagte sie die Mangelkrankheit Skorbut, dann ging unter den Geschwächten die Pest um. Täglich mußten Dutzende bestattet werden. Jediger Mahmet, der Khan von Kasan, konnte sich den Zeitpunkt bereits ausrechnen, an dem ihm Swijaschsk kampflos zufallen würde. Iwan IV. aber konnte eine derartige, ihn demütigende Entwicklung nicht zulassen. Er beschloß, dem Staat der Tataren an der Wolga ein für allemal ein Ende zu bereiten.

Im Morgengrauen des 16. Juni 1552 ritt ein riesiges Heer von Moskau aus in Richtung Südosten. In Kolomna, wo die Moskwa in die Oka strömt, ließ Iwan IV. seine Reiter anhalten, um mit den Kommandeuren den weiteren Weg nach Kasan festzulegen. Da trafen beunruhigende Nachrichten ein: Sowohl die Tataren aus Kasan als auch die Krimtataren hätten ihre Garnisonen verlassen und befänden sich im Anmarsch auf Moskau. Diese Meldungen veranlaßten den Großfürsten, in und bei Kolomna Verteidigungsstellungen zu beziehen: Die Furten durch die Oka mußten gesperrt werden. Während seine Truppen noch an diesem Nebenfluß der Wolga festgehalten waren, erfuhr Iwan IV., daß die Tataren die Stadt Tula, 150 Kilometer südwärts von Kolomna, bedrohten. Der Großfürst mußte Teile seines Heeres nach Tula schicken, um die Stadt zu entsetzen. Dabei fielen den Russen eine Menge Kamele, Kanonen, Handfeuerwaffen und Pulver in die Hände. Der Sieg von Tula hob die Moral des Moskauer Heeres.

Der weitere Marsch sollte in zwei Kolonnen erfolgen. Iwan IV. selbst ritt mit dem größten Teil seiner Kämpfer über Wladimir nach Murom und von dort zu einer Furt des Wolganebenflusses Sura. Dort wartete er auf eine kleinere Einheit, die über Rjasan eine südliche Route zu reiten hatte. Der Verband im Süden hatte die Aufgabe, die Hauptstreitmacht gegen Angriffe der Tataren abzuschirmen. Von Sura aus zogen beide Kolonnen gemeinsam zur Festung Swijaschsk an der Wolga.

Während des wochenlangen Rittes durch Steppengebiete wuchs im Bewußtsein des Großfürsten offenbar der Stolz darauf, Heerführer eines Kreuzzugs gegen die Feinde des wahren Glaubens zu sein. Er erklärte den Kampf zum Glaubenskrieg: Der »teuflische Islam« sei zu vernichten.

Der adlige Iwan Semjonowitsch Pereswetow – erfolgreich als Schriftsteller – forderte schon seit geraumer Zeit lautstark den Feldzug gegen die Ungläubigen. Pereswetow war das Sprachrohr des Dienstadels. Er vertrat im Interesse des ehrgeizigen Adels den praktisch-politischen Standpunkt, das reiche Land um Kasan müsse dem Moskauer Reich angegliedert werden: »Es wundert uns sehr, daß der große Zar ein solches Land unter seinem Busen duldet und doch soviel Leid von ihm empfängt. Auch wenn ein so herrliches Stück Land mit uns in Freundschaft wäre, wäre es dennoch unmöglich, eine solche Herrlichkeit nicht besitzen zu wollen.«[12]

Weniger an den Dienst für die orthodoxe Kirche als an gegenwärtige und künftige Geschäfte dachten auch die Vertreter großer und kleiner Kaufleute aus Moskau und Nishnij Nowgorod, die ihre Verkaufszelte am Wolgaufer von Swijaschsk aufgeschlagen hatten. 120000 Männer[13] samt weiblichem Anhang mußten mit Mehl, Fleisch, Honig und Wodka versorgt werden. Schiffe brachten Tag für Tag gewaltige Mengen an Versorgungsgütern auf den Markt. Der Handel blühte, denn die Armee zahlte bar. Auch Pläne für die Zukunft wurden bei der Abwicklung der täglichen Verkäufe nicht vergessen. Die Kaufleute waren vor allem deshalb in Swijaschsk anwesend, weil sich von hier aus die Chance bot, den bisher islamischen Markt Kasan zu erobern.

Am 16. August wurden die ersten Bewaffneten über die Wolga gebracht. Bilder der »Nikon-Chronik« aus dem 16. Jahrhundert illustrieren den Vorgang des Übersetzens: Die Transportboote waren klein; sie boten nur Platz für jeweils ein Dutzend Männer. Eng aufgeschlossen fuhren sie zum flachen Ostufer der Wolga. Der Landungsort lag nördlich des Nebenflusses Kasanka. Auch er mußte noch überwunden werden. Sechs Brücken wurden für diesen Zweck geschlagen. Vier Tage, so wird berichtet, habe das Übersetzen der gesamten Streitmacht gedauert.[14]

Ansichten der Stadt Kasan – Stiche, die allerdings aus etwas späterer Zeit stammen – zeigen eine stark befestigte Stadt mit Mauern und Türmen. In Richtung der Wolga, die im Westen floß, fünf Kilometer entfernt von den Stadtmauern, breitete sich eine ebenfalls befestigte Vorstadt aus, die eine abgesonderte Verteidigungseinheit bildete. Am höchsten Punkt Kasans, am Abhang zur Kasanka, befand sich die Festung.

Der Anblick der Stadt, von der Ebene an der Wolga aus gesehen, muß für Iwan IV. und seine Generale wenig ermutigend gewesen sein. Die Mauern waren an einigen Stellen bis zu sieben Meter dick. Der Großfürst war sich im klaren darüber, daß Kasan nur durch eine Belagerung von langer Dauer bezwungen werden konnte. Iwan IV. befahl, den Belagerungsring zu schließen. Gräben und Geschützstellungen entstanden im Westen, Süden und Osten der Stadt. Nur im Norden, im sumpfigen Uferland der Kasanka, konnten kaum Angriffsvorbereitungen getroffen werden. Dort, wo der Boden fest war, wurden Laufgänge gegraben, die an das Mauerwerk heranführten. Die Absicht war, Breschen in die Wälle zu sprengen. Riesige Mengen Pulver wurden zu diesem Zweck herangeschafft.

Doch am 24. August vernichtete ein Unwetter die Stellungen und Verschanzungen. Stundenlanger heftiger Regen füllte die Gräben mit Wasser. Die Grabenwände stürzten ein. Die unterirdischen Gänge wurden unbrauchbar. Der Sturm fegte die Zelte weg. Daß die zwei Kirchenzelte des Heerlagers ebenfalls zerstört wurden, betrachtete der Großfürst als übles Vorzeichen.

In Kasan standen angeblich 30000 Kämpfer bereit. Die meisten dieser Bewaffneten waren tatarischer Abstammung. Sie besaßen Kampferfahrung. Was ihnen fehlte, war die Geduld, auszuharren. Sie waren an Bewegungskrieg gewöhnt. Ihr Talent dazu bewiesen die Tataren, wenn sie plötzlich eines oder mehrere der Stadttore aufstießen und die Belagerer angriffen. Die Überraschung gelang ihnen fast immer. Sie machten den Moskauern durch derartige Aktionen klar, daß die Eingeschlossenen nicht daran dachten, zu kapitulieren.

Erschwert wurde die Belagerung zudem durch tatarische Reitertrupps, die sich in den Wäldern ostwärts von Kasan versteckt hielten. Immer wieder brachen sie aus dem Baumdickicht hervor, um einen Hagel von Pfeilen auf die feindlichen Stellungen abzuschießen. Beunruhigend war diese Gefahr aus dem Wald deshalb, weil die Generale Iwans nicht wußten, wie viele Tataren außerhalb der Stadt zum Kampf bereitstanden. Bekannt war nur, daß ein tatarischer Fürst im Wald das Kommando führte. Daraus war zu schließen, daß die Zahl seiner Kämpfer beachtlich sein mußte. Im Verlauf der Belagerung erfuhr Iwan IV. durch Gefangene, im Wald existiere eine Festung aus hölzernen Balken. Sie nannten sie »Herrschaftssitz des Fürsten«.

Die Hoffnung auf einen baldigen Erfolg wuchs, als Bewohner Kasans, die sich zum orthodoxen Glauben bekannten, nach gelungener Flucht erzählten, die Wasserversorgung der Stadt erfolge durch eine Quelle, die sich außerhalb der Befestigungsanlagen befinde. Ein unterirdischer Gang, dessen Verlauf vor ihnen, den Orthodoxen, verheimlicht worden sei, verbinde die Quelle mit dem Brunnen innerhalb der Mauer. Die für die Belagerung Verantwortlichen erkannten den Schwachpunkt der Verteidigung: Wurde der Fluß des Wassers in jenem Gang unterbrochen, dann war Kasan ohne Wasser. Die Flüchtlinge berichteten, das Wasser der wenigen Teiche zwischen den Häusern sei ungenießbar.

Zehn Tage nach Beginn der Belagerung ordnete Iwan IV. die sofortige Untersuchung des Geländes südlich der Mauer von Kasan an. Schächte wurden gegraben: bis zu einer Tiefe von fünf Metern. Doch die Männer, die dort arbeiteten, waren den gut gezielten Pfeilschüssen der Tataren auf der Mauer ausgesetzt. Dutzende Russen wurden verwundet oder getötet. Zehn Tage lang verlief die Suche ergebnislos, dann stießen die Männer endlich auf Mauerwerk aus Backsteinen. Als ein Loch in das Mauerwerk geschlagen war, blickten die Arbeiter auf fließendes Wasser hinunter. Sie sahen auch, daß der Gang der Wasserleitung mannshoch war. Er war offensichtlich bis in das Stadtgebiet hinein begehbar.

Iwan IV. gab Befehl, unterhalb der Befestigungsmauer Pulverfässer im Gang zu stapeln. Am Sonntag, dem 4. September 1552, wurde das Pulver gezündet. Die gewaltige Detonation schleuderte Mauerbrocken weit in die Luft. Eine Bresche wurde in die Mauer gerissen. Wichtiger aber war, daß der unterirdische Gang über eine beachtliche Strecke eingestürzt war. Das Wasser konnte nicht mehr in die Stadt gelangen. Die Bevölkerung war gezwungen, die verschmutze Brühe aus den Teichen zu trinken. Krankheiten der Verdauungsorgane waren die Folge.

Doch obwohl durch Durst und Übelkeit geschwächt, waren die Verteidiger nicht bereit, aufzugeben. Sie wußten, daß der Wintereinbruch die Belagerer, die nur in Zelten hausten, zur Aufgabe zwingen würde. Die Bresche in der Mauer hatten sie ausbessern können. Die Tataren vertrauten darauf, daß die trutzigen Türme und Zinnen für den Feind unüberwindbar blieben. Der Großfürst aber war überzeugt, auch die Quadermauern zerbrechen zu können, wenn es erst gelang, Gänge unter die Türme zu treiben und Kammern auszuhöhlen, die dann mit Pulver zu füllen waren.

Iwan IV. sprach nur noch davon, daß Gott ihm den Auftrag gegeben habe, das Nest des Islam an der Wolga auszuräuchern. Er sah sich als Werkzeug Gottes, dem wiederum jeder Untertan ohne Zaudern zu gehorchen habe. Täglich betete der Großfürst stundenlang, Gott möge ihm die Gnade zukommen lassen, die Türme von Kasan in die Luft jagen zu dürfen, um dann die »ungläubigen Teufel« für immer von der Wolga zu vertreiben. So behaupteten jedenfalls Zeitzeugen.

Die Freude des Großfürsten war riesig, als er am 1. Oktober erfuhr, daß jeweils ein Turm an der Südwestecke und an der Ostmauer des Festungsgürtels unterminiert sei. Einen Tag später waren die Erschütterungen des Bodens durch die Explosionen der Pulverkammern unter den Türmen auch im entfernten Lager an der Wolga zu spüren. Diesmal waren die Zerstörungen der Mauern so gewaltig, daß sie von den Tataren nicht mehr ausgebessert werden konnten. Den Belagerern gelang es, nach Kasan einzudringen. Wild kämpften die Tataren, doch die Energie der Moskauer, im Hochgefühl des Erfolgs, erwies sich als größer. Die Schlacht in den Straßen dauerte nur wenige Stunden.

In der »Historie vom Zarentum Kasan«, die ein anonymer Autor um das Jahr 1564 verfaßt hat, ist zu lesen: »Wann immer die russischen Krieger einen Tataren fanden, gleichgültig ob er jung war oder alt, stachen sie ihn zu Tode. Sie schonten nur junge, schöne Frauen und Mädchen. In großen Haufen lagen die erschlagenen Kasaner herum.«[15]

Berichtet wird, der Großfürst habe mit Entsetzen die Folgen des Massakers bemerkt, für das seine Truppen verantwortlich waren. Iwan IV. soll gesagt haben: »Es handelt sich zwar nicht um Christen – aber Menschen sind die Tataren schließlich doch!«[16]

Khan Jediger Mahmet konnte sich noch für einige Stunden im

Zentrum der Festung halten; dann verteidigte er mit einer Handvoll Kämpfer einen Turm, der das Tal der Kasanka überragte. Flammen loderten zu ihm empor, als er über seine Stadt blickte. Die Häuser, die alle aus Holz gebaut waren, brannten. Die Kämpfe aber waren erloschen. Der letzte Erbe der Goldenen Horde sah keine Hoffnung mehr für den Erhalt seiner Herrschaft. Er kapitulierte und ließ sich gefangennehmen.

Die Sieger schleppten die toten Tataren hinaus zur Kasanka. Wie viele Leichen ins Wasser geworfen wurden, weiß niemand. Berichtet wird, der Fluß sei nahezu angestaut worden, weil die Toten die Strömung aufhielten. Sie trieben schließlich hinaus zur Mündung der Kasanka in die Wolga. Die vorüberschwimmenden aufgedunsenen Körper wurden zum Schrecken der Menschen in den Dörfern entlang der Wolga.

Iwan IV. begnadigte den gefangenen Khan mit dem Argument, es stünde gleichberechtigten Herrschern schlecht an, Rache bis zum Tod zu üben.

Der Tod des Thronfolgers im Wasser

Iwan IV. hatte allen Grund, mit seinen Erfolgen zufrieden zu sein. Die Eroberung des Khanats Kasan bedeutete für das Moskauer Reich einen erheblichen Zuwachs an Macht und Einnahmequellen. Für den Zaren selbst war der Sieg die Bestätigung der von ihm für richtig befundenen expansiven Politik. Erstmals wurden der »russischen Erde« Gebiete angegliedert, die nie zum Kiewer Reich gehört hatten und auch nicht von Russen bewohnt gewesen waren.[17] Daß der letzte islamische Khan von Kasan nun als Gefangener im Kreml lebte, erschien dem Zaren als außerordentliche Gnade Gottes. Das Bewußtsein, den Willen des Allmächtigen des Himmels auf Erden ausführen zu dürfen, steigerte sich noch, als Khan Jediger Mahmet verkündete, sein Vorbild sei der Zar, der Herrscher der orthodoxen, rechtgläubigen Welt. Er, der letzte Khan der Tataren an der Wolga, schwöre dem Islam ab und wolle im Beisein des Zaren getauft werden.

Diese Taufprozedur fand am 26. Februar 1553 statt. Ein Loch wurde in das Eis der Moskwa gehackt; Khan Jediger Mahmet stieg nackt in das kalte Wasser, tauchte unter, kletterte wieder heraus und hieß künftig Simon. Er wurde nicht krank, doch der Zar, der, am Rand des Eislochs stehend, Zeuge der Taufe war, wurde wenige Tage später von hohem Fieber geschüttelt. Er litt unter höllischen Phantasien: Er hielt sich für tot, bedroht von Teufeln und Feuern. Er beschimpfte die Höflinge, sie seien machtbesessene Verräter. Er verfluchte die Bojaren, die sich weigerten, seinen Sohn Dimitrij als Thronfolger anzuerkennen. Die Mehrheit der Bojaren hatte tatsächlich beschlossen, dem Zarewitsch nicht zu huldigen. Er war ein Kind, geboren nach der Eroberung von Kasan, also noch nicht einmal ein Jahr alt. Das Zögern der Bojaren betrachtete der kranke Zar als Verrat.

Der Verdacht, die Adligen wollten ihm untreu werden, blieb in Iwan haften, auch als das Fieber längst abgeklungen war. Er wurde argwöhnischer und grausamer. Von nun an verzieh er keinem mehr. Wer ihm widersprach, der wurde zum Feind und mußte vernichtet werden. Eine andere Meinung als die eigene duldete er nicht mehr.

Als Dunkelheit und Wahn die Sinne des Zaren während der langen Wochen der Krankheit gefangengehalten hatten, da tauchte in Augenblicken der Klarheit das Bild des Klosters Kyrillo-Beloserskij vor ihm auf. Er glaubte, Gott gebe ihm damit ein Zeichen. Iwan war schließlich überzeugt, der Allmächtige werde ihn nur dann vor dem Tode retten, wenn er seinen Schwur leiste, sofort nach seiner Genesung das Kyrillo-Beloserskij-Kloster aufzusuchen. Iwan wußte, daß jener abgelegene Ort eng mit seinem Leben verbunden war. Seine Mutter hatte zur Zeit ihrer Schwangerschaft am Grab des heiligen Kyrill für die Geburt eines Sohnes gebetet. Iwan war fest der Meinung, mit Hilfe des Heiligen als männlicher Nachkomme des Herrschergeschlechts geboren worden zu sein. In Todesangst schwor Zar Iwan, das Kloster dieses Heiligen aufzusuchen. Als der Schwur geleistet war, glaubte er, Gott werde ihn bestrafen, wenn er die Reise unterlasse. Zum Entsetzen der Ratgeber und Höflinge verkündete der Zar, er werde auch den Zarewitsch Dimitrij mitnehmen. Noch immer war der Zarensohn kein Jahr alt.

Von Kloster zu Kloster sollte die Pilgerfahrt gehen. Städte wollte der Zar auf seinem Weg meiden. Das erste Kloster, in dem die umfangreiche Pilgergruppe übernachtete, hieß Troize-Sergijewa Lawra. Der Ort Sergijew, der nach der Russischen Revolution in Sagorsk umbenannt wurde, gehörte noch zur weiteren Umgebung von Moskau. Nachdem die Tataren die alte Holzkirche zu Beginn des 15. Jahrhunderts in Brand gesteckt hatten, war der Klosterkomplex großzügig wieder aufgebaut und prächtig ausgeschmückt worden. Die Dreifaltigkeitskathedrale hatte Andrej Rubljow mit seinen Schülern ausgemalt. Zu Anfang des 16. Jahrhunderts verfügte das Sergius-Dreifaltigkeitskloster über nicht weniger als 120 000 Leibeigene.

In diesem ursprünglich vom heiligen Sergius von Radonesh gegründeten Kloster lebte damals Maxim der Grieche, der, obgleich verbannt, als geistliche Autorität wie eine Heiliger angebetet wurde. Er hatte während der Jahre zuvor die Äbte wegen ihrer Raffsucht zu heftig kritisiert und war den Mönchen mit seiner steten Forderung nach Rückkehr zur christlichen Demut und Armut lästig geworden. So hatte ihn der Patriarch in das Kloster vor den Toren Moskaus geschickt. Die Arbeit des Geistlichen bestand jetzt darin, die orthodoxen Kirchentexte von Übersetzungsfehlern zu reinigen.

Zar Iwan war der Meinung, Maxim werde ihn in allen Ehren empfangen und mit ihm für das Gelingen der gottgefälligen Pilgerfahrt beten. Doch der Mönch überhäufte den Zaren mit Vorwürfen. Er beschimpfte den Herrscher als Befürworter der »reichen« Kirche und behandelte ihn ohne jeden Respekt.

Die Worte des Geistlichen sind in einer Niederschrift des Fürsten Kurbskij überliefert, der zur Begleitung des Zaren gehörte. Wiederum war es ein Aufruf zur dienenden Kirche: »Du, Iwan, hast den Eid geleistet, den heiligen Kyrill zu bitten, er möge bei Gott für dein Leben und für deine Seele eintreten. Dieser Eid aber ist unklug. Erinnere dich daran, daß während des Krieges um Kasan, als das starke und stolze Islamische Reich niedergekämpft wurde, viele getötet wurden, die für den wahren Glauben kämpften. Sie wurden von den Ungläubigen hingeschlachtet. Ihre Frauen wurden zu Witwen; ihre Kinder wurden Waisen; ihre Mütter verloren die Söhne. Du hast versprochen, den Hinterbliebenen zu helfen. Ich rate dir, kümmere dich um alle, die ihren Mann, ihren Vater, ihren Sohn verloren haben. Rufe die Betroffenen in deine Hauptstadt und nimm ihnen die Sorgen ab. Zu helfen ist gottgefälliger, als Schwüre zu erfüllen, die völlig unvernünftig sind. Du mußt wissen, daß Gott überall ist. Seine Augen sind wach. Genauso sieht der heilige Kyrill in jedes Herz. Du kannst hier, im Sergius-Dreifaltigkeitskloster zu ihm beten – er wird dich hören!«[18]

Der Zar war empört über diese Zurechtweisung. Er war der Herrscher, der den Willen Gottes zum Ausdruck brachte. Er hatte einen Schwur geleistet und wollte Gott nicht enttäuschen. So wies er Maxim den Griechen darauf hin, daß sein Entschluß unabänderlich sei. Er werde zum Grab des heiligen Kyrill pilgern.

Da schwoll der Zorn des Mönches an. Er warf dem Zaren vor, die Märtyrer des Kampfes gegen die Ungläubigen zu vergessen. Dann sprach Maxim der Grieche mit lauter Stimme eine Prophezeiung aus, die dem Zaren schrecklich in den Ohren klang: »Wenn du dickköpfig darauf bestehst, zum Kloster Kyrillo-Beloserskij weiterzureisen, dann mußt du wissen, daß dein Sohn stirbt. Er wird von dort nicht lebend zurückkehren!« Vor Zeugen wiederholte Maxim der Grieche seine Worte.

Unbeeindruckt von den Warnungen setzte Iwan seine Reise fort. Er stellte Gottes Willen gegen die Halsstarrigkeit eines alten Mönches und fühlte, daß er im Einklang mit dem Allmächtigen unterwegs war – der würde ihn auf der beschwerlichen Reise begleiten. Nach mühsamem Ritt über Land erreichten der Zar und seine Begleitung die Stadt Uglitsch an der Wolga. Die Gruppe übernachtete im Alexius-Kloster, das damals schon seit nahezu zweihundert Jahren bestand. Stundenlang kniete der Zar in der Klosterkirche, er küßte die Ikonen und betete für sein Seelenheil. Von Uglitsch aus reisten die Pilger auf dem Wasserweg. Sie fuhren zunächst wolgaabwärts bis zur Einmündung des Nebenflusses

Scheksna, dann folgten sie dem Gewässer und erreichten das Kyrillo-Beloserskij-Kloster.

Aus der bescheidenen Einsiedelei des heiligen Kyrill war ein umfangreicher Gebäudekomplex geworden. Zwar ragten die Kirchen hoch empor, doch sie waren nicht mehr der wichtigste Bestandteil des Klosters. Lagerhäuser, Verwaltungsgebäude, Kontore, Küchen und ein Haus der Fischer waren so angeordnet, daß sie von einer achteckigen Mauer umfaßt waren. Der Schutz durch die Mauer war dringend nötig, denn die Reichtümer, die im Kloster aufbewahrt wurden, waren beachtlich. Lange Jahre hindurch hatten die Mönche Erfolg gehabt bei ihren wirtschaftlichen Aktivitäten. Sie hatten aus der Einsiedelei den Sitz einer Handelsorganisation für das obere Wolgagebiet gemacht. Die Mönche des Kyrillo-Beloserskij-Klosters besaßen das Monopol im Salzhandel an der Scheksna und am Weißen See.

Als der Zar das Kloster erreichte, war das Land ringsum grün – der Sommer hatte begonnen. Pilger und Kaufleute belebten Höfe und Gebäude. Der Zar betete am Grab des heiligen Kyrill und ordnete dann die Rückkehr nach Moskau an.

Die Pilgerfahrt vollzog sich während des gesamten Verlaufs nach dem in Moskau üblich gewordenen strengen Zeremoniell. Festgelegt war, wer hinter oder neben wem zu schreiten und zu reiten hatte. Der Zarewitsch – ein Wickelkind – wurde von der Amme getragen, die vor dem Zaren ging. Sie mußte gestützt werden durch zwei Adelige von hohem Rang. Damit sollte verhindert werden, daß die Amme ausglitt und das Kind zu Boden fiel.

In geordnetem Zug bewegten sich die Pilger nach ausführlichen Abschiedsgebeten zur Anlegestelle des Schiffes, das auf dem Fluß Scheksna wartete. Als die Amme mit dem Kind den Landungssteg betrat, brach das hölzerne Gerüst unter dem Gewicht der Amme und der sie stützenden Bojaren zusammen. Amme samt Kind und Bojaren fielen ins Wasser. Zwar wurde der Zarewitsch sofort von beherzten Männern aus dem Fluß ans Ufer gehoben, doch er war tot. Der Schock durch das auch im Sommer eiskalte Wasser hatte das Herz des Zarensohns Dimitrij zum Stillstand gebracht. Die Prophezeiung des Mönches Maxim hatte sich erfüllt.

Auch Astrachan ergibt sich

In der Tretjakow-Galerie in Moskau ist eine Ikone zu sehen, die den Sieg der Orthodoxie über den Islam darstellt: In Kasan, der Stadt der »Ungläubigen«, wartet Maria auf das christliche Heer. Auf ihrem Schoß sitzt Jesus, der sehnsüchtig die Arme ausstreckt, um das rasche Eintreffen der Christenkämpfer zu erflehen. Maria hat Engel ausgeschickt, die den Bewaffneten helfen sollen. Das Heer rückt der Kasanka entlang vor, geführt von einem Erzengel, der auf die Menschen von Kasan zeigt. Der Feind ist auf der Ikone nirgends zu sehen.

Der machtpolitische Aspekt ist verschwunden, der Sinn des Feldzugs auf die Vernichtung des Islam reduziert. Aber auch für die tatarischen Bewohner des Wolgagebiets haben sich die Ereignisse nachträglich legendär verklärt. Bis heute erzählen sie sich von der Liebe der Frau des letzten Tatarenkhans zu ihrem Land: »Als der Kampf um Kasan zu Ende ging, wurde Sujun Beka von den Russen gefangengenommen. Wunderschön war die Tatarin, mit rundem Gesicht, sanfter Hautfarbe und mit wilden und doch klug blickenden Augen. Bereitwillig ging sie nicht in die Gefangenschaft; sie hatte jedoch begriffen, daß sie keine Chance hatte, sich gegen die Sieger zu wehren. Dem Großfürsten gefiel die Tatarin so sehr, daß er beschloß, sie zur Frau zu nehmen. Im Kreml von Moskau sollte sie bei ihm leben. Daß sie sich auch dagegen nicht wehren konnte, wußte Sujun Beka. Sie bat aber vor der Abreise noch um eine Gunst des Herrschers: Weit über das Land wolgaabwärts zu blicken, war ihr Wunsch, um Abschied zu nehmen vom Gebiet, das so lange tatarisch gewesen war. Doch alle hohen Gebäude von Kasan waren durch Feuer zerstört worden. Da flehte Sujun Beka Iwan an, er möge ihr doch einen neuen Turm bauen lassen, damit sie den Lauf der herrlichen Wolga möglichst weit überblicken könne. Iwan war bereit, den Wunsch zu erfüllen. Vier Stockwerke hoch sollte der neue Turm sein. Als er fertig gemauert war, verlangte Sujun Beka, daß noch ein fünftes Stockwerk daraufgesetzt werde. Sobald die Arbeit abgeschlossen war, besichtigte Sujun Beka den Turm. Bittere Tränen weinte sie bei seinem

Anblick. Auf die Frage nach dem Grund ihrer Trauer antwortete sie: ›Von der obersten Plattform sehe ich noch zu wenig von der Wolga!‹ Der Großfürst, gnädig gestimmt, befahl, daß der Turm um zwei Stockwerke höher gemacht werde. Als auch dies ausgeführt war, sagte Iwan: ›Jetzt siehst du weit genug über die Wolga, die nun für alle Zeiten nicht mehr den Tataren, sondern den Russen gehört!‹ Daraufhin stieg Sujun Beka die Stufen hinauf bis zur obersten Plattform. Sie blickte hinüber zur Wolga und wandte dann den Kopf flußabwärts. Lange harrte sie aus – doch dann riß sie den Blick los vom Fluß und sprang in die Tiefe. Zerschmettert lag ihr Körper am Fuß des Turms.«[19]

Er ist heute der beherrschende Teil des Kremls von Kasan. Die tatarischen Bewohner der Stadt nennen ihn den »Turm der Liebe«. Die Russen aber lachen über diese Geschichte. Sie meinen, Sujun Beka habe sich in Wahrheit einem der Generale des Zaren hingegeben und sei später in Moskau begehrt und glücklich gewesen.

Das Volk der Tataren bekam die Rache der Russen zu spüren, die vergelten wollten, daß sie über Generationen hin von den Tataren gedemütigt worden waren, daß sie Opfer unzähliger Raubzüge gewesen waren. Dokumente, die im Archiv der Universität von Kasan aufbewahrt werden, berichten von der Grausamkeit der Sieger: »Die Russen füllen unser Blut in Bottiche und schütten es in die Wolga.« Wer am Leben blieb und der Verschleppung entgangen war, der wurde hinausgetrieben in die Steppe. Kasan zu betreten war den Tataren jahrelang verboten. Erst die Nachfahren der Generation von 1552 erhielten die Erlaubnis, abgegrenzte Außenviertel zu beziehen. Moscheen zu bauen aber blieb ihnen untersagt. Wer einen Koran besaß, der wurde bestraft. Die Bibel war das einzige Buch, das der russischen Obrigkeit behagte.

Ackerland, das zuvor von Moslems bestellt worden war, wurde nun Russen übergeben. Bauern wurden aus anderen Gebieten des Moskauer Großfürstentums heraus an die Wolga umgesiedelt. Daß viele Russen in Städten und Dörfern am Fluß lebten, war für Iwan IV. eine Art Sicherheitsgarantie gegen weitere Einfälle der Tataren. Dennoch war die Wasserstraße, die in den Orient führt, erst zur Hälfte in russischer Hand. Kasan wurde zur Basis für

Vorstöße flußabwärts. Noch immer war die Schiffahrt in Richtung Astrachan und zum Kaspischen Meer versperrt. Die Kaufleute von Moskau und Nishnij Nowgorod drängten den Herrscher, die Eroberung der unteren Wolga nicht hinauszuzögern. Sie wollten ihre Geschäfte auch auf die Randzonen des Kaukasus, auf die reichen Städte Zentralasiens und auf Persien ausdehnen. Dies verhinderten starke Tatarensippen, die den Verlauf der unteren Wolga kontrollierten. Astrachan war ihr Machtzentrum.

Schon zwei Jahre nach der Eroberung von Kasan gelang es russischen Truppen, die auf Schiffen ins Wolgadelta eingefahren waren und über moderne Feuerwaffen verfügten, Tatarenheere, die ohne Kanonen und Gewehre waren, zu besiegen. Der Konflikt zwischen Moskau und dem Khanat an der Wolga schien entschieden zu sein. Doch der Fürst, dem Iwan IV. die Aufsicht über den Unterlauf des Flusses übertrug, wollte schon nach kurzer Zeit nicht mehr von Moskau abhängig sein: Er wollte selbst regieren. Da er jedoch militärisch zu schwach war, verband er sich mit den Krimtataren. Dafür mußte er das Zugeständnis machen, daß in Astrachan weiterhin Allah angebetet werden durfte und daß die Moscheen nicht zerstört würden. Iwan IV. konnte eine solche Eigenmächtigkeit nicht zulassen.

Wieder mobilisierte der Mächtige in Moskau ein gewaltiges Heer. In den Wäldern um das nördliche Flußsystem der Wolga wurden über hundert Schiffe gebaut, die bereits im Frühjahr 1556 flußabwärts fuhren. Am Ufer von Kasan wurden Schiffe und Kämpfer von Geistlichen gesegnet. Als die russische Flotte das Delta erreichte, floh der Fürst, der selbst Herrscher hatte sein wollen, zu seinen Verbündeten, den Krimtataren: Astrachan ergab sich nach nur kurzen Gefechten.

Mit diesem Erfolg war der Wunsch der Handelsstädte am Oberlauf der Wolga – Jaroslawl, Kostroma, Nishnij Nowgorod – erfüllt: Die Wasserstraße in den Orient war offen. Seit dem Jahre 1556 ist der gesamte Verlauf der Wolga von der Quelle bis zur Mündung unter russischer Kontrolle. Bedroht blieben die Ufer des unteren Flußgebiets allerdings noch für lange Zeit.

London beginnt sich für die Wolga zu interessieren

Daß die Russen dabei waren, ein Tor zum Orient zu öffnen, wurde bald auch außerhalb Rußlands bekannt. Kaufleute versuchten sich Informationen über die russischen Aktivitäten zu beschaffen. Neue Märkte und neue Rohstofflieferanten rückten ins Blickfeld. England interessierte sich schon länger für Waren, die für die Ausstattung seiner Schiffe wichtig waren und im Nordwesten des Zarenreiches in großen Mengen zu haben waren: Flachs und Hanf; sie wurden für die Herstellung von Segeln und Seilen benötigt. Und da mehrere Nationen ihre Flotte ausbauten, gab es steigende Nachfrage. Kaufleute im westlichen Europa vermuteten überdies, daß in Rußland Bedarf sei für handwerklich hergestellte Güter, die sie anzubieten hatten. Auf dem Landweg war der Handel mit Rußland so gut wie unmöglich, da es nur über die rußlandfeindlichen Staaten Polen und Litauen zu erreichen war. Den Seeweg aber kontrollierten die Hanse und Schweden. Sollte sich an dieser Isolation des aufstrebenden Moskowiter Reiches etwas ändern, so mußte nach neuen Zugängen gesucht werden.

In der Zeit zwischen dem Sieg an der Kasanka und der Einnahme von Astrachan suchten Engländer Kontakt zu den Regierenden in Moskau, die nach der Eroberung von Kasan auch an der unteren Wolga das Recht besaßen, Genehmigungen für den Transport von Waren auf dem Wasserweg zu erteilen. Im Jahre 1553 – Kasan war gerade neun Monate in russischer Hand – segelte der englische Kapitän Richard Chancellor mit drei Schiffen über das Nordkap zum Weißen Meer und damit zur nördlichsten Küste Rußlands. Der Kapitän ging davon aus, daß er auf dieser Route am wenigsten von Schiffen der Hansestädte behindert werden würde. Der Feind der Seefahrt in der Nordregion waren Eis und Kälte. Von den drei Schiffen erreichte nur eines das Weiße Meer. Zwei Segler blieben im Eis stecken. Die Mannschaften litten bald schon Hunger und starben an Erfrierungen und Mangelkrankheiten.

Richard Chancellor erreichte, vom Glück begünstigt, einen kleinen Hafen, der später Archangelsk hieß. Der Kapitän begriff rasch, daß die russischen Flüsse miteinander verbunden waren und daß es nicht schwierig sein konnte, von einem Fluß zum anderen zu gelangen. Er erkannte jedoch auch das entscheidende Problem, das den Handel über den Hafen Archangelsk behindern würde: Das Weiße Meer und die Ströme des Nordens waren nur für wenige Monate des Jahres eisfrei. Der Handelsverkehr würde sich auf einen sehr beschränkten Zeitraum konzentrieren müssen.

Richard Chancellor war nicht aus persönlicher Neugierde nach Archangelsk gefahren. Eine Londoner Handelsgesellschaft hatte ihn geschickt, die eigens gegründet worden war, um einen Wasserweg zu erkunden, der durch Rußland nach Indien führte. Die Kaufleute in London hatten dem Kapitän die Instruktion mit auf den Weg gegeben, den Zugang zur Wolga nicht ohne Erlaubnis des russischen Herrschers zu suchen. Er mußte also zuerst Moskau erreichen.

Eis begann Land und Flüsse zu überziehen. Richard Chancellor konnte nicht zu Schiff auf der Dwina reisen. Er besorgte sich in der Stadt Cholmogory einen Schlitten und fuhr über die Siedlung Berasnik nach Wologda. Unterwegs, bei Werchowasche, erfuhr der Kapitän, daß er eben das Einzugsgebiet der Dwina verließ und zum Wassersystem der Wolga gelangte. In Kostroma erreichte der Engländer den großen Strom, zu dem er den Weg zu suchen hatte. Er überquerte die Wolga mit dem Schlitten.

Iwan IV. ließ, als er von der Ankunft des Fremden in Moskau hörte, Richard Chancellor zu sich in den Kreml kommen. Der Herrscher zeigte sich überaus interessiert an guten Beziehungen zu England. Rußland war zu einer Großmacht geworden, die von anderen Großmächten beachtet wurde. Iwan IV. stimmte deshalb der Aufnahme von Beziehungen zwischen Moskau und London zu. Ein russischer Gesandter wurde ernannt, der im Februar des Jahres 1556 mit Chancellor nach England reiste. Es war das Jahr, in dem durch die Eroberung von Astrachan der Gesamtverlauf der Wolga russisch wurde.

Richard Chancellor war die Rückkehr in seine britische Heimat nicht mehr vergönnt. Vor der Küste Schottlands zerschellte sein Segler im Sturm. Der russische Gesandte aber überlebte den Schiffbruch und brachte die Aufzeichnungen des Kapitäns[20] sicher nach London. Sie enthielten die ersten Erkenntnisse über Handelsmöglichkeiten in Rußland, die Westeuropa erreichten. Chancellor weist in seinen Notizen besonders darauf hin, daß in den Wäldern zwischen Dwina und Wolga Bären und Füchse, Zobel und Marder, Hermeline und Wölfe leben, deren Pelze überaus wertvoll seien. Er nennt die Stadt Jaroslawl, die groß sei und einen wichtigen Markt besitze. »Häute, Fett, Getreide und Wachs werden in Jaroslawl auf Wolgaschiffe verladen.« Der Kapitän vermerkte allerdings, die Kälte sei in jener Gegend völlig unerträglich.

Die Aufzeichnungen schreckten nicht ab, sie weckten Interesse. Bald nach der Gründung der »British Moscow Company« belebte sich der russische Handel mit England. Iwan IV. gewährte der britischen Gesellschaft Befreiung von Steuern und Zöllen und war sogar einverstanden, daß das russische Recht auf englische Kaufleute nicht angewandt werde. Rußland selbst aber besaß überhaupt kein Schiff, das seetüchtig genug gewesen wäre, die Nordroute zu befahren. Iwan war auf Englands Handelsflotte angewiesen, wenn er aus Westeuropa die Waffen bekommen wollte, die er dringend benötigte, um die Ausdehnung seiner Macht durchsetzen zu können. Er brauchte Gewehre und Kanonen, um seine Herrschaft über die untere Wolga abzusichern.

Freilich war den Herren der englischen Handelsgesellschaft durchaus bewußt, daß mit der Eroberung von Astrachan die Bedrohung durch die Tataren keineswegs zu Ende war.[21] Zu jener Zeit besaßen die Kundigen in Europa eine Landkarte, die den Titel »Moscovia Sigismundi Liberi Baronis Herberstein« trug. Für diese Landkarte hatte der kaiserliche Gesandte Sigismund von Herberstein, der sich dreißig Jahre zuvor im Auftrag Maximilians I. in Rußland aufgehalten hatte, die Grundlage geliefert.[22] Sie zeigte, daß das gesamte Gebiet zwischen dem Asowschen und dem Kaspischen Meer die Heimat tatarischer Völker war. Sie wurden vom Osmanischen Reich unterstützt, dessen Hauptstadt Istanbul vom Asowschen Meer aus leicht mit dem Schiff zu erreichen war. Der Sultan des Osmanischen Reiches fühlte sich zu Recht als der mächtigste Fürst des Islam – von ihm wurde erwartet, daß er die islamischen Völker in der Nähe seines Reiches beschützte. Vom

Sultan hing also letztlich die Sicherheit der unteren Wolga ab. Bekannt war in Europa, daß der Khan der Krimtataren, ermuntert durch den Sultan, als Pilger zur heiligen Kaaba nach Mekka geritten sei, um dort den Schwur zu leisten, er werde Rache nehmen für die Eroberung von Kasan und Astrachan.

Michalonis Litvani – der Name zeigt schon die litauische Herkunft an – hat in jener Zeit eine Chronik verfaßt, die einen Einblick in die Zustände im Land westlich von Astrachan gibt. Litvani notierte, er habe im Gebiet der Krimtataren einen jüdischen Geldwechsler getroffen, der erlebt habe, wie Tag für Tag Männer und Frauen aus Rußland zum Sklavenmarkt gebracht wurden: »Die Stärkeren der Gefangenen sind mit Brandmalen an Stirn und Backen versehen und an den Händen angekettet. Wenn die Sklaven zum Verkauf geführt werden, gehen sie in einer Reihe zum Markt. Zu Dutzenden sind sie am Hals zusammengekettet. Dem Meistbietenden werden sie verkauft. Der prüft die Zähne und untersucht auch die verborgenen Körperteile, denn oft versuchen schlaue Sklavenhändler die Käufer zu betrügen durch das Angebot von Sklaven, die durch Wunden, Mißwuchs oder sonst einen verborgenen Mangel weniger wert sind. Haben die Sklavenhändler besonders gut gewachsene Knaben oder Mädchen, so verkaufen sie diese nicht sofort weiter, sondern füttern sie fett, kleiden sie in Seide und schminken ihr Gesicht.«[23] Abnehmer für Sklaven, so berichtet die Chronik des Litvani, seien arabische, indische, persische und syrische Zwischenhändler. Er zitiert den jüdischen Geldwechsler: »Gibt es im Land, wo die Sklaven herkommen, überhaupt noch Bewohner?«[24]

Versuche des russischen Herrschers, den osmanischen Einfluß von der Wolga zu verdrängen, scheiterten. Der Zar zeigte sich betrübt, daß der Irrglaube Islam noch immer in einem Bereich herrschte, der doch früher der Orthodoxie und damit dem wahren Glauben gehört hätte.

Davon abgelenkt werden konnte der Zar am ehesten durch die ehrgeizigen Pläne der Familie Stroganow, die durch Handelsgeschäfte im Interesse der russischen Armee wohlhabend und einflußreich geworden war. Die Stroganows – immer auf der Suche nach neuen Aktivitäten – hatten schon unmittelbar nach der Einnahme von Kasan auf eigene Kosten das Land der Tataren ostwärts der Stadt erkunden lassen. Unweit von Kasan mündet der Strom Kama in die Wolga. Der Landkarte des Barons Herberstein aus jener Zeit ist zu entnehmen, daß die Kenntnis vom Verlauf der Kama gering war. Bekannt war nur die Lage ihres Ursprungs: Die Kama fließt vom Ural herunter.

Als die Kundschafter der Stroganow wieder in Kasan eintrafen, konnten sie zutreffende Angaben machen über den Verlauf des Flusses und über die Gestalt der Abhänge des Uralgebirges. Die Kundschafter hatten überdies entdeckt, daß in jener Gegend Salze zu finden waren, die zur Herstellung von Schießpulver gebraucht wurden. Mit dieser Nachricht zeigte sich der Zar besonders zufrieden. Er wollte bei der Herstellung von Kriegsmaterial unabhängig werden. Die Herren des Handelshauses Stroganow begriffen rasch ihre Chance: Sie versprachen dem Zaren, an der Kama Produktionsstätten für Waffen aufzubauen.

Die Stroganows hatten Glück, denn schon nach kurzer Zeit entdeckten ihre Kundschafter in den Bergen des Ural Erzvorkommen. Eine erste kleine Eisengießerei wurde errichtet. Die russische Armee erhielt russische Waffen – wenn auch in kleinen Mengen.

Ein Engländer erforscht die Wolga

Die wenigen Mittel- und Westeuropäer, die in diesen Jahren in die russische Hauptstadt kamen, waren beeindruckt von der Persönlichkeit des Herrschers. Würdig, besonnen und fürsorglich sei er aufgetreten. Nach dem Fall von Kasan und Astrachan hatte Iwan IV. zahlreiche Adlige aus den eroberten Gebieten und aus Vasallenfürstentümern in seine Dienste genommen. Die Hofhaltung im Kreml war glanzvoller geworden. Aus dem Moskauer Großfürstentum war ein Zarenreich geworden, das dabei war, sich zum Vielvölkerstaat zu entwickeln.

Nach der gesundheitlichen Krise des Jahres 1553 und dem durch den Tod des Thronfolgers verursachten Schock war Iwan ruhiger und verständiger geworden. Er geriet nicht mehr so oft in Wut und hielt seine Rachsucht besser unter Kontrolle. Damals unterschrieb er auch nur wenige Todesurteile. Bojaren, die der Zar hatte einsperren lassen, durften die Gefängnisse verlassen. Manches Verbannungsurteil wurde aufgehoben. Iwan hoffte, mit Hilfe des gnädigen Gottes bald erneut Vater eines Sohnes zu werden – so erwies er sich selbst als gnädig. Und tatsächlich durfte er 1554 wieder einen Sohn in Armen halten, den er auf seinen eigenen Namen taufen ließ.

Der »Zar und Selbstherrscher der ganzen großen Rus« begann nunmehr, sich Gedanken über innenpolitische Reformen zu machen. Bereits 1550 war ein neues Gesetzbuch in Kraft getreten und eine Landesversammlung berufen worden; zudem waren Maßnahmen gegen die Korruption getroffen worden. Doch mit der Vergrößerung des Reiches mußte rasch eine funktionierende Verwaltung geschaffen werden. Iwan war voller Pläne und suchte Ratgeber, die ihn dabei unterstützen konnten.[25]

Diesem Zaren und seinem Rußland, so meinten einflußreiche Herren vor allem am britischen Hof und in den Handelsgesellschaften Londons, könne Vertrauen entgegengebracht werden. Der Bericht, den Richard Chancellor über seine Rußlandreise verfaßt hatte, wurde beachtet und diskutiert. Der russische Gesandte, der den Schiffbruch von Schottland überlebt hatte, wurde als ein sympathischer Mann empfunden, den man unbesorgt auch in Adelskreise einladen konnte. Die Gastgeber baten den Vertreter des Zaren, ihnen über Leben und Bräuche der Menschen zu erzählen, die an Moskwa und Wolga lebten.

Am 3. Mai 1557 sah der Gesandte seine Mission, Kenntnisse über Rußland zu verbreiten, als beendet an. Er verließ London auf der »Primrose«. Kapitän des Seglers war Anthony Jenkinson.

Für den Kapitän war die Seefahrt keineswegs eine Lebensaufgabe, eher schon ein Mittel zum Zweck: Jenkinson ging es darum, fremde Orte und weitentlegene Gegenden zu besuchen. Es gab kaum einen Hafen in Europa, den Anthony Jenkinson nicht aufgesucht hatte. Nun interessierten ihn die Küsten und Gewässer Osteuropas. Durch die Erzählungen des russischen Gesandten war seine Neugierde auf Rußland und ganz besonders auf das Gebiet der Wolga gelenkt worden. So beschloß er, bis zu diesem Fluß vorzudringen, der offenbar durchgängig als Reiseweg in den Orient benutzt werden konnte. Jenkinson wollte prüfen, ob eine Flußverbindung zwischen Weißem Meer und Weißem See bestehe. Gab es diesen Fluß tatsächlich, so war ein direkter Zugang zur Wolga möglich. Dann konnten Schiffe von den eisigen Meeren des Nordens nach Süden fahren – vielleicht bis nach China.

Fünf Wochen nach der Abreise aus London erreichte die »Primrose« das Weiße Meer. Es war Sommer, und die Anlegestellen waren eisfrei. Wie zuvor Richard Chancellor folgte Anthony Jenkinson der Dwina. Zu seiner Enttäuschung mußte er jedoch feststellen, daß dieses Gewässer ins Weiße Meer hineinfloß und nicht aus ihm heraus. Die Hoffnung von der Flußverbindung zum Weißen See und zur Wolga war geplatzt.

Jenkinson ließ sich Zeit. Er hielt sich wochenlang in der Stadt Cholmogory auf und studierte dort die Handelsgewohnheiten. Genau prüfte er, welche Waren für den englischen Markt attraktiv sein könnten. Pelze, Flachs, Hanf, Talg und Salz, so notierte er, seien preiswert aus Nordrußland zu beziehen. Jenkinson erlebte den raschen Wintereinbruch an der Dwina. Erst kurz vor Weihnachten erreichte er die russische Hauptstadt.

Iwan IV., zu jener Zeit neugierig auf jeden Fremden, empfing den Neuankömmling zu einem Essen. Durch diese Geste waren die Adligen aufgefordert, den Engländer ebenfalls einzuladen. Er war auch dabei, als am Neujahrstag, in Anwesenheit des Zaren, das Eis der Moskwa an einer Stelle aufgebrochen wurde, damit das Wasser gesegnet werden konnte. Das Wasser, das zur Wolga floß, sollte dem ganzen Land Fruchtbarkeit bringen. Bald nach diesem Ereignis bat der Kapitän den Zaren um die Erlaubnis, mit einem Schiff die Moskwa hinuntersegeln zu dürfen; daß er die Wolga erreichen wollte, verheimlichte Anthony Jenkinson nicht.

Die Absicht, die Wolga mit westeuropäischer Gründlichkeit erforschen zu wollen, entsprach auch den Interessen des Zaren. Er wollte, daß eine verläßliche Karte vom Verlauf der Wolga angefertigt werde. So geschah es zur Zeit der Eisschmelze des Jahres

1558, daß Kapitän Anthony Jenkinson seine abenteuerliche Reise antrat.

Er besaß keine Beschreibung der Flüsse, auf denen er segelte. Erst im Verlauf seiner Fahrt stellte er aus eigener Beobachtung fest, daß die Moskwa in die Oka und diese schließlich in die Wolga fließt. Anthony Jenkinson notierte Flußrichtung, Breite und Tiefe der Gewässer. Er beschrieb in seinen Aufzeichnungen Lage und Aussehen der Städte. Kasan beeindruckte ihn besonders – vor allem durch das Ausmaß der Zerstörungen als Folge des Krieges. Die Eroberung lag gerade fünfeinhalb Jahre zurück. Der Engländer verschaffte sich auch Kenntnisse über die Völker des Wolgagebiets. Er registrierte, daß sein Schiff unterschiedliche Klimazonen durchfuhr, und notierte Regenfälle und Temperaturschwankungen. Er spürte, daß er mit seinem Schiff dem Winter davoneilte. Die Stadt Astrachan in der warmen Zone des Kaspischen Meeres erreichte Anthony Jenkinson im Herbst 1558.

In Astrachan erlebte der Reisende, wie verzweifelte Sippen der Tataren in die Stadt drängten. Sie wurden durch den Hunger aus ihren Dörfern in der Steppe getrieben. Es hätte an der unteren Wolga, so erfuhr der Engländer, seit über einem Jahr nicht mehr geregnet. Unterwegs schon, so schrieb Jenkinson nieder, seien ihm die vielen menschlichen Skelette aufgefallen, die am Ufer der Wolga lagen; es seien wohl die Überreste von Verhungerten gewesen.

Über die Brutalität der Russen war der Engländer erstaunt, der den Zaren als umgänglichen Mann kennengelernt hatte. Der russische Gouverneur, seit der Eroberung von Astrachan zwei Jahre zuvor im Amt, gab den Befehl, in die Stadt eindringende Tataren in die Steppe zurückzutreiben. Wer Widerstand leiste, solle erschlagen werden. Nur die Kräftigsten und Schönsten dürften am Leben bleiben – sie seien dem Sklavenhandel zu übergeben.

Anthony Jenkinson schüttelte die Erinnerung an diese schrecklichen Erlebnisse ab. Er wollte weiterreisen, um die Reiseroute in den Orient, deren Erforschung er mit der Fahrt auf der Wolga begonnen hatte, zu erkunden. Er bestieg einen Segler, der Kaufleute über das Kaspische Meer trug. An der Ostküste stieg er aus und ritt im Schutz einer Karawane durch trockene, unbewohnte Steppen in Richtung Osten. Jenkinson erreichte die sagenhafte Stadt Buchara. Von dort wollte er nach Samarkand und durch das Land der Tadschiken zur chinesischen Grenze reiten. Doch der Weg dorthin blieb ihm versperrt, denn zwischen Buchara und Samarkand herrschte Krieg. Jenkinson durfte nicht einmal in Buchara bleiben, weil das siegreiche Heer von Samarkand im Anmarsch war. Er floh aus der bedrohten Stadt.

Für den Heimweg benützte er wiederum die Wolga. Jenkinson mußte dem Zaren berichten, daß auf die Gründung einer Schifffahrtsgesellschaft für die Wasserstraße in den Orient wenig Aussicht bestand. Er könne den englischen Handelsherren die Wolga als Verbindung nach China nicht empfehlen.

Über den Fehlschlag der Chinareise ließ sich Anthony Jenkinson durch das Tatarenmädchen Aura Sultana hinwegtrösten, das ihm unterwegs von einem Tatarenfürsten geschenkt worden war. Der Reisende erregte durch dieses Mitbringsel bei der Rückkehr nach England erhebliches Aufsehen.

Gerade in jener Zeit, als sich der Engländer wieder in Moskau aufhielt, wurde nahe der Kremlmauer die Kathedrale zur Fürbitte Mariä vollendet. Sie sollte den Dank des Zaren für den Sieg Rußlands über die Tataren zum Ausdruck bringen. Die eigenartig farbig gestalteten Türme, so wird behauptet, seien den Turbanen der Verlierer von Kasan und Astrachan nachgebildet. Die Kirche ist heute unter dem Namen des heiligen Basilius bekannt, nach dem sie benannt worden ist, als das Grab des Heiligen im Jahre 1588 Bestandteil der Kathedrale wurde.

Eine andere Erinnerung an die Jahre, als der gesamte Verlauf der Wolga Rußland eingegliedert wurde, ist in der Schatzkammer des Kremlmuseums ausgestellt: die »Krone von Kasan«. Sie hat im Gegensatz zu manch anderer die turbulente Geschichte Rußlands überdauert und gilt als bewundernswertes Beispiel russischer Goldschmiedekunst.

Gefangene füllen die Klöster in den Wäldern

Zu Beginn des Winters 1564 waren aus dem Kreml Gerüchte zu vernehmen, der Zar wolle künftig in einem Kloster weit weg von der Hauptstadt leben. Für jeden, der die Gerüchte hörte, stand fest, daß damit nur das Kyrillo-Beloserskij-Kloster gemeint sein konnte – jenes Kloster, in dessen Nähe der erste Sohn Iwans IV. sein Leben im kalten Wasser der Scheksna verloren hatte.

Man erzählte sich in der Hauptstadt, der Zar habe gesagt, er wolle nur noch über seine eigene Person und nicht mehr über das russische Volk herrschen. Nur durch einen völligen Wandel seiner Lebensart könne er seine Seele retten. Der Zar habe häufig geklagt, er sei von der Angst befallen, durch sein üppiges Leben im Kreml der ewigen Verdammnis preisgegeben zu sein.

Die Menschen wunderten sich, daß der Zar Ende November die bedeutenden Kirchen Moskaus besuchte. Er betete dort lange und eindringlich, dann aber befahl er, die wertvollsten Ikonen von den Wänden zu lösen – damit er die Heiligenbilder leichter küssen könne. Dies war jedoch nur ein Vorwand. Der Zar reichte die kostbaren Bildwerke an seine Diener weiter, die sie zu einem wartenden Schlitten trugen. Niemand wagte es, beim Abschied den Zaren zu fragen, mit welchem Recht er die Kirche beraube.

Am 3. Dezember 1564 verkündete Iwan IV. in der Uspenskij-Kathedrale des Kreml der hohen Geistlichkeit, den Bojaren, den Heerführern und den wohlhabenden Kaufleuten Moskaus, er werde sie jetzt verlassen. Wer ihm zuhörte, der hatte den Eindruck, der Zar trenne sich endgültig vom Kreml und von seiner Krone. Seltsam war nur, daß Iwan IV. kein Wort über Abdankung verlor; es war auch nicht die Rede davon, wem er die Regierungsgewalt übergeben wollte. Als sonderbar wurde ferner empfunden, daß der Zar fast alles Gold, das sich in der Schatzkammer des Kreml befunden hatte, auf Schlitten verladen ließ, ohne mit irgend jemandem darüber zu reden. Die Geistlichen und die Bojaren waren sich in der Meinung einig, ein Monarch, der abdanke, um sich in ein abgelegenes Kloster an der Wolga zurückzuziehen, nehme kaum derart gierig Gegenstände von hohem Wert mit sich.

Am nächsten Tag brach der Zar samt Gefolge und Gepäckschlitten auf. Doch nach wenigen Stunden schon fand das Unternehmen ein vorläufiges Ende. Tauwetter setzte ein, die Wege waren nicht mehr passierbar: In Schlamm und Matsch blieben Pferdehufe und Schlitten stecken. Vierzehn Tage lang mußte der ungeduldige Zar in Kolomenskoje, einer kaiserlichen Domäne, ausharren, gar nicht weit von der Hauptstadt entfernt. Die Menschen in Moskau sagten: »Gott gibt ihm Zeit zu überlegen, ob er richtig handle!«

Als Frost dann Flüsse und Straßen wieder mit Eis überzog, reisten Iwan und die Männer seines Gefolges weiter zum Sergius-Dreifaltigkeitskloster – wo er drei Jahre zuvor die Prophezeiung hatte anhören müssen, sein Sohn werde nicht lebend vom Kyrillo-Beloserskij-Kloster zurückkehren. Den Mönch Maxim den Griechen, der den Tod des Zarewitsch vorausgesagt hatte, traf Iwan IV. diesmal nicht an. Niemand redete ihm ins Gewissen.

Die Bojaren und Geistlichen der Zareneskorte waren der Meinung, bald schon werde der Herrscher, wie damals, nach Uglitsch weiterfahren wollen, um von dort aus auf Wolga und Scheksna zum Kloster des heiligen Kyrill zu reisen. Doch Iwan IV. befahl den Aufbruch nicht. Die Begleitung merkte, daß er Tag und Nacht Gedanken zu Papier brachte.

Nach und nach waren Einzelheiten darüber zu erfahren. Der Zar war unzufrieden mit der Organisation des Staates: Schwerfällig sei sie, und weder die Bojaren noch die Beamten würden seinen Befehlen folgen. Eine neue Schicht von Staatsdienern solle dem russischen Volk Gehorsam gegenüber dem von Gott eingesetzten Zaren aufzwingen. Diese Staatsdiener sollten dem Zaren direkt unterstellt werden und nur seinen Befehlen folgen dürfen. Iwan hatte für die Getreuen bereits einen Namen gefunden: »Opritschniki«. Das Wort läßt sich mit »die Abgetrennten, die Besonderen« übersetzen. Sie waren von der traditionellen Elite abgetrennt und sollten verkrustete Machtstrukturen aufbrechen. Iwan wollte eine neue Führungsschicht schaffen, da er der Bojarenaristokratie nicht mehr traute. Die Absicht des Zaren war, ein funktionstüchtiges Regierungsinstrument zu formen. Den Opritschniki gab Iwan die Vollmacht, alles zu tun, um den Willen des Herrschers durchzusetzen. Als Feinde hatten sie im Landesinnern die Bojaren im Auge zu behalten. Die äußeren Feinde waren die Gegner Moskaus: die Tataren, Polen, Litauer, Schweden und die Deutschen – repräsentiert durch den Deutschritterorden.

Die Bojaren und Geistlichen wußten nun, was der Monarch beabsichtigte; unbekannt aber war ihnen das Ziel der Reise. Mit Bedacht hatte der Zar wohl auch Umwege gewählt. Erstaunt stellten die Begleiter fest, daß die Schlitten mitten in einem armseligen Dorf hielten, das 70 Kilometer nordöstlich von Moskau liegt. Der Name des Dorfes war Alexandrow. Dort sollte fortan das Zentrum der Macht im russischen Staat sein.

In Alexandrow verkündete der Zar per Dekret, er werde das Russische Reich aufteilen. Das Zentrum werde ihm selbst unterstellt sein und den Oberlauf der Wolga sowie ihr Flußsystem um den Weißen See umfassen. Das Zarengebiet solle sich von der oberen Wolga bis zum Weißen Meer im Norden, zur Dwina im Osten, und zum Wolgaursprung auf den Waldaihöhen im Westen erstrecken. Die südliche Grenze bildete eine Linie, die den Fluß zwischen Kostroma und Nishnij Nowgorod überquerte.

Dem Zarengebiet gab der Herrscher die Bezeichnung »Opritschnina«[26]. Die übrigen Teile des früheren Reiches sollten »Semschtschina«[27] heißen – Land, dem auch Selbstverwaltung zugestanden wurde. Vorgesehen war in der neuen Staatsordnung, daß ein Rat der Bojaren die Semschtschina-Region zu verwalten hatte. Die Opritschnina aber wurde vom Zaren mit Hilfe der Opritschniki regiert.

Jahre des Terrors begannen. Den Opritschniki wurde die Freiheit gegeben, jeden zu verhaften, zu foltern und zu töten, der ihnen verdächtig erschien. Meist handelten die Opritschniki aus eigenem Willen; häufig aber folgten sie Anweisungen des Zaren. Die Opritschniki verzichteten auf Verfahren vor Gerichtshöfen und ließen keine Verteidigung zu. Sie überfielen die Häuser der Bojaren und der Geschäftsleute in den Städten und auf dem Lande. Sie waren das Instrument der Schreckensherrschaft des Zaren. Die Opfer der Opritschniki hatten meist nur das eine Verbrechen begangen: dem Zaren oder seinen Dienern mißfallen zu haben.

Tausende von Angehörigen des Adels, der Geistlichkeit oder der wohlhabenden Schicht hatten das Glück, *nur* verschleppt zu werden. Besonders Begünstigte wurden nach Kasan verbannt. Sie hatten dort Arbeit beim Wiederaufbau der Stadt zu leisten. Mit der Zwangsumsiedlung war überdies die Beschlagnahme ihrer Güter verbunden.

Auch wer in die Wälder um die nördlichen Wolganebenflüsse geschickt wurde, verlor sein Vermögen. Hohe Adlige wurden in das Kyrillo-Beloserskij-Kloster an der Scheksna gebracht. Der einst prachtvolle Gebäudekomplex verwandelte sich in ein Massenquartier verängstigter Menschen. Zusammengepfercht hausten vielköpfige Familien in den Klostersälen und Mönchszellen. Nur wenig ihres beweglichen Eigentums hatten die Verbannten mitnehmen dürfen. Was sie noch besaßen, mußten sie dem Kloster überschreiben, um in seinen Mauern leben zu dürfen. Die Mönche waren darauf angewiesen, denn die anderen Einnahmen des Klosters schwanden rasch. Da sich die Kirchen, die Refektorien und Andachtsräume, die Lagerhallen und Verkaufsgewölbe in ein Gefängnis für Opfer der Opritschniki verwandelt hatten, mieden die Kaufleute das Kyrillo-Beloserskij-Kloster. Der Handelshof verarmte.

Dabei lebten die Verbannten am Ufer der Scheksna keineswegs in Sicherheit vor den Mörderbanden. Die Führung der Opritschniki im Dorf Alexandrow schickte immer wieder Todeskommandos ins Kloster, die den Auftrag hatten, die Deportierten zu terrorisieren oder zu ermorden. Erhalten geblieben sind Listen mit den Namen von 986 Personen. Vermerkt ist jeweils, ob mit dem Adligen auch dessen Frau und Kinder Opfer der Opritschniki geworden sind und ob auch seine Diener den Tod fanden. Blieben die Eintragungen ungenau, schrieb der Klosterchronist diese Bemerkung in die Liste: »Nur Gott kann die Namen aller Toten kennen, die im Kyrillo-Beloserskij-Kloster umgebracht worden sind.« Insgesamt sollten dort 3470 Männer, Frauen und Kinder erdolcht oder erschlagen worden sein.[28]

Ziel dieses Terrors war die Vernichtung der alten Adelsklasse, die bis dahin ihre politische und persönliche Unabhängigkeit hatte bewahren können.[29] Die Bojaren hatten im Zaren stets einen Gleichgestellten gesehen, der nicht ihr Vorgesetzter, sondern ihr Sprecher war. Iwan IV. aber wollte der allmächtige Zar sein, das von Gott eingesetzte Oberhaupt aller Russen, die nichts als Untertanen zu sein hatten.

Die neue Ordnung brachte dem Herrscher nicht nur Nutzen für seinen eigenen Rang, sondern auch für sein Vermögen. Iwan hatte die Aufteilung des Staates in Opritschnina und Semschtschina so geregelt, daß seine Beauftragten im Bereich der Opritschnina die Wasserwege der oberen Wolga kontrollierten. Sie waren zuständig für die Besteuerung des Handels mit Pelzen, Honig, Wachs und Salz. Der damals wirtschaftlich wichtige Teil des Großfürstentums Moskau gehörte fast durchweg zum Zarengebiet. Auch die Besitzungen der Familie Stroganow zählten dazu. Die englischen Handelsgesellschaften, die mit Moskau Kontakt hielten, legten deshalb Wert darauf, ihre Geschäfte mit Handelsbeauftragten und mit Ämtern der Opritschnina abwickeln zu dürfen, weil sie wußten, daß sie nur auf diese Weise den unmittelbaren Schutz des Zaren genossen.

Der Semschtschina fehlten die Einnahmen aus dem Handel der Klöster an der oberen Wolga. Wenn das Kyrillo-Beloserskij-Kloster keine Umsätze tätigte, führte es kein Geld ab. Der neu entstandene Markt von Wologda – eine wichtige Station auf der Route Archangelsk–Moskau – aber bezahlte Steuer ins Dorf Alexandrow, in das Schatzhaus der Opritschnina.

Die Adligen, die im Kyrillo-Beloserskij-Kloster angstvoll auf ihre Mörder warteten, fehlten im Wirtschaftskreislauf. Sie waren Arbeitgeber gewesen, und sie hatten Schutz geboten. Hohe Steuerabgaben, die Kriege gegen Polen-Litauen, verbunden mit Plünderungen und Grausamkeiten gegen die Landbevölkerung, sowie die ständigen Übergriffe der Opritschniki führten zu einer massiven Abwanderung aus Zentralrußland. Die Folgen waren verheerend: Gutshöfe lagen verlassen da; die Äcker blieben unbestellt; die Ställe leerten sich. Aus den herrenlosen Dörfern wanderten die Bauern und die Handwerker ab. Zehntausende flohen in die Randgebiete, vor allem in den Südosten oder auf litauisches Gebiet, um sicher zu sein vor den Mordbanden. Um dieser Entvölkerung entgegenzuwirken, wurden die Bauern »an die Scholle gebunden«. Dennoch steuerte das Land in eine Katastrophe.[30] Die Zurückgebliebenen litten Hunger.[31]

Die Rekrutierung von Soldaten wurde schwierig. Werber fanden kaum mehr junge Männer, die geeignet waren, Waffen zu tragen. Niederlagen im Westen, im Kampf gegen die katholischen Staaten Polen und Litauen sowie gegen Schweden waren die Folge. Dazuhin geschah das Unerwartete: Die Tataren – seit den Niederlagen von Kasan und Astrachan ohne militärische Kraft – stürmten noch einmal gegen Moskau an.

Die Tataren fordern Kasan und Astrachan zurück

Von allein wären die Tataren wohl kaum auf die Idee gekommen, den russischen Zaren nach den Niederlagen von 1552 und 1556 noch einmal herauszufordern. Es waren der in Istanbul residierende Sultan Selim und der Herrscher von Polen-Litauen, die den Khan der Krim, Dewlet Girej, dazu anstachelten, Rußland zu überfallen, erneut Tributzahlungen zu verlangen und nach dem Sieg auf der Rückgabe des Tatarengebiets an der unteren Wolga zu bestehen. Dem Khan wurde der Feldzug als leichtes Unternehmen gegen ein von innerem Zwist, von Unzufriedenheit und von der Pest ausgehöhltes Land geschildert: Die Mächtigen in Polen-Litauen erhofften sich durch einen Sieg der Tataren Erleichterung in ihrem harten Ringen mit Moskau, das einen Zugang zur Ostsee erzwingen wollte. Sultan Selim, der »Beherrscher der Gläubigen«, setzte Kraft und Ehrgeiz ein, um Gebiete zurückzuholen, die dem Islam verlorengegangen waren. Dabei berief er sich geschickt auf den Grundsatz, daß der Islam seine Gläubigen niemals der Herrschaft einer anderen Religion überlassen dürfe.

Khan Dewlet Girej folgte den Verlockungen seiner Verbündeten und befahl den tatarischen Reitern der Krim und des Dongebiets den Vorstoß nach Norden. Mehr als hunderttausend Kämpfer habe Dewlet Girej mobilisieren können, hieß es. Überdies war es seinen Agenten gelungen, mit Bojaren in Verbindung zu treten, die zum Widerstand gegen die Opritschniki gehörten. Sie ließen dem Tatarenkhan mitteilen, er würde auf seinem Weg nach Moskau von begeisterten Adligen begleitet werden, die alle Iwans Sturz wollten. Die Agenten meldeten dem Khan, Rußland wolle befreit werden von der Schreckensherrschaft des Zaren.

Bojaren und Volk sehnten sich in der Tat nach dem Ende des Terrors. Der Zar mußte also fürchten, von all den Männern, die zum alten Adel gehörten, verraten zu werden. Iwan geriet in Panik. Er sei in Gefahr, so meinte er, verhaftet und an den Tatarenkhan ausgeliefert zu werden. Er verließ deshalb seine Armee, die am Fluß Oka zur Verteidigung der Hauptstadt bereitstand, und floh nach Jaroslawl.

Damit aber waren die Armeeverbände im Bereich des Verlaufs der Oka führerlos geworden. Zu viele der Armeekommandeure waren den Opritschniki zum Opfer gefallen. Die Opritschniki hatten sie bedenkenlos umgebracht. Da war kaum noch jemand, der das Kommando an den Furten der Oka hätte führen können. So erreichten die Tataren Moskau, ohne auf Widerstand zu stoßen.

Doch dann machten die Tataren einen entscheidenden Fehler: Sie zündeten die Vorstadt im Osten an. Der Wind, der an jenem Tag von Osten her wehte, trug Funken in die Stadt, die damals fast ausschließlich aus Holzhäusern bestand. Am 24. Mai 1571 brannte ganz Moskau lichterloh. Nur die Steinbauten des Kreml blieben vor den Flammen verschont. Alle Häuser der Adligen, der Kaufleute, der Handwerker und anderen Stadtbewohner wurden vernichtet.

Am nächsten Tag ragten aus einem rauchenden Aschenfeld nur noch die geschwärzten Mauern des Kreml und seine trutzigen Türme in die Höhe. Durch die Gänge und Räume der Burg wanderte der Tatarenkhan und war verärgert, weil er keine Schätze fand. Draußen stöberten seine Reiter in der Asche und stießen auf wenig, was sie hätten als Beute mitnehmen können. Alles, was die Moskauer besessen hatten, war ein Raub der Flammen geworden. Berichtet wird[32], die Reiter hätten sich an der obdachlosen Bevölkerung schadlos gehalten: Tausende von Männern, Frauen und

Kindern seien verschleppt worden. Auf den Sklavenmärkten der Tataren und des Sultans des Osmanischen Reiches sei das Angebot an Russen groß gewesen.

Khan Dewlet Girej wartete noch einige Tage im Lager an der Moskwa auf Bevollmächtigte des russischen Zaren, die bereit waren, über Friedensbedingungen zu verhandeln, doch niemand erschien. Da mußte der Khan, der seine Reiter nicht länger ernähren konnte, den Rückzug in nicht ausgeplünderte Gegenden anordnen.

Vom Lager aus schrieb Dewlet Girej noch einen Brief an den Zaren in Jaroslawl. Er befahl dem Adressaten, die Städte Kasan und Astrachan unverzüglich zu räumen. Der Zar, der die Niederlage gegen die Tataren eingestehen mußte, erklärte sich in seiner Antwort bereit, über territoriale Zugeständnisse verhandeln zu wollen. Die Namen der Städte Kasan und Astrachan erwähnte er allerdings nicht.

Iwan IV. dachte nicht daran, die Kontrolle über einen weiten Bereich der Wasserstraße aufzugeben. Die Wolga war inzwischen Bestandteil einer neuen, umfassenden Verkehrswegeordnung geworden. Das Flußsystem sollte künftig stärker für den Warentransport genützt werden. Moskau bildete das Zentrum der Handelsrouten. Wer Waren nach Norden zu transportieren hatte, der fuhr mit Wagen oder Schlitten über Land bis Jaroslawl an der Wolga. Zu Schiff flußaufwärts wurde die Scheksna erreicht. In der Gegend des Klosters vom heiligen Kyrill mußte ein kleines Stück Weges, das heute ein Kanal durchschneidet, bis zum Fluß Suchowa zurückgelegt werden. Die Suchowa fließt in die Dwina. Über dieses Gewässer wiederum wurde der Hafen Archangelsk erreicht, der in jenen Jahren aus einer kleinen Schiffsanlegestelle entstand. So war das Weiße Meer – und damit die im Sommer eisfreie offene See – zu erreichen.

Einfacher war von Moskau aus die Fahrt nach Süden. Über Moskwa und Oka wurde die Wolga angesteuert. Zwischen den Lagerhäusern der Hauptstadt und denen von Astrachan war damit ein durchgängiger Schiffsverkehr möglich. Um nach diesem Plan den Schiffsverkehr durch Rußland ungestört zu entwickeln, mußte unbedingt dafür gesorgt werden, daß die Tatarenherrscher nicht mehr an die Wolga zurückkehrten. Iwan verfolgte, um dies zu erreichen, eine ganz einfache Taktik: Er reagierte nicht mehr auf die Forderungen und Drohungen des Tatarenkhans. Er ließ die Zeit für sich arbeiten. Als Dewlet Girej, wütend über das Verhalten des Zaren, ein Jahr später wieder zum Feldzug gegen Moskau rüstete, war das Unternehmen zum Scheitern verurteilt, denn der Sultan und der Herrscher von Litauen wollten nicht mehr zu ihrem Bündnis mit dem Khan stehen.

Sibirien wird erschlossen

Iwan IV. hatte dem Kaufmann Gregorij Stroganow noch vor Beginn der Schreckensherrschaft die Erlaubnis erteilt, das Kamagebiet zu bewirtschaften. Zwar war, als die Opritschniki das Land im Griff hielten, das Landeigentum der Stroganows der Opritschnina zugeschlagen worden, doch hatte die Familie auch weiterhin die Geschäfte geführt. Es war den Stroganows sogar möglich gewesen, eine eigene bewaffnete Schutzgarde aufzustellen, aus der sich eine Privatarmee entwickelte, die schließlich mit Gewehren und Kanonen ausgerüstet war. Am Ende der Schreckensherrschaft erwies sich der Besitz der Stroganows am Wolganebenfluß Kama als ein nahezu souveränes Staatsgebiet. Doch die dort herrschende Sippe hütete sich, dem Zaren auch nur die Spur eines Anlasses zum Verdacht zu geben, ihre Mitglieder würden sich nicht länger als Untertanen des allmächtigen Herrn fühlen. Sie bemühten sich, den Eindruck zu erwecken, sie seien die Treuesten der Treuen.

Der Unterhalt der eigenen Armee an der Kama, verbunden mit der Errichtung einer Fabrikationsstätte für Waffen und Schießpulver, gab der Familie Stroganow Selbstvertrauen und regte ihren Ehrgeiz an. Sie machte sich Gedanken darüber, wie sie ihr militärisches Instrument der Macht noch nutzbringender einsetzen könnte. Zwangsläufig lagen ihre Interessen im Osten. Durch ihr Gebiet strömte die Kama, jener Nebenfluß der Wolga, der seinen Ursprung im Ural hat. So war es selbstverständlich, daß die

Unternehmersippe Stroganow mehr über diesen Gebirgszug wissen wollte und daß ihr auch nicht gleichgültig sein konnte, wer östlich des Ural Macht ausübte. Unbewohnt war das Gebiet dort keineswegs. Es wurde Sibir genannt. Sein Herrscher war ein islamischer Tatarenkhan, der Kutschum hieß. Die Hauptstadt des Landes Sibir trug denselben Namen. Sie lag am Fluß Irtysch, der zum Gewässersystem des Ob gehört. Irtysch und Ob entspringen in der Mongolei.

Khan Kutschum stammte aus dem Geschlecht des Dschingis-Khan. Er war ein Nachkomme eines der jüngeren Söhne des legendären Herrschers. Sein Machtbereich war einst Bestandteil des Territoriums der Goldenen Horde gewesen und bildete jetzt, zusammen mit dem Land der Krimtataren, den letzten Rest eines glanzvollen Reiches. Allerdings hatten sich weder die Herrschaftsstrukturen noch die Lebensumstände der Menschen seit der Zeit der Goldenen Horde verändert. War das am Handel orientierte wirtschaftliche Denken den Menschen an der Wolga durchaus vertraut geworden, so waren die Bewohner des Irtyschufers noch Jäger, denen »Vermarktung« ihrer Beute gleichgültig war. Die Stroganows hatten begriffen, daß sich ihnen durch diese Mentalität eine Chance bot, weitaus mehr zu verdienen. Sie schickten immer wieder Erkundungstrupps von der Kama aus über den Ural – zur Vorbereitung eines Feldzugs, der Sibirien in den Besitz der Familie bringen sollte.

Khan Kutschum war offenbar beunruhigt über die Aktivitäten der Stroganows. Er befestigte seine Hauptstadt Sibir und verstärkte die Tatarenverbände in den Grenzdörfern, doch an die Modernisierung der Waffen dachte er nicht. Er hoffte wohl auch darauf, daß die Russen der Härte des sibirischen Klimas nicht gewachsen sein würden.

Im Jahre 1580 stieg der Bedarf des russischen Heeres an Schießpulver und Blei – bedingt durch Feldzüge im Baltikum – gewaltig an. Von den Stroganowbetrieben wurde eine Steigerung der noch sehr geringen Produktion verlangt. Die Führung der Familie wies den Herrscher darauf hin, daß diese Forderung nur durch Ausbeutung der Bodenschätze im Land jenseits des Gebirges zu erreichen

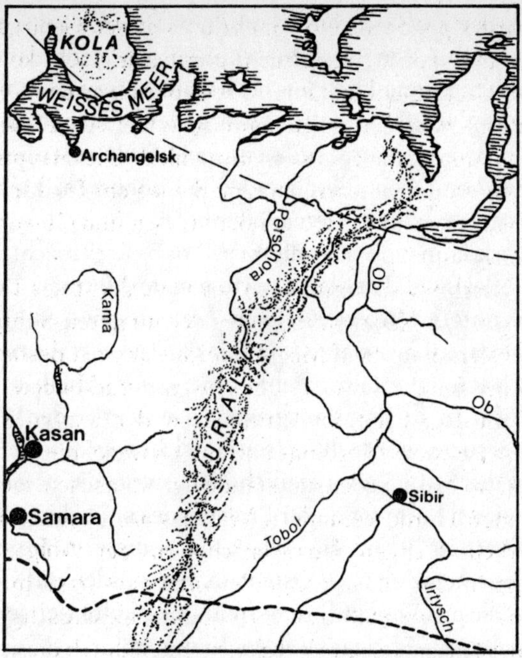

Mit einem Vorstoß über den Ural begann 1581/82 die Eroberung Sibiriens

sei. So gab der Zar den Herren an der Kama die Erlaubnis, ihre Privatarmee über den Ural zu schicken, mit dem Auftrag, die Grenzen des Stroganowbesitzes nach Osten auszudehnen. Nur eine Bedingung wurde gestellt: Auch anderen Handelsunternehmungen sollte es gestattet sein, das Land Sibir auszubeuten. Die Stroganows brauchten allerdings keine Konkurrenz zu fürchten: Ihren Vorsprung konnte niemand einholen.

Das Oberkommando über die Expeditionsstreitmacht übertrug die Familie Wassilij Timofejewitsch, genannt Jermak. Er war im Gebiet der unteren Wolga Kosaken-Ataman gewesen.[33] Den Gerichten, die darauf aus waren, ihn mit der Todesstrafe zu belegen, weil er auch Raubüberfälle befehligt hatte, war Jermak immer entwischt. Er war an die Kama ausgewichen, weil er an der Wolga von Häschern gesucht wurde. In dieser Hinsicht war er unter den Bediensteten der Stroganows freilich keineswegs die böse Ausnahme. Die meisten Kämpfer dieser Privatarmee befanden sich vor der Justiz auf der Flucht. An die sechshundert dieser Männer wählte Jermak für seinen Zug nach Osten aus. Sie wurden mit Gewehren bewaffnet, die aus England stammten. Dazu holte sich Jermak aus den Arsenalen der Stroganows drei Kanonen.

Im September 1581 brachen Jermak und seine Bewaffneten auf. Ihre Fahrt begann auf Segelschiffen. Sie fuhren flußaufwärts auf der Kama, dann auf der Tschussowaja – sie fließt an der heutigen Stadt Tschussowoj vorüber – und schließlich auf der Serebrjanka, die ein Tal des Uralabhangs durchströmt. Sie war allerdings sehr schwer zu befahren, denn dieser Zubringer der Wolga war kein ruhiges Gewässer: Seine Besonderheit waren gefährliche Stromschnellen und Wasserfälle. Die Ufer aber waren dicht mit Bäumen und Gestrüpp bewachsen. Unter gewaltigen Mühen wurden die Schiffe, die besonders leicht gebaut waren, bergauf geschleppt.

Als der Winter über den Ural hereinbrach, war der Paß westlich der heutigen Stadt Jekaterinburg erreicht. Jermak ließ ein Winterlager aufschlagen. Holz war genügend vorhanden, um sogar Blockhütten bauen zu können.

Lange zog sich der Winter hin. Das Nichtstun belastete das Gemüt der Männer. Sie wurden reizbar. Streit flammte auf. Mangelkrankheiten brachen aus. Die ersten Toten mußten im hartgefrorenen Boden bestattet werden. Als endlich das Eis der Flüsse schmolz, machte sich die Truppe daran, die Schiffe über die Ostabhänge des Ural bis zum reißenden Bach Barantschuk hinuntergleiten zu lassen. Dann wurde der Fluß Tagil erreicht und bald auch die erste Tatarensiedlung. Jermak gab Befehl, sie zu überfallen und auszuplündern. Die Bewohner wurden erschlagen. Die Absicht war, Schrecken im Osten des Gebirges zu verbreiten. In Sibirien erzählte man sich bald von Dorf zu Dorf, die Leute aus dem Westen besäßen Waffen, die Feuer spien, die Blitze schleuderten und ein Getöse verursachten wie Donner. Kanonen hatten die Tataren Sibiriens bisher nie gesehen.

Zwar plünderten die Männer des Jermak viele Dörfer im Verlauf des Sommers 1582, doch verzögerte sich der Vormarsch gegen die Stadt Sibir. Durch Krankheit oder gar Tod verringerte sich die Zahl der einsatzfähigen Kämpfer. Mancher der Waffenträger sagte seinem Kommandanten deutlich, daß er sich eher an der Wolga den Richtern stellen als hinter dem Ural kämpfen wolle. Jermak hatte alle Mühe, die Männer bei der Fahne der Stroganows zu halten.

Endlich, am 23. Oktober 1582 wurde die Hauptstadt des Khanats Sibir am Zusammenfluß der Ströme Irtysch und Tobol erreicht. Jetzt konnten die drei Kanonen erst richtig zum Einsatz gebracht werden. Die Wälle von Sibir hatten bisher nur den Zweck gehabt, Pfeile abzuwehren. Nun aber wurden die Mauern von Kanonenkugeln getroffen. Innerhalb weniger Stunden hatten Jermaks Männer zahlreiche Breschen in die Festungsanlagen geschossen. Demoralisierender noch als der Einsturz der Mauern scheint für die Verteidiger der dauernde Krach der Abschüsse gewesen zu sein. Die Tataren konnten sich das Donnern nicht erklären. Sie verloren die Nerven und flohen in Richtung Osten.

Eine Chronik aus jener Zeit berichtet: »Die Leute Kutschums hatten keine Geschütze, sondern nur Pfeile und Bogen, Lanzen und Schwerter. Sie wurden von der Stadt in den Fluß Irtysch gejagt. Als Kutschum erkannte, daß er verloren hatte, floh er aus seiner Festung Kasbyk, die auch Sibir genannt wird, am 23. Oktober bei Anbruch der Nacht.«[34]

Khan Kutschum gelang es mit wenigen Männern, der Truppe Jermaks zu entkommen. Weit entfernt von seiner Hauptstadt begann er noch im Winter 1582 mit dem Aufbau neuer Reiterverbände. Er wollte sich nicht geschlagen geben.

Große Beute war in Sibir nicht zu machen. Die islamischen Tataren hatten keine Reichtümer angesammelt. Gold war ihnen fremd. So war es dem Sieger Jermak nicht möglich, seinen Auftraggebern an der Kama imposante Geschenke als Zeichen des Sieges zu schicken. Die Familie Stroganow wiederum konnte dem Zaren nicht durch wertvolle Gaben signalisieren, daß dem Moskauer Reich eine neue Provinz zugefallen war. Der Zar war enttäuscht, daß aus dem Land ostwärts der Wolga so wenig für die Schatzkammern zu holen war. Trotzdem zeigte er sich gnädig. Den Verbrechern, die an der Eroberung des Landes Sibir beteiligt waren, sollte jegliche Strafe erlassen werden.

Ein Jahr später erwies sich dennoch, daß Sibirien ein wertvolles Gebiet war. Zahlreiche kostbare Pelze gelangten von dort in die Lagerhäuser der Stroganows an der Kama und dann nach Moskau. Um den geschäftlichen Aufschwung verwalten zu können, mußte am Zusammenfluß von Irtysch und Tobol an der Stelle von Sibir eine neue Stadt gebaut werden: Tobolsk entstand. Die Handelsstadt wurde zugleich zum Zentrum der Orthodoxie in Sibirien. Zehn Priester, die aus Wologda zwangsversetzt worden waren, sorgten für die Verbreitung des Glaubens.

Jermak, der inzwischen den Titel Fürst Sibirskij erhalten hatte, mußte noch lange gegen die Tataren kämpfen. Verbissen griffen sie immer wieder an, in der Hoffnung, die Russen vertreiben zu können. Jermak ertrank schließlich im Fluß Irtysch, als er verwundet vor den Tataren floh. Seine schwere Rüstung hinderte ihn am Schwimmen.

»Wenn du dieses Jahr Zar bleibst, wirst du sterben!«

In jener Zeit, als der Kosaken-Ataman Jermak das Tor zum gewaltigen Raum Sibiriens für Rußland aufstieß, hatte der Zar den Kontakt zur Realität weitgehend verloren. Er ordnete Maßnahmen an, die keine Auswirkung auf die politische Entwicklung des Staatswesens mehr hatten. Doch niemand wehrte sich gegen die Sinnlosigkeit der Dekrete. Bojaren und Volk waren es gewohnt, zu tun und zu glauben, was der Zar wollte.

Berichtet wird, auf der Moskwabrücke der Hauptstadt habe ein Wahrsager den Zaren auf Knien gebeten, er möge ihm erlauben, aus den Handlinien die Zukunft des Herrschers lesen zu dürfen. Iwan, gnädig gestimmt, habe dem Wahrsager die Hand gereicht. Dies waren die Worte der Weissagung, die der Zar auf der Moskwabrücke vernahm: »Wenn du dieses Jahr Zar bleibst, wirst du sterben!«

Im Sommer des Jahres 1575 sei diese Weissagung ausgesprochen worden. Ob die Legende wahr ist oder nicht, erwiesen ist, daß Iwan IV. in jenem Jahr tatsächlich die Krone ablegte; er stieg vom Thron herab und befahl einem der Höflinge, den Platz des Herrschers einzunehmen.[35] Dieser Höfling hieß Simeon Bekbulatowitsch. Er war ein getaufter tatarischer Khan.

Schon seine Vorfahren waren an den Zarenhof gekommen, weil sie dem Tatarenstaat an der Wolga keine Zukunft mehr gegeben hatten. Als Dank war dem tatarischen Überläufer die kleine Herrschaft Kasimow an der Oka übertragen worden. Den Bewohnern dort war gestattet, den islamischen Glauben zu bewahren. Iwan IV. selbst hatte, sehr zum Mißfallen der orthodoxen Geistlichkeit, dem Tatarenkhan von Kasimow gestattet, in seinem winzigen Khanat Moscheen und Koranschulen zu bauen. Wenige Monate später aber war vom Zaren die Anweisung gegeben worden, der Khan habe dem islamischen Glauben abzuschwören und orthodoxer Christ zu werden. Ohne zu murren, folgte der Fürst dem Befehl. Nach der Taufe hieß er Simeon Bekbulatowitsch und vergaß angeblich, daß in seinen Adern das Blut Dschingis-Khans floß. Tatsächlich war die Taufe der übliche Weg zur raschen Integration der tatarischen Elite in die Führungsschicht des Moskowiter Reiches.

In der Uspenskij-Kathedrale des Kreml, dem traditionellen Krönungsort, wurde Simeon Bekbulatowitsch zum Großfürsten der ganzen Rus ausgerufen.[36] Ein Tatar war damit Herr über das Land. Was jahrhundertelang verhindert worden war, mußte nun von den Bojaren, von der Geistlichkeit und vom Volk hingenommen werden. Um zu zeigen, daß von ihm die Machtübertragung ernst gemeint war, nannte sich Iwan IV. fortan Fürst Iwan Wassiljewitsch Moskowskij. Unter diesem Namen bat er den Großfürsten Simeon Bekbulatowitsch um die Erlaubnis, eine militärische Aufgabe im Gebiet des Zusammenflusses von Oka und Wolga übernehmen zu dürfen. Als der neue Großfürst der Abreise des bisherigen Zaren zugestimmt hatte, erhielt er diesen Brief:

»Wir, Fürst Iwan Wassiljewitsch Moskowskij, und unser Sohn, Fürst Iwan Iwanowitsch, reichen dieses Gesuch ein. Wir haben Eueren Befehl erhalten, am Ufer des großen Flusses zu kämpfen. Wir bitten Euch nun, uns die dafür nötigen Geldmittel zur Verfügung zu stellen.«[37]

Der Großfürst gab die Anweisung, dem Fürsten Iwan Wassiljewitsch Moskowskij vierzigtausend Rubel auszuzahlen. Nur eine Woche später befand sich der Abgedankte auf dem Weg zur Verteidigung des Vaterlands. Er ritt allerdings nicht an die Wolga, sondern wählte die befestigte Stadt Kaluga an der Oka als seine Garnison. Kaluga befindet sich südwestlich von Moskau – nur 150 Kilometer von der Hauptstadt entfernt.

Als ein Jahr vorüber war, dekretierte Fürst Iwan Wassiljewitsch Moskowskij, er sei nun wieder der Zar von Rußland. Simeon Bekbulatowitsch wurde mit der Stadt Twer abgefunden.

Vernunft lenkte das Handeln des Herrschers nicht mehr. Das besondere Erstaunen der Höflinge aber löste ein Brief aus, den er an die englische Königin Elisabeth I. schreiben ließ. Er teilte seiner »Schwester, der Herrin über England« mit, daß er die Absicht habe, im Falle der Gefahr einer Revolte der Bojaren sein Land zu verlassen, um unter dem Schutz der britischen Krone Zuflucht zu suchen. Iwan IV. war glücklich darüber, daß ihm Elisabeth I. tatsächlich Asyl anbot; beleidigt aber war er, daß die Königin nicht den Wunsch äußerte, im Notfall die Protektion des Zaren in Anspruch nehmen zu wollen.

Iwan IV. wollte vorbereitet sein für den Tag, an dem ihn die Bojaren zu beseitigen versuchten. In der waldreichen Gegend von Wologda, nahe des Oberlaufs der Wolga, ließ er Schiffe bauen, die groß und stabil genug waren, ihn vom Weißen Meer aus durch das Eismeer und dann nach England zu bringen. Vierzig solcher Schiffe seien geplant, erzählte Iwan einem Engländer, von dem er wußte, daß er seiner Königin über das Gespräch berichten würde. Die Segler seien in der Lage, die Schätze Rußlands nach London zu bringen.

Vielleicht ahnte der Zar aber doch, daß er im Falle eines Aufstands das rettende Flußsystem der Wolga nicht mehr erreichen würde. Er sah sich veranlaßt, an das Ende seiner Tage zu denken, und zugleich fielen ihm die Erlebnisse ein, die den Beginn seiner Regierungszeit bestimmt hatten. In seinem Bewußtsein war ein Ort tief eingeprägt, der für sein Schicksal so bedeutungsvoll war: das Kyrillo-Beloserskij-Kloster an der Scheksna. Manchmal träumte Iwan IV. von den Kirchen und Häusern des Klosters und vom Grab des heiligen Kyrill. Er hatte das Gefühl, diese Träume beruhigten sein Gemüt. Schließlich war Iwan überzeugt, das Kyrillo-Beloserskij-Kloster öffne ihm den Zugang zu Gott und weise ihm den Weg zum ewigen Seelenheil. Aus dieser Erkenntnis heraus schrieb der Zar an den Abt:

»Euch sendet der Großfürst Iwan Wassiljewitsch seine Grüße. Er beugt sich vor euch bis zur Erde. Kniend bittet er Euere Seligkeit, daß Ihr zu Gott und zur reinen Muttergottes betet für die sündige Seele des Großfürsten. Betet, daß ich erlöst werde von den Sünden und daß ich erlöst werde von den tödlichen Krankheiten, unter denen ich leide. Wie immer ich mich gegen Euch vergangen habe, erbitte ich Vergebung.«

Zur Wiedergutmachung möglicher Vergehen gegen das Kloster schickte der Zar Geld. Den Aufzeichnungen der Staatskasse, die erhalten geblieben sind, ist zu entnehmen, daß allein im Jahre 1582 dem Schatzmeister des Kyrillo-Beloserskij-Klosters die gewaltige Summe von zehntausend Rubel ausbezahlt worden ist. Als Gegenleistung sollten Seelenmessen gelesen werden – auch für den Zarewitsch, der vor fast dreißig Jahren im Fluß Scheksna ums Leben gekommen war.

Der Zar ließ dafür sorgen, daß die Klosteranlage nicht länger Zwangsaufenthaltsort für Verschleppte war. Die Herrschaft der Opritschniki war gebrochen: Das Terrorregime hatte sich abgenützt. Selbst der Herrscher hatte begriffen, daß seine Art, das Reich zu ordnen, in den wirtschaftlichen Ruin geführt hatte. Als er im Winter des Jahres 1584 sein Leben überdachte, war Iwan nur stolz darauf, daß er die tatarischen Khanate an der unteren Wolga zerstört hatte.

Während der ersten Wochen jenes Jahres war vom Kreml aus im Osten ein Komet zu sehen, dessen Form – mit einiger Phantasie – als Kreuz zu deuten war. Der Zar erblickte darin das Vorzeichen seines Todes. Am 18. März des Jahres 1584 starb Iwan IV. an Zerrüttung seines Leibes und seiner Seele.

Das Geheimnis von Uglitsch

Zum Zaren gekrönt wurde am 31. Mai 1584 Fjodor Iwanowitsch, der infantil gebliebene Sohn des Verstorbenen. Fjodor konnte und wollte den Staat nicht regieren. Während der Sitzungen des Regentschaftsrats, den Iwan selbst noch für ihn eingerichtet hatte, verhielt er sich passiv. Er hörte zu – und verstand wohl nicht, was gesprochen wurde. Die Untertanen in der Hauptstadt mochten ihn jedoch, denn er war sanftmütig und sprach keine Todesurteile aus.

Fjodor Iwanowitsch war mit einer überaus schönen Frau verheiratet, die er sehr liebte. Sie hieß Irene und war die Tochter eines ehrgeizigen Fürsten, der angeblich von einem alten Tatarengeschlecht abstammte.[1] Boris Godunow war sein Name. Seine politische Karriere hatte er zur Zeit der Opritschniki begonnen. Er war ein willfähriger Diener Iwans IV. gewesen. Während der Jahre des Terrorregimes hatten ihn die Bojaren fürchten und hassen gelernt. Er wiederum haßte die Bojaren. Als Fürst Schujskij verlangte, die Ehe zwischen Fjodor Iwanowitsch und Irene, der Schwester des Boris Godunow, solle wegen Kinderlosigkeit geschieden werden, da schlug Boris zu: Er besaß die Macht, die Familie Schujskij in Klöster an der Wolga zu verbannen.

Mit Geschick hatte Boris Godunow seinen Aufstieg zur Staatsspitze geplant. Es ergab sich, daß für den schwachsinnigen Fjodor Iwanowitsch ein Vormund bestellt werden mußte. Die Aufsicht über den Zaren übte zunächst dessen Onkel Nikita Romanow – ein Bruder Anastasias, der ersten Gemahlin Iwans IV. – aus, der jedoch bereits im Jahr 1586 starb. Durch Einschüchterungen, Bestechungen und Versprechen gelang es Boris Godunow schließlich, die Bojaren zu bewegen, ihm die Vormundschaft und die Regentschaft zu übertragen.

Nun hatte Iwan IV. aber nicht nur den erwachsenen Sohn Fjodor Iwanowitsch hinterlassen, sondern auch das Kind Dimitrij, das einen wachen Verstand besaß. Diejenigen unter den Bojaren, die der Zarendynastie eine Zukunft sichern wollten, waren schon vor der Krönung Fjodors der Meinung gewesen, es sei klüger, Dimitrij auf den Thron zu setzen, auch wenn er noch zu klein sei, um sich selbst darauf festzuhalten. Unruhen waren ausgebrochen zwischen den Dimitrij-Bojaren und den Fjodor-Bojaren. Der Streit erlosch erst, als Dimitrij, samt der Mutter Marija Nagaja, von Moskau weg nach Uglitsch an der Wolga gebracht wurde.

Auf der rechten Seite, der »Bergseite« des Flusses, erhebt sich die Stadt. In ihrer Mitte, über dem Fluß liegt der Kreml, der heute nur noch einen Bruchteil des einst imponierenden Gebäudekomplexes vorweisen kann. Das Plateau des Kreml wird von zwei Flüßchen malerisch eingerahmt. Die ersten Bauten des Kreml sind im 10. Jahrhundert als Residenz der Fürsten von Uglitsch entstanden. Zur Zeit, als das Kind Dimitrij den Kreml an der Wolga bewohnte, war der Palast an Pracht und Umfang durchaus mit dem Kreml an der Moskwa zu vergleichen.

Zu sagen hatten im Kreml von Uglitsch weder das Kind noch dessen Mutter, die Tscherkessenfürstin Marija Nagaja, etwas, sondern Agenten und Vertraute des Boris Godunow.[2] Sie hatten regelmäßig sehr genaue Berichte an den Regenten zu schicken. Er wollte informiert sein über alle Besucher, die von der Zarenwitwe empfangen wurden, und über alle Gespräche, die bei Tisch geführt wurden. Sieben Jahre lang erfuhr Boris Godunow nur Beruhigendes von der oberen Wolga. Die Witwe verhielt sich zurückhaltend, konspirative Besuche waren nicht festzustellen. Die Berichte erwähnten allerdings auch, daß Versuche, das Kind Dimitrij durch Gift zu beseitigen, nicht gelungen seien.

Am 16. Mai des Jahres 1591 aber erhielt Boris Godunow eine Nachricht, die alles veränderte: Am Vortag, um elf Uhr, war Dimitrij im Alter von neun Jahren an einer Schnittwunde am Hals gestorben.

Der Rest der Nachricht war in höchstem Maße beunruhigend: Als das tote Kind im Innenhof des Kreml entdeckt wurde, begannen die Glocken Sturm zu läuten. Die Bewohner von Uglitsch eilten zur Burg, dorthin, wo das tote Kind lag. Bei ihm stand seine Mutter. Als der Hof voll Menschen war, habe die Zarenwitwe die Agenten und Vertrauten des Boris Godunow angeklagt, sie hätten die Ermordung angezettelt. Es sei ihr gelungen, die Wut der Menge derart anzustacheln, daß sie den Statthalter des Regenten, dessen Sohn, erschlug sowie alle Männer, die sich auf Geheiß des Boris Godunow in Uglitsch aufhielten.

Den Wortlaut des Berichts, den Boris Godunow aus Uglitsch erhalten hatte, verschwieg er zunächst. Dem schwachsinnigen Zaren Fjodor Iwanowitsch sagte er, sein Bruder Dimitrij habe sich am Hals verletzt und sei daran verblutet. Diese Version des Hergangs wurde dann auch durch Herolde in Moskau verbreitet.

Die Tötung seiner Vertrauensleute in Uglitsch konnte Boris Godunow nicht hinnehmen. Er schickte eine Untersuchungskommission an die Wolga, die erstaunlicherweise vom Fürsten Wassilij Schujskij geleitet wurde. Er war der führende Kopf jener Familie, mit der Boris Godunow in Fehde lag, seit sie die Scheidung seiner Schwester Irene vom Zaren Fjodor verlangt hatte. Bereits am 19. Mai traf die Untersuchungskommission in Uglitsch ein. Sie begann sofort mit Verhören und mit der Überprüfung von Sachverhalten.

Die Untersuchungskommission kam zu folgendem Ergebnis: Am Morgen des 15. Mai spielte Dimitrij mit anderen Kindern im Innenhof des Kreml. Das Spiel hieß »Tytschka«. Sein Reiz besteht darin, daß die Kinder Messer gegen ein Holzbrett werfen. Wer darin das größte Geschick beweist, ist Sieger. Dimitrij ist dabei aus nicht geklärtem Grunde gestürzt und fiel so unglücklich, daß er sich mit dem Messer, das er in der Hand hielt, selbst die Kehle durchschnitt.[3] Da der Vorfall als Unglück zu werten sei, so schloß das Protokoll der Untersuchungskommission, seien die Morde an den Vertrauensleuten des Boris Godunow durch nichts zu rechtfertigen. Sie seien als Verbrechen zu beurteilen, die bestraft werden müßten.

Direkte Schuld am Tod Dimitrijs wurde der Mutter, Marija Nagaja, zugewiesen, die es versäumt habe, das Kind zu beaufsichtigen. Zur Sühne wurde die Zarenwitwe verbannt: Sie hatte den Rest ihres Lebens im Kyrillo-Beloserskij-Kloster an der Scheksna zu verbringen.

Die Stadt Uglitsch aber mußte ein furchtbares Strafgericht über sich ergehen lassen: Mehr als zweihundert Menschen wurden geköpft. Wer überleben durfte, der mußte den Weg in die sibirische Verbannung antreten. Zum erstenmal wurde unter der Regentschaft des Boris Godunow diese Strafe ausgesprochen. Selbst die Kirchenglocken, die in Uglitsch die Bewohner in den Innenhof des Kreml gerufen hatten, wurden nach Sibirien geschickt. Sie läuteten künftig in der Stadt Tobolsk, hinter dem Ural.

Die Schlüsselfigur zur Lösung des Geheimnisses von Uglitsch war Fürst Wassilij Schujskij. Die Tatzeugen waren durch Hinrichtung und Verbannung beseitigt. Was sie bei der Untersuchung ausgesagt hatten, das war nur dem Fürsten bekannt, und er wußte sein Wissen einzusetzen: Er blieb im Verlauf der Jahre durchaus nicht bei der Aussage, der Tod des Kindes Dimitrij sei ein Unglücksfall gewesen. Paßte es in sein politisches Spiel, dann gab er zu, das Protokoll sei nach dem Willen des Regenten Boris Godunow verfaßt worden. Wollte er jedoch Boris Godunow Schrecken einjagen, dann erzählte er, Dimitrij sei überhaupt nicht ums Leben gekommen. Er sei an jenem 15. Mai 1591 aus Uglitsch weggebracht worden. Auf diese Weise habe der Sohn des Zaren Iwan IV. vor mörderischen Machenschaften des Regenten gerettet werden können.

Fürst Wassilij Schujskij hatte durch sein Wissen die Macht, Bojaren und Volk zu beeinflussen. Als Zar Fjodor Iwanowitsch in der Nacht vom 6. zum 7. Januar 1598 verstarb, da hatte der Fürst durch Andeutungen Adel, Kaufleute, Bürger und Bauern so weit in ihrem Bewußtsein gelenkt, daß sie überzeugt waren, der Zar sei durch Gift getötet worden. An einen natürlichen Tod des Schwachsinnigen mochte kaum mehr jemand glauben. Und als Urheber des Mordes wurde Boris Godunow verdächtigt.[4] Er habe Dimitrij *und* Fjodor umbringen lassen.

Daß mit dem Tod der beiden das Geschlecht, das seit Beginn der Kiewer Rus an der Spitze des Staates stand, erloschen war, wurde manchem der Bojaren erst allmählich bewußt. Die Romanows machten auf diesen historischen Einschnitt aufmerksam. Sie boten sich als Adelssippe an, die Rußlands Tradition zu wahren verstand. Vom »Emporkömmling« Boris Godunow sprachen sie voll Verachtung.

Der Regent versuchte mögliche Konkurrenten auszuschalten, indem er vorschlug, den Zaren künftig von der Landesversammlung (Semskij Sobor) bestimmen zu lassen, in der Adel, Geistlichkeit, Kaufleute und Vertreter von Städten und Landschaften vertreten waren. Der Patriarch von Moskau unterstützte diesen Vorschlag mit dem Argument, das Volk wähle auf diese Weise selbst die Dynastie, die in Gottes Namen über das heilige Rußland herrschen werde.

474 Männer wurden schließlich ausgewählt, den neuen Herrn zu bestimmen. Am 17. Februar 1598 beschloß die Landesversammlung auf Vorschlag des Patriarchen, dem Bojaren Boris Godunow den Zarenthron anzubieten.

Daß Boris Godunow mit Hilfe der Schatzkammer des Reiches das Ergebnis beeinflußt hat, ist wahrscheinlich. Dennoch verwies er darauf, daß Würdigere als er Anspruch darauf hätten, im Kreml zu herrschen. Er schwor, es sei nie seine Absicht gewesen, nach der Krone zu greifen – Gott sei sein Zeuge. Tagelang hielt Boris Godunow an seiner ablehnenden Haltung fest. Erst als die Landesversammlung in ihrem Eifer erlahmte, dem Regenten die Krone anzutragen, gab Boris Godunow nach.

Schon bald nach der Krönung bekamen die Romanows die Rache des Herrschers zu spüren. Die einflußreichen Männer der Familie wurden ins Gebiet der oberen Wolga verschleppt. Bis ans Ende ihrer Tage sollte sie im Kyrillo-Beloserskij-Kloster an der Scheksna eingeschlossen bleiben.

Daß ihn die Romanows in der Abgeschiedenheit des Klosters verfluchten, das wurde dem Zaren hinterbracht. Daß Fürst Wassilij Schujskij Kontakt zu den Verbannten unterhielt, das erfuhr Boris Godunow auch. Eine Verschwörung braute sich zusammen, und es wurde deutlich, daß die Verschwörer das Geheimnis von Uglitsch für ihre Zwecke nutzen wollten.

Der Zar war verblüfft über das Geschick der Verschwörer: Sie verwendeten eine Idee, die er selbst ausgedacht hatte. Unmittelbar vor der Wahl durch die Ständeversammlung war bekanntgeworden, der Regent werde im Fall einer Niederlage einen jungen Mann präsentieren, der glaubwürdig versichern könne, er sei Dimitrij, der Sohn des Zaren Iwan, und damit rechtmäßiger Erbe des Reiches.

Es war im Winter des Jahres 1601, daß sich die Menschen in Moskau zuflüsterten, damals, vor zehn Jahren, in Uglitsch an der Wolga sei der Zarensohn Dimitrij seinen Mördern entkommen. Ein anderes Kind sei aus Versehen von den Agenten des Boris Godunow umgebracht worden. Das Kind von damals sei jetzt ein junger Mann und habe Schutz und Unterstützung in Polen gefunden. Bald werde er mit einem Heer gegen Moskau marschieren, um Boris Godunow zu vertreiben. Der Zar, dem diese Gerüchte ebenfalls zugetragen wurden, begann über das Geheimnis von Uglitsch nachzugrübeln. Immer wieder stellte er sich die Frage, warum Fürst Wassilij Schujskij ihm versicherte, er habe genau gesehen, daß das Kind Dimitrij tot war, um dann nur wenige Tage später einzelnen Bojaren unter dem Siegel der Verschwiegenheit mitzuteilen, der Mann, der sich in Polen zum Marsch nach Moskau rüste, könne durchaus der Zarensohn Dimitrij sein.[5] Die Unsicherheit und die bohrende Suche nach der Wahrheit wurden für den Herrscher zum Trauma.

Überdies hatte er sich durch die Krönung zum Zaren und die Behandlung der einflußreichen Adelsfamilien selbst isoliert. Von ihnen konnte er keine Unterstützung mehr erwarten. Der Herrscher im Kreml regierte im Grunde nicht mehr. Das Land geriet in Unordnung. Gesetze und Traditionen wurden mißachtet. Räuberbanden durchzogen Rußland. Mord und Totschlag blieben unbestraft. Zudem wurde Rußland von einer Hungersnot heimgesucht, wie es sie in diesem Ausmaß noch nie gegeben hatte – verursacht durch Mißernten und die Spätfolgen der Fehlentwicklung unter Iwan IV. Doch die Menschen gaben Boris Godunow die Schuld an ihrem Unglück. Weitverbreitet war die Meinung, die von ihm befohlene Ermordung des Dimitrij habe Rußland ins Verderben gestürzt. Oft war der Fluch zu hören: »Verdammt sei Uglitsch!« Die Bewohner des Moskauer Reiches sehnten sich nach einem anderen Herrscher. Der Herausforderer des Zaren gewann in der Phantasie der Russen an Glanz.

Das Warten dauerte bis zum Herbst des Jahres 1604. Dann traf in Moskau die seit langem erwartete Meldung ein, das Heer des Dimitrij habe die russische Grenze überschritten. Die Hintergründe der Invasion aber wurden nicht beachtet. Kaum jemand wollte zur Kenntnis nehmen, daß der junge Mann das Werkzeug des polnischen Adels und damit der katholischen Kirche war. Kirche und Adel in Warschau und Krakau glaubten, die seit Generationen andauernde Auseinandersetzung mit Moskau nun endgültig für sich entscheiden zu können.

Fürst Wassilij Schujskij gehörte zu den wenigen, die bei der Annäherung des polnischen Heeres die Folgen eines Einmarsches des jungen Mannes in Moskau zu begreifen begannen. Der Fürst änderte seine Meinung von einem Tag zum anderen: Auf dem Platz vor dem Kreml erklärte er, er könne beschwören, daß er vor dreizehn Jahren in Uglitsch an der Wolga die Leiche des Kindes Dimitrij gesehen habe – mit durchschnittener Kehle. Der Mann, der Moskau bedrohe, so sagte der Fürst zur Menge, die um ihn stand, sei ein Betrüger, der einer gerechten Strafe zugeführt werden müsse. Die Erklärung kam allerdings zu spät: Viele der Bojaren und der Kaufleute in der Stadt waren entschlossen, an die Echtheit des Herausforderers zu glauben.

Fürst Schujskij spielte mit hohem Einsatz. Er und seine Verbündeten, die Familie Romanow, wußten, daß sie von einem siegreichen Polen-Litauen kaum bevorzugt behandelt werden würden. Schujskij wollte deshalb nicht die Niederlage der Moskauer – er wollte die Niederlage des Zaren Boris Godunow. Immer wieder erzählte er während der Sitzungen des Bojarenrates hinter vorgehaltener Hand, er sei sich in Wahrheit nicht sicher, ob das tote Kind wirklich Dimitrij gewesen sei. Vielleicht sei der Zarensohn ja den Mördern doch entkommen. Boris Godunow, dem die Worte des Fürsten zugetragen wurden, konnte nachts nicht mehr schlafen. Seine Gesundheit verschlechterte sich. Er starb am 13. April 1605.

Sein Tod kam völlig unerwartet und »war an sich sich etwas sehr Merkwürdiges«, wie der in Moskau lebende englische Kaufmann John Mericks notierte. Nach einer Mahlzeit fühlte er sich plötzlich nicht wohl und »hatte auch Schmerzen im Leib. Er begab sich eilends in sein Schlafgemach, ließ die Ärzte rufen (die immer rasch zur Stelle waren), doch lag er noch vor ihrem Eintreffen hoffnungslos darnieder, hatte die Sprache verloren und verschied bald darauf.«[6]

Das Geheimnis von Uglitsch hatte ein weiteres Opfer. 53 Jahre alt war Boris Godunow geworden.

Erbe des Throns wurde der sechzehnjährige Sohn des Verstorbenen. Da er noch nicht volljährig war, mußte ihm ein Regent zur Seite gestellt werden. Die Bojaren waren der Meinung, Fürst Wassilij Schujskij sei der Richtige, um in den schwierigen Zeiten das russische Reich zu regieren. Für den Fürsten war diese Entscheidung der Bojaren fast die Erfüllung seiner Wünsche: Er war der mächtigste Mann in Rußland – auch wenn er nicht selbst Zar war. Doch dieses Ziel wollte Schujskij auch noch erreichen.

Als sich das polnisch-litauische Heer mit dem echten oder falschen Dimitrij Moskau näherte, da hielt es der Fürst für klug zu verkünden, das Kind Dimitrij sei im Jahre 1591 in Uglitsch verschont worden. Der Mann, der dem Heer der Polen voranziehe, sei der wahre Herrscher über Rußland.

Mit der Wirkung, die diese Worte auslösten, mußte der Fürst gerechnet haben. Innerhalb weniger Augenblicke stürzte sich eine aufgebrachte Menge zum Kremltor. Die Wachen wurden niedergestochen. Dann ergoß sich die Masse in Höfe, Gänge und Räume des Moskauer Kreml. Der junge Zar Fjodor wurde bestialisch gequält und schließlich durch Schläge mit hölzernen Knüppeln getötet. Die Herrschaft des Hauses Godunow war zu Ende.

Der Kreml war leer, als Dimitrij am 20. Juni 1605 in Moskau einritt. Der Palast gehörte ihm. Jubel empfing ihn. Doch rasch erstarben die Schreie, als die Masse, die auf dem Vorplatz stand, erkannte, daß der neue Herr von polnischen Höflingen umgeben war. Die Stimmung der Moskauer schlug sofort um. Dimitrij wurde beschimpft und verflucht.

Vor dem Kremltor stand auch Fürst Schujskij mit seinen Dienern und Bewaffneten. Eintreten durfte er nicht. Einige Männer aus der Masse, die wußten, daß der Fürst nur wenige Stunden zuvor den jungen Mann, der sich nun im Kreml befand, als den echten Dimitrij gepriesen hatte, nahmen eine drohende Haltung an. Schujskij rettete sich durch die kühne Behauptung, er habe immer gesagt, dieser Dimitrij sei ein Betrüger.

Kaum hatte der Mann, der jetzt im Kreml herrschte, von diesem Sinneswandel gehört, ließ er den Fürsten verhaften. Rasch war das Todesurteil gesprochen. Es sollte am 25. Juni vollzogen werden. Der Kopf des Verurteilten lag bereits auf dem Block, und das Beil war in die Luft erhoben, als Dimitrij ein Zeichen gab: Der Kopf sollte nicht abgehackt werden. Dimitrij erwies Gnade: Der Fürst wurde in die Verbannung geschickt. Im Gebiet der oberen Wolga sollte er verwahrt werden.

Von dort, vom Kyrillo-Beloserskij-Kloster, wurde wenige Tage später die Nonne Marfa nach Moskau in den Kreml gebracht. Ihr richtiger Name war Marija Nagaja. Sie war die Mutter des wahren Dimitrij. Von der Begegnung der Nonne Marfa mit dem Zaren Dimitrij hing es ab, ob der neue Herr im Kreml Fuß fassen konnte. Berichtet wird, die beiden hätten lange unter vier Augen gesprochen. Vor der Tür warteten Bojaren und Geistliche gespannt auf das Ende der Unterhaltung. Als sich die Tür öffnete, umarmten sich Marfa und Dimitrij. Der Sohn wurde von der Mutter anerkannt. Dies war die Krönung des Geheimnisses von Uglitsch an der Wolga. Ob die Nonne Marfa wirklich im Zaren Dimitrij den Sohn erkannt hat oder ob sie sich an einer Täuschung beteiligen wollte, weiß niemand.

Fjodor Godunows Flußkarte

Überliefert ist, daß Zar Boris sehr stolz gewesen sei auf die geographischen Kenntnisse seines Sohnes Fjodor. Die Landeskunde hatte einen wesentlichen Teil des Unterrichts ausgemacht, der den Zarewitsch Fjodor systematisch auf die Übernahme der Macht vorbereiten sollte. Bis dahin war die geistige Erziehung der künftigen Zaren im Kreml vernachlässigt worden. Boris Godunow aber hatte gewollt, daß sein Sohn eigene Anstrengungen zur Erweiterung seiner Bildung unternahm. So war der Thronfolger vom Vater ermutigt worden, das damals bekannte Wissen von der Gestalt Rußlands in Form einer Landkarte aufzuzeichnen. Im Jahre 1614 ist diese Landkarte gestochen und veröffentlicht worden. So ist sie für uns erhalten geblieben.[7]

Hervorgehoben in der Darstellung Rußlands ist der Verlauf der Flüsse. Das beherrschende Gewässer ist die Wolga, die eine weite Fläche bedeckt. Dem Verlauf des Don wird auf der Flußkarte des Zarewitsch Fjodor nur eine kurze Wegstrecke zugestanden. Für den Schiffsverkehr wurde er offenbar nicht als wichtig angesehen. Wenn man der Karte glauben will, verband der Don keine Handelszentren, die den Mächtigen Rußlands am Herzen lagen. Deutlich hervorgehoben aber ist die geographische Besonderheit, daß sich der Don im »Donbogen« der unteren Wolga bis auf einen Abstand von nur wenigen Kilometern nähert und daß er sich nahezu mit der Wolga vereinigt.

Zu lesen ist der Flußname »Wolga olim Rha« – »Wolga, einst Rha genannt«. Dem Zarensohn Fjodor war also der Name »Rha« bekannt, den der griechische Geograph Ptolemäus eineinhalb Jahrtausende zuvor in seinen Schriften erwähnt hatte. Jener Rha, so teilte Ptolemäus mit, floß zu seiner Zeit in einer völlig menschenleeren Gegend. Der Flußkarte der Wende vom 16. zum 17. Jahrhundert ist zu entnehmen, daß entlang der Wolga eine Kette blühender Städte existierte. Die Siedlungszentren hießen Uglitsch, Kostroma, Nishnij Nowgorod, Kasan, Astrachan. Auch die Festung Pljos, die im Kampf gegen die Tataren die Funktion eines Abwehrriegels am Fluß hatte, ist eingezeichnet.

Korrekt ist der Wolgaursprung in den waldreichen Hügeln nordwestlich von Moskau vermerkt. Zu erkennen sind die Waldaihöhen. Imposanter gezeichnet als die Wolga in ihren Anfängen ist der Strom Sosna – der eigentlich den Namen Scheksna trägt. Unweit der Stadt Uglitsch ergießt er sich in die Wolga. Daß am Ufer der Scheksna das Kyrillo-Beloserskij-Kloster zu finden ist, das in der damaligen russischen Geschichte Ereignisse von Bedeutung erlebt hat, verschweigt die Flußkarte. Verbannungsorte wurden offenbar nicht erwähnt.

Der Zarewitsch – und damit wohl auch dessen Lehrer, der wahrscheinlich zugleich Hofgeograph des Zaren war – glaubte, der Weiße See sei unmittelbar mit dem Onegasee verbunden; wobei angenommen wurde, das Wasser ströme vom Onegasee zum Weißen See. Daß Wasser in dieser Richtung nicht fließen kann, weil der Onegasee 78 Meter tiefer liegt, gehörte nicht zum geographischen Wissen jener Jahre.

Der Zarewitsch hat durch die Zeichnung der Wasserstraße zwischen den beiden Seen den Wolga-Baltik-Kanal unserer Zeit vorweggenommen. In Wirklichkeit ist die kühne Idee, den größten Fluß Rußlands mit dem Gewässersystem des Baltikum zu verbinden, erst zur Zeit des Zaren Peter I. entwickelt worden.

Falsch war das geographische Wissen von den Flüssen nördlich des Onegasees. Fjodor ging davon aus, daß der Onegasee nicht nur mit dem Weißen See, sondern auch mit dem Weißen Meer verbunden sei und der Fluß dazwischen von Schiffen befahren werden könne. Wenn dieser Sachverhalt gestimmt hätte, dann wäre es möglich gewesen, vom Flußsystem der oberen Wolga aus – über das Weiße Meer – die offene See und damit die Weltmeere zu erreichen. Fjodor Godunow hat eine ununterbrochene Wasserstraße vom Nordmeer zum Kaspischen Meer und damit zum Orient gezeichnet. Die Flußkarte des Zarewitsch spiegelt die Wünsche des Zaren und der Kaufleute Rußlands nach ungehindertem Zugang zu den Handelszentren der Welt.

Archangelsk am Weißen Meer entwickelte sich zum Seehafen Rußlands von einiger Bedeutung. Die englischen Seefahrer und Handelsherren hatten ihn zuerst für sich in Beschlag genommen, dann waren auch Franzosen und vor allem Holländer dort gelandet. Sie litten jedoch mehr als die Engländer unter dem Klima und unter den rauhen Sitten. Einer französischen Seefahrerchronik ist zu entnehmen, wie seltsam die Neuankömmlinge die russischen Trinksitten empfanden: »Nachdem der Gouverneur von Archangelsk vernommen hatte, daß wir Franzosen seien, sagte er zum Dolmetscher, daß er uns willkommen heiße, und er nahm einen großen silbernen Becher und ließ ihn mit einem starken Getränk füllen, und wir mußten den Becher leeren. Dann wurde der Becher zum zweitenmal und zum drittenmal geleert. Nun aber glaubten wir, daß diese Verpflichtung zu Ende sei. Doch das Schlimmste kam erst. Jeder von uns mußte eine Tasse Schnaps austrinken, der so stark war, daß uns gleich beim ersten Schluck der Schlund brannte. Das war aber noch immer nicht alles. Wir hatten auch noch auf die Gesundheit unseres Königs zu trinken. Dies konnten wir nicht ablehnen. Es ist Sitte in Rußland, daß viel getrunken wird.«[8]

Kontakt zu den Fremden durften allerdings nur der Gouverneur und dessen Beauftragte halten. Gewöhnliche Untertanen wurden von den Fremden ferngehalten. Daß die Herrschaftsschicht den Handel wollte, macht die Flußkarte des Zarewitsch deutlich – die Handelsrouten sind eingetragen. Doch der Berührung zwischen Russen und Fremden waren Grenzen gesetzt. Ausländische Kaufleute wurden als Geschäftspartner angenommen, doch sie hatten sich zu hüten vor Gesprächen über die Politik ihrer Länder, über Religion, über die Rechtsvorschriften ihrer Heimat. Verboten blieben in Rußland Bücher in fremder Sprache, obwohl der Zar den Buchdruck förderte, ausgewählte Studenten nach England und Frankreich schickte und schließlich die Gründung einer Universität ins Auge faßte. Ein Pole, Samuel Meskiewicz, berichtete nach Hause, er habe erfahren, daß den Russen sogar Kalender abgenommen worden seien, die sie aus der Fremde erhalten hätten; der Zar sei daran interessiert, die Menschen unwissend zu halten.[9]

Das Resultat des Zwiespalts war, daß sich die fremden Kaufleute, die auf der Wolga Waren transportieren wollten, argwöhnisch beobachtet fühlten. Sie spürten, daß sie als Feinde behandelt wurden. Da den Händlern die Freizügigkeit verwehrt wurde und der Warenaustausch infolge der Unruhen ohnehin zum Erliegen kam, blieben sie schließlich aus. Um die Zeit, als der echte oder falsche Dimitrij Rußland zu beherrschen versuchte, waren die russischen Schiffer allein auf der Wolga.

Das Geheimnis von Uglitsch wirkt weiter

Zu denen, die alles Fremde ablehnten, gehörte Fürst Wassilij Schujskij – der einzige, der wußte, was an jenem 15. Mai des Jahres 1591 im Kreml von Uglitsch wirklich vorgefallen war. Er hatte die Hoffnung keineswegs aufgegeben, doch noch selber Zar werden zu können.[10] Um sein Ziel zu erreichen, mußte er vor allem das Ansehen und damit die Macht des aus Polen einmarschierten Zaren Dimitrij aushöhlen. Dazu hatte Schujskij ein sehr einfaches Mittel: Er brauchte nur zu behaupten, er täusche sich nicht, wenn er sage, das tote Kind sei wirklich der Zarewitsch gewesen – und folglich könne Dimitrij nicht der legitime Erbe des russischen Zarenthrons sein.

Erstaunlich ist, daß die Erzählungen des Fürsten überhaupt noch geglaubt wurden. Doch er fand offene Ohren bei Bojaren und Offizieren. Bereit zur Revolte gegen Dimitrij waren vor allem gläubige Männer, die der Meinung waren, die Orthodoxie sei in Gefahr, von den Fremden vernichtet zu werden. Schujskij organisierte Treffen von Offizieren der Moskauer Truppen, von Bojaren, die Einfluß auf die Massen hatten. In der Nacht vom 16. zum 17. Mai 1606 waren die Vorbereitungen so weit abgeschlossen, daß der Fürst das Zeichen zum Aufstand geben konnte. Agitatoren riefen die Massen auf, den »falschen Dimitrij« zu erschlagen.

Der Zar versuchte aus dem Kreml zu fliehen, doch Schujskij hatte Agenten postiert, die aufpaßten. Dimitrij wurde getötet. Überall in der Stadt entlud sich nun die Wut auf die Fremden. Am Morgen war kaum einer der Polen, die mit Dimitrij in Moskau eingezogen waren, noch am Leben. Zur Mittagszeit wurde die Leiche des Zaren, dessen Gesicht nicht mehr zu erkennen war, auf dem Roten Platz ausgestellt. 48 Stunden später ließ sich Fürst Wassilij Schujskij an derselben Stelle von der Menge als Herrscher Rußlands feiern.[11]

Den Bojaren war Schujskij als Verbündeter recht gewesen, solange er im Kampf gegen die polnischen Freunde des Dimitrij gebraucht worden war. Jetzt aber erinnerten sie sich daran, daß er seine Meinung über die Ereignisse von Uglitsch zu oft geändert hatte. Vertrauen wollte ihm kaum noch jemand schenken – auch nicht, als er den Patriarchen von Moskau veranlaßte, das Kind Dimitrij, das im Jahre 1591 in Uglitsch ums worden war, heiligzusprechen.

Schon wenige Wochen nach Schujskijs Krönung bewegte wieder ein Gerücht die Gemüter der Moskauer. Erzählt wurde, Zar Dimitrij sei keineswegs durch die Aufständischen getötet worden; treue Offiziere und Soldaten hätten ihn gerettet. Von Tag zu Tag waren mehr Menschen in und um Moskau überzeugt, daß auf dem Roten Platz eine andere Leiche gezeigt worden sei – man habe wohl mit Absicht das Gesicht so zugerichtet, daß der Tote nicht zu erkennen gewesen sei. Im Herbst 1606 waren Bojaren und das Volk insgesamt der Meinung, Dimitrij sei am Leben und organisiere irgendwo im Lande eine Armee zum Marsch auf Moskau. Bald waren sich alle sicher, der Aufmarsch finde an der Wolga statt.

Tatsächlich wurden aus dem Wolgagebiet Aufstände gemeldet. Seltsames geschah: Sicher war, daß Nishnij Nowgorod belagert wurde – doch niemand wußte, wer der Befehlshaber der Belagerer war. Der Gouverneur von Astrachan an der Wolgamündung erklärte, er sei nicht mehr Untertan des Fürsten Schujskij. Alle Statthalter und Ortsvorsteher in der Region der unteren Wolga weigerten sich, Befehle aus dem Kreml entgegenzunehmen. Die Stadt Rjasan, an der Oka gelegen, wollte dem Zaren nicht mehr gehorchen. Alle Aufstandsgebiete waren in den Händen von Männern, die den Tod des Zaren Schujskij forderten. Doch wußte noch immer niemand, wo derjenige sich aufhielt, den sie als Zaren anerkennen wollten.

Sein Agitator war allerdings bald bekannt. Sein Name war Iwan Bolotnikow. Er nannte sich »Wojewode des Zaren Dimitrij«[12]. Leibeigener war er gewesen, dann hatte er sich den Kosaken angeschlossen, war von den Tataren gefangengenommen und als Galeerensklave an die Türken verkauft worden. Über Venedig war er in die Heimat zurückgekehrt. Im Chaos der Wirren sah er seine Chance: Er wollte mächtig und reich werden.

Da er selbst nicht vorgeben konnte, aus einer zum Herrschen berechtigten Familie zu stammen, sagte er, Dimitrij sei sein Herr. In seinem Namen sammelte Iwan Bolotnikow ein Heer aus Bauern, unzufriedenen Kleinadligen, Kosaken und Leibeigenen, die meist aus der Gegend um Rjasan stammten. Im August 1606 war dieses Heer an Zahl stärker als die Truppen des Zaren Schujskij. Es war in der Lage, Moskau zu belagern. Zwist in den eigenen Reihen schwächte allerdings bald die Kampfkraft. Schujskijs Verbände erholten sich und griffen wieder an. Sie drängten Iwan Bolotnikow nach Tula ab – die Stadt liegt an einem Nebenfluß der Oka. Bolotnikows Niederlage schien besiegelt zu sein.

Diese Situation machte sich ein Mann zunutze, von dem nur bekannt ist, daß er der »Kosak Ilja« gewesen sei. Er behauptete von sich, in Wahrheit der Zarewitsch des Zaren Fjodor zu sein, des Sohnes von Iwan IV. Dessen Frau Irene, die Schwester von Boris Godunow, habe ihn geboren. Man habe ihn gleich nach der Geburt mit einem Mädchen vertauscht und ins Land der unteren Wolga gebracht. Dort sei er aufgewachsen, und dort habe er als »Kosak Ilja« gelebt, bis er die Zeit für reif gehalten hätte, die Wahrheit über sich selbst zu sagen.

So eigenartig diese Geschichte auch klingen mag – im Jahr 1606 muß sie glaubwürdig gewesen sein. Viele, die dem Zaren Schujskij den Rücken gekehrt hatten, vergaßen, daß sie eigentlich dem Zaren Dimitrij ergeben sein wollten, und wandten sich nun dem angeblichen Sohn des Fjodor zu, der sich »Zarewitsch Pjotr« nannte. Zu jenen, die diesem neuen Herrn dienen wollten, gehörte auch Iwan Bolotnikow. Er brauchte ganz einfach Verstärkung. Die bewaffneten Haufen des »Zaren Pjotr« und Bolotnikows schlossen sich in Tula zusammen. Es gelang den vereinigten Truppen erneut, den Zaren Schujskij in Bedrängnis zu bringen. Dessen Ingenieure aber hatten einen genialen Einfall: Sie stauten den Oka-Nebenfluß Upa auf und überschwemmten so die Stadt Tula. Der Stützpunkt des »Zaren Pjotr« und Bolotnikows mußte sich ergeben. »Zar Pjotr« wurde in Ketten nach Moskau gebracht und gehängt. Bolotnikow konnte nochmals entkommen, wurde aber ein halbes Jahr später gefangengenommen und erdrosselt.

Damit war die erste Erhebung der Entrechteten und Armen, der Bettler und der Bauern in Rußland gescheitert.

Doch die Zeit der »Dimitrij-Erscheinungen« war keineswegs zu Ende. Seit Sommer 1607 nahm ein weiterer »Dimitrij« die Phantasie der Russen gefangen. Nach Bolotnikows Tod strömten ihm die Unzufriedenen zu, die Geld und Abenteuer suchten. Mit ihrer Hilfe besiegte dieser Dimitrij die Truppen des Zaren Schujskij am 1. Mai 1608. Im Dorf Tuschino, bei Moskau gelegen, hielt er hof.

Jener Dimitrij behauptete von sich, er habe nicht nur den Mordversuch von Uglitsch im Jahre 1591, sondern auch den Aufstand der Moskowiter im Jahre 1606 überlebt. Dimitrij vereinbarte eine Begegnung mit jener polnischen Adligen, die tatsächlich die Frau des Zaren Dimitrij gewesen war. Nach einem längeren Gespräch erklärte die einstige Zarin, Dimitrij sei wirklich ihr Mann, er sei seinerzeit mit Glück den Mordagenten des Fürsten Schujskij entflohen. Sein Heer erweiterte der falsche – oder echte? – Zar Dimitrij nun aus undisziplinierten Abenteurern, die in der Gegend von Wolga und Don lebten. Zar Schujskij verfügte zwar kaum über eine ausreichende Zahl von Bewaffneten, um die Armee des Dimitrij abzuwehren, doch seine Männer waren an Kampferfahrung den Feinden überlegen. Dazuhin brach im Lager des Dimitrij ständig Streit aus; keiner wollte sich dem anderen unterordnen. Bei der Bevölkerung machte sich Dimitrij dadurch unbeliebt, daß er es nicht vermochte, seine Leute von Raub, Plünderung und Vergewaltigung abzuhalten. Die Stimmung schlug um. Die Folge war, daß die Bauern den Soldaten des Dimitrij weder Lebensmittel noch Futter für die Pferde überließen und keine Informationen über Bewegungen der Feinde weitergaben. So gelang es Dimitrij nicht, alle Kräfte zu mobilisieren, um gegen Moskau vorzustoßen.

Schujskij blieb Herrscher in der Hauptstadt; seine Gegner aber kontrollierten das Land. Der Vorteil für den Zaren Wassilij Schujskij war, daß sich Dimitrij nicht zum Zaren krönen lassen konnte. Dies war nur in der Uspenskij-Kathedrale des Kreml möglich – und die befand sich in Schujskijs Hand.

Daß die Feinde Rußlands bei dieser Konstellation nicht untätig bleiben würden, mußte der Zar voraussehen. Doch er selbst schwächte den Zusammenhalt in den eigenen Reihen: Er bat den König der Schweden um Hilfe. Der Lohn für den Alliierten sollte die Überlassung Livlands an Schweden sein. Diese Entwicklung wiederum konnte Polen nicht hinnehmen: Die Allianz Schweden/Rußland schwächte seine Position. Im September 1609 belagerten die Polen Smolensk. Die polnischen Truppen drangen weit in russisches Gebiet ein. Das Heer des Zaren Schujskij wurde geschlagen und löste sich auf.

Damit war das Ende der Herrschaft des Zaren Wassilij Schujskij gekommen. Er wurde am 17. Juli 1610 in ein Kloster des Wolgagebiets geschickt. Sein Feind Dimitrij starb am 11. Dezember 1610 durch die Mordwaffe eines Tataren. Das Geheimnis von Uglitsch an der Wolga blieb ungelöst. Und die Zeit der Wirren trieb ihrem Höhepunkt entgegen.[13]

Rußland fehlte die starke Hand, die in der Lage gewesen wäre, Ordnung zu schaffen. Der Staat besaß keinen Zaren, kein Oberhaupt mehr. Der Zusammenhalt der Fürstentümer löste sich auf. Egoismus der Teilfürstentümer machte jeden Ansatz einer gemeinsamen Politik zunichte.

In dieser geradezu hoffnungslosen Situation besannen sich im Sommer des Jahres 1611 die politisch Verantwortlichen der Städte an der Wolga auf die Werte des heiligen Rußland. In den Kirchen wurde über den heiligen Kyrillos gepredigt, der den wahren Glauben in die Siedlungen am großen Fluß gebracht habe. Wanderprediger versetzten Dorfbewohner in Ekstase, indem sie ihnen erzählten, die Heiligen riefen vom Grab aus die Menschen zur Verteidigung des Glaubens auf. Nishnij Nowgorod wurde zum Zentrum der religiösen und politischen Erneuerung.

Von der Wolga aus wird Rußland gerettet

Die Stadtoberhäupter von Nishnij Nowgorod und Kasan entschlossen sich, die politischen Probleme gemeinsam anzupacken. Der Stadtälteste von Nishnij Nowgorod – sein Name war Kusma Minin – machte den Vorschlag, die Wolgastädte sollten bei den wohlhabenden Bewohnern Gold sammeln, um eine Landwehr aufstellen zu können. Dieses »Aufgebot« (opoltschenie) sollte den Kern bilden für die Einigungsbewegung, die Rußland so dringend nötig hatte.

Allerdings war es den Stadtältesten an der Wolga um ein Heer zu tun, in das bevorzugt Söhne der Kaufleute und Handwerker integriert werden konnten. An den Kampfwert einer solchen Armee wiederum vermochte Kusma Minin nicht zu glauben; er meinte, sie würde im ersten Augenblick der Bedrängnis auseinanderlaufen. Kusma Minin rief Männer mit Kampferfahrung und militärischer Ausbildung zu den Fahnen. Auch Kosakeneinheiten (Dienstkosaken) und polnische Dienstadlige schlossen sich dem »Aufgebot« an.[14]

Kommandeur der Streitmacht an der Wolga wurde Fürst Dimitrij Michailowitsch Posharskij. Im März 1612 waren seine Vorbereitungen so weit fortgeschritten, daß er von Nishnij Nowgorod aus den Feldzug zur Rettung Rußlands beginnen konnte. Auf Wolgaschiffen, die vom Ufer aus mit Seilen flußaufwärts gezogen wurden, erfolgte der Vormarsch zunächst bis Kostroma und Jaroslawl, wo die Kämpfer an Land gingen, um Verpflegung zu besorgen. Ende August erreichten sie dann Moskau.

Auf dem Weg zur Hauptstadt war es zu ersten Gefechten mit verschiedenen (»freien«) Kosakentrupps gekommen. Diese Reiterverbände rekrutierten sich zum großen Teil aus entlaufenen Bauern und anderen mobilen Gruppen, Sozialrevolutionären, deren Ziel die Abschaffung der alten Ordnung war.

Insgesamt wurden die Kosaken nicht durch eine stammesmäßige Bindung zusammengehalten, noch gehörten sie einem eindeutig definierten Volk an – obgleich bei vielen Kosaken die Abstammung auf die Tataren zurückzuführen war. Kosak konnte jeder werden – die einzige Voraussetzung war das Bekenntnis zum orthodoxen Glauben. So konnte es durchaus geschehen, daß Moslems oder aber Juden aus dem einstigen Volk der Khasaren die Neigung verspürten, Kosaken zu werden. Sie mußten sich dann nur taufen lassen und wurden, wenn sie reiten konnten, in die Kosakenverbände aufgenommen.

Jetzt geschah es zum erstenmal, daß Kosaken »in einer größeren Auseinandersetzung gegeneinander kämpften«[15].

Vielleicht wäre das »Aufgebot« daran zerbrochen, wären nicht gerade zu diesem Zeitpunkt polnische Verbände ins Land eingerückt. Eine Invasion der Katholiken aber mußte die orthodoxen Kosaken in die Arme Posharskijs treiben. Wichtige Kosakenverbände verbündeten sich nun mit dem Fürsten. Der Schwung der Kosaken übertrug sich auf die Landwehr. Die Polen wurden besiegt, und Moskau konnte eingenommen werden. Nichts stand der Einsetzung eines neuen Zaren für ganz Rußland mehr im Wege.

Wieder kam die Initiative von den Wolgastädten. Ihre Stadtältesten regten die Einberufung einer Landesversammlung nach Moskau an. Im Winter des Jahres 1612/13 begaben sich Männer aus fünfzig Städten in die Hauptstadt, entschlossen, dem geplagten Land durch Einsetzung einer Herrscherfamilie Stabilität zu verleihen. Der gute Wille war vorhanden, eine neue Epoche anbrechen zu lassen, doch bald schon erwiesen sich die alten Eifersüchteleien als stärker. Die Männer, die zu bestimmen hatten, kamen aus den Adelskreisen des früheren Regimes. Und es war selbstverständlich, daß nur eine der alten Familien Anspruch auf den Thron haben konnte.

Viele dieser Familien hatten die Wirren seit dem Jahr 1598 nicht unbeschadet überstanden. Wer verwandt war mit Boris Godunow, war auch jetzt noch gut beraten, sich zurückzuhalten. Wer zur Sippe von Zar Iwan gehörte, mußte ebenfalls vorsichtig sein. Wer mit den Polen paktiert hatte, kam für das hohe Amt nicht in Frage. Wer aber unter Boris Godunow gelitten hatte, der durfte stolz sein Haupt erheben.

Zu den Opfern des Godunow-Regimes zählten die Mitglieder

der Familie Romanow. Dieses Geschlecht hatte der Zar gefürchtet wegen der Intelligenz und Willensstärke seiner Angehörigen. Sein Mittel, die Romanows zu bekämpfen, war Verschleppung und Verbannung in die Wolgaregion gewesen. In den Jahren der Wirren war gegenüber der Familie Wiedergutmachung geleistet worden. Fjodor, der älteste der Romanows, war unter dem Namen Filaret Metropolit von Moskau geworden. Filaret hatte einen sechzehnjährigen Sohn[16], von dem bekannt war, daß er klug und rechtschaffen war. Am 7. Februar 1613 erklärte die in Moskau zusammengetretene Landesversammlung, daß sie Michail Fjodorowitsch Romanow zum Zaren krönen wollte – kein anderer Kandidat käme für sie in Frage. Das Problem war nur, daß niemand wußte, wo sich der junge Michail Fjodorowitsch aufhielt. In Moskau befand er sich nicht.

Es dauerte Wochen, bis er gefunden wurde. Er lebte mit seiner Mutter im Ipatjew-Kloster an der Wolga. Dort, in der Nähe der Stadt Kostroma, besaßen die Romanows umfangreiche Güter.

Der junge Romanow war keineswegs begeistert, daß die Landesversammlung gerade ihn zum Zaren Rußlands machen wollte. Zum Herrscher fühlte sich Michail Fjodorowitsch nicht geboren. Mit seinen sechzehn Jahren hatte er sich bereits an ein Leben ohne Verantwortung gewöhnt. Die Mutter hatte ihm alle Entscheidungen abgenommen. Er war auch keineswegs fasziniert vom Gedanken, in Moskaus Kreml leben zu müssen. Der finstere Palast war ihm bekannt: Während der Herrschaft der Polenclique hatte er sich dort aufhalten müssen. Die Häuser und Klöster von Kostroma an der Wolga erschienen ihm wohnlicher.

Auch die Mutter war der Meinung, Michail Fjodorowitsch sei an der Wolga besser behütet als an der Moskwa. Aus der Erfahrung der wirren Jahre seit 1598 fürchtete sie, der Sohn könne durch Gewalt sein Leben verlieren – wie die Zaren Dimitrij und Schujskij.

Die Abgesandten der Landesversammlung appellierten hartnäckig an das Gewissen des Michail Fjodorowitsch Romanow: Er sei verpflichtet, Rußland vor dem Abgrund zu retten. Dies aber könne nur an der Moskwa und nicht an der Wolga geschehen. Am

14. März 1613 entschloß sich der junge Mann also doch, nach Moskau zu reiten.[17]

Erzählt wird, der designierte Zar sei zuvor noch in Gefahr gewesen, von einem polnischen Reitertrupp überfallen und entführt zu werden. Legenden sind um diesen Vorfall an der Wolga entstanden. Sie berichten vom Bauern Iwan Sussanin, der begriffen habe, daß die Polen den neuen Herrscher Rußlands von Moskau fernhalten, daß sie, als Katholiken, der wahren Kirche schaden, und die Genesung des heiligen Rußland verhindern wollten. Der Bauer wurde zum Retter des Zaren. Der Anführer der Polen habe Iwan Sussanin gefragt, wo sich das Kloster befinde, in dem sich Mitglieder der Familie Romanow aufhielten. Iwan Sussanin, so ist überliefert, habe selbst als Knecht zum Kloster gehört, und ihm sei deshalb bekannt gewesen, daß Michail Fjodorowitsch an jenem Tag abreisen wollte. Er habe die polnischen Reiter bis zum Abend in den Wäldern des linken Wolgaufers in die Irre geführt. Bei Einbruch der Dunkelheit sei er sicher gewesen, daß der künftige Zar nicht mehr von den katholischen Feinden eingeholt werden konnte. Als die Polen bemerkten, daß sie Opfer einer List geworden waren, hätten sie auf Iwan Sussanin eingeschlagen, bis er tot war.[18]

Der reale Hintergrund des Geschehens ist, daß die Polen die Machtübernahme in Rußland durch die Familie Romanow nicht dulden wollten. Aus den Jahren der Wirren hatte die katholische Richtung Nutzen gezogen. Die Mächtigen in Warschau befürchteten, ein starkes Herrschergeschlecht würde die Einheit von Orthodoxie und Staatsgewalt wiederherstellen. Die Beseitigung des eben gewählten Zaren hätte Polen den Vorteil gebracht, daß sein Einfluß in Moskau weiterhin bestimmend gewesen wäre. Mit der Ankunft von Michail Fjodorowitsch Romanow an der Moskwa war es damit vorbei.

Am 11. Juli 1613 hatte Rußland wieder einen Zaren. Doch wer politische Einsicht besaß, der wußte, daß die Herrschaft des Romanow auf schwachen Füßen stand.

Michail Fjodorowitsch mußte bald schon die Erfahrung machen, daß ihm die Mächtigen nicht trauten. Er schickte Gesandte an die Kama zu den Stroganows. Die reichen Handelsherren wurden aufgefordert, Steuern zu zahlen, was während der Jahre der Wirren nicht geschehen war. Der Zar ließ dem wohlhabenden Handelshaus, das alle Gebiete ostwärts der Wolga beherrschte, die Bitte überbringen, eine großzügige Vorauszahlung zu leisten. Doch die Gesandten kamen mit leeren Händen zurück. Michail Fjodorowitsch war von diesem Verhalten tief getroffen, denn er wußte, daß die Stroganows dem Zaren Iwan IV. einst Schulden in Millionenhöhe ausgeglichen hatten – ohne jemals deren Rückzahlung zu fordern.

Jetzt war Rußland finanziell in einem noch schlimmeren Zustand. Niemand hatte regelmäßig Steuern bezahlt. Die Steuerbücher und die Grundbücher waren vernichtet worden, oder sie waren überholt. Eine Staatsverwaltung, die sich an Vorschriften und Gesetze hielt, gab es nicht mehr. Enteignungen und Plünderungen hatten den Besitz derer zerstört, die einst die Hauptsteuerlast getragen hatten: Der Kaufmannsstand und die Bauernschaft waren verarmt. Einzig das Handelshaus Stroganow, dessen Ländereien sich an der Kama und jenseits des Ural befanden, wäre in der Lage gewesen, dem russischen Staat wieder eine erste finanzielle Basis zu geben. Die Bewohner der Städte an der Wolga hatten eine einmalige Finanzleistung erbringen können, die für den Aufbau des »Aufgebots« ausgereicht hatte. Die Spendensumme war aufgebraucht. Jetzt war nicht einmal mehr Geld vorhanden, um für die Soldaten Lebensmittel und Schießpulver kaufen zu können.

Bereits auf dem Weg von Kostroma nach Moskau war Michail Fjodorowitsch Romanow mit der schwierigen Situation konfrontiert worden: Verarmte Bauern, hungernde Handwerkerfamilien, ruinierte Kaufleute, Männer ohne Arme oder Beine, Witwen und Waisen hatten dem künftigen Zaren aufgelauert, um ihn anzuflehen, er möge helfen. Michail Fjodorowitsch traf jedoch auch auf Männer, die nichts zu erhoffen hatten von der Ordnung, die man von ihm erwartete. Dazu zählten die Kosaken.

Die Kosaken sammeln sich an der unteren Wolga

Den Führern der Kosakenhaufen – sie trugen die Titel Ataman und Hetman – war es recht gewesen, daß in Rußland Chaos geherrscht hatte. Sie waren eine militärische Kraft gewesen, mit der jeder hatte rechnen müssen, der regieren wollte. Als Verbündete waren sie gesucht gewesen. Jeder, der sie bezahlte, konnte Partner sein – wie zeitweilig auch die Zaren Dimitrij und Schujskij. Einen Mangel an Reitern brauchten die Kosaken nicht zu fürchten. Verarmte Bauern und verschuldete Grundbesitzer hatten die Reihen immer wieder aufgefüllt.

Hatten die Kosaken einst am Don ihre Heimat gehabt, so waren sie während der wirren Jahre weit nach Rußland hineingezogen. An der oberen Wolga weideten die Pferde und lebten die Familien der Kosaken – wenn die Männer in den Krieg zogen. Die Führer wußten, daß schwere Zeiten für sie und ihre Männer anbrechen würden.

Ein Jahr vor der Wahl des jungen Romanow zum Zaren hatten sich Einheiten der Kosakenreiterei für das »Aufgebot« des Fürsten Dimitrij Michailowitsch Posharskij entschieden, andere waren gegen den Fürsten gewesen. Von diesem Zerwürfnis unter den Kosakenführern ging eine Spaltung aus, die Auswirkungen hatte. Der neue Zar versuchte, die Kosaken insgesamt an den Staat zu binden; die Kosakenverbände sollten in die russische Armee aufgenommen werden. Jene Führer, die sich nicht zur Zusammenarbeit bereit fanden, mußten allerdings mit brutaler Verfolgung rechnen. Der Ataman Iwan Saruzkij, bedacht auf die Freiheit der Kosaken, hatte sich geweigert, mit dem Fürsten Posharskij ein Bündnis einzugehen, und er wollte auch dem Zaren nicht dienen.[19] Er hatte seine Stützpunkte an der Moskwa aufgebaut: Die Städte Kolomna und Rjasan waren von ihm in der Schlußphase der wirren Jahre kontrolliert worden. Diese Stützpunkte konnten nicht mehr gehalten werden. Iwan Saruzkij überließ Kolomna und Rjasan dem Zaren. Die Kosakenverbände ritten der Moskwa und der Oka entlang nach Süden; dann folgten sie den Reiterpfaden der unteren Wolga. Bei der heutigen Stadt Wolgograd sammelten sie sich.

Von dort aus verkündete Iwan Saruzkij, er werde für die Kosaken im Wolgadelta einen eigenen Staat gründen. Iwan Saruzkij rief die Kosaken auf, sich nicht dem Zaren zu unterstellen, sondern eiligst zur Verteidigung der neuen Heimat an den Unterlauf der Wolga zu reiten.

Iwan Saruzkij wollte Astrachan zu seiner Hauptstadt machen. Wieder einmal sollte dort, wo die Wolga ins Kaspische Meer mündet, der Kern eines Staates entstehen, der einem aggressiven Reitervolk als Basis für Raubzüge dienen konnte. Iwan Saruzkij meinte, im Wolgadelta weit genug von Moskau entfernt zu sein, um eigene Ziele durchsetzen zu können – unbehelligt von einem Zaren, der erst das Zentrum seines Landes in den Griff bekommen mußte.

Doch die Pläne des Ataman Iwan Saruzkij wurden durch die Stadtältesten von Astrachan zerschlagen. Sie wollten sich nicht durch die Kosaken in Abenteuer und Unruhen stürzen lassen. Sie glaubten, daß der Zar aus dem Hause Romanow ihnen in Zukunft eher nützlich sein konnte. Michail Fjodorowitsch war sicher kein Garant für eine stabile Entwicklung Rußlands, doch hatte er die Legalität auf seiner Seite. Er war von der Landesversammlung zum Herrscher bestimmt worden. Die Stadtältesten von Astrachan gaben deshalb ihren Bewaffneten den Befehl, den Ataman beim Eintritt in die Stadt zu verhaften. Iwan Saruzkij, der geglaubt hatte, die Tore würden sich ihm öffnen, war überrascht und ließ sich überwältigen.

Offenbar hatte seine Idee einer Staatsgründung bei den Kosaken selbst keine große Begeisterung ausgelöst, denn kaum einer machte den Versuch, Iwan Saruzkij zu befreien. Unter Bewachung wurde er rasch wolgaaufwärts gebracht. Auch während der langen Fahrt auf dem Fluß erfolgte kein Kosakenangriff auf die Schiffe aus Astrachan. So wurde Ataman dem Zaren ausgeliefert. Iwan Saruzkij wurde in Moskau durch Pfählung getötet.

Die Kosaken besaßen nun keine Persönlichkeit mehr, die ihnen einen Weg in die Zukunft hätte weisen können. Viele von ihnen waren, als der Ataman hingerichtet wurde, auf dem Ritt zur unteren Wolga gewesen. Spät begriffen sie die Auswirkung der Hinrichtung. Den Tod des Iwan Saruzkij verziehen die Kosaken dem Zaren nie. Sich ihm zu unterwerfen war ihnen unmöglich geworden. Wenn sie als Kosaken überleben wollten, mußten sie Bauern werden. Viele Familien suchten nach Land, das ungenutzt und doch fruchtbar war. Wenige hatten das Glück, um das Ufer der Wolga Ackerboden zu finden.

An die Bildung eines zusammenhängenden Siedlungsgebiets der Kosaken war nicht zu denken. Jeder Ansatz einer Verwaltungsordnung wurde durch die Tataren vernichtet, die immer wieder das Wolgadelta heimsuchten. Dem jährlichen Tatarensturm konnte nur die stark befestigte Stadt Astrachan standhalten – die Kosakendörfer aber wurden niedergebrannt. Eine Generation lang dauerte die Auseinandersetzung zwischen Kosaken und Tataren. Die Kosakenbauern verließen schließlich verzweifelt ihr Land und zogen als Bettler die Wolga hinauf, den Zaren verfluchend.

Die wenigen, deren Überlebenswille noch nicht gebrochen war, schlossen sich zu Räuberbanden zusammen. Da auf dem Lande nichts mehr zu rauben war, überfielen sie Schiffe der Kaufleute, die auf der Wolga unterwegs waren. Ihre Pferde brauchten die Kosaken dabei nicht mehr; sie lernten den Umgang mit Schiffen. Die Räuber verwandelten sich in Piraten, die schließlich das Wolgadelta und Teile des Kaspischen Meers beherrschten.

Aufstand an der Wolga

Der erste Zar der Romanow-Dynastie war im Jahr 1645 gestorben. Er hatte das verwahrloste Rußland nicht so ordnen können, daß Recht und Gesetz geherrscht hätten. Über die Zustände im Land an der Wolga berichtet die Klage der Bauern aus der Gegend von Jaroslawl, die sie dem Zaren zuschickten. Sie beschwerten sich über das Betragen des vom Zaren eingesetzten Herrn, der die mit Gewalt eingetriebenen Steuergelder verprasse: »Aus unserem Dorf Schiringa ritt unser Fürst Artemij Schejdakow nach Jaroslawl und nahm eine ungetaufte Tatarin mit. In Jaroslawl holte er sich dazuhin noch ein russisches Weib ins Bett. Am Fest des heiligen Nikolaus hat er sich das Dampfbad heizen lassen. Mit den Weibern lebte er in Jaroslawl bis Weihnachten. Die Steuergelder hat er an sie beim Spiel verloren.«[20]

Korruption war zum Hauptübel des Moskauer Reiches geworden. Die überkommenen Gesetze reichten nicht aus, um Ordnung zu halten zwischen den widerstrebenden Interessen von Adel, Kaufleuten, Handwerkern, Bauern, Gutsbesitzern und Soldaten. Der Nachfolger des Zaren Michail Fjodorowitsch – sein Name war Alexej – bekam die Folgen der Anarchie zu spüren: Im Mai 1648 erhob sich das Volk von Moskau aus Wut über die Geldgier der Berater des Zaren. Zwei Hofbeamte wurden vor der Kremlmauer erschlagen. Zar Alexej bewies persönlichen Mut: Im Hof des Kreml erwartete er die tobende Masse. Sie wich vor ihm zurück.

Noch im selben Jahr 1648 ließ Alexej ein neues Gesetzbuch zusammenstellen, das die Veränderungen der russischen Gesellschaft berücksichtigen sollte. Neu geordnet wurden das Strafrecht, das Steuerrecht und das Besitzrecht der Klöster. Die Gesetzessammlung brachte allerdings auch die endgültige Fixierung einer Rechtslage, die bisher noch nicht überall galt: Künftig durfte der Bauer nicht mehr das Land des Gutsherrn, der Handwerker und Händler nicht mehr seine Stadt verlassen. Die »Leibeigenschaft« wurde in Rußland zum Rechtsprinzip.

Lediglich ein Stand konnte zufrieden sein mit der neuen Rechtsordnung: die Kaufleute. Sie hatten sich schon seit Jahren darüber beklagt, daß ausländische Handelsorganisationen – vor allem englische – steuerbegünstigt Geschäfte abwickeln konnten. Besonders betroffen von der ausländischen Konkurrenz waren die Händler der Wolgastädte Jaroslawl, Kostroma, Nishnij Nowgorod und Kasan. Hatten holländische oder deutsche Kaufleute zur Zeit der Zaren Iwan IV. und Boris Godunow nur in Archangelsk am Weißen Meer ihre Waren anbieten und russische Produkte aufkaufen dürfen, so hatten sie vom ersten Romanow-Zaren die Erlaubnis erhalten, überall entlang des Großen Flusses auf den Jahrmärkten als Verkäufer und Käufer tätig zu werden. In einer Eingabe an den Zaren haben die Kaufleute der Wolgastädte die Auswirkung der ausländischen Aktivitäten dargestellt: »Die Ausländer haben in den Städten eigene Handelshöfe gebaut. Dort lagern und verkaufen sie ihre Waren, ohne sie dem Zoll zu deklarieren. Zu Deinem Schaden, o Zar, geht der Zoll verloren. Sie verkaufen Damast und Atlasstoffe auch in kleinen Partien, ohne uns als Zwischenhändler einzuschalten. Uns haben sie den Handelsweg genommen. Wir sind erwerbslos und verarmen. Früher durften sie nur in Archangelsk Handel treiben.«[21] Diesen Zustand stellte Zar Alexej wieder her. Nur die Engländer blieben von der Neuregelung ausgenommen. Sie behielten ihre Privilegien.

Doch auch die Engländer sahen sich bald veranlaßt, ihre Handelshöfe an russische Firmen zu übergeben – allein fühlten sie sich unsicher in Jaroslawl, Kostroma, Nishnij Nowgorod und Kasan. Die russischen Kaufleute der Wolgastädte hatten Grund, Zar Alexej zu loben: Der Handel am Fluß gehörte wieder ihnen. Doch lange dauerte dieser für sie günstige Zustand nicht. Im Sommer 1667 überfiel eine bewaffnete Bande in der Gegend der Stadt Zarizyn – das in unserem Jahrhundert in Stalingrad umbenannt wurde und jetzt Wolgograd heißt – Schiffe, die Waren in Richtung Astrachan transportierten. Die Nachricht, die Wasserstraße werde von Banditen blockiert, verbreitete sich rasch stromaufwärts. Bald kannte man in den Wolgastädten den Namen des Hauptmanns der Banditen: Er hieß Stenka Rasin. Getauft worden war er auf den Namen Stepan Timofejewitsch Rasin.[22]

Nichts ist bekannt vom Leben dieses Mannes, ehe er Hauptmann der Gesetzlosen geworden ist. Die Legende erzählt, sein Bruder sei erhängt worden, weil er im Kampf gegen die Polen Befehle seiner russischen Kommandeure nicht befolgt habe. Kein historisches Zeugnis berichtet von den Motiven, die Stenka Rasin dazu trieben, eine Räuberbande um sich zu versammeln. Er rekrutierte seine Leute aus den Sippen der Donkosaken – und seine ersten Opfer ebenfalls: Er ließ zunächst einmal die Häuser wohlhabender Kosaken ausrauben und erklärte die Reichen zu seinen Feinden. Das Resultat war, daß ihm die Armen nachliefen und ihn baten, seiner Bande angehören zu dürfen.

Mit der Verstärkung seiner Truppe wuchs Stenkas Ehrgeiz – und die Verpflichtung, für die vielen Abhängigen Nahrung und

Kleidung beschaffen zu müssen. Überfälle auf einzelne Gutshöfe boten dazu nur eine geringe Basis. Beute in größerem Umfang war nach Stenkas Ansicht hingegen in den Städten am Schwarzen Meer zu machen. Doch die ersten Überfälle brachten schon die schmerzhafte Erkenntnis, daß der Sultan des Osmanischen Reiches die Grenzen seines Machtbereichs erfolgreich bewachen und verteidigen ließ. Stenka Rasins Ansehen bei den Armen schwand bald, als es ihm nicht gelang, seine Anhänger auf erfolgreiche Beutezüge zu führen.

Der Hauptmann suchte nach einem anderen Wirkungsfeld und kam auf den Gedanken, daß er – wenn ihm schon das Schwarze Meer verwehrt blieb – Raubzüge im Gebiet des Kaspischen Meeres unternehmen könnte. Um die Voraussetzung dafür zu schaffen, mußte er seine Schiffe aus dem Fluß Don heben und zur Wolga transportieren lassen. Dort, wo sich Don und Wolga ganz nahe sind, wurde die Absicht ausgeführt. Es war Winter, und Stenka Rasins Männer hatten rasch den Vorteil der Jahreszeit erkannt: Auf hartgefrorenem Schnee waren die Schiffe leicht zu bewegen.

35 hölzerne Ruderschiffe wurden von den 1500 Kosaken vom Donbogen über eine Strecke von 70 Kilometern zur Wolga geschleppt. Bei der Stadt Zarizyn wurden sie wieder ins Wasser geschoben. Zunächst aber gründete Stenka eine befestigte Siedlung am Fluß, die ihm als Basis dienen sollte. Rings um die Siedlung lag fruchtbares Land, das er für seine Männer beanspruchte. Die Räuberbande begann mit dem Aufbau einer eigenen Verwaltung. Stenka Rasin gab sich den Titel Ataman.

Fuhren Schiffe an der Siedlung vorüber, wurden sie von den Kosakenpiraten angegriffen. Die ersten Überfälle brachten Schiffe, die in Nishnij Nowgorod mit Pelzen für Astrachan beladen worden waren, in Stenkas Hand. Manchmal fingen seine Männer auch Schiffe ab, die Gefangene zum Ort ihrer Verbannung bringen sollten. Die Verschleppten, von ihren Ketten befreit, waren meist bereit, bei Stenka Rasin zu bleiben. Sie gehörten fast immer zur Führungsschicht und waren keine Verbrecher, sondern politische Gefangene. Das Ergebnis war, daß Stenka Rasin durchaus über kluge und erfahrene Berater verfügte.

Auch weiterhin folgte der Ataman dem Prinzip, die Armen auf jeden Fall zu schonen. Bekannt wurde sein Ausspruch: »Ich schlage nur die Bojaren und die Reichen. Mit den Armen teile ich alles brüderlich!«

Als die autonome Verwaltung organisiert war, verließ der Ataman seine Siedlung bei Zarizyn und fuhr mit dem größten Teil seiner Flotte wolgaabwärts. Der Statthalter des Zaren in Zarizyn erkannte, daß es klug war, den Kosaken keinen Widerstand zu leisten. Er versorgte die Männer des Ataman mit Schießpulver und Blei – so rettete er seine Stadt. Die Oberhäupter anderer Siedlungen im Wolgadelta folgten diesem Vorbild: Sie brachten Lebensmittel und Wein ans Flußufer. Stenka Rasins Kosaken waren zufrieden mit ihrem Ataman. Sie folgten seiner Anordnung, den Fluß Ural, dessen Mündung im Norden des Kaspischen Meeres liegt, hinaufzurudern. Nach 500 Kilometern erreichten sie die Kleinstadt Jaitzkij Gorodok, die heute Uralsk heißt. Die Siedlung wurde geplündert. Die Soldaten der Garnison ließ der Ataman töten. Nach diesem Erfolg glaubte Stenka Rasin, er sei unbesiegbar.

Auf einer Insel vor dem Wolgadelta bauten die Kosaken ihrem Ataman eine zweite Basis, die ihm die Kontrolle der Wolgaausfahrt ins Kaspische Meer erlaubte. Seine Krieger handelten kühn: Sie griffen sogar starke persische Schiffsverbände an und kaperten die Schiffe. Bei dieser Gelegenheit erbeutete der Ataman eine persische Prinzessin, die wunderschön gewesen sein soll.

Dann aber befiel den Ataman der Gedanke, er müsse ein anderes Leben führen. Er erschien mit seiner Flotte vor dem Hafen von Astrachan und bat darum, den Statthalter des Zaren sprechen zu dürfen. Als dieser auf der Hafenmauer erschien, sagte Stenka Rasin, er sei bereit, in den Dienst des Zaren einzutreten, wenn ihm und seinen Männern die Gnade des Verzeihens zuteil werde.

Am 25. August 1669 trafen sich Stenka Rasin und der Statthalter im Amtshaus von Astrachan. Der Vertreter des Herrschers empfing den Räuberhauptmann respektvoll an der Tür. Das Gespräch der beiden endete damit, daß der Ataman zum Zeichen der Unterwerfung seine Kriegsflagge überreichte. Er versprach auch, alle Kanonen den Verantwortlichen der regulären Armee Rußlands übergeben zu wollen. Der Statthalter, der beglückt war, daß sich der gefährliche und berüchtigte Stenka Rasin gerade ihm ausgeliefert hatte, versprach, beim Zaren ein gutes Wort für alle reumütigen Kosaken einzulegen. Er empfahl dem Kosakenführer, schleunigst mit seinen Männern an den Don zurückzukehren – gerade diese Geste werde den Zaren Alexej gnädig stimmen. Der Ataman dankte und sagte, er werde das Wolgagebiet rasch verlassen. Künftig wolle er nur noch das Oberhaupt seßhafter und friedfertiger Menschen sein.

Zunächst aber genoß Stenka Rasin seinen erbeuteten Reichtum, den ihm offenbar niemand streitig machen wollte. Auf seinen Schiffen, die im Hafen von Astrachan lagen, fanden üppige Gelage statt, an denen sich auch schöne, ungetaufte Tatarinnen beteiligten. Sie wiederum zogen die Honoratioren der Stadt an: Kaufleute und Offiziere waren gern Gäste des Räuberhauptmanns. Der Ataman machte den Eindruck, als wolle er durch Freudenfeste seine Zeit als Pirat und Bandit abschließen.

An einem Abend saß die zauberhafte persische Prinzessin, die Stenka Rasin erbeutet hatte, neben ihm an Deck des Schiffes. Der Ataman küßte die Frau, die seine Geliebte geworden war. Um das Paar herum lagerten die Kampfgefährten. Getrunken wurde viel. Erzählt wird, die Männer hätten über die Wolga ausgebracht, über den heiligen Fluß der Russen. Trinksprüche seien auf die Wolga ausgebracht worden. Der Fluß wurde gepriesen als die Quelle des Reichtums, den die Kosaken jetzt besaßen. Da habe sich der Ataman erhoben. Die wunderschöne Perserin habe sich in seine Arme geschmiegt. Innig hätten sich die beiden geküßt. Prächtig seien der schwere Stoff der Kleider und die Goldketten der Prinzessin gewesen. Als die Frau matt vor Glück in den Armen des Ataman lag, habe er sie in weitem Bogen in die Wolga geworfen. Ruhig habe er zugeschaut, wie sie von den schweren Kleidern und dem Schmuck in die Tiefe gezogen wurde. Dann habe Stenka Rasin gesagt: »Dies ist mein Opfer für dich, Wolga, und mein Dank für alles, was du mir gegeben hast!« Erzählt wird auch, das Fest habe in jener Nacht noch lange gedauert.[23]

Als die Schiffe der Kosaken dann endlich Astrachan verließen, wurden Stenka Rasin und seine Männer mit Salutschüssen verabschiedet. Huldvoll grüßte der Ataman vom Deck seines Schiffes aus die Honoratioren. Unter Deck lagerten Gold und Geld. Jeder, der zusammen mit dem Ataman auf Beutezug gewesen war, fuhr nun als reicher Mann die Wolga hinauf.

Das Glücksgefühl der Kosaken wurde jedoch schon in der Stadt Zarizyn gedämpft. Der Statthalter dort hatte angeordnet, den Männern des Ataman nur eine geringe Menge Wein zu verkaufen. Er glaubte, mit dieser Beschränkung die trinkfreudigen Kosaken vertreiben zu können. Sie aber holten sich, was sie brauchten, mit Gewalt: Sie überfielen ein Handelsschiff, das am Ufer festgemacht hatte; auf Deck waren Weinfässer gestapelt. Die Fässer wurden an Land gerollt; dann zündeten die Kosaken das Schiff an.

Der Statthalter, der wußte, wozu die Männer des Stenka Rasin fähig waren, tat so, als sei nichts geschehen. Doch er hatte noch einen unangenehmen Auftrag zu erfüllen. Der Statthalter mußte, gemäß der neuen Rechtsordnung, den Ataman auffordern, alle Kosaken, die entlaufene leibeigene Bauern waren, an ihre ursprünglichen Herren zurückzuschicken.

Diese Forderung wollte Stenka Rasin nicht erfüllen. Er antwortete dem Statthalter: »Kein Kosake von Ehrgefühl hat jemals einen Mann verraten, der treu zu ihm gehalten hat! Ich werde keinen meiner Männer verraten.« Um seine Entschlossenheit zum Widerstand gegen die neue Rechtsordnung zu demonstrieren, gab der Ataman Befehl zur Plünderung des Amtshauses von Zarizyn. Am nächsten Tag entschloß sich Stenka Rasin doch, seine Schiffe aus der Wolga heben und zum Don transportieren zu lassen. Er hielt es für klug, den Zaren nicht noch stärker zu reizen.

Im Monat März des Jahres 1670 empfing Stenka Rasin Botschaft vom Zaren. Der Monarch ließ den Ataman wissen, daß ihm Gnade gewährt werde, alles sei vergessen, was in der Vergangenheit vorgefallen sei. Doch in einem Punkt müsse der Ataman gehorchen: Die entlaufenen Bauern, die sich zu Hunderten den Kosaken angeschlossen hätten, seien auszuliefern. Das Rechtsprinzip der Leibeigenschaft dürfe nicht verletzt werden.

Mit dieser Forderung war für den Kosakenataman die Abkehr vom Dasein als Pirat und Bandit unmöglich geworden. Er durfte, wenn er sein Ansehen behalten wollte, die Kampfgenossen nicht preisgeben. Seine Weigerung aber stand der Normalisierung seines Verhältnisses zum Zaren im Wege. Er erklärte dem Zaren den Krieg. Da lag es nahe, daß er die Stadt angriff, die den Begriff »Zar« in ihrem Namen führte. Zarizyn sollte ausgelöscht werden.

Der Ataman hatte Erfolg, weil sich die Bevölkerung mit seinen Männern verbündete: Kaum hatten die Kosaken mit der Belagerung begonnen, öffneten sich die Tore von Zarizyn. Der Statthalter flüchtete mit einigen seiner Bewaffneten in einen Turm. Doch an eine lange Verteidigung konnte er nicht denken. Der Statthalter ergab sich nach wenigen Stunden. Stenka Rasin befahl, der Vertreter des Zaren in Zarizyn sei gefesselt in die Wolga zu werfen. Der Befehl wurde ausgeführt. Die Vernichtung der Stadt wurde allerdings nur symbolisch vollzogen: Der Zarenadler des Amtshauses wurde zerschlagen.

Rasins Offiziere drängten nun zum Marsch auf Moskau, um den Zaren aus dem Kreml zu vertreiben. Der Ataman aber war vorsichtig, denn er wollte seinem orthodoxen Glauben treu bleiben. Den Zaren zu beschimpfen, ihm zu schaden, das war mit dem Gewissen zu vereinbaren. Ihn zu stürzen oder gar zu töten, davor scheute Stenka Rasin zurück. Der Zar mochte die Armen drangsalieren – er blieb für den Kosakenführer trotzdem ein heiliger Mann. Solche Skrupel hielten Stenka Rasin davon ab, die Entscheidung in Moskau zu suchen.

Militärisch wäre ein Erfolg möglich gewesen, denn die Kosakenstreitmacht wuchs beachtlich an. Kosakenführer, die bisher mit ihren Reitern auf eigene Faust Raubzüge unternommen hatten, schlossen sich dem Ataman an. Selbst Soldaten, die sich nicht zu den Kosaken zählten, liefen zu Rasin über. Sie erwarteten allerdings, daß sich der Übertritt lohne: Sie wollten Beute machen. Der Ataman mußte ihnen rasch ein Ziel geben. Er beschloß, die Stadt Astrachan im Wolgadelta plündern zu lassen.

Zunächst aber hatten die Kosaken einen Angriff zarentreuer Truppen abzuwehren. Dem Ataman war gemeldet worden, von

Kasan her seien Schiffe unterwegs, die Soldaten transportierten. Ihr Auftrag lautete, die Kosakenarmee an der unteren Wolga zu vernichten. Stenka Rasin wußte, wie er diesen Feind schlagen konnte: Er ließ weit oberhalb von Zarizyn seine Kanonen an beiden Ufern des Flusses aufstellen – seine schweren Waffen hatte der Ataman keineswegs wie versprochen den Beauftragten der russischen Armee übergeben. Als sich die Schiffe dann genau zwischen den Stellungen der Kanonen befanden, gab Stenka Rasin selbst den Befehl, das Feuer zu eröffnen. Den Männern auf den Schiffen war keine Gegenwehr möglich. Rettung gab es nur durch den Sprung ins Wasser. Viele ertranken. Wer überlebte, der unterstellte sich dem Ataman.

Kaum war dieser Angriff abgewehrt, bestiegen die Kosaken ihre Schiffe zur Fahrt ins Wolgadelta. Die Verantwortlichen der Stadt Astrachan hatten dem Ataman keineswegs Grund zu einem Überfall und zu einer Strafaktion gegeben; die Amtspersonen hatten ihn sogar durchaus entgegenkommend behandelt. Doch Stenka Rasin predigte Haß. Er verkündete, in Astrachan würden die Armen unterdrückt und gequält. Die Stadt sei voll von Handlangern des Zaren, von Bojaren, von Zolleintreibern und von Kaufleuten, die ihren hohen Profit mit dem Adel teilten.

Die gesamte Anklage war wohl nicht ganz unbegründet, denn die Armen von Astrachan nahmen mit Begeisterung die Nachricht auf, Stenka Rasin sei mit seiner Flotte von Zarizyn her auf dem Weg, um eine neue Ordnung in der Stadt zu erzwingen. Der Statthalter spürte, daß er sich auf große Teile der Bevölkerung nicht verlassen konnte. Seine Bewaffneten sollten wenigstens treu zu ihm stehen. Um sicher zu sein, daß sie auch wirklich für ihn und für die Sache des Zaren kämpften, ließ er aus den Kirchenschätzen der Stadt Astrachan hohe Summen und Werte an Soldaten und Offiziere verteilen.

Doch diese Sonderzahlungen nützten nichts, als die Schiffe des Stenka Rasin am 24. Juni 1670 an der Hafenmauer festgemacht wurden. Die Geschütze der Festung feuerten nicht. Bald schon öffneten sich die Tore. An einigen Stellen der Stadtmauer wurden Strickleitern heruntergelassen, damit die Kosaken die Wälle überwinden konnten. Rasch waren die Kämpfe beendet. Sie hatten kaum Opfer gefordert.

Die Kosaken aber stürmten in die Häuser der Reichen. Wen sie antrafen, den erschlugen sie. Die bewegliche Habe wurde auf einen Platz in der Mitte der Stadt gebracht und aufgestapelt. Was wertvoll war, wurde später an die Kosaken verteilt.

Stenka Rasin rief nun die Armen Astrachans auf, sich an all denen zu rächen, die sie unterdrückt hatten. Angestaute Wut entlud sich: Im Blutrausch schlugen Bauern auf ihre Herren ein; Schuldner schlugen Kaufleute tot; Häftlinge jagten ihre Richter. Die Toten wurden in Massengräber geworfen. Frauen und Mädchen mußten mit den Kosaken das Lager teilen. Die Stadt Astrachan wurde vom Terror heimgesucht.

Der Ataman erschrak keineswegs über das Blutvergießen, das er ausgelöst hatte. Immer wieder stachelte er zu weiterem Morden an. Den Statthalter, mit dem er ein Jahr zuvor die Rückkehr an den Don ausgehandelt hatte, ließ er vom Glockenturm werfen. Dessen Sohn wurde, auf Rasins Befehl hin, so lange an einem Seil gegen die Stadtmauer geschleudert, bis er tot war.

Was in Astrachan geschehen ist, sollte nach dem Willen des Kosakenführers beispielhaft sein für das ganze Land. Diesen Aufruf erließ Stenka Rasin nach dem Massaker von Astrachan: »Das gemeine Volk ist aufgerufen, mit mir zusammen die Blutsauger zu erschlagen, die in Städten und Gemeinden die Hörigen und Geächteten gequält haben. Wenn meine Kosaken töten, dann soll sich das gemeine Volk ihnen anschließen. Alle sollen sie aufgenommen werden ins Regiment der Kosaken!«[24]

Zweihundert Schiffe gehörten zur Flotte des Stenka Rasin, als er im Hochsommer des Jahres 1670 von Astrachan abfuhr. Achttausend Bewaffnete hatten auf den Ruderschiffen Platz gefunden. Auf den Pfaden am Ufer waren zweitausend Reiter unterwegs. In der Stadt Zarizyn, die dem Ataman bereits unterstand, bezogen die Kosaken für einige Tage Quartier. Stenka Rasin legte den Plan für die Fortsetzung des Feldzugs fest.

Saratow, 300 Kilometer von Zarizyn entfernt, war das nächste Ziel. Obgleich die Stadt starke Mauern besaß, wurde sie nicht verteidigt. Der Statthalter des Zaren wußte, daß Widerstand sinnlos war, weil sich schon bei der Ankündigung, Rasins Verbände seien in einiger Entfernung gesichtet worden, innerhalb der Stadt Massen versammelt hatten, die offen ihre Freude zeigten. Der Statthalter ließ die Tore öffnen; er war auch bereit, den Ataman zu begrüßen. Doch diese Zeremonie fand nicht statt, denn Stenka Rasin ließ den Vertreter des Zaren packen, fesseln und in die Wolga werfen. Die Bojaren und Beamten des russischen Staates wurden erst erschlagen und dann im Wasser versenkt.

Jetzt brach überall im Wolgagebiet der Aufstand der Bauern und Knechte gegen die Bojaren und andere Vertreter des Zarenregimes los. Der Ruf nach Freiheit stachelte die Armen an; er wurde schließlich bei ganzen Volksgruppen wirksam, die unter dem Druck der Russen zu leiden hatten. Sie schickten Boten an den Kosakenataman mit der Nachricht, sie seien willens, sich ihm anzuschließen. Vor allem sahen die Völker der Tschuwaschen und Mordwinen im Aufstand gegen die Moskauer Obrigkeit eine Chance, ihre Selbständigkeit zu erringen.

Stenka Rasin konnte sich als Herr des gesamten Wolgagebiets fühlen. Er brauchte sich einer Stadt wie der stolzen Festung Samara nur mit seinen Schiffen zu nähern, um Huldigungen der Bewohner zu erfahren. Jedesmal wurde der Ataman bejubelt, wenn er einen Statthalter in der Wolga ertränken ließ. Und doch muß ihn gerade in Samara ein ungutes Gefühl beschlichen haben, seine Zeit des Glücks neige sich dem Ende zu. Er hörte auf zu prahlen und bemühte sich, die übertriebene Verehrung abzuwehren. Seinen Leuten ließ er sagen, er habe keineswegs das Ziel, Zar zu werden. Als diese Feststellung nur wenig half, sagte Stenka Rasin, er selbst stehe im Dienst eines Mannes, der allein würdig sei, das heilige Rußland zu regieren. Dieser eine Mann sei der Zarewitsch Alexej, der einem Mordanschlag, den sein Vater – der Zar – zu verantworten habe, durch die Gnade Gottes entkommen sei. Der Zar habe dem Sohn Gift einflößen lassen, das jedoch nur schwach gewirkt habe. Der Zarewitsch habe sich unter den Schutz des Kosakenführers gestellt. Seine Gesundheit sei noch angegriffen, doch es gehe ihm rasch besser. Er befinde sich in einem Kloster an der oberen Wolga. Nur er, Stenka Rasin, wisse, wo der Aufenthaltsort des rechtmäßigen künftigen Zaren sei. Der Ataman verkündete, er sehe seine Aufgabe darin, für das Recht des Zarewitsch Alexej zu kämpfen, dem allein der Thron Rußlands gehöre.

In Wirklichkeit war der Zarewitsch Alexej am 17. Januar 1670 gestorben. Der sechzehnjährige Zarensohn war krank gewesen. Daß er nicht Gift, sondern einem organischen Leiden zum Opfer gefallen war, hatten die Ärzte bestätigt. In Moskau zweifelte niemand an der Unschuld des Zaren – deshalb blieben die Behauptungen des Ataman in der Hauptstadt ohne Wirkung. Auch an der Wolga machten sich bald Zweifel breit, denn niemand bekam den Zarewitsch zu sehen. Stenka Rasin versuchte, seine Glaubwürdigkeit durch eine weitere Information abzustützen. Im Vertrauen teilte er seinen Kommandeuren mit, der Zarewitsch sei keineswegs allein gekommen, sondern in Begleitung des Patriarchen Nikon. Diese Mitteilung löste Überraschung aus, denn gerade Nikon war eine Persönlichkeit von hohem Ansehen. Er wurde von der Masse als Heiliger angebetet.

Der Ataman wußte, daß diese Information von den Kommandeuren rasch weiterverbreitet wurde. Alle Menschen an der Wolga sollten wissen, daß er die Unterstützung der höchsten Kirchenautorität besitze. Rasin versprach sich eine Aufwertung des Ansehens seiner Aufstandsbewegung gegen den Zaren Alexej. Ein gemeinsamer Auftritt des Zarewitsch mit dem Patriarchen im Lager des Ataman hätte die Einheit der politischen Macht und der Orthodoxie unter dem Schutz des Stenka Rasin dokumentiert. Doch dieser Auftritt konnte nie stattfinden. Die Menschen in der Stadt Saratow begriffen bald, daß Zarewitsch Alexej in Wahrheit tot war und der Patriarch Nikon in einem Kloster des oberen Wolgagebietes lebte. Die Kosakenkommandeure nahmen dem Ataman die Lüge übel – und auch das Volk merkte, daß es betrogen wurde. Das Ansehen des Ataman sank. Die Aufstandsbewegung verlor an Schwung.

Diese Entwicklung wurde schon bei der Auseinandersetzung um die nächste Wolgastadt deutlich, die Stenka Rasin in seinen Besitz bringen wollte. Sie hieß damals Simbirsk; auf heutigen

Landkarten ist sie als Uljanowsk vermerkt, zu Ehren von Wladimir Ilijtsch Uljanow, der unter dem Namen Lenin in die Geschichte einging.

Simbirsk liegt von Samara aus 150 Kilometer wolgaaufwärts. Auch diese Stadt war stark befestigt und besaß eine Garnison, die dem Statthalter unterstand. Weder vor den Befestigungen noch vor den Soldaten hatte der Ataman Furcht. Er rechnete damit, daß sich gleich bei seiner Ankunft vor den Mauern die Tore weit öffnen würden. Zu seinem Erstaunen blieben sie jedoch geschlossen. Zwar standen die Bauern und Handwerker, die in der Vorstadt lebten, auf Rasins Seite, doch die Bewaffneten der Garnison unterdrückten jeden Versuch, dem Kosakenheer zu helfen. Die Folge war, daß die Vorstadt erobert werden mußte. Die Angreifer erlitten dabei hohe Verluste.

Die Festungsmauern von Simbirsk aber trotzten allen Sturmangriffen, weil die Männer der Garnison treu zum Statthalter und zum Zaren hielten. Es zeigte sich bald, daß den Belagerern die Geduld fehlte; sie waren an rasche Erfolge gewöhnt. Die Kosaken hatten auch bisher nie viele Tote und Verwundete zu beklagen gehabt. Vor den Wällen von Simbirsk aber starben viele der Anhänger des Stenka Rasin. Die Mannschaften wurden unzufrieden. Zudem wurde das Wolgagebiet Ende September von Kälte heimgesucht. Die Hoffnung, noch vor Wintereinbruch mit Beute abziehen zu können, sank. Der Ataman erfuhr, daß Gruppen von Kosaken daran dachten, Anfang Oktober das Lager von Simbirsk zu verlassen. Er mußte sich um die Disziplin seiner Männer kümmern.

Zu spät bemerkte Stenka Rasin, daß sich auf dem Fluß, von Kasan kommend, ein Truppenverband des Zaren Simbirsk näherte. Die Kosaken waren nicht auf einen Kampf an zwei Fronten eingestellt. Ihre Führer verloren den Überblick. Die überraschten Aufständischen verließen ihre Stellungen und versuchten, die eigenen Schiffe zu erreichen. Die Kampfordnung brach zusammen.

Stenka Rasin wurde verwundet. Um sich zu retten, floh auch er zu seinem Schiff. Es gelang ihm, mit einigen seiner Männer in der Dunkelheit zu entkommen. Während der Fahrt auf der Wolga überlegte er sich, daß zwar eine Schlacht verloren war, daß der Kampf der Aufstandsbewegung aber weitergehen müsse. In Samara ging der Ataman an Land, überzeugt, den Vormarsch der Zarentruppe wolgaabwärts aufhalten zu können. Er dachte, die Stadt, die von ihm erobert worden war, werde auch weiterhin auf seine Befehle hören. Doch als die Bürger von Samara sahen, daß Stenka Rasins Begleittruppe nur klein war, begegneten sie ihm feindlich. Der Ataman wurde zwar nicht angegriffen, doch man gab ihm zu verstehen, es sei besser, wenn er seine Zuflucht in der nächsten Wolgastadt suche. Stenka Rasin bestieg sein Schiff und fuhr davon.

Die Bürger, die wegen ihres Verhaltens während der Besetzung ihrer Stadt durch den Ataman ein schlechtes Gewissen hatten, schrieben bald schon einen Brief an den Zaren mit der Versicherung, sie hätten dem Hause Romanow immer die Treue gehalten. »Wir an der Wolga haben tapfer gekämpft gegen den Schuft und Landesverräter Stenka Rasin. Auch gegen das Gesindel, das mit ihm gezogen ist, haben wir Widerstand geleistet. Der Gauner hat uns alles weggenommen, was wir an Hab und Gut und Lebensmitteln besaßen. Unsere Hütten haben Stenka Rasin und seine Leute zerstört. Frauen und Kinder sind niedergemetzelt worden. Nun sind wir, o großer Zar, nackt und arm, ohne Pferde, ohne Vieh.«[25]

Ob der Zar den Bürgern der Wolgastädte geholfen hat, ist nicht überliefert. Sicher ist, daß alle bestraft wurden, die den Ataman unterstützt hatten. Während der Strafaktionen der kommenden Wochen und Monate seien unzählige Bauern und Knechte im Wolgagebiet getötet worden. Die Tschuwaschen und Mordwinen wurden besonders brutal behandelt: Sie mußten sich der Knute eines harten Statthalters beugen.

Als sich die Niederlage Stenka Rasins in der Region südlich von Simbirsk abzuzeichnen begann, flammte der Aufstand im Norden erst richtig auf. Die Bauern rings um Nishnij Nowgorod empörten sich gegen die Bojaren. Wieder wurden Adlige und Beamte umgebracht. Die Führer des Aufstands hatten gedacht, Stenka Rasin werde Simbirsk rasch besetzen und erscheine dann wenige Tage später vor Nishnij Nowgorod. Als die Nachricht eintraf, zarentreue

Truppen aus Kasan hätten die Kosakentruppe geschlagen und aus Simbirsk vertrieben, wußten die Verantwortlichen, daß sie auf verlorenem Posten standen. Der Traum, von Nishnij Nowgorod aus den Aufstand die Moskwa aufwärts in die Hauptstadt zu tragen, zerplatzte. Ohne die Unterstützung durch Bewaffnete von Stenka Rasin konnten die Bauern an der Mündung der Oka in die Wolga nichts gegen die Truppen aus Moskau ausrichten, die im Anmarsch waren. Sie entschlossen sich also zur Flucht ins Gebiet des Weißen Sees und wurden in Klöstern aufgenommen.

Innerhalb weniger Wochen verflog der Elan des Aufstands. Als Stenka Rasin mit einem Schiff die Stadt Samara erreichte, wurde er auch dort nicht willkommen geheißen. Bewaffnete hinderten den Ataman daran, an Land zu gehen. Aus dem stolzen Kosakenführer war ein Flüchtling geworden.

Erst in Zarizyn erhielt Stenka Rasin die Erlaubnis, das Schiff zu verlassen und Quartier in der Stadt zu beziehen. Zu diesem Zeitpunkt fühlte er sich schwach, denn seine Wunden heilten nicht. In Zarizyn fand er ärztliche Hilfe. Seine Hoffnung, als Genesener wieder Faszination auf die Massen ausüben zu können, erfüllte sich nicht. Die Bauern spürten, daß sie von Stenka Rasin nichts mehr zu erwarten hatten, daß sie – wenn sie sich zu ihm bekannten – von den Anhängern des Zaren gefoltert und getötet werden würden. Wer Aussicht hatte, in seiner Heimat Sicherheit zu finden, der verließ nun die Haufen der Aufständischen. In schlimmer Lage waren die Zehntausende von entlaufenen Bauern, auf die, bei der Rückkehr in ihre Dörfer, die Leibeigenschaft wartete. Stenka Rasin konnte ihnen nun keinen Schutz mehr bieten.

Je kleiner seine Truppe wurde, desto gefährlicher wurde für den Ataman die Situation in Zarizyn. Ihm war bekannt, daß die Stadt Astrachan noch fest in der Hand der Aufständischen war. Er mußte diese Stadt an der Mündung der Wolga ins Kaspische Meer erreichen. Mit einer Handvoll der Getreuesten machte sich Stenka Rasin auf den Weg. Im April des Jahres 1671 wurde er von einem zaristischen Reiterverband gefangengenommen. Seine Mitstreiter wurden sofort aufgehängt. Der Ataman wurde nach Moskau gebracht und dort am 6. Juni 1671 auf dem Roten Platz gevierteilt.

Astrachan blieb bis zum November 1671 Stadt der Revolte gegen den Zaren. Dann wurde sie von regierungstreuen Kosaken gestürmt.

Ein Patriarch in der Verbannung

Als Stenka Rasin im Jahre 1670 behauptete, der Patriarch Nikon habe sich, zusammen mit dem Zarewitsch Alexej Alexejewitsch, unter seinen Schutz begeben, log er – doch er wußte, daß diese Geschichte zumindest glaubwürdig klingen würde. Zu jenem Zeitpunkt lebte der Patriarch bereits seit mehr als zwei Jahren im Ferapontow-Kloster beim Weißen See, also in den Wäldern um das Nebenflußsystem der oberen Wolga.[26] Nikon hielt sich dort keineswegs freiwillig auf; er war in das Kloster verbannt worden. 65 Jahre war er alt. Noch elf Jahre hatte er im Norden auszuharren. Erst 1681 wird Nikon das Ferapontow-Kloster verlassen dürfen. Sein Wunsch, Moskau noch einmal sehen zu können, wird sich nicht erfüllen. Der Patriarch stirbt kurz nach seiner Begnadigung.

Im Jahre 1605 war er in einem Wolgadorf bei Nishnij Nowgorod geboren worden. Der Vater war Bauer gewesen und wollte, daß auch der Sohn Bauer werde auf dem fruchtbaren Land am großen Fluß. Doch der Junge, der auf den Namen Nikita getauft worden war, hatte frühzeitig entdeckt, daß es Menschen gab, die lesen und schreiben konnten – ihre Zahl war klein im damaligen Rußland. Er floh aus seinem Dorf in eines der vielen Klöster am Wolgaufer um Nishnij Nowgorod und bat die Mönche, ihm das Geheimnis des Schreibens und Lesens beizubringen. Der Vater holte den Sohn Nikita allerdings wieder zurück und zwang ihn durch Prügel zur Heirat. Doch das Dasein als Bauer befriedigte Nikita nicht. Es gelang ihm, Geistlicher zu werden. Als eine Epidemie seine Kinder dahinraffte, sah er darin ein Zeichen Gottes, das ihn veranlassen sollte, Mönch zu werden. Er schickte seine Frau in ein Kloster und begab sich selbst in eine Einsiedelei am Weißen See.

Er nannte sich fortan Nikon. Und wer ihn sah, war beeindruckt von dieser Gestalt. Er war weit größer als andere Männer und ein wortgewaltiger Redner. So wurde Nikon Abt im Kloster am Weißen See. In dieser Funktion mußte er 1646 zu den Oberen der orthodoxen Kirche nach Moskau reisen. Seine Erscheinung imponierte auch den Vorgesetzten; sie behielten Nikon in der Hauptstadt und machten ihn zum Abt eines Moskauer Klosters. Die Nähe zum Kreml führte dazu, daß der Zar Notiz von Nikon nahm. Eine steile kirchliche Karriere bahnte sich an. Bereits 1652 bestand der Zar darauf, daß die Kirchenleitung dem Abt Nikon das Amt des Patriarchen übertrug.

Nun beschränkte sich der energische Mann aber nicht darauf, den prachtvollen Zeremonien in der Moskauer Uspenskij-Kathedrale vorzustehen – er wollte zum Reformator werden. Nikon war der Meinung, in die Schriften der Kirche hätten sich Fehler eingeschlichen. Er glaubte auch entdeckt zu haben, daß die Rituale nicht genau den byzantinischen Vorschriften entsprachen. Eine Überprüfung des Wortlauts von Liturgie und Texten aber erschien schon deshalb dringend erforderlich, weil in Moskau eine Druckerei eingerichtet worden war, die zur Verbreitung des Glaubensgutes eingesetzt werden sollte. Zur Erstellung perfekter Druckvorlagen sollten alte orthodoxe Texte herangezogen werden. Dazu schickte Nikon einen seiner Geistlichen in die Zentren der Orthodoxie in Griechenland – Byzanz selbst war schon vor Generationen islamisch geworden. Der Geistliche hatte den Auftrag, möglichst viele Handschriften zu kaufen, in denen die Grundlagen des orthodoxen Glaubens dargestellt waren.

Mit reicher Ausbeute kam der Abgesandte zurück. Mehr als fünfhundert Dokumente hatte er am Berg Athos aufgekauft: Bände mit Evangelientexten, Darstellungen der orthodoxen Liturgie, aber auch Geschichtsbücher und Werke der griechischen Klassiker. Die Schriften der Philosophen blieben jedoch weitgehend unbeachtet. Für Nikon waren allein die geistlichen Dokumente wichtig. Er gab einigen Mönchen den Auftrag, die eben nach Moskau gebrachten Texte mit den schriftlichen Zeugnissen der bisher in Rußland verbindlichen orthodoxen Lehrmeinung zu vergleichen. Das Ergebnis der Untersuchung führte zu einer Neufassung der liturgischen Vorschriften, die in der »Tafel der Gesetze«[27] veröffentlicht wurden. Das Buch sollte künftig für die Abhaltung der Gottesdienste verbindlich sein.

Zu ihrer Verblüffung wurden die Gläubigen aufgefordert, das Kreuz fortan mit drei Fingern zu schlagen. Bisher hatten sie dafür nur zwei Finger benützt: den Zeige- und den Mittelfinger, und zwar als Symbol dafür, daß Jesus Christus die »göttliche und die menschliche Natur« in sich vereinigte. Das Kreuzzeichen mit drei Fingern sollte anzeigen, daß sich der Gläubige zur Dreifaltigkeit bekannte. So war es früher in Konstantinopel, der heiligen Stadt der Orthodoxie üblich gewesen, und so sollte es jetzt auch in Rußland gemacht werden.

Wochenlang stritten sich die Geistlichen, »ob man an bestimmten Stellen der Liturgie ein zweifaches oder ein dreifaches Halleluja sang, ob sich die Prozession um die Kirche in der Richtung des Sonnenlaufes oder entgegengesetzt bewegte«[28].

Der Patriarch verkündete, jeder sei als Ketzer zu betrachten, der sich der neuen Vorschrift nicht füge. Ein Ketzer aber habe kirchliche und weltliche Strafen zu gewärtigen. Da Zar Alexej den Patriarchen unterstützte, stand die staatliche Gewalt hinter den Maßnahmen, die Nikon anordnete. Sprach der Patriarch für Geistliche, die an alten Bräuchen festhalten wollten, die Strafe der Verbannung in Klöster an der Wolga aus, so wurden sie tatsächlich weggebracht.

Viele der Gläubigen empörten sich darüber, daß sie nicht mehr die vertrauten russischen Worte »Herr, erbarme dich meiner!« sagen sollten, sondern »Kyrie eleison«. Zu den Kritikern der Reformen gehörte der Geistliche Awwakum[29], der in seinem Zorn an den Zaren schrieb: »Was ich gelernt habe über den Glauben, das will ich in mir bis zum Tode bewahren. Dir ist nicht erlaubt, nach russischer Art zu seufzen. Griechisch mußt du reden, und du bist doch ein Russe.« Der Geistliche Awwakum wurde für diese mutigen Worte mit der Knute geschlagen und hinter den Ural verbannt. Von dort aus gab er dem Zaren den Rat, den Patriarchen Nikon und seine geistlichen Anhänger allesamt aufzuhängen.[30]

Der Zar, der die Reformen des Patriarchen lange unterstützt hatte, ärgerte sich mehr und mehr über die Art ihrer Durchsetzung und über die anmaßende Haltung des obersten Geistlichen, der den Herrscher zu mißachten begann. Wie einst Filaret, der Vater des ersten Romanow-Zaren, ließ er sich mit »Größter Herrscher« anreden. Und schließlich machte er dem Zaren sogar den ersten Rang streitig. Das Primat des Thrones aber mußte Alexej behaupten. So ließ er den Patriarchen absetzen und nach einigen weiteren Querelen in die Wälder der oberen Wolganebenflüsse verbannen.

Die Spaltung des Glaubens wirkte beharrlich weiter. Die »Altgläubigen« wollten, trotz aller Verfolgung, ihre Traditionen nicht aufgeben – an denen Kirche und Regierung auch nach der Verbannung und dem Tod des Patriarchen Nikon festhielten. Ein Jahr nachdem Nikon gestorben war, wurde sein strengster Kritiker Awwakum bei lebendigem Leibe verbrannt. Seine Kritik ist in Rußland bis heute spürbar. Die »Altgläubigen«, die sich immer noch mit zwei Fingern bekreuzigen, sollen vier Millionen Anhänger zählen. Sie sind allerdings in verschiedene Sekten aufgespalten.

Anhänger und Gegner der Reform streiten sich nicht etwa um wichtige Glaubensfragen – sie haben dies nie getan. Nebensächlichkeiten, die ohne theologische Bedeutung waren, hatten die Auseinandersetzungen ausgelöst. Weder durch Nikon noch durch Awwakum hatten die Gläubigen wesentliche Denkanstöße und Impulse erhalten. Von Nikon ist noch zu berichten, daß auf ihn angeblich die Eigenart der vielfältigen Türme der Kirchen und Klöster Rußlands zurückzuführen ist. Einfache Türme, so wird berichtet, habe Nikon als »evangelisch« empfunden.

Einem Vergleich mit Martin Luther hält der Reformator Nikon nicht stand. Rußland mußte weiterhin auf den einen Mann warten, der die Kraft hatte, verkrustete Traditionen aufzubrechen. Die orthodoxe Geistlichkeit hatte ihre Chance vertan. Einen zweiten Reformator aus dem Mönchsstand hätten die Gläubigen nicht angenommen. Ein Reformer, der dieser Bezeichnung gerecht wurde, konnte nur noch aus der Spitzenschicht des Staates kommen.

Ein Romanow machte sich daran, Rußland zu verändern. Sein Name: Peter I. – genannt »der Große«.

Die befohlene Öffnung nach Westen macht vor dem Fluss nicht halt

Peters des Großen späte Entdeckung

Verständlich wäre gewesen, wenn Pjotr Alexejewitsch, wie er mit vollem Namen hieß, sich als Zar vor allem dem Osten und Südosten zugewendet hätte: Seine Mutter, Natalja Naryschkina, stammte aus einer tatarischen Familie, die vor langer Zeit östlich der Wolga gelebt hatte und islamisch gewesen war. Deutlich war Peters Gesicht durch tatarische Züge geprägt. Mit Tataren verwandt zu sein galt damals als Garantie für Kraft und Ausdauer. Über die Nachkommen der Wolgatataren wurde aber auch gesagt, sie seien häufig unbeherrscht – und ihr Gemüt finde nur Beruhigung am großen Fluß.

Doch solche Erwartungen erfüllte der Zarewitsch nicht. Sein Interesse galt weder dem Land an der Wolga noch den Tataren und ihrer Liebe zu Pferden, sondern einzig und allein Schiffen und moderner Technik.[1]

Durch Zufall, so wird erzählt, habe der Zarewitsch – zehn Jahre alt sei er gewesen – beim Umherstreifen in Moskaus Umgebung in einem Schuppen ein Schiff entdeckt, das anders gebaut war als die Boote, die er kannte. Peter hatte die Schleppkähne gesehen, die auf russischen Flüssen unterwegs waren: Sie besaßen einen flachen Boden und breite Bug- und Heckpartien. Das Schiff aus dem Schuppen aber hatte einen spitz zulaufenden Bug und ragte mit dem Kiel tief ins Wasser. Das Boot war das kleinere Abbild eines seetüchtigen Seglers. Wie solche Schiffe aussahen, war dem Zarewitsch bekannt von Stichen und Gemälden, die im Kreml zu finden waren. So geschah es, daß das kleine Boot Peters Phantasie packte. Er ließ nach dem Besitzer fragen. Doch wem es gehörte und von wo es stammte, wußte niemand von den Leuten, die in der Nähe des Schuppens wohnten. Der Zarewitsch erklärte es zu seinem Eigentum.

Auf Peters Drängen wurden passende Segel angefertigt. Bald schon machte er seine ersten Erfahrungen mit deren Handhabung: auf dem Pleschtschejewosee, nördlich von Moskau bei der Stadt Pereslawl. Der See gehört zum eng vernetzten Gewässersystem der Wolga im Gebiet zwischen der Hauptstadt und Jaroslawl.

Doch das kleine Boot genügte dem Zarewitsch bald nicht mehr. Er setzte durch, daß ihm ein holländischer Zimmermann, der in Moskau lebte, eine Werft errichtete und mit dem Bau eines größeren Segelschiffes begann. Später, als Zar, schrieb Peter im Vorwort zum »See-Reglement«, das als Handbuch für die Seefahrt dienen sollte, damals, am Pleschtschejewosee, habe ihn das Verlangen gepackt, zur See zu fahren.

Sechzehn Jahre alt war der Zarewitsch, als er begriff, daß Rußland keine nennenswerte Flotte besaß und daß in diesem Land niemand wußte, wie große Segler zu bauen waren. Er nahm sich vor, diesen Zustand zu ändern – sobald er über die Macht dazu verfügte.

Bereits ein Jahr später, 1689, zog er als Zar in den Kreml ein.[2] Wer erwartet hatte, er werde nun voll Eifer die Staatsgeschäfte übernehmen, der wurde enttäuscht. Fünf Jahre lang kümmerte sich Peter Alexejewitsch mehr um seine Schiffe auf dem Pleschtschejewosee als um die Geschehnisse im Kreml.

Dann aber verlagerten sich seine Interessen plötzlich auf die »Deutsche Vorstadt« von Moskau, auf das Ausländerviertel außerhalb der Stadtmauer. Dort fand der junge Zar nicht nur ein Mädchen, das ihm gefiel, sondern auch faszinierende Gesprächspartner. In der »Nemezkaja Sloboda«, der »Deutschen Vorstadt«, lebten Offiziere, Kaufleute, Wissenschaftler, Ärzte, Ingenieure,

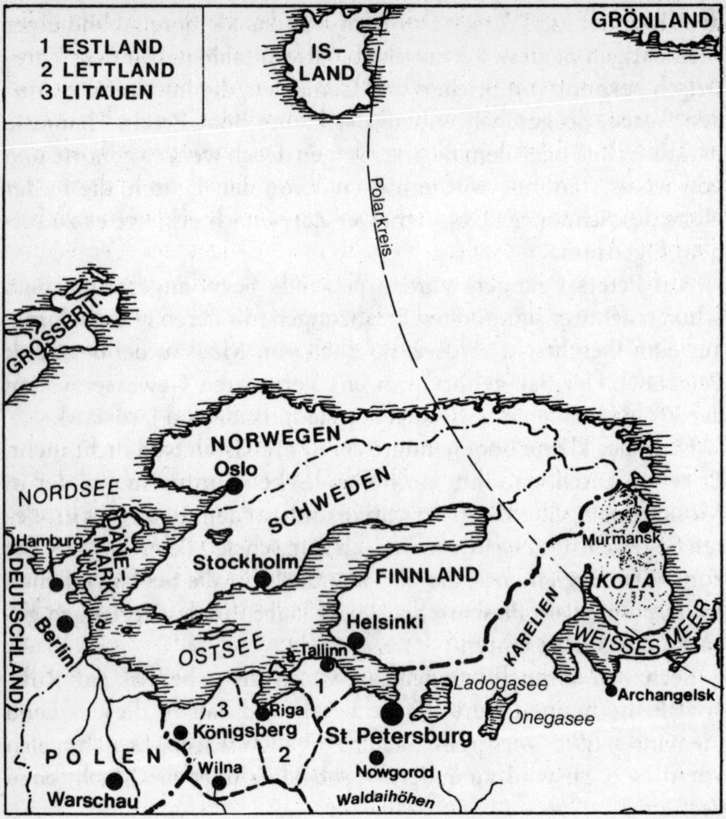

Rußlands Nordwestküsten (mit heutigen Grenzen)

Apotheker, die das Schicksal an die Moskwa verschlagen hatte. Sie waren aus Deutschland, Holland, England und Schottland gekommen. Viele hatten nur ein Abenteuer gesucht, andere waren vor Unterdrückung aus der Heimat geflohen, wieder andere hatten an die Zukunft Rußlands geglaubt. Fast alle hatten Berufe erlernt, die im Zarenreich niemand beherrschte. So waren sie als Spezialisten gefragt. Allerdings wurden sie auch, als Fremde, argwöhnisch beobachtet. Als Aufenthaltsort war ihnen die »Deutsche Vorstadt« zugewiesen worden. Sie privat aufzusuchen verbot ein Edikt des Patriarchen, der fürchtete, der Kontakt zu Lutheranern und Katholiken könnte orthodoxe Russen vom rechten Glauben abbringen.

Nun aber hielt sich ausgerechnet der junge Zar nicht an das Edikt. Bei den Ausländern fand Peter die Anregungen, die er suchte. Er fand Männer, die das Kriegshandwerk gelernt hatten, die erzählen konnten von Vorbereitung, Aufbau und Durchführung einer Schlacht. Er traf auf Gelehrte, die den Gang der Sterne zu berechnen wußten. Er wurde Ärzten vorgestellt, die Auskunft geben konnten über den Fortschritt der Heilkunde. Außerdem gefiel dem jungen Zaren, daß in der »Deutschen Vorstadt« große Mengen berauschender, fremdartiger Getränke, wie Whisky, aufgetischt wurden.

Trotz der Vielzahl der Anregungen, die er in sich aufnahm, vergaß Peter seine Schiffe auf dem Pleschtschejewosee nicht. Im Jahre 1691 vermittelten ihm Holländer, die er im Ausländerviertel kennengelernt hatte, die Verpflichtung von zwanzig Schiffszimmerleuten, die Peter von Zaandam nach Pereslawl holte. Zwei Monate vernachlässigte der Zar die Regierungsgeschäfte, um mit den Handwerkern zuerst als Lehrling, dann als Geselle zu arbeiten. Von Grund auf lernte der Zar als Zimmermann die Regeln der Schiffsbaukunst. In Pereslawl entstand die Legende vom »Zar und Zimmermann«. Zwei Jahre später vertiefte der Zar in Holland sein Wissen.[3]

Noch vor der Hollandreise lernte der Zar im eigenen Land echte Seeschiffe kennen. Gegen den Willen seiner Mutter und der Höflinge reiste Peter nach Archangelsk. Niemals zuvor war ein russischer Herrscher auf den Gedanken gekommen, einen Weg von eineinhalbtausend Kilometer zurückzulegen, um die unwirtliche Gegend am Weißen Meer zu besuchen. Niemals zuvor hatte ein Zar wissen wollen, wie Seeschiffe funktionieren. Allen Monarchen war bisher bewußt gewesen, daß ihr Reich nur während weniger Sommerwochen vom »großen Meer« her erreichbar war, daß Rußland folglich auch kein Staat war, der Bedeutung in der Seefahrt erlangen konnte. Peter aber wollte selbst einen Eindruck bekommen von der Lage und vom Zustand des einzigen russischen Seehafens.

Die Reise führte zunächst zum Pleschtschejewosee, dann nach Jaroslawl. Dort sah Zar Peter zum erstenmal die Wolga, die ihn nicht sonderlich beeindruckte. Er überquerte den Fluß in einem Boot und fuhr – es war Hochsommer – in einem Wagen weiter. Bei der Stadt Wologda bestiegen Peter und seine zahlreichen Begleiter Schiffe, die langsam den Fluß Suchona, der Niedrigwasser führte, bis zur Dwina hinunterglitten. Vier Wochen dauerte die Fahrt zum Weißen Meer, zu den Seeschiffen in Archangelsk. Es war die Zeit des jährlichen Hochbetriebs im Hafen. Schiffskonvois aus England und Holland trafen ein; andere fuhren in jene Länder ab. Die ankommenden Kapitäne erzählten von Winden, haushohen Wellen, Stürmen und von heimtückischen Riffen. Sie waren stolz darauf, Gefahren überwunden zu haben. Von den Häfen ihrer Heimat berichteten sie und vom lustigen Leben dort. Der Zar ließ sich von den verwunderten Kapitänen, die erst gar nicht glauben konnten, daß der Herrscher Rußlands mit ihnen redete, zu Besichtigungen ihrer Segler einladen. Sie antworteten auf seine Fragen nach Besonderheiten der Schiffe. Auf einem der auslaufenden Segler fuhr der Zar sogar mit bis zum Anfang des Eismeeres. Ungern stieg er dort auf das Begleitboot um, das ihn zum Hafen Archangelsk zurückbrachte. Er wäre lieber über das Meer nach England, nach Deutschland gesegelt – vor allem aber nach Holland, nach Zaandam, in die Heimat der besten Schiffsbauer Europas.

Der Gedanke an eine Reise in das fortschrittliche Westeuropa ließ ihn jedoch nicht mehr los; Peter wollte jene Städte kennenlernen, von denen ihm seine Freunde in der »Deutschen Vorstadt«

erzählt hatten. Er mußte selbst die Erfahrung machen, wie die Menschen in England, Deutschland, Holland lebten.

In Archangelsk war dem Zaren vor allem bewußt geworden, daß dieser Hafen am Weißen Meer ungeeignet war zur Erfüllung seiner Pläne, Rußland mit einer Handels- und Kriegsflotte auszustatten. Er wollte für sein Reich den Zugang zu ständig eisfreien Meeren erzwingen. Was nützten Flotten, wenn ihnen die Ausfahrt zu den Weltmeeren acht Monate im Jahr versperrt blieb? Bereits Iwan IV. hatte um einen Hafen an der Ostsee gekämpft. Doch den Weg dorthin blockierten immer noch die Schweden. Peter war sich bewußt, daß die Schweden nur durch Krieg vom Newaufer zu vertreiben waren.

Als ihn der Hafenkommandant von Archangelsk darauf hinwies, daß bald schon eine Eisdecke das Weiße Meer überziehen werde, machte sich der Zar auf den Heimweg. Verwöhnt vom Anblick der stolzen Viermaster, musterte er voll Verachtung das Flußboot, das er nun besteigen sollte. Die Mühsal der Flußschiffahrt wollte er gar nicht erst zur Kenntnis nehmen. Da waren keine aufgeblähten Segel zu sehen; da zogen ärmlich gekleidete Männer und Frauen von Treidelpfaden am Ufer aus die Schiffe flußaufwärts. Da rauschte nicht der Wind in der Takelage; da waren Rufe und Stöhnen der geplagten Menschen zu hören und das anfeuernde Gebrüll der Steuerleute. Peter vermißte das erhabene Gefühl, die Weite zu erobern, das er auf den Seglern im Weißen Meer empfunden hatte. Zeit seines Lebens blieb die Flußschiffahrt für Peter der Inbegriff von Dumpfheit und Apathie.

Doch im Winter 1695 gewann für kurze Zeit die Wolga Bedeutung für die Pläne des Herrschers. Er brauchte den Fluß, weil er sich entschlossen hatte, gegen die Krimtataren vorzugehen. Die Friedensverhandlungen mit der Türkei waren ins Stocken geraten. Ein Erfolg am Schwarzen Meer sollte ihm ein Druckmittel in die Hand geben.

Im Frühjahr 1696 wird ein großer Teil der Armee bei Moskau auf etwa fünfzig Flußschiffe verladen und auf der Moskwa und Oka bis Nishnij Nowgorod transportiert. Dann ist die Wolga die Heerstraße für die mehr als 20000 Soldaten. Und wieder überkommen den Zaren Zweifel am Nutzen der Schiffahrt auf den Flüssen. Peter ärgert sich über das Ungeschick der Schiffsleute. »Sie sind dumm und verstehen ihr Handwerk nicht« – dieses Urteil schreibt Peter in einem Brief nach Moskau. »Die Lotsen sind eingebildet und glauben Meister zu sein. Doch davon sind sie so weit entfernt wie der Himmel von der Erde.«[4]

In Zarizyn legt die Flotte an. Geplant ist, auf dem Landweg den Don zu erreichen. Auch Peter gehört zu den Feldherren, die davon fasziniert sind, daß die beiden großen Flüsse Rußlands einander derart nahe kommen. Er will die topographische Situation ausnützen. Die Schiffe werden bei Zarizyn aus dem Wasser gehoben. Die Soldaten haben Befehl, die Wasserfahrzeuge zu schleppen. Das Vorhaben ist mühsam, da ein Hügelrücken überwunden werden muß. Der Boden ist von Felsbrocken bedeckt. Es läßt sich nicht vermeiden, daß die hölzernen Schiffskörper von scharfkantigen Steinen aufgerissen werden. Bei der Ankunft am Don sind viele der Schiffe nicht mehr zu gebrauchen.

In dieser Situation fällt Peter ein, daß der Bau einer Wasserstraße zwischen Wolga und Don den Transport von Truppen im Süden Rußlands erleichtern würde. Doch diese Idee gerät rasch wieder in Vergessenheit. Zwanzig Jahre später bereut der Zar, daß er den Kanal nicht hat graben lassen.

Damals, 1695, wandte sich Peters Hauptaugenmerk wieder der Schiffahrt zur See zu. Über die Wolga waren die Meere vor den Küsten Europas nicht zu erreichen. Wieder zog die Ostsee Peters Gedanken an.[5]

Zehn Jahre später war die Vision vom Zugang zur Ostsee Wirklichkeit geworden. Die Expansionspläne waren erfolgreich durchgeführt worden. Nach Niederlagen und Siegen gegen die Schweden hatten russische Truppen im Oktober des Jahres 1702 die Inselfestung Nöteborg erobern können – die Insel liegt dort, wo die Newa aus dem Ladogasee fließt. Der Zar taufte den Ort um: Er hieß fortan Schlüsselburg. Er sah in der Festung den Schlüssel zur Ostsee.

Am 16. Mai 1703 wurde an der Mündung der Newa in die Ostsee der Grundstein gelegt für eine Hafenstadt, die Basis sein sollte für die künftige Seemacht Rußlands. Den Namen für Stadt und Hafen hatte der Zar selbst gefunden: St. Piterburch. Peter hatte bewußt diese holländische Namensform gewählt. Schon ein halbes Jahr später, im November 1703, legte das erste Schiff – Holland war seine Heimat – an einer improvisierten Kaimauer von St. Piterburch an.

Zwei Jahre danach wurde Zar Peter I. jedoch wieder einmal daran erinnert, daß die Wolga, die den Russen heilig ist, durch Rußland fließt. Er befand sich gerade auf einem Feldzug gegen die Polen, die er daran hindern wollte, seine Eroberungen an der Ostsee zu bedrohen. Doch von einem Tag auf den anderen mußte er Truppen aus der Gegend von Riga an die Wolga schicken. Der Vormarsch gegen die Polen mußte abgebrochen werden – die Sicherung der Wolgaregion hatte plötzlich Vorrang bekommen.

Ursache für das politische Umdenken war eine Rebellion der Bewohner der Stadt Astrachan im Wolgadelta. Sie waren unzufrieden, weil sie hohe Steuern zu zahlen hatten, die dann doch nur zum Aufbau der Stadt St. Piterburch verwendet wurden. Aufregung hatte auch der fremde Name der neuen Hauptstadt verursacht. So mancher treue Russe sah darin einen Beweis, daß sich der Zar ganz in den Händen der Fremden, der Ausländer, der Katholiken oder gar Protestanten befand. An der Wolga glaubten viele, über St. Piterburch komme der Ungeist ins Land. Peter hatte für Bewohner von Garnisonen das Tragen »deutscher Kleidung« angeordnet. Staatsdienern waren hinfort Bärte und langes Haar verboten. Diese Verwestlichungspolitik würde Rußland ins Verderben führen, hieß es. Und die Ausländer seien schuld daran.

Die Parole hieß: »Die Ausländer wollen auch in Astrachan die Orthodoxie vernichten!« Sie löste den Aufstand in Astrachan aus. Deutsche, Engländer, Franzosen wurden gejagt, geschlagen, getötet. Dann wandte sich der Volkszorn gegen die Offiziere der Garnison. Sie wurden als »Knechte des ungläubigen Zaren« beschimpft. Viele der Offiziere verloren ihr Leben.

Kein Armer führte den Aufstand an. Verantwortlich war der Kaufmann Jakow Nosow, der über gute Beziehungen zu anderen Wolgastädten verfügte. Sein Einfluß führte dazu, daß sich die Rebellion bald von Astrachan aus über das gesamte Wolgadelta und weiter flußabwärts ausbreitete. Die Hoffnung der Aufständischen war, daß der Zar – gebunden durch den Polenfeldzug – nicht reagieren werde. Sie täuschten sich.

Peter sah schnell ein, daß es unsinnig war, neue Gebiete zu erobern, wenn gleichzeitig alte verlorengingen. Unter Verzicht auf Erfolge in Polen gab der Zar Streitkräfte frei, um die untere Wolga für das Russische Reich zu retten. Sie fuhren den Fluß hinunter und eroberten eine Stadt nach der anderen. Im Herbst des Jahres 1706 brach der Aufstand auch in Astrachan, der letzten Bastion der Rebellen, zusammen.

Nur zehn Monate danach, im Sommer 1707 wurde das Wolgagebiet erneut zum Brandherd. Die Kosaken erhoben sich gegen den Zaren, weil er verlangt hatte, sie sollten Männer in großer Zahl als Arbeiter in die Schiffswerften des Nordens schicken. Die Kosaken, an das freie Leben zu Pferde in der Steppe gewöhnt, wollten nicht Zimmerleute am Meer werden. Ihre Führer betonten ausdrücklich, die Rebellion wende sich nicht gegen den Zaren – vorausgesetzt, er bleibe dem orthodoxen Glauben treu –, sondern gegen die fremden Berater des Herrschers, die ihm einredeten, Russen müßten über das Meer zu den Ungläubigen fahren.

Den Aufständischen gelang es, die Stadt Zarizyn zu besetzen und sich in der Festung zu verschanzen. Zur langen Verteidigung aber fehlte ihnen die Geduld. Sie wollten die Verbände des Zaren, die von Kasan her unterwegs waren, vor Zarizyn abfangen – und wurden geschlagen. Die Kosaken, die nicht von den Soldaten des Zaren niedergemacht wurden, flohen in Richtung des Flusses Kuban, der ins Asowsche Meer strömt. Im Spätsommer des Jahres 1708, nach vierzehn Monaten Dauer, war das Land an der Wolga wieder fest in Peters Hand. Die Kosaken, die nicht geflohen waren, beugten sich vor den Statthaltern und ließen sich für den Schiffsbau rekrutieren.

Beide Aufstände an der Wolga hatten die Truppen des Zaren niederschlagen können, doch die Auswirkungen auf das Geschehen zwischen dem Ostseegebiet und dem Flußdelta im Südosten des Riesenreiches waren schlimm: Die russische Armee mußte

Niederlagen hinnehmen, die den Zaren schmerzten. Er, der ohnehin nicht zur Gnade neigte, rächte sich deshalb brutal an den Rebellen, die seinen Truppen in die Hände fielen: Nach Foltern mit Knute und Schwert wurden die Gefangenen in Moskau gepfählt oder gevierteilt.

Peters Kommandeure konnten über Monate hin nicht verhindern, daß sich die Situation der polnischen Armee stabilisierte, daß die Schweden eine weitgesteckte Offensive begannen, die auf das Gebiet der Flüsse Beresina und Dnepr zielte. Die Absicht der Schweden war deutlich zu erkennen: Sie wollten Smolensk erobern, um die Festung als Basis des Vormarsches nach Moskau benützen zu können. Peter war sich der Gefahr bewußt, daß versucht wurde, seine bisherige Hauptstadt anzugreifen, um ihn zum Verzicht auf die neue Residenz St. Piterburch zu zwingen. Es blieb dem Zaren nichts anderes übrig, als die Taktik der verbrannten Erde anzuwenden. Der Feind, angewiesen auf Versorgung seiner Soldaten aus dem Lande, fanden vor Smolensk keine Vorratslager, keine Felder mit Frucht, keinen Bauernhof, dessen Scheuern gefüllt waren. Die schwedischen Soldaten litten Hunger. Sie mußten in ihre Ausgangsstellungen zurückgenommen werden. Die russischen Verbände waren jedoch erst im Jahre 1708 – nach Ausgleich der Mannschaftsbestände durch Truppen, die sich an der Wolga befunden hatten – wieder stark genug, die Schweden in einer Feldschlacht zu besiegen.

Der Erfolg führte schließlich zum Frieden. Peter nutzte die freiwerdenden Kräfte des Landes, um Rußlands Flotte stark zu machen. Schiffe für Handel und Krieg wurden gebaut. England – die Nation, die bisher die Meere beherrscht hatte – nahm die Entwicklung in St. Piterburch zur Kenntnis. In London wurde vor allem registriert, daß die russischen Schiffe an Qualität durchaus denen entsprachen, die in Zaandam gebaut wurden. Eine Zeitlang war der Standard der Besatzungen auf russischen Schiffen niedrig. Dieser Zustand besserte sich nach Gründung der »See-Akademie St. Piterburch« im Jahre 1715. Rußland mußte fortan als seefahrende Nation ernst genommen werden. Peter hatte erreicht, was er sich auf dem Pleschtschejewosee vorgenommen hatte.

Allein der Überseeverkehr hatte Bedeutung für Peter. Anregungen, den Binnenverkehr durch den Bau von Kanälen zwischen den Flüssen zu verbessern, wurden ihm vorgetragen, doch er zögerte, wenn Befehle zur Ausführung der Projekte gegeben werden sollten. Er kannte die Probleme, die sich den Kaufleuten stellten, wenn Waren über weite Strecken Rußlands zu transportieren waren; er wußte auch, daß seine Befehlshaber klagten, die Verlegung von Truppenverbänden sei zeitraubend und kräftezehrend. Doch der Zar sah die Gefahr, die Energie des Landes durch unterschiedliche Vorhaben zu verzetteln. Er konzentrierte deshalb seine Aufmerksamkeit – und die seiner wenigen Spezialisten für Bauprojekte – auf die schnelle Vollendung des Hochseehafens St. Piterburch.

Dabei blieb dem Zaren sorgenvoll bewußt, daß die Südflanke seines Reiches nahezu ungeschützt war. Er mußte mit Angriffen des osmanischen Heeres rechnen, das am Schwarzen Meer stationiert war. Beunruhigend waren für Peter vor allem die engen Kontakte zwischen dem Sultan und dem schwedischen Herrscher. Einem Krieg mit Fronten im Norden und im Süden des Reiches wäre Rußland schwerlich gewachsen gewesen. Um so mehr mußte für einen solchen Fall Vorsorge getroffen werden: Möglichkeiten mußten geschaffen werden, für die rasche Verlegung von Streitkräften zum Asowschen und zum Schwarzen Meer. Eine Verbindung zwischen den Flüssen Wolga und Don würde die Voraussetzung des Truppentransports von Norden nach Süden verbessern. Wieder kam der Gedanke an einen Wolga-Don-Kanal auf.

Über Oka und Wolga war der Südosten des Reiches leicht zu erreichen; der Don war geeignet zur Fahrt in Richtung des osmanischen Herrschaftsgebiets. Die Verbindung der beiden Flußsysteme würde ihre Vorteile erhöhen – dies war das Argument der russischen Generäle. Der Zar akzeptierte jetzt die Pläne zum Bau der künstlichen Wasserstraße zwischen der Stadt Zarizyn und dem Donbogen. Die Strecke von ungefähr 60 Kilometern, über die mehrfach in der Geschichte der Wolgaregion Schiffe mühsam gezerrt, geschleppt und getragen worden waren, sollte künftig zu Wasser befahren werden können. Zur Zeit Peters I. wurde das Projekt des Wolga-Don-Kanals zum erstenmal ernsthaft angepackt. Wirklich gebaut wurde er erst unter Stalins Herrschaft – rund 250 Jahre später.

Peter hatte zunächst energisch verlangt, der Kanal müsse innerhalb eines Jahres vollendet sein. Englische Ingenieure, die Erfahrung besaßen in der Projektierung von Wasserstraßen, schickte der Zar nach Zarizyn. Die Trasse zwischen Zarizyn und dem Donbogen wurde abgesteckt; die ersten Erdbewegungen fanden statt. Der vom Zaren vorgegebene Zeitplan, so schien es, konnte eingehalten werden. Doch dann veränderte sich die politische Situation: Die Grenze zwischen dem Osmanischen und dem Russischen Reich im Gebiet des Asowschen Meeres war nicht länger umstritten, da sich die kriegerischen Aktivitäten der Osmanen auf den Balkan und den Donaubereich verlagerten. Die Notwendigkeit zur Verbesserung der Verkehrswege zum Asowschen und Schwarzen Meer bestand nicht mehr. Der Zar gab Befehl zur Einstellung der Arbeiten am Wolga-Don-Kanal.

Realisiert wurde hingegen ein anderes Projekt: eine Wasserverbindung zwischen dem Oberlauf der Wolga und dem Flußsystem des Wolchow, der vom Ilmensee aus zum Ladogasee fließt. Es mußte nur von der Wolga ein Abstecher zum Fluß Msta gegraben werden, der zu den Zubringern des Ilmensees zählt. Als diese Arbeiten ausgeführt waren, konnten Schiffe vom Kaspischen Meer über den Gesamtverlauf der Wolga zum Ilmenseekanal, zum See selbst, zum Wolchow und zum Ladogasee und schließlich über die Newa bis St. Piterburch fahren. Dieser Wasserweg besaß freilich einen entscheidenden Nachteil: Die Wolga führt in ihrem Ursprungsgebiet bei den Waldaihöhen nur wenig Wasser. Es konnten deshalb auch nur kleine Schiffe die direkte Route vom Kaspischen Meer zum Hafen an der Ostsee benützen. Immerhin aber war die Aufmerksamkeit derer, die über eine Verbesserung des Binnenverkehrs in Rußland nachzudenken hatten, auf die Nützlichkeit der Ströme und Flüsse gelenkt.

Im Winter der Jahre 1715 und 1716 war der Zar selbst gezwungen, die Wolga bei seinen politischen Absichten wieder einmal in Betracht zu ziehen. Er wollte das Kaspische Meer als Basis für Eroberungszüge in Richtung Persien und Zentralasien benützen.

Die Auseinandersetzungen mit Schweden und Polen waren abgeschlossen – der Zar hatte Zeit, über die nützliche Verwendung seiner Streitkräfte nachzudenken. Weitere Eroberungen über das Baltikum hinaus kamen nicht in Frage. So entstand der Gedanke, das Russische Reich im Südosten auszudehnen.

Der Zar begann, sich mit dem Orient zu befassen.[6] Ihm war berichtet worden, unermeßlicher Reichtum sei in Persien und in Zentralasien zu finden. In manchen Gebieten sei die Wüste mit Goldsand bedeckt, der nur in Säcke abgefüllt werden müsse; leicht sei daraus reines Gold zu schmelzen. Peter gab Befehl, die sagenhafte Goldwüste zu suchen.

Im Frühjahr 1716, unmittelbar nach der Eisschmelze, fuhren fünfzehn Schiffe auf der Wolga flußabwärts. Aus Kasan kamen sie; ihr Ziel war Astrachan. An die viertausend Soldaten befanden sich an Bord, dazu Pferde, Kanonen, Gewehre und andere Ausrüstungsgegenstände. Zu Beginn des Sommers war die Streitmacht bereit, vom Wolgadelta aus über das Kaspische Meer zu segeln.

Befehlshaber der Expedition war Fürst Alexander Bekowitsch Tscherkasskij. Ihm hatte der Zar das Kommando anvertraut, weil der Fürst vor seinem Übertritt zum orthodoxen Glauben ein tatarischer Adliger gewesen war – und folglich, nach Meinung des Zaren, alle Voraussetzungen zur Führung einer Militärexpedition auf islamischem Gebiet besaß.

Der Name des Adligen vor der Taufe war Dewlet Kisden Mirza gewesen. Sein Vater, ein Untertan des Schahs von Persien, war mit der gesamten Familie aus der kaukasischen Heimat geflohen, weil der Herrscher die Mutter des kleinen Dewlet Kisden Mirza als Sklavin beanspruchte. Am Hofe des Zaren in Moskau waren die Flüchtlinge aufgenommen worden. Der Aufstieg zu Wohlstand und Ehren war allerdings nur durch einen Wechsel der Religion möglich gewesen.

Fürst Tscherkasskij landete mit seiner Streitmacht am Ostufer des Kaspischen Meers und begann den mühsamen Marsch durch Steppengebiete in Richtung des Khanats Chiwa. Die Residenz des Khans befand sich in der Nähe der heutigen Stadt Urgentsch im Gebiet des Flußsystems des Amu Darja. Die Entfernung der Stadt

Chiwa von der Küste des Kaspischen Meers beträgt rund 500 Kilometer. Die Truppe des Fürsten hatte etwas mehr als die Hälfte des Wegs zurückgelegt, da wurde sie von den Reitern des Khans überfallen. Obgleich dessen Kämpfer in der Übermacht waren, verloren sie gegen die russische Streitmacht, die über Kanonen verfügte. Der Khan von Chiwa ergab sich dem Fürsten.

Während der anschließenden Verhandlung über die Modalitäten einer Übergabe der Residenz an den Kommandeur des russischen Expeditionskorps schlug der Khan vor, die Sieger sollten sich in fünf getrennt marschierende Kolonnen aufspalten. Auf diese Weise seien sie leichter mit Lebensmitteln und Trinkwasser zu versorgen; entlang dem Hauptsteppenpfad seien nicht genügend Wasserstellen vorhanden, um mehrere tausend Männer vor dem Verdursten zu bewahren. Die Aufspaltung mache es möglich, mehrere Pfade zu benutzen, die alle mit Oasen und Quellen versehen seien.

Fürst Alexander Bekowitsch Tscherkasskij ließ sich auf diesen Vorschlag ein. Der Khan sagte, er reite mit den Resten seiner Reitertruppe nach Chiwa voraus, um dort einen würdigen Empfang für seine russischen Bezwinger organisieren zu können. Er bat allerdings darum, der Fürst möge seinen Vormarsch verlangsamen, schließlich müsse in Chiwa auch erst das Gold zusammengeholt werden, das dem Fürsten als Beute zustehe.

Keiner der Russen erreichte die Residenz des Khans. Dem Herrscher blieb Zeit, eine Kolonne nach der anderen zu überfallen und zu vernichten. Es dauerte lange, bis der Zar in Moskau erfuhr, daß der Kriegszug zu den legendären Goldsanden Zentralasiens gescheitert war.

Peter gehörte nicht zu den Herrschern, die sich leicht entmutigen ließen, doch er steckte sein Ziel etwas zurück: Die Goldsande der Wüste um den Fluß Amu Darja vergaß er, aber da war die Möglichkeit, vom Reichtum Persiens zu profitieren. Peter überlegte, ob es möglich sei, Rußland am einträglichen Seidenhandel zu beteiligen, den persische Kaufleute abwickelten. Von Isfahan aus, der Hauptstadt Persiens, transportierten sie die Seidenballen über Arabiens Handelsrouten zu Häfen des Osmanischen Reiches.

Gelang es, durch Überredungskunst oder Gewalt, die persischen Kaufleute von der Benutzung der traditionellen Routen abzuhalten, mußten sie für ihre Waren den Transportweg durch Rußland wählen – der aber führte über die Wolga.

Als sich der Zar mit diesem Problem befaßte, stellte er die Frage, ob nicht ein Fluß existiere, der von Indien her zum Kaspischen Meer fließe; er glaubte nach Prüfung der damals bekannten Landkarte, daß ein solches Gewässer vorhanden sein müsse und daß es bisher einfach übersehen worden sei.

Artemius Wolynskij hieß der Diplomat, den der Zar im Frühjahr 1713 an den Hof des Schahs von Persien schickte. Sein Auftrag lautete, dem Zaren über alle bemerkenswerten Vorgänge und Gegebenheiten Bericht zu erstatten. Insbesondere sollten die Beobachtungen alle Verfallserscheinungen des persischen Staates erfassen, die von der russischen Politik geschickt ausgenützt werden könnten. Die Instruktionen wiesen Wolynskij auch an, alle nötigen Schritte zu unternehmen, um den persischen Seidenhandel über russisches Territorium zu leiten. St. Piterburch müsse Umschlagplatz für Seide werden.

Artemius Wolynskij ging sehr geschickt vor, obgleich der Schah zunächst nicht daran glaubte, daß der russische Diplomat nur die Aufgabe habe, seinem Staat einen Anteil am Seidenhandel zu sichern. Als dann aber der erste Kontakt geknüpft war, gab der Schah seine Bereitschaft zu erkennen, russische Handelsorganisationen am Geschäft mit der Seide zu beteiligen. Kaufleute aus Moskau und Nishnij Nowgorod erhielten das Recht zugesprochen, auf persischen Märkten Seide kaufen zu dürfen.

Während der Rückreise des Diplomaten von Isfahan nach Astrachan fand am Kaspischen Meer eine Begegnung statt, die Auswirkungen auf die Zukunft bis in unsere Zeit hinein haben sollte: Artemius Wolynskij wurde von einem georgischen Fürsten angesprochen, der sich bitter darüber beklagte, daß sein christliches Volk von den Moslems drangsaliert würde. Die Christen im südlichen Kaukasusgebiet seien bedroht – wenn ihnen Rußland nicht zu Hilfe käme.

Der Diplomat, der für seine »Verdienste um Förderung des

Handels am Kaspischen Meer und an der Wolga« vom Zaren zum Statthalter von Astrachan ernannt wurde, gab sich während der folgenden Monate alle Mühe, den Zaren davon zu überzeugen, daß es sich lohne, den Kaukasus dem Russischen Reich anzugliedern. Es sei die Pflicht des Zaren, dem Sultan des Osmanischen Reiches zuvorzukommen, der bereit sei zum Griff nach dem Kaspischen Meer. Der Zar, so schrieb Artemius Wolynskij nach Moskau, habe auch die ihm von Gott gegebene Aufgabe, das alte christliche Volk der Georgier in seinen Schutz zu nehmen.

Lange zögerte Peter, ehe er seinem Statthalter in Astrachan mitteilte, er werde Anfang Mai des Jahres 1722 seine Truppen in Kolomna an der Oka auf Schiffe verladen. Aber er hielt Wort. Mitte Mai waren 20000 Mann der besten russischen Regimenter auf der Oka unterwegs. Am Kai von Nishnij Nowgorod, bei der Einmündung der Oka in die Wolga, hatten die Schiffe zum erstenmal festgemacht. Zum Erstaunen der Offiziere diente der Aufenthalt nicht nur der Übernahme von Proviant – der Zar inspizierte lange und sorgfältig die Stadt. Deutlich wurde, daß er entschlossen war, die Wolgastädte kennenzulernen und den Fluß endlich in Besitz zu nehmen.

Zar Peter wollte wissen, wie die Menschen in den Dörfern und Städten lebten, was sie arbeiteten, womit sie sich ernährten. Er kümmerte sich darum, wie Segel und Ruder der Flußschiffe zu handhaben seien, und machte auch – aufgrund eigener Erfahrungen – Vorschläge zur Verbesserung der Vorrichtungen. Nichts wird darüber berichtet, daß sie beachtet wurden.

In Kasan suchte der Zar die Werften am Wolgaufer auf, weil er sich über deren Arbeitsweise informieren wollte. Er stellte fest, daß sie nicht dem Standard entsprach, den er von den holländischen Zimmerleuten in Pereslawl und St. Piterburch gewohnt war.

Aufsehen erregte Peter I. in Kasan vor allem mit seinem Wunsch, gerade in dieser einstigen Hauptstadt des Tatarenstaates die aktuellen Lebensumstände des Tatarenvolkes kennenzulernen. Er beorderte die Tataren nicht zu sich, sondern er besuchte sie in ihren eigenen Quartieren. Er gab ihnen das Gefühl, respektierte Untertanen zu sein. Allerdings mit einer wichtigen Einschränkung: Der Zar akzeptierte nur die Tataren, die sich nicht zum Islam bekannten, sondern in die orthodoxe Kirche gingen. Wer in den Staatsdienst eintreten wollte, wer sich als Kaufmann darum bemühte, Geschäfte mit dem Staat anzubahnen, der mußte sehr deutlich zeigen, daß er orthodox war.[7] Zar Peter der Große, wie man ihn später nannte, gilt deshalb heute in Kasan als Unterdrücker des Tatarenvolkes.

Von Kasan aus fuhren der Zar und seine Soldaten weiter wolgaabwärts nach Saratow. Auch in dieser Stadt, die damals erst etwas mehr als einhundert Jahre alt war, erkundigte sich Peter nach Volksstämmen, die in das Russische Reich einbezogen worden waren. Mit besonderer Hochachtung begrüßte der Herrscher den Khan der Kalmücken. Die Geste lohnte sich, denn der Zar konnte in Saratow seinen Truppenbestand um fünftausend Reiter aufstocken.

Während des Aufenthalts in der Stadt machte sich Peter vertraut mit dem Verfahren, Salz aus dem brackigen Wasser eines nahegelegenen Sees zu gewinnen. Er fuhr auch mit den Fischern auf den Fluß hinaus, um ihnen bei der Arbeit zuzuschauen. Der Zar soll damals die Anregung gegeben haben, die Stadt möge einen Fisch in ihr Wappen aufnehmen.

Die ausgedehnten Inspektionstouren verlängerten die Wolgareise: Sie dauerte nahezu sieben Wochen. Der Sommer war fortgeschritten, als die Schiffe mit Peters Heer in Astrachan eintrafen. Hier wartete er auf die Verstärkung, die noch auf der Wolga unterwegs war. Im Verlauf eines Monats vergrößerte sich Peters Streitmacht auf über 60000 Soldaten.

Während der Wolgareise war Zar Peter fünfzig Jahre alt geworden. Ungebrochen war seine Energie; mehr denn je verspürte er Lust, Neues zu erfahren und anzupacken. Und doch wußte er, daß Krankheiten in ihm steckten, die nicht mehr zu heilen waren. Die Ärzte sprachen von einer Infektion der Harnwege, die zeitweise erhebliche Beschwerden verursachte. Seine Ausscheidung war häufig mit Eiter vermischt. Dazuhin plagten ihn Nierensteine. Seine Gesundheit war offensichtlich nicht stark genug für einen strapaziösen Feldzug.

In der zweiten Julihälfte des Jahres 1722 verließ die russische Streitmacht nach und nach das Wolgadelta. Über 300 Kilometer weit fuhren die Segler entlang der Küste des Kaspischen Meeres. Die Stadt Derbent, am nördlichen Ausläufer des Kaukasus gelegen, war das Ziel der Expedition. Der Name Derbent übte damals große Faszination aus. Die Legende besagt, die Stadt sei von Alexander dem Großen gegründet worden. Wichtig war Derbent jedoch aufgrund seiner strategischen Lage: Von dort aus konnte die westliche Küstenstraße des Kaspischen Meeres kontrolliert werden. Dieser Verkehrsweg war dem Zaren deshalb wichtig, weil er zentrale Teilstrecke der Handelsroute von Indien und Persien zur Wolga sein sollte.

Die Stadt konnte auch als Basis für den Marsch ins Gebiet südlich des Kaukasus benützt werden: zu den bedrohten Georgiern, die – als Christen – Hilfe von den christlichen Russen erwarteten. Zar Peter entwickelte ehrgeizige Pläne für weitausgreifende Eroberungen, die sein Heer tief in den persischen Herrschaftsbereich hinein geführt hätten. Immer stärker aber wurde sein Empfinden, daß seine Kräfte für einen Feldzug dieses Ausmaßes, der in seiner Kühnheit an die Unternehmungen Alexanders des Großen erinnerte, nicht mehr ausreichten. Die Entscheidung, den Vormarsch in Richtung Baku nicht fortzusetzen, sondern an die Wolga zurückzukehren, wurde ihm durch den Verlust von Nachschubschiffen erleichtert, die in Stürmen auf dem Kaspischen Meer zerbarsten oder kenterten. Der dadurch bedingte Ausfall an gewohnter Nahrung zwang die Soldaten dazu, Früchte des Kaukasusgebiets zu essen, die sie nur schwer vertrugen. Erkrankungen waren die Folge. Der Zar entschied als Oberbefehlshaber den Abbruch des Feldzuges. In Derbent blieb eine Garnison zurück, deren Präsenz deutlich machen sollte, daß Rußland Anspruch auf das Kaspische Meer erhob.

Im Sommer des folgenden Jahres eroberten russische Truppen die Stadt Baku, die rund 240 Kilometer südlich von Derbent liegt. Baku galt damals als die schönste Stadt des Orients. Das Wasser der Bucht von Baku soll in wundersamem Blau geschimmert haben. Eng zusammen standen Paläste, einfache Häuser, Mausoleen der Mächtigen, Badehallen und Brunnen. Hoch über diese Gebäude ragten Dutzende von Minaretts. Die »Stadt der Winde« wurde Baku von den Reisenden genannt, die fasziniert waren von der milden, aber gesunden Luft, die vom Kaukasusgebirge herunterwehte. Baku war seit der Eroberung im Jahre 1723 bis in unsere Zeit eine der blühendsten Städte Rußlands.

Als Baku dem Russischen Reich angegliedert wurde, befand sich der Zar schon wieder in Moskau. Dabei hatte er sich auch für die Rückreise viel Zeit genommen. In Astrachan hatte er dafür gesorgt, daß die Magenkranken und Verwundeten seiner Soldaten gepflegt wurden. Auf der Flußstrecke zwischen Saratow und Kasan war seine Aufmerksamkeit gefesselt gewesen durch die Arbeit der Wolgaschlepper. Er hatte zugesehen, wie Frauen und Männer die schweren Boote gegen die Strömung zogen. Allein für das Schiff des Zaren war ein Dutzend der mageren Gestalten an die Seile gespannt. Gebückt und ohne Schuhe waren sie gegangen, niedergedrückt von den Seilen, an denen das Schiff hing. Peter hatte auch den traurigen Liedern zugehört, und er hatte sich berichten lassen, wie gering die Bezahlung der Wolgaschlepper sei.

Zar Peter holte in wenigen Wochen nach, was er ein Leben lang versäumt hatte: Er beschäftigte sich mit der Wolga, nahm Eindrücke von Fluß, Menschen und Landschaft in sich auf und wurde sich dessen bewußt, wie stark die Seele der Russen an der Wolga hing.

Zwei Jahre nachdem er von der Wolgafahrt zurückgekehrt war, starb Peter der Große. Die Militärexpedition zum Kaspischen Meer war sein letzter Feldzug gewesen.

Katharina II. ruft Deutsche an die Wolga

Wir, Katharina die Zweyte, Kayserin und Selbstherrscherin aller Reussen, zu Moscow, Kiew, Wladimir, Nowgorod, Zaarin zu Kasan, Zaarin zu Astrachan, Zaarin zu Sibirien, Frau zu Plescau und Großfürstin zu Smolensko, Fürstin zu Esthland und Liefland, Carelen, Twer, Jugorien, Permien, Wiatka, Bolgarien und mehr anderen; Frau und Großfürstin zu Nowgorod des Niederen Landes, zu Tschernigow, Pesan, Rostow, Jaroslaw, Belooserien, Udorien, Obdorien, Condinien und der ganzen Nord-Seite Gebieterin und Frau des Iverischen Landes, der Cartalinischen und Grusinischen Zaaren und des Cabardinischen Landes, der Tscherkassischen und Gorischen Fürsten und mehr anderen Erb-Frau und Beherrscherin...«[8]

Diese umständliche Titelliste bildete den Anfang eines Textes, der auf Flugblättern im Jahre 1763 durch russische Reisende, Kaufleute, Agenten und Diplomaten in deutschen Städten und Dörfern bekanntgemacht wurde. Damit stellte sich die Zarin von Rußland den Deutschen vor und empfahl sich als Herrin und Beschützerin aller Auswanderungswilligen, die – mit ihrer Heimat unzufrieden – ihr Glück in der Fremde suchen wollten. So pries die Zarin ihr Land an, das sie für deutsche Siedler öffnen wollte:

»Da uns der weite Umfang der Länder Unseres Reiches zur Genüge bekannt, so nehmen Wir unter anderem wahr, daß keine geringe Zahl solcher Gegenden noch unbebauet liege, die mit vorteilhafter Bequemlichkeit zur Bevölkerung und Bewohnung des menschlichen Geschlechts nutzbarlichst könnte angewendet werden, von welchen die meisten Ländereyen in ihrem Schooße einen unerschöpflichen Reichthum an allerley kostbaren Erzen und Metallen verborgen halten; und weil selbige mit Holzungen, Flüssen, Seen und zur Handlung gelegenen Meeren genugsam versehen; so sind sie auch ungemein bequem zur Beförderung und Vermehrung vielerley Manufakturen, Fabricken und verschiedenen anderen Anlagen.«[9]

Diese Auslobung des Landes und die Einladung an die Deutschen waren im Namen einer Frau ausgesprochen. Rußland hatte sich verändert: Mit Katharina I. hatte die Zeit der Frauen auf dem Thron begonnen. Sie war Herrscherin im Kreml geworden, ehe die Bojaren nach Peters plötzlichem Tod zur Besinnung kamen. Der Höfling Menschikow hatte die Fäden gezogen und führte dann auch die Amtsgeschäfte.

Zwar hatte Peter die Thronfolgeordnung geändert, aber es war ihm keine Zeit mehr geblieben, seinen Nachfolger zu benennen.

Von seinen zahlreichen Kindern hatten nur Töchter überlebt; sein Enkel war zehn Jahre alt. Doch als auch Katharina bereits 1727 – wie es hieß, als Folge der Trunksucht – den Tod fand, war die Krone Peter II. nicht mehr vorzuenthalten. Aus seiner ebenfalls nur zwei Jahre währenden Regierungszeit ist nur zu vermerken, daß der Zarenhof von St. Petersburg – so hieß die Stadt an der Newa jetzt – wieder nach Moskau verlegt wurde. Anna Iwanowna, Tochter Peters des Großen, folgte Peter II. auf den Thron. Sie scharte deutsche Günstlinge um sich und verdrängte die Russen aus ihrer Nähe. Der Vorwurf wurde schließlich laut, Anna Iwanowna verschachere Rußland an die Deutschen.

Deren Einfluß schwand wieder, als Elisabeth, ebenfalls Tochter von Peter I. und Katharina, 1741 Zarin wurde. Vom Volk wurde sie deshalb verehrt, weil sie die deutschen Berater aus dem Kreml wies. Ihre Antipathie gegen die Deutschen und insbesondere gegen Friedrich II. von Preußen führte zu Rußlands Beteiligung an einem Krieg, der sieben Jahre dauern sollte und in dessen Verlauf russische Truppen Berlin besetzen konnten. Preußen stand in den Jahren 1760 und 1761 knapp vor der Niederlage. Da geschah das »Mirakel des Hauses Brandenburg«. Die Zarin Elisabeth starb am 25. Dezember 1761. Peter III. wurde Herrscher über Rußland. Er aber verehrte den Preußen Friedrich II. und sorgte dafür, daß Frieden möglich wurde zwischen Rußland und Preußen.

Peter III. war verheiratet mit einer Deutschen, mit der Tochter des Fürsten Christian August von Anhalt-Zerbst. In der Ehe der beiden war die Frau die stärkere Persönlichkeit. Aus Berichten jener Zeit ist zu erfahren, daß Peter III. ein Trinker war, »mit Neigung zu schwachsinnigem Benehmen«. Interesse an russischer Politik besaß er nicht; er hielt sich vielmehr für einen genialen Violinvirtuosen. Auch war ihm seine Frau völlig gleichgültig. Sie organisierte schließlich mit Hilfe ihres Geliebten – Graf Grigorij Orlow – eine Palastrevolte gegen ihren Mann. Peter III. wurde durch die Garde abgesetzt und unter Hausarrest gestellt. Wenige Tage später starb er unter rätselhaften Umständen. Die Deutsche aus dem Hause Anhalt-Zerbst übernahm die Macht in Rußland. Dies geschah im Sommer des Jahres 1762. Ein Jahr später unterzeichnete sie als Katharina II. das Dekret, das die Deutschen einlud, nach Rußland zu kommen.

Der Aufruf der Zarin wurde befolgt. Schon eineinhalb Jahre später trafen die ersten deutschen Zuwanderer an der Wolga ein. Sie stammten aus Hessen. Ein Lied, das sie auf ihrem weiten Weg nach Osten begleitet hatte, ist erhalten. Sein Text lautet:

> Laßt uns nur das Frühjahr sehen
> Und die schöne Sommerzeit.
> Wer will mit nach Rußland ziehen,
> Der mach' sich zur Fahrt bereit.

Auf die Hessen folgten Familien aus Rheinfranken, aus Mitteldeutschland, aus dem Norden, aus Ostdeutschland, aus Baden und aus der Schweiz. Sie hatten die Steppe durchwandert, um das Land zu erreichen, das ihnen von den russischen Behörden am großen Fluß zugewiesen worden war. Männer, Frauen und Kinder hatten während der Wanderung unter Hitze gelitten. Bald schon nach ihrer Ankunft aber brach der Winter über das Wolgagebiet herein. Viele der Zuwanderer starben an Erschöpfung und Erfrierungen; andere wiederum ertrugen den raschen Anstieg der Temperaturen im Frühsommer nicht.

Insgesamt aber nahm die Zahl der Deutschen an der Wolga rasch zu.[10] Nicht nur das Eintreffen immer neuer Familien trug dazu bei, sondern auch deren Kinderreichtum. Die Zahl der Verstorbenen wurde aufgewogen durch die der Neugeborenen. Ein Dorf nach dem anderen entstand. Die Deutschen nahmen das Land nördlich und südlich von Saratow in Besitz. Geographische Begriffe wurden geprägt, die bis heute gültig sind: Das hügelige Westufer der Wolga hieß fortan »die Bergseite«; das flache Ostufer wurde »Wiesenseite« genannt. Die Dörfer erhielten Namen wie Rosenfeld, Rosental, Schöndorf, Ährenfeld. Erinnerungen an die Heimat wurden in Namen bewahrt wie Mannheim, Schaffhausen, Zürich, Luzern, Friedberg. Andere Dörfer nannten sich nach den Familien, die als erste hier wohnten: Fischer, Straub, Bangert, Schilling. Die Dörfer wurden von Deutschen gegründet – auf unbesiedeltem Land –, und sie blieben auch den Deutschen vorbehalten. Vermischung mit Siedlern anderer Nationalitäten gab es nicht. Selbst zwischen Deutschen unterschiedlichen Glaubens wurde Abstand gehalten: Die Dörfer waren entweder evangelisch oder katholisch.

Kaum waren die ersten Siedlungen entstanden, wurden sie überfallen: Aus der Steppe brachen Reiter über sie herein, die Häuser niederbrannten, Männer erschlugen und Frauen und Kinder wegtrieben. Hauptsächlich waren die Siedlungen der Wiesenseite solchen Angriffen ausgesetzt. Die Siedler begriffen schnell, daß sie in ein Gebiet geholt worden waren, das bisher Lebensraum tatarischer Reitersippen gewesen war und in das Familien des Kalmückenvolkes ihre Herden getrieben hatten. Deutlich wurde, daß die Besiedlung des Wolgagebietes durch die Deutschen den einen Zweck hatte, die Nomadenvölker, die von Raubzügen und Überfällen lebten, endlich zu zähmen. Die Deutschen sollten einen Riegel bilden an der Wolga, einen Gürtel von befestigten Siedlungen.

Als die ersten Deutschen von den Angreifern verschleppt wurden, da fragten Ortsvorsteher bei den russischen Behörden an, ob ihren Dorfbewohnern nicht ein Gebiet zugewiesen werden könnte, das sicherer sei. Die Behörden gaben die Frage weiter an die Zarin, die sich alle Entscheidungen über die deutschen Zuwanderer vorbehalten hatte. Ihre Antwort war negativ: Sie befahl den Siedlern zu bleiben, wo sie waren, und Vorbereitungen zur Verteidigung gegen die Tataren zu treffen. Den Deutschen an der Wolga standen keine russischen Truppen zur Seite; sie mußten sich selbst bewaffnen. Die Aufstellung der Wehren verlief schwerfällig. Und sie konnten lange Zeit nicht verhindern, daß Frauen und Kinder der Siedler auf die Sklavenmärkte von Chiwa und Buchara gebracht wurden.

Klima und fremde Reitervölker waren die Feinde der Siedler. Die Härte des Lebens prägte den Charakter. In seinem Buch »Die Rußlanddeutschen unter Doppeladler und Sowjetstern« beschreibt Bernd G. Längin die Wolgadeutschen so: »Entsprechend seiner eigenartigen Zusammensetzung, aufgrund verschiedener Einwanderungsepochen, aber auch durch auf dem Boden Rußlands gewachsene Bräuche und Sitten, bildete sich an der mittleren

Wolga und ihren Nebenflüssen – an Tarlyk, Dobrinka oder kleinem Karamen – bald ein eigenartiger Menschenschlag heraus. Von Zeitgenossen wurde er als ›herb, bieder, wetterfest, starrköpfig, unermüdlich und als kulturell rückständigste Vertretung des Deutschtums weltweit‹ bezeichnet.«[11]

Die deutschen Siedler, die alle unter sich bleiben wollten, gingen dem Kontakt mit den Russen aus dem Weg. Sie nahmen Rußland gar nicht zur Kenntnis – nur die Gemeinschaft der Dörfer zählte. Die Deutschen brauchten sich in ihrer Isolation auch nicht um Sprachkenntnisse zu kümmern. Sie drückten sich in der Sprache aus, die sie in den Heimatdörfern gelernt hatten; und sie vererbten diese Sprache bis heute weiter.

Die politische Situation der Zuwanderer machte diese Isolation möglich. Ihnen war von Katharina II. Selbstverwaltung zugestanden worden.[12] Die Bewohner durften sich einen Ortsvorsteher wählen, der den Titel »Schulze« trug. Seine Behörde nannte sich »Schulzenamt«. Mehrere Schulzenämter zusammen bildeten das »Oberschulzenamt«. Der Verantwortliche für dieses Amt war einem Landrat unserer Zeit gleichzusetzen. Die Oberschulzenämter waren insgesamt einer Aufsichtsbehörde in der Stadt Saratow verantwortlich. Sie war mit russischen Beamten besetzt, die der Administration in St. Petersburg unterstanden. Die höchste Entscheidungsvollmacht besaß die Zarin. Sie ernannte die Richter, die insbesondere in Streitfällen zwischen Deutschen und Russen Urteile zu fällen hatten.

Waren die Zuwanderer der Meinung gewesen, im weiten Rußland fern von politischer Unruhe leben und ihr Dorf aufbauen zu können, so erlebten sie an der Wolga eine herbe Enttäuschung. Genau zehn Jahre nach der Ankunft der ersten deutschen Siedler am Fluß wurde die Region um Saratow von rebellischen Kosaken und entwurzelten Bauern heimgesucht. Viele Dörfer der Wolgadeutschen wurden ausgeraubt und zerstört.

Ein Kosak behauptet, Peter III. zu sein

Der Oberschulze im kleinen Städtchen Schönchen, oberhalb von Saratow auf der Wiesenseite der Wolga gelegen, schrieb im August des Jahres 1774 der Aufsichtsbehörde in Saratow: »Heute morgen wurde mir gemeldet, daß benachbarte Dörfer von Kaisacken überfallen worden sind. Nachmittags um 3 Uhr brachen 50 oder 60 Kirgisen in die Gegend ein. Sie trieben in den Dörfern Weiber und Kinder zusammen. 200 schleppten sie mit sich fort. Niemand hat sie daran gehindert, denn die Männer befanden sich genau zu dieser Zeit auf dem Feld bei der Heuarbeit.«[13]

Der Brief erreichte zwar die Bezirkshauptstadt Saratow, doch die dortige Aufsichtsbehörde war im August des Jahres 1774 nicht funktionsfähig, denn die Stadt war besetzt von den Leuten eines Kosaken, der sich – mit Erfolg – als Zar Peter III. ausgab.

In Saratow hielt dieser vermeintliche Zar hof. Die Festung war seine Residenz. Dort empfing er Männer aus Saratow und aus anderen Städten, die ihm huldigten und ihm Geschenke brachten. Aufrecht stand er – eine Gestalt, die majestätisch wirkte. Als Zeichen seiner Würde trug er einen Mantel aus rotem Stoff, der mit Goldstickerei verziert war; in der Hand hielt er einen Stock, den er als Zepter benützte. Daß dieser »Peter III.« offenbar nicht lesen und schreiben konnte, störte niemanden.

Der angebliche Zar erzählte allen, die ihm huldigten, die Geschichte seiner wundersamen Errettung. Er habe fliehen können – damals, im Sommer des Jahres 1762, als ihn seine Frau, die sich dann Zarin Katharina II. nannte, ermorden lassen wollte. Erst habe sie ihn abgesetzt und verbannt, doch der Mord sei ihr nicht geglückt. Treue Offiziere der Garde hätten ihn versteckt. Ein anderer sei an seiner Stelle getötet und dann feierlich bestattet worden. Zehn Jahre lang habe er sich verbergen müssen, aber jetzt, von der Wolga aus, rufe er die Untertanen auf, ihm, dem Zaren Peter III., zum Thron im Kreml von Moskau zu verhelfen. Die Mörderin Katharina müsse bestraft werden.

Im Falle dieses angeblichen Zaren ist kein Zweifel möglich, daß er nicht Peter III. war. Seine Identität ist bekannt. Der Mann, der sich als Zar ausgab, war der Kosak Jemeljan Pugatschow, geboren 1742. Am Siebenjährigen Krieg hatte er als Soldat teilgenommen. Irgendwann verließ er die russische Armee unerlaubt, wurde jedoch gefaßt und in Kasan eingesperrt. Er konnte in das Gebiet ostwärts der Wolga fliehen. In der Einsamkeit der Steppe kam Jemeljan Pugatschow auf die Idee, sich für den Zaren auszugeben.[14] Ihm wurde auch deshalb geglaubt, weil die Menschen in Rußland durch Gerüchte von den seltsamen Umständen wußten, unter denen Zar Peter III. verbannt wurde und rasch in einer Totengruft verschwand. Katharina hatte damals, 1762, auf eine offizielle Untersuchung der Todesursache verzichtet.

Seit der Zeit, als der falsche Zarewitsch Dimitrij die Phantasie der Russen beschäftigte, war die Bereitschaft groß, Männern zu glauben, die behaupteten, einem Anschlag entgangen und der rechtmäßige Zar zu sein. Jemeljan Pugatschow, so wird berichtet, habe dazuhin tatsächlich wie Zar Peter III. ausgesehen. Von diesem Zaren war nach dem Verschwinden behauptet worden, er habe die Absicht gehabt, die Leibeigenschaft abzuschaffen und den Bauern Freiheiten zu geben. Auch von diesen Gerüchten profitierte der Kosak. Die Unzufriedenen scharten sich um ihn. Sie ersehnten sich vom wiedergekehrten »Zaren Peter III.« ein Leben in Freiheit und Glück.

Weit im Osten der Wolga hatte er die ersten Anhänger gewonnen. Angehörige nichtrussischer Völker, die sich von den Russen unterdrückt fühlten, schlossen sich ihm an. Bald waren in seinem Heerzug Tataren, Kalmücken und Kirgisen eingegliedert. Die Zahl seiner Reiter war so groß, daß die Generäle der Zarin zunächst keine Möglichkeit sahen, militärisch gegen die Truppe vorzugehen.

Jemeljan Pugatschow erließ Aufrufe, die den Unterprivilegierten der Wolgaprovinz vorgaukelten, die Zeit der Freiheit breche an. Den Aufrufen standen die Worte voran: »Von Gottes Gnaden, Wir, Peter III., Imperator und Selbstherrscher aller Russen«. Am 31. Juli 1774 hob er, »in seiner Eigenschaft als Zar«, die Leibeigenschaft auf und forderte alle, die nun die Freiheit erhielten, dazu auf, treu der Krone zu dienen. Jeder der Freigelassenen sollte Land erhalten, Wälder, Wiesen, Äcker; und er vergab Fischereirechte und die Erlaubnis, Salz zu gewinnen. Das Freiheitsedikt hob die Steuerpflicht für die einstigen Leibeigenen auf: »Wir befreien sie von allen Abgaben und Lasten, die ihnen früher von den verbrecherischen Adligen auferlegt wurden. Jetzt aber, da unser Name dank der Vorsehung in Rußland blüht, befehlen wir durch diesen Erlaß, die Plünderer der Bauern zu bestrafen und aufzuhängen. Nach der Ausrottung dieser verbrecherischen Adligen wird jedermann ein ruhiges Leben führen können, das dauern wird, solange die Welt steht.«[15]

Wer unter den Armen und Entrechteten gezweifelt hatte, daß Peter III. noch lebte, der wollte jetzt einfach daran glauben, denn nur dieser Zar versprach, für die Bauern einzutreten. Katharina II. hatte durchaus daran gedacht, die Lage der Bauern und Knechte zu verbessern – denn auch sie hatte sich mit dem Gedankengut der Aufklärung befaßt, das im westlichen Europa die Gesetze des Zusammenlebens der Menschen zu beeinflussen begann. Doch die Zarin mußte sich von ihren Beratern sagen lassen, daß sie als Herrscherin in Rußland nicht daran denken dürfe, aufklärerischen Gedanken nachzuhängen. Die Situation sei nun einmal ganz anders als in West- und Mitteleuropa.

In Rußland gab es keine Gemeinden, die lokale Verwaltungsaufgaben hätten übernehmen können. So blieb nichts übrig, als die Gutsherren damit zu betrauen und sie zu staatlichen Bediensteten zu machen. Als Gegenleistung garantierte ihnen der Staat besondere Rechte als Feudalherren. Auf diese Weise entstand eine Symbiose von Adel und Verwaltung, die das immer größer werdende Reich zusammenhielt. Gleichzeitig führte der »Dienstleistungsfeudalismus« aber zu einem Festhalten, ja zu einer Ausweitung der Leibeigenschaft.[16] Mit anderen Worten: Der Adel fühlte sich ermutigt, die Leibeigenen noch härter anzupacken. Das Ergebnis war, daß Tausende von Bauern und Knechten in die dünnbesiedelten Gebiete an der Wolga flohen, in der Hoffnung, dort als Selbständige ein Stück Land bearbeiten zu können. Ehe sie jedoch ernsthaft zu arbeiten beginnen konnten, hörten sie von den Versprechungen des Zaren Peter III. – ihm wollten sie fortan folgen.

Wäre nicht die Unzufriedenheit des Volkes insgesamt gewesen, hätten nicht in manchen Landstrichen Not und Elend geherrscht, so wäre Jemeljan Pugatschow vermutlich ein unbedeutender Kosak mit rebellischem Kopf geblieben. In dieser besonderen Situation aber strömten ihm die Massen zu. Allen voran die Altgläubigen, denen Pugatschow die freie Ausübung ihres Kults zugesagt hatte.[17] In den Dörfern und Siedlungen kam es zu nahezu hysterischen Emotionsausbrüchen von Verzweifelten, die die Willkür und die Peitsche ihrer Herren fürchteten. Zu diesen Unglücklichen zählten die Wolgaschlepper, die sich ohnehin wie Zugtiere gehalten sahen. Sie wurden bald zu den brutalsten Anhängern des vermeintlichen Zaren Peter III. Sie überfielen die Schiffe, die sie zu treideln hatten, töteten die Kaufleute und warfen die Waren in sinnloser Zerstörungswut ins Wasser. Bald fuhr zwischen Astrachan und Kasan kein Schiff mehr flußaufwärts.

Der Aufstand der Menschen, die vom Schiffsverkehr auf der Wolga lebten, dehnte sich nordwärts aus. In Nishnij Nowgorod rotteten sich die Steuerleute und Schiffsknechte zusammen. Sie wollten flußabwärts fahren, ihrem Zaren entgegen. Alle Schiffe, die greifbar waren, sollten Peter III. auf seinem Weg nach Moskau begleiten. Als die Schiffsmannschaften an Oka und Moskwa davon hörten, wurden auch sie rebellisch. Sie machten sich bereit, nach Nishnij Nowgorod zu fahren. Kritisch wurde die Situation jedoch erst, als die Leibeigenen begannen, den Dienst zu verweigern.

Ein allgemeiner Aufstand gegen den Adel war nicht mehr auszuschließen. Katharina II. spürte das nahende Erdbeben – und erkannte, daß das Zentrum im Gebiet der Wolga lag. Pugatschow durfte nicht länger im Besitz der Wolgastädte Kasan, Simbirsk, Samara und Saratow bleiben. Die Zarin ließ Truppen in Marsch setzen und Instruktionen herausgeben: »zur Unterdrückung des Aufruhrs, den Pugatschow samt seinen Verbrechern derzeit in Rußland hervorruft, indem er sich den Namen des entschlafenen Zaren, Peter III., beilegt, welcher, wie das ganze Land weiß, schon vor zwölf Jahren gestorben und vor aller Augen in Petersburg im Newskij-Kloster beigesetzt worden ist.« Dekretiert wurde, alle am Aufstand Beteiligten »nach vorausgegangener christlicher Vorbereitung« hinzurichten, »wobei man ihnen zuerst Hände und Füße, dann aber den Kopf abschlagen soll. Die Leichen wird man an den Hauptstraßen ausstellen. Wer nur als Mitläufer gilt, der soll unter dem Galgen grausam ausgepeitscht werden.«[18] Diese Instruktionen der Zarin wurden befolgt.

Tatsächlich hätte die Monarchin nicht länger zusehen dürfen, denn der Aufstand gefährdete die Versorgung der Hauptstadt mit Lebensmitteln. Der Ausfall des Schiffsverkehrs auf der Wolga verhinderte Getreidetransporte aus den fruchtbaren Gebieten des Südens. An den Ufern des Flusses stand allerdings auch kein Getreide mehr bereit, um auf die Schiffe verladen zu werden, da Bauern und Knechte nicht auf den Feldern waren, um die Ernte des Jahres 1774 einzuholen. Auch an der Wolga hatten die Menschen kein Brot – und die Massen, die mit dem angeblichen Zaren zogen, hungerten.

Am ehesten wußten sich noch die beweglichen Reitertrupps zu helfen; sie überfielen Dörfer und durchsuchten die Hütten nach Getreide. Bekannt war den Reitern, daß die Siedlungen der deutschen Zuwanderer meist reiche Vorräte angesammelt hatten. So plünderten sie auf der Wiesenseite der Wolga, in der Region von Saratow, ein Dorf nach dem anderen. Die Reiter glaubten dazu auch deshalb berechtigt zu sein, weil die Siedler Fremde waren. Der Rebell Pugatschow hatte ihnen gesagt, alle diese Fremden seien nach Rußland gekommen, um das Land auszuplündern. Das Wort ihres »Zaren« war ihnen Rechtfertigung für Plünderung und Mord. Die Dörfer der Deutschen wurden mehr als andere drangsaliert.

Schließlich aber war auch in den deutschen Siedlungen der Wiesenseite kein Getreide mehr zu finden. Die rebellierenden Massen zogen ziellos über Land. Der Hunger, der nun ständig nagte, wirkte demoralisierend. Die entflohenen Leibeigenen, Bauern und Knechte, merkten jetzt, daß die großen Worte und Dekrete ihres »Zaren« ohne Wirkung blieben. Es ging ihnen nicht besser, sondern schlechter als zuvor. Die Faszination ihres »Herrschers« verblaßte.

Lächerlich wirkten nun der rote Mantel und das Zepter. In großen Haufen lösten sich die bisher Gutgläubigen vom »Zaren«.

Eine Wolgastadt nach der anderen fiel von ihm ab. Selbst in Saratow, das sich bereitwillig den Rebellen geöffnet hatte, verschworen sich diejenigen, die dem Zaren Peter III. zugejubelt hatten, gegen ihn. Er entging der Gefangennahme durch Flucht, doch von Woche zu Woche wurde seine Basis kleiner. So entschloß sich der angebliche Peter III., den anrückenden Truppen der Zarin an der unteren Wolga Widerstand zu leisten.

Je weiter sich Jemeljan Pugatschow allerdings von Moskau entfernte, desto deutlicher wurde sogar den einfachsten Gemütern, daß an den Einzug ihres »Zaren« in Moskau nicht mehr zu denken war. So verließen auch die Wolgaschlepper den Herrn, der ihnen Brot und Glück versprochen hatte. Der bescheidene Haufen der Treuen wurde in der Gegend von Zarizyn von Reitern der Zarin überfallen. Pugatschows Männer kämpften verbissen, doch ihre Feinde waren in der Überzahl. Jemeljan Pugatschow wurde gefangen und nach Moskau gebracht.

In Puschkins »Hauptmannstochter« ist die Hinrichtung des Rebellen am 10. Januar 1775 beschrieben:

»Der Schlitten hielt vor der Treppe des Schafotts. Pugatschow und sein Kampfgenosse Perfiljew bestiegen in Begleitung eines Geistlichen und zweier Beamter das Gerüst. Einer der Beamten las aus einem Schriftstück vor. Nachdem der Vorlesende den Namen des Verbrechers ausgesprochen hatte, fragte der diensthabende Offizier: ›Bist du der Kosak Jemeljan Pugatschow?‹ Der antwortete mit kräftiger Stimme: ›Ja, Herr! Ich bin der Kosak Jemeljan Pugatschow aus dem Simowajskischen Kosakenlager!‹ Während das Urteil nun weiter verlesen wurde, bekreuzigte sich Pugatschow immer wieder und blickte hinüber zu den Kathedralen des Kreml. Sein Kampfgefährte Perfiljew, ein großer, gebeugter, pokkennarbiger und grimmig dreinschauender Mann, aber stand unbeweglich da, den Blick zur Erde gesenkt. Nach dem Verlesen des Urteils sagte der Geistliche einige Worte zu den beiden Verurteilten, segnete sie und verließ das Schafott, gefolgt von dem Beamten, der das Urteil verlesen hatte. Darauf verneigte sich Pugatschow, indem er sich bekreuzigte, mehrmals bis zum Boden in Richtung der Kathedralen. Dann verabschiedete er sich mit unruhigen, hastigen Worten vom Volk. Er verbeugte sich nach allen Seiten. Oftmals versagte seine Stimme. Er sprach: ›Rechtgläubiges Volk, vergib mir! Verzeihe mir, wenn ich roh war gegen dich!‹ Bei diesen Worten gab der Henker ein Zeichen. Seine Knechte packten Pugatschow und rissen ihm den Schafspelz vom Leib. Da ließ er sich, die Hände zusammenschlagend, niederfallen. Gleich darauf schwebte sein blutiges Haupt in der Luft.«[19]

Eine »Pugatschowschtschina«, eine Rebellion nach Art des Pugatschow, sollte es nie mehr geben! Das war der Standpunkt der Zarin und der Adligen. Sie waren vom festen Willen getrieben, künftig jeglichen Ansatz zu Unruhen im Keim zu unterdrücken. Als sich nach Pugatschows Tod Kosaken in der Steppe östlich von Zarizyn empörten, wurde die Garnison der Stadt schon wenige Tage später angewiesen, dem Spuk ein Ende zu bereiten.

Die Adligen erhielten das Recht, ihre Leibeigenen für die geringste Regung gegen den Willen des Herrn mit Hunderten von Rutenhieben zu züchtigen. Ein Dekret der Zarin verbot es den Untertanen, sich über die Willkür ihrer Herrschaft zu beklagen. Kaum einer der Leibeigenen wagte es noch, die Freiheit im Wolgagebiet zu suchen, denn dort besaß die Zarin jetzt Verbündete: die Deutschen.

Nun wurde deutlich, daß Katharina II. mit der Ansiedlung der Fremden an der Wolga einen weiteren Zweck verfolgt hatte: Die Zuwanderer sollten verhindern, daß auf der Wiesenseite das Land von entlaufenen Leibeigenen bestellt wurde, die dort versuchten, ihren Herren zu entkommen. Die Deutschen hatten dafür zu sorgen, daß das Wolgagebiet nicht Verstecke und Zufluchtsorte bot für Leute, die nicht länger in Angst und Not leben wollten.

Die Herrschaft des Adels, der zusätzlich zur Landwirtschaft auch noch Verwaltungsaufgaben hatte, bewirkte, daß der gewerbliche Fortschritt in Rußland nur zögernd anlief. Sparsame Ansätze dazu bildeten sich zwischen dem Quellgebiet der Wolga und der Stadt Kasan. Mittelpunkt handwerklicher und industrieller Kleinbetriebe war das traditionelle Handelszentrum Nishnij Nowgorod. Dort entstanden die ersten metallverarbeitenden Betriebe von Bedeutung; dort befanden sich auch Leinenwebereien nach englischem Vorbild. Werkstätten zur Verarbeitung von Flachs wurden bei Kasan errichtet und am Wolganebenfluß Kama.

Unterhalb der Kamamündung in die Wolga lebten die meisten wie eh und je von der Landwirtschaft und einem bescheidenen Handel. Zwar hob sich der Lebensstandard insgesamt im Laufe der Zeit ein wenig – so wurde in Saratow mehr Getreide aus der Schwarzerderegion verkauft –, aber an der Gesellschaftsstruktur änderte sich nichts. Peter Scheibert charakterisiert das Problem sehr treffend: »Abgesehen von dem hinhaltenden Widerstand der Bauern gegen unerprobte Neuerungen (...) hatten die Gutsherren in der Regel nicht die Mittel zu größeren Investitionen. Nicht die Verschwendungssucht mancher reicher Magnaten, sondern der chronische Kapitalmangel der marktfernen Landjunker machten jeden landwirtschaftlichen Fortschritt illusorisch.«[20]

Die gesellschaftliche Struktur der Städte Samara, Saratow und Zarizyn läßt sich auf den Nenner bringen: Gutsbesitzer und Kaufleute lebten in mäßigem Wohlstand; Bauern, Knechte und Wolgaschlepper waren arm. Für alle galt, daß es an der Wolga südlich von Kasan nichts gab, was das Leben wirklich lebenswert gemacht hätte.

Kontrast zur Wolga: der Dnepr

Im Jahre 1787 machte sich Zarin Katharina II. auf den Weg, um die südlichen Provinzen ihres Reiches zu inspizieren. Sie folgte nicht dem Wasserweg der Wolga, sondern nutzte den Lauf des Dnepr.

Zu dieser Reise hatte sie Fürst Grigorij Potemkin eingeladen. Er war damals 48 Jahre alt und stand bei Katharina hoch in Gunst – obgleich er längst nicht mehr ihr offizieller Liebhaber war. Er war der Zarin zum erstenmal im Jahre 1762 aufgefallen, als er – gerade Gardeoffizier geworden – half, den Zaren Peter III. in die Verbannung und schließlich in den Tod zu schicken.[21] Potemkins muskulöse Gestalt gefiel der Zarin. Potemkin, tatkräftig veranlaßt, nutzte seine Position als Geliebter der Zarin geschickt aus, um seine

Macht für die Zukunft zu sichern. Als das Interesse der Zarin an ihm schließlich schwächer wurde, konnte Potemkin verlangen, daß er zum Statthalter »Neurußlands« ernannt wurde. So hießen die den Krimtataren und Türken seit den siebziger Jahren abgenommenen Gebiete. Potemkin hatte bereits gegen Pugatschow erfolgreich gekämpft und sich bei der Befriedung der Kosaken am Dnepr bewährt. Dann hatte er im Süden eine neue, lohnende Aufgabe gefunden: Im Friedensschluß mit dem Osmanischen Reich hatte Rußland nicht nur seine Grenzen erweitert, sondern sich endlich einen Zugang zum Schwarzen Meer gesichert. Hier waren alle Möglichkeiten zu einer beispiellosen wirtschaftlichen Entwicklung gegeben.

Als Generalgouverneur im Süden folgte Potemkin dann auch nicht – wie alle anderen Statthalter – der Gewohnheit, die ihnen anvertraute Provinz auszubeuten. Er gab Befehl zum Bau einer Stadt an der Dneprmündung; sie bekam den Namen Cherson. Wichtigste Anlage wurde der Kriegshafen, der über das Delta Zugang zum Schwarzen Meer hatte. In der Werft von Cherson bauten holländische Spezialisten Kriegsschiffe, die besonders für Fahrten auf dem Schwarzen Meer geeignet waren.

Kurz darauf entstand im Süden der Krim der Hafen Sewastopol, der bald zum Hauptstützpunkt der russischen Schwarzmeerflotte wurde. Zweck der militärischen Anlagen war der Schutz Neurußlands gegen das Osmanische Reich, dessen Herrscher nie vergessen konnten, daß das gesamte Schwarze Meer einst zu ihrem Machtbereich gehört hatte.

Sich selbst schuf Potemkin die Residenzstadt Jekaterinoslaw, die heute Dnepropetrowsk heißt. Die ersten Gebäude waren im Jahre 1786 errichtet worden – fünfzehn Monate später konnte er seiner Zarin eine ganze Anzahl von prächtigen Gebäuden vorweisen. Innerhalb kürzester Zeit wurde Jekaterinoslaw – das Wort bedeutet »Der Ruhm Katharinas« – zur wichtigsten Handelsstadt am Dnepr.

Allerdings ließen sich nicht alle Projekte in die Tat umsetzen: So blieb der Aufbau einer Weberei in Jekaterinoslaw, die Arbeitsplätze für 7000 Menschen bieten sollte, in der Anfangsphase stecken, weil es Potemkin nicht gelang, genügend Facharbeiter an den Dnepr zu holen.

Im Jahre 1787 aber hatte der Statthalter allen Grund, stolz auf seine Leistungen zu sein. Als die Zarin durch Kiew fuhr, das nicht zu Potemkins Provinz zählte, da sah sie eine schäbige Stadt. Heruntergekommene Häuser säumten die Straßen; die Menschen waren ärmlich gekleidet. Sobald jedoch die Boote der Zarin in das Gebiet Potemkins einfuhren, wurde die Herrin von Menschen begrüßt, die farbenprächtig gekleidet waren. Sie inspizierte Siedlungen, die aus neuerbauten Häusern bestanden. Weingärten bekam sie zu sehen und Anlagen zur Seidenraupenzucht.

Manches Dorf aber, das abseits vom Fluß lag, bestand nur aus hölzernen Attrappen, die vortäuschen sollten, das Land sei überall besiedelt und der Wohlstand entwickle sich nicht allein direkt am Wasser. Damals entstand der Begriff »Potemkinsche Dörfer«. Diese Täuschungen wären nicht nötig gewesen, der Unterschied zu anderen Gegenden Rußlands war erkennbar. Katharina II. sagte zu Recht: »Mein Land benimmt sich sonst überall wie ein lahmes Pferd – am Unterlauf des Dnepr aber hat dieses Pferd zum Sprung angesetzt!«[22]

Auf der Krim traf die Zarin mit Kaiser Joseph II. zusammen, der allerdings unter dem Namen Graf Falkenstein reiste. Auch er war einer Einladung des Fürsten Potemkin gefolgt, der ein politisches Ziel erreichen wollte: Der österreichische Monarch sollte für einen gemeinsamen Krieg gegen die Türkei gewonnen werden. Potemkin glaubte; der Zeitpunkt für eine gewaltsame Aufteilung des Osmanischen Reiches zwischen Rußland und Österreich sei gekommen. Von Wien aus sollten künftig Serbien, die Herzegowina und Bosnien verwaltet werden; der riesige Rest von der Ägäis über die heutige Türkei bis zum Kaspischen Meer war in Potemkins Planung russischer Aufsicht vorbehalten. Während der Reise durch Neurußland wollte der Fürst dem Kaiser deutlich machen, daß das Zarenreich modern, stark und mächtig sei und es kein Risiko bedeute, es zum Verbündeten zu haben. Potemkins Kalkulation ging allerdings nur teilweise auf: Kaiser Joseph II. zeigte sich beeindruckt von der militärischen und wirtschaftlichen Kraft, die ihm demonstriert wurde. Besonders imponierte ihm der Hafen Sewastopol. Ausdrücklich betonte er, nie einen Hafen gesehen zu haben, der schöner und kunstvoller angelegt worden sei. Dem Kaiser war aber auch aufgefallen, daß manches Gebäude nur aus Fassade bestand und daß die Aufbauleistung in Neurußland allein durch rücksichtslose Ausbeutung der dafür eingesetzten Menschen zu erreichen gewesen war. Unzählige waren beim Bau der Städte Jekaterinoslaw, Cherson und Sewastopol ums Leben gekommen – sie waren an Erschöpfung und am Sumpffieber gestorben. Der Kaiser sah voraus, daß Rußland – durch künftige Opfer seiner Bevölkerung – bald Weltmacht sein werde. Er, der bereit war, mit Rußland gegen die Türkei zu kämpfen, fürchtete jedoch den Tag, an dem Katharina II. oder ein anderer Zar über Istanbul herrschen würde. Nicht ohne Grund: Während der Gespräche mit der Zarin hatte Joseph II. erfahren, daß sie ernsthaft daran dachte, nach Zerschlagung des Osmanischen Staates das Byzantinische Reich wiedererstehen zu lassen – unter russischer Aufsicht. In Moskau wurde dieses Vorhaben »Griechisches Projekt« genannt.

Hatte Peter der Große seine Interessen auf das Wolgadelta, das Kaspische Meer und auf indische und persische Gebiete gerichtet, die von der Wasserstraße Wolga aus zu erreichen waren, so plante Katharina II., unter dem Einfluß des Fürsten Potemkin, die Eroberung der Türkei – die vom Dnepr aus erfolgen sollte. Auf der Rückreise von Sewastopol in ihre Hauptstadt war die Zarin überzeugt, das »Griechische Projekt« ließe sich verwirklichen.[23] Doch ihr Traum platzte schnell. Sie mußte zur Kenntnis nehmen, daß die beschleunigte Entwicklung des Dneprgebiets nur möglich war auf Kosten anderer Regionen im Süden Rußlands. Der Bau der Städte am Dnepr und an der Krim hatte gewaltige Summen verschlungen, die für die Entwicklung anderswo fehlten.

Kaum hatte Katharina Moskau erreicht, wurden ihr Revolten an der Wolga gemeldet – ausgelöst durch Teuerung und Hunger. Das Land zwischen Kasan und Astrachan hatte Mißernten zu verzeichnen gehabt; die Getreidevorräte waren aufgebraucht. Den Kaufleuten von Saratow war, obgleich die Versorgung der Bewohner nicht mehr gesichert war, die Lieferung von Getreide in die

Gebiete am Dnepr befohlen worden. Die Empörung der Hungernden war groß. Stadtviertel der Reichen in Saratow brannten. Truppen aus Kasan trafen bald schon auf Befehl der Zarin ein. Ihre Kugeln beendeten auch diesen Aufstand an der Wolga.

Von den großen politischen Ideen, die Katharina II. in ihren Briefen und Schriften entwickelt hatte, ließen sich nur noch wenige verwirklichen. Nach einem beachtlichen wirtschaftlichen Aufschwung, nach einer Belebung von Handel und Manufakturen, nach erfolgreichen gesundheitspolitischen Maßnahmen, die zu einem sprunghaften Ansteigen der Bevölkerungszahl geführt hatten, waren Ende der achtziger Jahre überwiegend Rückschläge zu verzeichnen. Viele gaben dem zweiten Türkenkrieg die Schuld.

Die Zarin hatte ihn gewollt, und die Hohe Pforte hatte ihr den Gefallen getan, die Feindseligkeiten noch 1787 zu eröffnen. Aber alles weitere verlief nicht mehr immer nach Wunsch: Die russische Armee verfügte weder über genügend Waffen und Munition noch über Kleidung und Lebensmittel, und die österreichischen Verbündeten waren nur mit halber Kraft dabei. Potemkin verlor – durch Sturm und nicht durch Waffengewalt – nahezu seine gesamte Schwarzmeerflotte. Die Schwächen, die Rußlands militärische Situation im Süden deutlich machten, versuchte Schweden im Norden auszunützen.

Potemkin sah ein, daß seine Zarin auf ihr »Griechisches Projekt« verzichten mußte. Das Osmanische Reich war für eine Zerstückelung seines Gebiets doch noch nicht reif. Fürst Potemkin war gezwungen, selbst Verhandlungen in Istanbul aufzunehmen, in deren Verlauf er starb. Immerhin erreichte sein Nachfolger, daß Rußland im Friedensvertrag von Jassy einen Landstreifen zwischen Dnepr und Dnestr zugesprochen erhielt und die freie Durchfahrt russischer Schiffe durch den Bosporus bestätigt wurde. Die Zarin konnte im Jahre 1796 noch selbst den Befehl zum Bau eines Hafens auf jenem Landstreifen geben: So entstand Odessa, der wichtigste russische Schwarzmeerhafen. Wenige Monate später starb auch Katharina II.

Wenigstens ihr außenpolitisches Hauptziel, einen freien Zugang ihrer Schwarzmeerflotte zum Mittelmeer und damit zu den

Weltmeeren zu erkämpfen, hatte sie noch erreicht. Damit waren wichtige Weichen für die Entwicklung Rußlands im 19. Jahrhundert gestellt. Der Aufstieg des Russischen Reiches zur europäischen Großmacht war durch Gebietsgewinne in allen vier Himmelsrichtungen abgeschlossen – auch wenn der Preis hoch war.

Von der Wolga zum Indus: Pauls I. Feldzugsplan

Die Kassen sind leer. Mit der Zahlung der Gehälter in Armee und Verwaltung befindet sich der Staat im Rückstand. Anleihen werden gemacht, um die Zinsen im Ausland bezahlen zu können.«[24] So berichtete der preußische Diplomat von Tauenzien seinem Monarchen nach Berlin.

Der Sohn Katharinas II., Zar Paul, hatte für die Ideen des Fürsten Potemkin und seine imperialen Ambitionen nie viel übrig gehabt. Nun hatte er sich mit deren Folgen auseinanderzusetzen. Doch er wußte kein Mittel, das zur wirtschaftlichen Gesundung hätte führen können. Sein Verhalten gegenüber dem toten Potemkin kennzeichnete nur seine Hilflosigkeit: Die Gebeine des Fürsten wurden in Cherson aus der Gruft geholt und in einen Wassergraben geworfen.

Zar Paul verwendete viel Kraft darauf, das Gedankengut der Französischen Revolution von den Russen fernzuhalten. Kaum hatte er 1796 den Thron bestiegen, verbot er den Betrieb privater Druckereien in Rußland. Untersagt wurde ferner der Gebrauch von Begriffen, die von den französischen Revolutionären verwendet wurden – vor allem das Wort »Bürger« hielt Paul für gefährlich. Schließlich wurde die Einfuhr aller Bücher aus dem Ausland unterbunden. Sogar Notenbücher wurden an den Grenzen konfisziert. Zar Paul glaubte, das gesamte europäische Ausland sei angesteckt vom revolutionären Bazillus der Franzosen. Doch als Napoleon Bonaparte zu erkennen gab, daß er nicht der Vollender der Französischen Revolution, sondern deren Vernichter war, atmete der Zar auf. Neue Perspektiven boten sich an. Paul nahm zum Ersten Konsul der Franzosen Kontakt auf.

Der Zar vergaß, daß Napoleon Bonaparte nicht der Sproß einer der großen traditionellen Dynastien Europas war, sondern ein Emporkömmling aus einer unbedeutenden korsischen Familie. Paul sah im Ersten Konsul den Retter der Dynastien, der den von der Französischen Revolution attackierten Monarchien wieder Selbstvertrauen gab. Bedingungslos folgte der Zar den politischen Absichten des Mächtigsten der Franzosen. Als deutlich wurde, daß der Erste Konsul die Absicht hatte, England zum Feind Frankreichs zu erklären, zeigte sich der Zar empört über das arrogante Verhalten der englischen Flotte auf den Weltmeeren. Als Napoleon Bonaparte verkündete, er wolle seinen Feind zunächst durch wirtschaftliche Kampfmaßnahmen schwächen, befahl der Zar, der Hafen von St. Petersburg habe alle englischen Schiffe abzuweisen – obgleich diese Maßnahme dem russischen Handel schweren Schaden zufügte.

In einem Brief an den Ersten Konsul schlug der Zar die Invasion der Britischen Inseln vor; nur durch die Eroberung Londons sei Englands Vorherrschaft auf den Meeren zu brechen. In seiner Antwort legte Napoleon Bonaparte dem Zaren schriftlich seine Absichten dar: Ehe England besiegt werden könne, müsse es von seinen Besitzungen in Indien abgeschnitten werden. Englands Wohlstand stamme aus Indien – ohne diese Kolonie sei England arm und kraftlos. Frankreich verfolge deshalb beharrlich das Ziel, den Engländern die Nutzung des indischen Reichtums zu verwehren.

Napoleon Bonaparte hatte einen ersten Versuch, die Transportroute für Waren und Soldaten zwischen England und Indien zu unterbrechen, am 24. August 1799 aufgegeben – an jenem Tag war er aus Ägypten nach Frankreich zurückgekehrt. Er hatte geglaubt, durch Besetzung des Niltals die kritische Region des Verbindungsweges zwischen Mutterland und Kolonie in die Hand zu bekommen. Die Ziele waren jedoch weiter gesteckt gewesen: Im Jahre 1799 hätten die französischen Schiffsverbände, die dem Feldherrn in Ägypten zur Verfügung standen, nach Indien unterwegs sein sollen. Doch die Engländer hatten die Flotte der französischen Invasionsarmee vor der Küste Ägyptens zerstört Die Expedition an den Nil war gescheitert. Die Niederlage gestand Napoleon Bonaparte nie ein. Sein letzter Tagesbefehl an die Truppen in Ägypten hatte gelautet: »Die Nachrichten aus Europa bestimmen mich zur Abreise.« Die Idee, England durch Wegnahme der reichen Kolonie Indien in die Knie zu zwingen, verfolgte Napoleon Bonaparte weiter. Ein Bündnis mit dem Zaren von Rußland konnte bei der Verwirklichung nützlich sein.

Nur ein Jahr war vergangen, seit Napoleon Bonaparte Ägypten verlassen hatte, als Zar Paul ihm diese Chance bot. Er war inzwischen Erster Konsul und damit der mächtigste Mann Frankreichs, wenn nicht ganz Europas geworden. Seinem Freund, dem Zaren, schlug er nun vor, eine gemeinsame Militäraktion zur Eroberung Indiens zu unternehmen. Frankreich werde für seine Expedition den Seeweg, Rußland aber den Landweg wählen.

Der Zar griff diesen Gedanken bereitwillig auf. Sein Generalstab befaßte sich mit der Planung. Als Ausgangspunkt wurde der Wolgabogen von Samara gewählt. Dort sollten sich die russischen Truppen versammeln. Die Stadt Orenburg am Uralfluß war dann als nächste Station vorgesehen. Am Aralsee vorbei sollte der Vorstoß in Richtung Chiwa und Buchara geführt werden. Als vorläufiges Ziel war der Oberlauf des Indus ins Auge gefaßt. Auf dem langen Weg dorthin lagen Orte, deren Namen allein schon die Phantasie beflügelten: Chiwa, Buchara, Samarkand, Taschkent. Es waren Städte, deren Eroberung Ruhm und Beute versprach.

Längst hatten die russischen Herrscher begehrliche Blicke auf jene Gebiete geworfen, die heute Usbekistan und Turkmenistan heißen. Peter der Große hatte einen Vorstoß dorthin gewagt, weil er allen Ernstes der Meinung gewesen war, in jenen Gegenden gebe es in der Wüste Goldsand. Seine Militärexpedition war von den Reitern des Khanats Chiwa jedoch völlig aufgerieben worden. Jetzt, fast neunzig Jahre später, hoffte auch Zar Paul, dort sagenhaften Reichtum zu finden.

Legenden hatten sich um die Oase Chiwa gebildet. Sem, der älteste Sohn Noahs, so wird berichtet, habe in trostloser Steppenlandschaft einen Brunnen gegraben, aus dem reichlich Wasser geflossen sei. Dieser Brunnen wird in der Altstadt von Chiwa heute noch gezeigt. Die Bewohner nennen ihn den Brunnen »Cheiwak«, was »wohlschmeckend« bedeutet und auch dem Namen der Stadt zugrunde liegt, die um den Brunnen entstand. Sie soll im 10. Jahrhundert schon groß und wohlhabend gewesen sein und blieb viele Generationen lang der Sitz unabhängiger Khane. Erst im Jahr 1740 eroberte der persische Herrscher Nadir-Schah die Stadt. Von da an gehörte das gesamte Gebiet um den Fluß Amu Darja zum Persischen Reich.

Die Altstadt von Chiwa hat sich seit Jahrhunderten nicht verändert: Eng und verwinkelt sind die Gassen; zwischen den Mauern aus Lehmziegeln bleibt wenig Raum für freie Plätze; die meisten Häuser sind einstöckig; nur einige wenige Paläste und Moscheen ragen aus dem Einerlei heraus.

Etwa 350 Kilometer weiter ostlich von Chiwa liegt die Stadt Buchara. Sie soll schon vor 2000 Jahren Handelszentrum gewesen sein. Günstig für die wirtschaftliche Entwicklung war die Lage an der Seidenstraße. Bucharas Händler unterhielten enge Beziehungen zu Kaufleuten in Persien, Indien und Chiwa. Die Kuppelbauten des Marktes, die im 16. Jahrhundert entstanden sind, lassen die Bedeutung des Handels für Buchara bis heute erkennen.

Auf der Handelsstraße, die dem Fluß Serafschan folgte, sollte nach dem Plan der Moskauer Strategen die russische Reitertruppe bergauf weiterziehen nach Samarkand, einer der ältesten Städte der Welt. Der Name kann mit »Siedlung auf fruchtbarem Boden« übersetzt werden. Alexander der Große hat sich angeblich im Jahre 329 v. Chr. in Samarkand aufgehalten. Von Dschingis-Khan ist sie im Jahre 1220 zerstört worden. Danach begann der Aufstieg zum Mittelpunkt des zentralasiatischen Reiches. Berühmt war Samarkand durch die Fabrikation von Papier. Chinesen hatten das Geheimnis, Papier aus Lumpen zu fertigen, nach Samarkand gebracht. Aus dem Papiermonopol entwickelte sich der ebenso einzigartige Erwerbszweig der Buchherstellung: Kalligraphen und Miniaturmaler in großer Zahl verdienten damit ihren Lebensunterhalt. Arabische und zentralasiatische Händler in Samarkand deckten dort den Bedarf an wertvollen Koranbüchern.

Alten Beschreibungen ist zu entnehmen, daß zwischen den

Häusern Bäume wuchsen und Gärten für üppiges Grün sorgten. Bis ins 19. Jahrhundert hinein war Samarkand auch Sklavenmarkt; er galt als bedeutendster Umschlagplatz für die Ware Mensch zwischen Kaspischem Meer und Indus.

Durch wilde Bergtäler und über Pässe des Gebirges, in dem heute die Staaten Pakistan, China und Indien zusammenstoßen, sollte der Weg des russischen Expeditionskorps führen. Über den Verlauf und über die Art der Bergpfade wußte in St. Petersburg freilich niemand Bescheid. Die Festlegung der Marschroute, so verfügte die Armeeführung, sollte erst im Gebirge erfolgen. Die Entfernung zwischen Samarkand und dem Indus wurde in der Luftlinie auf 800 Kilometer geschätzt. Für die Gesamtstrecke zwischen der Wolga und dem indischen Grenzgebiet betrug die Schätzung über 4000 Kilometer.

Erschreckend groß war das Risiko des Scheiterns der Expedition. Doch Zar Paul bestand darauf, daß Rußland dem Ersten Konsul der Franzosen durch die Eroberung Indiens helfen müsse. In St. Petersburg wurde angeordnet, eine Reiterarmee der Kosaken habe die für Rußland ehrenvolle Mission durchzuführen. Zar Paul ernannte zwei Befehlshaber: den Kosakenataman Orlow-Denissow und General Knoming. 20000 Reiter versammelten sich im Februar 1801 beim Wolgabogen von Samara. Im März überschritten sie den noch zugefrorenen Fluß und begannen den Ritt nach Südosten.

Mit Sicherheit wäre die Armee untergegangen, sei es im Kampf gegen die Truppen der Gouverneure von Chiwa, Buchara, Samarkand und des kasachischen Khans von Taschkent, sei es infolge von Anstrengungen, Entbehrungen und Hunger. Doch in St. Petersburg trat ein unvorhergesehenes Ereignis ein, das die Situation von Grund auf veränderte: Zar Paul wurde von Offizieren der Garde ermordet. Eine Woche nach Überquerung der Wolga erhielt Kosakenataman Orlow-Denissow den Befehl, zum Ausgangspunkt am Flußbogen zurückzukehren.

Der wahnwitzige Feldzugsplan, die Aussicht, daß 20000 Männer sinnlos geopfert würden, war jedoch nicht der alleinige Grund für diesen Putsch. Der Adel fürchtete um seine Privilegien, da der

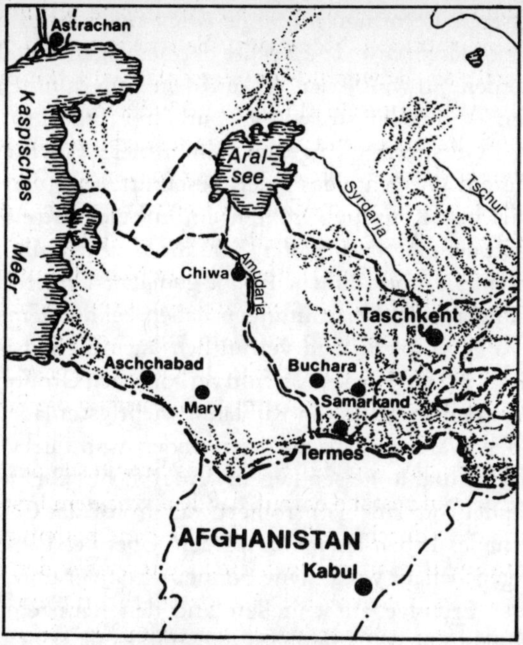

Pauls I. Expedition nach Indien sollte über Sarmakand führen

Zar umfassende Reformen im Sinne einer modernisierten Autokratie angekündigt hatte. Die Rechte der Leibeigenen sollten verbessert werden. So wurde der Verkauf von Bauern untersagt; die bäuerlichen Arbeitsdienste wurden auf drei Tage pro Hof begrenzt. Den Gutsherren hingegen sollten mehr Pflichten aufgebürdet und die Vorrechte des Adels beschnitten werden. Diesem friderizianischen Konzept[25] wollten einflußreiche Kreise zuvorkommen. Zudem hatte sich der Zar durch sein aufbrausendes Temperament viele persönliche Feinde gemacht. Ungerechtfertigte Entlassungen oder Verbannungen haben bei den Umsturzplänen eine Rolle gespielt. Und vermutlich auch die Tatsache, daß Rußland jetzt die Folgen des Ausfuhrverbots nach Großbritannien zu spüren bekam. England war Rußlands wichtigster Handelspartner. Seit der Warenaustausch unterbunden war, blieben Flachs, Hanf, Getreide und Roheisen liegen; verderbliches Gut verrottete. Da der Handel vom Adel kontrolliert war, drohte das Geld für ein standesgemäßes Leben knapp zu werden. Überdies hatte Paul zu erkennen gegeben, er wolle seine Söhne Alexander und Konstantin von der Erbfolge ausschließen und den neunzehnjährigen Prinzen Eugen von Württemberg, der mit Pauls Frau verwandt war und in St. Petersburg lebte, zum Thronfolger ernennen. Damit wäre das Haus Romanow von der Macht verdrängt gewesen.[26] Und das, obwohl er selbst eine Thronfolgeordnung erlassen hatte, die der Familie Romanow die Krone des russischen Imperiums durch Weitergabe im Mannesstamm sichern sollte.

All das hat dazu beigetragen, daß Zar Paul – mit Billigung des eigenen Sohnes – abgesetzt werden sollte.[27] Am späten Abend des 11. März 1801 drangen sechzig Verschwörer, junge Angehörige der Garde, in Pauls Schlafzimmer in der Petersburger Michaelsburg ein. Sie umringten den Zaren, der schlaftrunken reagierte. Einige verlangten lautstark die Abdankung. Paul versuchte sich zu wehren und wurde dabei niedergeschlagen. Am Boden liegend, wurde er erdrosselt.

Alexander konnte die Macht übernehmen. Wenige Wochen später hob der Zar die Sperre des Hafens von St. Petersburg für britische Schiffe auf. Keine Rede war mehr davon, daß Rußland

Frankreich in dessen Konflikt mit England helfen werde. Behutsam leitete Alexander eine Annäherung an die Politik Londons in die Wege. Drei Jahre nach Alexanders Thronbesteigung hatte Napoleon schon Grund zu sagen: »Wenn Rußland den Krieg will, kann es ihn haben!«

Im Juni 1807 trafen sich Napoleon und Alexander auf einem Floß im Fluß Njemen bei Tilsit. Die beiden Herrscher haben lange miteinander geredet, doch verstanden haben sie sich nicht. Zar Alexander weigerte sich, dem Wunsch des Kaisers der Franzosen nach Beteiligung an der gegen England gerichteten »Kontinentalsperre« zu entsprechen: aus Gründen der Selbsterhaltung. Ein Handelskrieg gegen England wäre wirtschaftlicher Selbstmord gewesen.

Napoleon glaubte, er könne Rußland zur Partnerschaft zwingen. Am 24. Juni 1812 marschierte die Grande Armée in das Reich des Zaren ein. Napoleon wollte Alexander zur Kapitulation veranlassen. Doch er bekam eine Lektion erteilt: Die russische Armee ergab sich nicht – sie wich aus. Im Raum zwischen Moskau und der Wolga war sie sicher. Dort konnte die Neuaufstellung von bewaffneten Verbänden beginnen.

Napoleon erreichte Moskau, doch dann begann die russische Hauptstadt zu brennen. Die Bewohner hatten ihre Häuser verlassen. Viele waren nach Jaroslawl und Kostroma geflohen. Der Winter brach herein. Feuer und Kälte vertrieben die Franzosen aus Moskau. Am 19. Oktober 1812 begann der Rückzug, der zum Untergang der Grande Armée führt.

Napoleon hinterläßt Spuren an der Wolga

Nie hatte der Kaiser den Fluß gesehen, nie hatte er mit den Menschen dort gesprochen – sie hatten ihn als Feind betrachtet –, und doch hatte seine Präsenz in Rußland das Denken der Menschen an der Wolga verändert: Zur Überraschung der Herrschenden. Sieben Jahre nach Napoleons Rückzug aus Moskau wurde in Kasan an der Wolga ein Bericht über die Situation der dortigen Hochschule und über die Denkweise der Studenten verfaßt. Die Analyse löste in St. Petersburg Besorgnis aus.

Da war zu lesen, die Geisteshaltung der Studenten sei beeinflußt vom wissenschaftlich-philosophischen Denken der Franzosen; in Vergessenheit geraten sei die Ehrfurcht vor Gott und seinen Gesetzen. Es sei an der Zeit, die Vorlesungen zu reformieren: In Kasan werde einer gottlosen Einstellung in allen Bereichen der Wissenschaft gehuldigt; künftig müßten sich die Professoren bemühen, die Weisheit der orthodoxen Kirche als Grundlage ihrer Lehrtätigkeit zu benutzen. Auch für die Forschung gelte die Bibel als Leitfaden, der die Grenzen der menschlichen Neugier abstecke. Nicht mit der Bibel sei zu vereinbaren, daß sich die Studenten der Universität Kasan mit den Theorien von Galilei und Kopernikus befaßten. Der Name des Mathematikers und Physikers Isaac Newton, den Peter der Große nach Rußland hatte holen wollen, durfte im Unterricht nicht erwähnt werden. Die medizinische Fakultät erhielt die Anweisung, das Sezieren von Leichen zu unterlassen – da es nicht mit den Glaubensgrundsätzen der orthodoxen Kirche zu vereinbaren sei.

Verantwortlich für die Ausarbeitung dieser Richtlinien war der vom Zaren eingesetzte Kurator der Universität Kasan, Michail Leontjewitsch Magnizkij. Er hatte seine Laufbahn im Auswärtigen Dienst begonnen und war den Gesandtschaften in Wien und Paris zugeordnet gewesen. Aus Frankreich nach St. Petersburg zurückgekehrt, hatte er den Ruf, ein liberaler Geist zu sein, der begeistert war von der im »Code Civil« fixierten Rechtslehre des Bürgertums und von der Freiheit der Wissenschaft, die auch Napoleon nicht angetastet hatte. Um ihm deutlich zu machen, daß in Rußland kein Platz sei für Gedanken des Liberalismus, schickte ihn der Zar in die Verbannung. Allerdings wurde Michail Leontjewitsch Magnizkij nicht nach Sibirien gebracht, sondern nur in die Stadt Wologda, die etwa 500 Kilometer von der Hauptstadt entfernt nördlich der oberen Wolga liegt. Dort vollzog er eine vollständige Kehrtwendung.

Es gelang dem Verbannten, mit wichtigen Männern in der Umgebung des Zaren Kontakt zu halten. Magnizkij versicherte ihnen, er sei geheilt von der Krankheit des Liberalismus; er habe verstanden, daß nur der Glaube an die Lehren der heiligen orthodoxen Kirche den Bestand Rußlands bewahren könne. Seine Beteuerungen müssen glaubwürdig gewirkt haben, denn Magnizkij wurde zum Gouverneur von Simbirsk an der Wolga ernannt. Damit war er durch den Zaren völlig rehabilitiert worden. Die Aufsichtsbehörde, die für die Ordnung an den Universitäten zuständig war, erkannte nun in Magnizkij den richtigen Mann für die Kontrolle der Universität Kasan. Und Magnizkij griff gründlich durch.

Auf Veranlassung des Kurators Magnizkij wurde den Untertanen des Zaren prinzipiell jedes Studium an ausländischen Lehranstalten untersagt. Wer Vorlesungen im Ausland gehört hatte, durfte sich nicht an russischen Universitäten einschreiben lassen. Damit, so meinte Magnizkij, könne das Eindringen fremder Irrlehren in russische Köpfe verhindert werden.

Im zweiten Band von Valentin Gitermanns »Geschichte Rußlands« wird das politische Glaubensbekenntnis des Kurators der Universität Kasan zitiert: »Sichtbarlich ist es der Fürst der Finsternis selbst, der sich uns naht; der Schleier, der ihn bedeckt, wird immer durchsichtiger, und bald wird er, ohne Zweifel, ganz fallen. Dieser Angriff, der letzte vielleicht, den er gegen uns unternimmt, ist der schrecklichste, weil es ein geistiger Angriff ist. Rasch und unmerklich die ganze Welt umschlingend, sammeln sich die Kräfte des Feindes, und dann wird plötzlich alles erzittern, alles zusammenbrechen. Das menschliche Wort überträgt diese diabolische Kraft; die Buchdruckerkunst ist ihre Waffe. Die Universitätsprofessoren brauen das abscheuliche Gift der Ungläubigkeit sowie des Hasses gegen jede legitime Gewalt und flößen es der unglücklichen Jugend ein.«[28]

Michail Leontjewitsch Magnizkij zieht dieses Fazit: »Es wäre ein Glück für Rußland, wenn man es von Europa so isolieren könnte, daß über die schrecklichen Dinge, die dort geschehen, weder Gerüchte noch Meldungen zu uns zu dringen vermögen.«

Magnizkijs Analyse ist korrekt: Schuld am Wachstum des liberalen Gedankenguts in Rußland trugen Männer, die das von Napoleon geschaffene Frankreich kennengelernt hatten – auch wenn sich der Kaiser selbst zu jener Zeit schon im Exil befand. Offiziere der russischen Armee, die der Grande Armée auf deren Rückzug nach Westen gefolgt war, hatten französischen Boden betreten und waren einige Monate lang als Mitglieder der Besatzungstruppen dort geblieben. Sie hatten bemerkt, daß die Franzosen, obgleich sie den Krieg verloren hatten, keinen gedemütigten Eindruck machten; ihre Menschenwürde hatte nicht gelitten, und sie fühlten sich durch Recht und Gesetz geschützt. Den Offizieren war bewußt geworden, daß die einfachen Menschen in Frankreich freier lebten als die Adligen in Rußland. Sie hatten sich gewundert, daß niemand mit der Knute geschlagen wurde, daß kein Franzose ohne Gerichtsverfahren ins Gefängnis geworfen wurde, daß keiner Verbannung zu fürchten hatte.

Bei ihrer Heimkehr wurde ihnen der Unterschied zwischen Achtung und Mißachtung von Menschenleben nur um so deutlicher. Sie mußten zusehen, wie Soldaten, die ihr Leben im Kampf gegen die französischen Invasionstruppen eingesetzt hatten, weiterhin als Leibeigene behandelt wurden und körperlicher Züchtigung ausgesetzt waren.

Unvergessen blieb den Offizieren das französische Geistesleben. Sie hatten sich in Paris bemüht, die Sprache der Franzosen zu erlernen, um teilnehmen zu können an literarischen Zirkeln, an Gesprächen über Wissenschaft, an politischen Diskussionen. Zu Hause, als sie die Folgen der absoluten Herrschaft wieder am eigenen Leibe verspürten, wurde ihnen der Vorteil der konstitutionellen Monarchie deutlich. Die Erinnerung daran, daß Frankreich der Feind war, verblaßte. Die Verhältnisse in Frankreich wurden zum Vorbild.

Zu den Offizieren, die am Krieg gegen Napoleon teilgenommen hatten, gehörte Fürst Pjotr Michailowitsch Wolkonskij. In seinen Lebenserinnerungen schrieb er: »Durch die Feldzüge der Jahre 1812 bis 1814 wurde uns Europa nähergebracht. Sie machten uns bekannt mit den Staatsformen der europäischen Länder, mit den öffentlichen Einrichtungen und mit den Rechten der Völker. Der Gegensatz zu unserem eigenen staatlichen Leben, zu den erbärmlichen Rechten, welche das Volk bei uns besaß, und die Despotie unseres Regimes wurden dem Herzen und dem Verstand vieler von uns bewußt.«

Offiziere, wie Fürst Wolkonskij, erzählten Freunden und Bekannten von Erlebnissen und Eindrücken. Bald sprang ihre Begeisterung auf junge Adlige und Intellektuelle über. So zog der freiheitlich-wissenschaftliche Geist auch in die Universität Kasan an der Wolga ein. Die Studenten beschäftigten sich nicht nur mit den politischen Prinzipien der konstitutionellen Monarchie und ihrer positiven Auswirkung auf die Entfaltung der menschlichen Persönlichkeit, sie dachten auch darüber nach, daß eine Demokratie ein Höchstmaß an Freiheit bringen müßte. Gegen diese Entwicklung schlug Michail Leontjewitsch Magnizkij als Heilmittel vor: »Eine weitblickende Zensur, ein Wiederaufbau des Systems der Volkserziehung auf der unerschöpflichen Grundlage des Glaubens: das sind die einzigen Dämme gegen die Verderbnis.«[29]

Die Befürchtung des Universitätskurators, der Schrei nach Beschränkung der Macht des Herrschers könnte in Rußland bald schon zu hören sein, wurde Wirklichkeit. »Es lebe die Verfassung!« Dieser Ruf hallte am 14. Dezember 1825 über den Platz, der sich zwischen der Newa, dem Senatsgebäude, der Admiralität und der damals im Bau befindlichen Isaak-Kathedrale in St. Petersburg erstreckt. Die revolutionäre Idee, die Magnizkij bekämpft hatte, war nicht mehr nur Thema der Diskussionen an russischen Universitäten; sie war zum politischen Programm geworden, dessen Erfüllung Teile des russischen Offizierskorps forderten. Generale und Oberste, die vom Zaren den Erlaß einer Verfassung forderten, die nach dem Vorbild der französischen Verfassung formuliert sein sollte, hatten ihre Truppeneinheiten an jenem Dezembertag mitten in der Hauptstadt antreten lassen. Durch eine Demonstration der Stärke wollten sie den Herrscher zur Kapitulation zwingen.

Die Organisatoren des Aufmarsches hielten den Zaren für schwach. Er war neu in seinem Amt. Zudem hatte es über drei Wochen Unsicherheit gegeben, wer denn nun wirklich herrsche. Völlig überraschend war Alexander im November des Jahres 1825 gestorben. Da er keine männlichen Erben hinterlassen hatte, sollte einer seiner Brüder die Macht übernehmen. Verwirrung hatte darüber bestanden, welcher dazu berechtigt sei. Die Tage des Machtvakuums hatten die Meinung der Offiziere bestärkt, daß politische Veränderungen notwendig seien. Sie glaubten, den noch unerfahrenen Zaren Nikolaus unter Druck setzen zu können.

Gegen Abend jenes Dezembertages meinte Zar Nikolaus, die Gefahr für die Monarchie und für seine Person wachse mit dem Hereinbrechen der Dunkelheit. Er gab seiner Garde den Befehl, auf die Männer zu feuern, die nicht müde wurden, den Herrscher aufzufordern, eine Verfassung ausarbeiten zu lassen. Die Gardesoldaten folgten dem Befehl und machten der Palastrevolte ein Ende.

Russische Chronisten gaben bald schon den Offizieren und Soldaten, die ihre Unzufriedenheit mit dem herrschenden Regime gezeigt hatten, die Bezeichnung »Dekabristen« – abgeleitet vom russischen Wort »dekabr«, Dezember.[30] Ein Blick auf die Standesliste der Hauptschuldigen des Prozesses, den Zar Nikolaus gegen die Aufrührer anordnete, macht deutlich, daß die Kreise unzufrieden waren, die bisher am meisten von den bestehenden Zuständen profitiert hatten: Angeklagt waren sieben Fürsten des Russischen Reiches und zwei Grafen, dazuhin eine ganze Reihe von Baronen. Bemerkenswert ist noch, daß einige der führenden Köpfe der Verfassungsbewegung mit Französinnen verheiratet waren, die dann, ohne zu klagen, ihren Männern in die Verbannungsgebiete ostwärts der Wolga folgten.

Michail Leontjewitsch Magnizkij, der Kurator der Universität Kasan, wurde nicht dafür gelobt, daß er die Entwicklung richtig vorausgesehen hatte. Er verlor sein Amt als Aufpasser im Dienst des Zaren, weil ihm finanzielle Unregelmäßigkeiten nachgewiesen werden konnten.

Alexander von Humboldt an der Wolga

Über den Tod der Herrscher hinweg hatte in St. Petersburg der politische Grundsatz Bestand, daß sich das Reich vergrößern müsse. Längst war die Wolga nicht mehr der zentralrussische Fluß: Er durchströmte nur noch die Mitte des europäischen Teils von Rußland – und dies war der kleinste Teil des Zarenreiches. Der russische Kontinent im Osten des Ural ist an Fläche viermal so groß wie das europäische Rußland. Die Flüsse Tobol, Ob und Irtysch waren schon im 16. Jahrhundert von der Wolga aus erobert worden. Zu Beginn des 17. Jahrhunderts hatten russische Eroberer den Jenissej und die Lena erreicht. 1689 war der erste Grenzvertrag zwischen Rußland und China geschlossen worden, mit dem die Wasserscheide nördlich des Amur als Demarkationslinie zwischen den beiden Reichen festgelegt wurde. Im Jahre 1728 fand der Däne Vitus Jonassen Bering, der als Schiffsoffizier in russischen Diensten stand, die Meerenge, die Asien von Amerika trennt; sie trägt auch heute noch den Namen Beringstraße. Bis zur nach Alaska weisenden Landspitze, Kap Deschnewa – so benannt nach dem ersten Russen, der dorthin vorgedrungen war –, gehörte der riesige Kontinent zum Zarenreich. Wenig später wurde das Gebiet weiter abgerundet: Die Halbinsel Kamtschatka wurde 1740 russischer Besitz. Zu Beginn des 17. Jahrhunderts war allein das Steppenland von der Wolgamündung bis zum Aralsee und zum Balchaschsee noch nicht erobert. Unruhe herrschte im Gebiet des Kaukasus.

Ein Jahr war vergangen, seit in St. Petersburg die Verfechter der Verfassungsidee eine Niederlage hatten hinnehmen müssen, als die Wolga wieder Ausgangspunkt militärischer Aktionen wurde. Der Fluß wurde zum Transportweg für ein russisches Armeekorps, das samt Waffen und Munition von Kasan aus flußabwärts zum Kaspischen Meer gebracht wurde. Truppen und Ausrüstung waren dafür bestimmt, Angriffe der Perser unter dem Kommando des Schahs Fatih Ali abzuwehren. Persien war über Generationen hin militärisch schwach gewesen; jetzt aber wurde das Reich von einem Schah regiert, der wieder expansive Politik betreiben wollte. Rußland war gezwungen, über die Wasserwege Wolga und Kaspisches Meer die Kräfte heranzuschaffen, die zur Verteidigung des kaukasischen Berglands nötig waren.

Der russischen Südarmee gelang es nur unter großen Schwierigkeiten, die Paßstraßen zu halten. Erst im Jahre 1827 konnten die Truppen des Zaren offensiv werden. Sie eroberten Eriwan und Nachitschewan. Persien trat diese Städte und damit auch die Provinzen gleichen Namens ab. Im Vertrag von Turkmentschaj wurde die Herrschaft Rußlands über den Kaukasus fixiert.

Mit diesem Erfolg begann die expansive Phase der russischen Politik im Südosten des Reiches. Der Zar und seine Berater dachten dabei nicht an eine Ausdehnung der bloßen Macht: Sie verfolgten mehr denn je wirtschaftliche Interessen. Vor allem den Beratern war bewußt, daß der Ausbeutung der Bodenschätze deren wissenschaftliche Erforschung vorangehen mußte. Forscher von Rang und Namen dafür zu gewinnen war für die Politiker des Zarenhofs eine der wichtigsten Aufgaben.

Im Dezember 1827 – die russischen Truppen hatten wenige Wochen zuvor Eriwan und Nachitschewan erobert – schrieb der russische Finanzminister Graf Georg von Cancrin an den preußischen Gelehrten Alexander von Humboldt: »Ich habe vorläufig Seiner Majestät, unserem hochherzigen Kaiser, vorgetragen, daß Ew. Hochwohlgeboren nicht ungeneigt sind, eine gelehrte Reise in unseren Osten zu unternehmen. Der Monarch wünscht es, da der Gewinn für die Wissenschaft und das Reich nur sehr groß sein kann.«[1] Vorausgegangen war ein sondierendes Schreiben des Finanzministers, das angedeutet hatte, das Gebiet um den Ural »wäre wohl des Besuches eines großen Naturkundigen werth«.

Der Zeitpunkt war günstig, den 58jährigen Alexander von Humboldt in die nie wissenschaftlich erfaßten Gebiete ostwärts der Wolga zu locken. Er war mit seiner Absicht gescheitert, die Indusquellen zu erforschen. Die Gründe dafür sind nie ganz deutlich geworden, aber wahrscheinlich steckte eine Intrige der Englisch-Ostindischen Gesellschaft dahinter. Die Enttäuschung machte Alexander von Humboldt bereit für neue Unternehmungen. Der Forscher besann sich darauf, daß er früher schon an eine Expedition nach Zentralasien gedacht hatte – der Indusplan war ein Ableger dieses Vorhabens gewesen. Er teilte dem russischen Finanzminister mit, eine Reise in die Region des Kaspischen Meeres könne ins Auge gefaßt werden. Graf Georg von Cancrin antwortete, es sei derzeit nicht erstrebenswert, zur unteren Wolga und zum Kaspischen Meer zu reisen, die kriegerischen Umstände seien schuld daran.

Die Korrespondenz zwischen Alexander von Humboldt und dem Finanzminister Rußlands zeigt, daß beide unterschiedliche Ziele verfolgten. Humboldt schrieb nach St. Petersburg: »Ich freue mich außerordentlich, in den östlichen, zum Theil ärmeren Provinzen das russische Volk (ich meine die gemeinen Landsleute, die mir immer als sehr liebenswürdig geschildert worden sind) in ihrer primitiven Einfachheit und kräftigen Lebendigkeit zu sehen.«

Die Antwort des Grafen von Cancrin war deutlich: »Der Wunsch der Regierung ist einzig, die Wissenschaft zu befördern, und, soweit es angeht, der Gewerbsamkeit Rußlands dabei zu nützen.« Der Finanzminister hatte wohl verstanden, daß der preußische Forscher die Situation der Leibeigenen in Rußland erkunden wollte. Die russische Regierung aber hielt es für besser, daß dieses Thema von Ausländern nicht aufgegriffen wurde.

Humboldts Berliner Freunde, zu denen wichtige Kreise des Hofes zählten, rieten davon ab, die sozialen Umstände in Rußland untersuchen zu wollen. Humboldts Dienstherr, König Friedrich Wilhelm III. von Preußen, wäre daran in keiner Weise interessiert gewesen. Er war jedoch völlig einverstanden mit den Reiseabsichten seines renommiertesten Wissenschaftlers im Rahmen der vom russischen Hof abgesteckten Ziele. Die Absichten paßten in sein politisches Konzept des Festhaltens an der Heiligen Allianz mit Rußland. Der Zar war überdies der Schwiegersohn des Königs von Preußen. Dem Zaren zu imponieren sollte auch eine der Aufgaben des Forschers sein. Vor der Abreise erhielt Humboldt von seinem Herrscher den Titel »Wirklicher geheimer Rath mit dem Prädicate Exzellenz«.

Am 12. April 1829 verließ Alexander von Humboldt in Begleitung des Geologen, Chemikers und Mineralogen Gustav Rose und des Mediziners, Zoologen und Botanikers Christian Gottfried Ehrenberg die preußische Hauptstadt. Am 1. Mai kamen die Forscher in St. Petersburg an. Schon einen Tag später wurde Alexander von Humboldt vom Zaren Nikolaus in das Winterpalais eingeladen. Zusammen mit dem Herrscher und dem russischen Finanzminister wurde die weitere Reiseroute festgelegt; sie sollte zunächst nach Kasan an der Wolga führen.

Am 20. Mai verabschiedeten sich die Reisenden von St. Petersburg: Über Nowgorod erreichten sie die Kleinstadt Waldai. Die Waldaihügel, aus denen die Wolga fließt, bestünden aus Lehm und Sand, stellten die Forscher fest. Sie sahen den Kanal, der das Flußsystem der Wolga mit dem des Wolchow verbindet, und sie erfuhren, daß Zar Peter der Große einst seinen Bau befohlen hatte. Gustav Rose stellte fest: »Dieser Kanal verbindet das Kaspische Meer mit der Ostsee und macht es möglich, die Produkte Astrachans zu Wasser bis nach St. Petersburg zu bringen.«[2]

In Moskau wurde dem preußischen Forscher deutlich gesagt, daß es für Russen schmerzhaft sei, die Erforschung des eigenen Landes Fremden überlassen zu müssen. Aber offenbar verfüge es über keinen Gelehrten, der diese Aufgabe anpacken wolle. Humboldt selbst glaubte nicht so recht an diese Erklärung für den fehlenden Drang der Russen, das Land ostwärts der Wolga zu erkunden. Es mußte russische Forscher geben, denn man führte ihn in Moskau durch reich bestückte und vortrefflich geordnete naturwissenschaftliche Sammlungen.

Bei der Stadt Murom stießen die Reisenden auf den Fluß Oka, der sie nach Nishnij Nowgorod brachte. Bildliche Darstellungen aus jener Zeit zeigen die Lage der Stadt auf einem Hügel, dessen Krone von starken Befestigungsmauern umgeben ist; Mauern schützen auch die Wege, die in die Stadt hinauf führen. Am Flußufer erstreckt sich die Unterstadt, in der sich Handelshäuser befinden. Eine Pontonbrücke verbindet die Wolgaufer. Alexander von Humboldt erkannte die Besonderheit des großen Flusses: Das rechte Ufer ist hügelig – das Bergufer; das linke Ufer ist flach – das Wiesenufer.

Gustav Rose notierte: »Das Bergufer ist an der ganzen Wolga bedeutend hoch. Es bildet theils schroffe, theils mehr geneigte Abhänge, während das linke dagegen in eine weite flache Niederung ausläuft. Nur erst in großer Entfernung erhebt sich diese zu einem höheren Plateau, dessen Ränder wahrscheinlich in früherer Zeit bei höherem Wasserstand der Wolga das linke Ufer gebildet haben. Die Abhänge des rechten Ufers sind mit der schönsten Vegetation bedeckt, und in den Schluchten desselben liegen Dörfer mit schönen Kirchen, die die Landschaft beleben. Besonders üppig erscheint die Vegetation auf den Inseln, welche die Wolga nicht selten umschließt, die, mit Eichen und Schwarzpappeln bewachsen, einen romantischen Anblick gewähren. Auch an dem linken Ufer wechseln Wiesen, niederes Gesträuch und höhere Waldungen mit Dörfern ab, doch waren bei der Breite des Stroms die Gegenstände hier nicht mehr deutlich zu erkennen.«[3]

Große Schiffe fuhren mit dem Boot der Reisenden flußabwärts auf Kasan zu, andere kamen ihnen mit aufgeblähten Segeln entgegen. Die Wasserstraße war offenbar gut genützt. Es war Anfang Juni, und die Wolga führte viel Wasser. Humboldt stellte fest, die Wiesenseite sei weit ins Land hinein überschwemmt.

Nach dreieinhalb Tagen Fahrt auf dem Fluß erreichte die Gruppe die Stadt Kasan, die damals nicht, wie bereits erwähnt, direkt an der Wolga lag, sondern eher an deren Nebenfluß Kasanka. Es war noch dunkel, als das Boot anlegte. Um sechs Uhr morgens fanden Humboldt und seine Begleiter Quartier im Haus der »Adeligen Gesellschaft«.

Der Kurator der Universität Kasan war im Jahre 1829 längst nicht mehr Michail Leontjewitsch Magnizkij. Humboldt wurde vom Grafen Mussin-Puschkin begrüßt. Durch ihn erfuhr der preußische Forscher nichts vom Geist der Wissenschaftsfeindlichkeit, der kaum ein Jahrzehnt zuvor die Universität beherrscht hatte.

In Begleitung des Kurators besichtigte Alexander von Humboldt die Stadt Kasan, die aus niederen Holzhäusern bestand. Vom Grafen Mussin-Puschkin erfuhr der Forscher zu seinem Erstaunen, daß ein Drittel der Einwohner von Kasan Tataren waren, die der islamischen Religion angehörten. Als Humboldt eine Moschee erblickte, betrat er sie. Nie hatte er bisher eine Moschee gesehen.

Gustav Rose erinnerte sich später: »Sie war aus Holz gebaut und bestand aus einem Vorzimmer und einem quadratischen Saale, der einfach und reinlich war. Durch welche Vorzüge sich überhaupt die Wohnungen der Tataren auszeichnen. Unsere Führer zogen vor dem Eintritt in den Saal ihre Pantoffeln aus, ließen es sich aber doch gefallen, daß wir denselben mit unseren Stiefeln betraten.«[4]

Möglich ist, daß Humboldts Interesse an den Lebensumständen der Tataren das Mißfallen seiner Begleiter erregt hatte. Humboldt fühlte sich auf jeden Fall einen Monat später veranlaßt, schriftlich gegenüber dem russischen Finanzminister diese Erklärung abzugeben: »Es versteht sich von selbst, daß wir uns nur auf die todte Natur beschränken und alles vermeiden, was sich auf Menschen-Einrichtungen, Verhältnisse der unteren Volksklasse bezieht: was Fremde, der Sprache unkundig, darüber in die Welt bringen, ist immer gewagt, unrichtig und bei einer so complizierten Maschine, als die Verhältnisse und einmal erworbenen Rechte der höheren Stände und die Pflichten der unteren darbieten, aufreizend, ohne auf irgendeine Weise zu nützen.«[5]

Nur einen Tag lang hielt sich Alexander von Humboldt zunächst in Kasan auf, dann fuhr er auf einem Schiff, das der russischen Regierung gehörte, flußabwärts. Er hatte gehört, in der Nähe von Kasan befinde sich das Ruinenfeld von Bulgar, der Hauptstadt der

Wolga-Bulgaren, die in einer – für den Forscher der ersten Hälfte des 19. Jahrhunderts schwer faßbaren – frühgeschichtlichen Zeit Beherrscher des Flusses gewesen waren. Gleich bei der Einmündung der Kasanka in die Wolga fiel ihm die besondere Art auf, wie Schiffe flußaufwärts gezogen wurden. Treidelpfade konnte es bei Kasan nicht geben, an der Bergseite der Wolga stieg das Ufer steil aus dem Wasser auf. Deshalb konnten die Schiffe nicht vom Land aus gezogen werden. Die Schiffsleute wandten folglich ein anderes Verfahren an: Sie ruderten mit einem kleinen Boot dem Schiff voraus. Im Abstand von etwa hundert Metern warfen sie einen Anker ins Wasser, der durch ein Seil mit dem großen Schiff verbunden war. Durch Winden, die von den Mannschaften zu bedienen waren, wurde das Schiff dem gespannten Seil entlang zum Anker hingezogen. Um die Strecke von jeweils hundert Metern zu bewältigen, brauchten die Schiffsleute fast eine Stunde.

Über die Ruinen von Bulgar notierte Gustav Rose: »Die wichtigsten befinden sich innerhalb eines von einem Graben umgebenen Walles, der ein längliches Oval bildet. Der Wall fehlt nur an der nördlichen Seite, wo sich aber ein von Osten nach Westen hinziehender breiter Grund befindet, der das alte Bulghar von dieser Seite vielleicht hinreichend gedeckt haben mag. An diesem Abhange, innerhalb des Walles, liegt das Dorf Bolgarü, an seiner östlichen Seite die ansehnliche steinerne Kirche und in dem übrigen Raume einzeln und zerstreut die Ruinen.«[6]

Den Weg zurück nach Kasan fuhren die Reisenden im Wagen; die Fahrt auf der Wolga war ihnen zu zeitraubend. Sie registrierten wieder, daß die Häuser und Wohnungen der Tataren ausgesprochen reinlich seien. In Kasan wartete schon voll Ungeduld der Kurator, Graf Mussin-Puschkin, der nun darauf achtete, daß Humboldt und seine Begleiter das Haus der »Adeligen Gesellschaft« nicht mehr allein verließen.

Humboldt hatte erfahren, daß im Tatarenviertel ein Fest stattfand, und er wollte unbedingt den Abend dort verbringen. Dem Kurator blieb nichts anderes übrig, als dem Wunsch nachzugeben. Gustav Rose, dem Humboldt die Arbeit der schriftlichen Aufzeichnung während dieser Reise weitgehend überließ, hielt auch die Eindrücke des Forschers bei diesem Tatarenfest von Kasan fest. Mehr als alles andere hatte ihnen ein Ringkampf imponiert:

»Die Männer hatten einen Kreis gebildet, in welchem das Ringen stattfand. Die Kämpfer hatten ihr gewöhnliches Oberkleid abgeworfen, ihre Gürtel um des Gegners Rücken geschlungen und suchten nun denselben mittels des Gürtels in die Höhe zu heben und umzuwerfen. Sie bogen dabei den Vorderleib vornüber gegeneinander, hielten den Gürtel ganz kurz, so daß sie zu gleicher Zeit auch das Unterkleid an den Rippen des Gegners fassen konnten, und drängten sich in dieser Stellung, in abwechselnden Bemühungen, ihren Zweck zu erreichen, vor- und rückwärts, was ihnen oft nur nach langen Pausen gelang. Meistens fielen beide. Wer aber den anderen am Boden festhielt, hatte gesiegt und wurde durch das Zujauchzen der Umstehenden und durch kleine Geschenke, die die reichen Tataren austheilten, belohnt. Nur der Besiegte verließ indessen den Platz, der Sieger blieb und forderte einen anderen auf, und wenn er auch über diesen den Sieg davontrug, einen dritten, bis er selbst von einem neuen Kämpfer besiegt wurde. Natürlich hatten die später Kommenden wegen der immer mehr eintretenden Ermüdung des ersten Siegers ein leichtes Spiel. Doch sahen wir einen, der nacheinander drei andere überwand, bis er erst dem vierten unterlag. Auch Frauen fehlten bei diesen Spielen nicht, wenngleich sie sich immer in einiger Ferne von den Männern hielten. Die reichen Tataren hatten Zelte aufstellen lassen und bewirteten uns in denselben mit allerhand Süßigkeiten, mit getrockneten Aprikosen aus Buchara, Piniennüssen, mit Thee und Kumis, der gegorenen Stutenmilch, die wir hier zum erstenmal tranken. Sie ist säuerlich und fett, und ein ebenso erfrischendes als nahrhaftes Getränk.«[7]

Am nächsten Morgen schon verließ die Reisegruppe Kasan, um mit der Kutsche nach Perm zu fahren – diese Stadt liegt 500 Kilometer von Kasan entfernt am Wolganebenfluß Kama. Die Kutsche überholte, als sie durch »schönen Laubmischwald« rollte, eine Kolonne von etwa sechzig Frauen, die zu Fuß auf dem Weg in die sibirische Verbannung waren. Gustav Rose schilderte die Begegnung: »Die Frauen gingen frei, waren also nur leichtere Verbrecher. Schwere, die wir dergleichen auf der Fortsetzung unserer Reise begegneten, gehen zu beiden Seiten eines langen Taus, an welches sie mit einer Hand befestigt sind. Ein jeder solcher Transport wird durch Baschkiren escortiert, die beritten sind, mit Lanze, Pfeil und Bogen bewaffnet, und mit ihren spitzen Mützen, zottigen Mänteln und ihrer eigenthümlichen Gesichtsbildung, worin sie sich schon den Kalmücken nähern. Bei allen Stationen sind auf dieser Hauptstraße nach Sibirien hölzerne, mit Palisaden umgebene Häuser erbaut, in welchen die Verschickten, wie man in Rußland die nach Sibirien Verbannten nennt, die Nächte zubringen und den vierten Tag Ruhetag halten. Das öftere Zusammentreffen mit ihnen ist keine Annehmlichkeit der Straße nach Sibirien, doch ist ihre Behandlung, soweit ich sie gesehen habe, nicht schlecht. Der Weg ist doch durch die außerordentliche Länge sehr beschwerlich.«[8]

Alexander von Humboldt bemerkte, daß weite Strecken der Wälder entlang der Kama zwischen Kasan und Perm niedergebrannt waren. Die Ursache der Flächenbrände ließ sich nicht ausfindig machen. Der Forscher meinte, sie seien wohl auf Nachlässigkeit der Bauern zurückzuführen. Die Menschen in jener Region stufte er als »Wolga-Finnen« ein, die mit dem orthodoxen Glauben die Sprache der Russen angenommen hätten. Die Frauen, so ist den Aufzeichnungen zu entnehmen, trügen »hohe Mützen aus Birkenrinde in der Form eines abgestumpften Kegels und mit silbernen Münzen und roten Fransen geschmückt«.

Abgesprochen war mit der russischen Regierung, daß sich Alexander von Humboldt im Gebiet ostwärts der Wolga um Gesteinslager kümmern und – zusammen mit seinen Begleitern – prüfen sollte, ob sie Erze enthielten, deren Abbau lohnend sein könnte. Im Bereich des Kamaflusses fanden sie Gestein mit Kupfereinschlüssen: Humboldt urteilte: »Die Erze sind nicht sehr reich. Sie gaben nur 1½ bis 3 Prozent Garkupfer, aber sie sind gutartig und leicht zu schmelzen.«

Offenbar waren die Erzlager im Bereich der Kama erschöpft. Ihre Ausbeutung war zur Zeit Iwans IV. in der Mitte des 16. Jahrhunderts von der Unternehmerfamilie Stroganow begonnen worden. Gerade in Perm, der Stadt, von der aus Humboldt das Kamagebiet untersuchte, hatten die Stroganows den Mittelpunkt ihres vorindustriellen Imperiums geschaffen. Von Perm aus war der Abbau der ergiebigen Erzlager organisiert worden. Jetzt mußte die Erzsuche nach Osten verlagert werden. Zur Zeit des Besuchs der deutschen Forscher befand sich die Bergbauverwaltung für den Ural noch in Perm an der Kama. Sie wurde wenig später nach Jekaterinburg verlegt – die Stadt liegt östlich des Ural.

Die Reisegruppe verließ Perm in Richtung Jekaterinburg und folgte zunächst der Kama und dann deren Nebenfluß Tschussowaja, der im Ural entspringt. Wegen der Schneeschmelze im Gebirge war die Tschussowaja sehr wasserreich. Besichtigt wurden ärmliche Eisenhütten, die an den Abhängen des Ural in Betrieb waren. Dann sah Alexander von Humboldt den letzten Bach, dessen Wasser »nach Europa floß« – zur Wolga hin. Humboldt fuhr über die Wasserscheide und identifizierte das erste Gewässer, das zum asiatischen Flußsystem gehört.

Eine Besonderheit fiel dem Naturforscher auf: Die Tschussowaja, die zur Wolga fließt, entspringt im Osten des Uralhauptkammes; sie hat sich durch Aushöhlung und schließlich Durchbrechung des Kammes einen Weg nach Westen geschaffen.

Ursprünglich war auch Alexander von Humboldt Anhänger der geographischen Lehrmeinung gewesen, Gebirgskämme seien durchweg als Wasserscheiden zu betrachten, wie das als Grundregel den Lehrbüchern des 18. Jahrhunderts zu entnehmen war. Daß dies nicht immer stimmte, war dem Forscher freilich schon während seiner Reisen auf dem amerikanischen Kontinent deutlich geworden. Hier hatte er einen weiteren Beweis für die Ausnahme von der Regel.

Der Aufenthalt im Ural lehrte die Reisenden auch, daß die starre Meinung der Geographen, Flußsysteme müßten als getrennte Einheiten betrachtet werden, falsch war. Die Gewässernetze der Wolga und des sibirischen Flusses Tobol waren zwar nicht direkt verbunden und dennoch eng miteinander verzahnt. Die Definition ihrer Wasserscheide war schwierig. Alexander von Humboldt meinte, der Gedanke müsse naheliegen, beide Gewässernetze durch einen Kanal und damit Europa und Asien untereinander zu verbinden. In einem Brief an den russischen Finanzminister schrieb er, die Regierung könne einen genauen Bericht über die Besonderheit der Flüsse im Uralgebiet erwarten.

Auf dem Weg, der ihn über die Städte Jekaterinburg, Tobolsk, Semipalatinsk und zurück über Omsk und Orenburg führte, erfüllte Alexander von Humboldt den Auftrag des Finanzministers Graf Georg von Cancrin, sich auf die Beobachtung der »todten Natur« zu beschränken. Am östlichsten Punkt der Reise, an der Grenze zu China, befanden sich die Reisenden 2500 Kilometer von der Wolga entfernt. Unterwegs sammelten sie Gesteinsproben, besuchten Eisenhütten, stiegen in Erzgruben ein, durchsiebten den Sand der Flüsse nach Spuren von Gold und Diamanten, erforschten Anzeichen für Platinfunde.

Alexander von Humboldt stellte fest, daß die handwerkliche Technik der Ausbeutung der Erzlager in Rußland durchweg rückständig und damit wenig leistungsfähig war. Seine Beobachtung war korrekt, daß die Wirtschaftlichkeit der industriellen Betriebe allein von der strengen Durchführung der Gesetze der Leibeigenschaft abhing. Da die menschliche Arbeitskraft nur sehr wenig kostete, blieben – trotz schlechten Arbeitsgeräts – die Produktionsausgaben gering und das Betriebsergebnis zufriedenstellend. Mit englischen oder französischen Anlagen der Erzverarbeitung konnten die russischen Fabriken auf keinen Fall in Wettbewerb treten.

Als die Reisenden nach drei Monaten wieder in den Bereich des Wolgabeckens kamen, gerieten sie aus sicheren Gebieten in gefährliche. Sie durften die Pfade nur unter dem Schutz einer Kosakeneskorte benützen. Humboldt erfuhr, Kirgisenhorden überfielen häufig das Land, um Menschen zu entführen. Die Frauen und Männer würden dann auf dem Sklavenmarkt des Khanats Chiwa verkauft. Männliche russische Sklaven würden in Chiwa mit Vorliebe bei Arbeiten an Bewässerungsanlagen eingesetzt. Humboldt war beeindruckt von den hohen Wachtürmen, von denen aus durch Feuerzeichen Signale über Kirgiseneinbrüche aus der Steppe weitergegeben werden konnten.

Der Kosakenoberst Subkowskij erzählte dem Forscher, er habe einige Monate zuvor versucht, von Orenburg aus eine Karawane, die Stoffe und Pelze transportierte, nach Chiwa zu geleiten – die Oase liege rund tausend Kilometer entfernt. Obgleich seine Kosakentruppe fünfhundert Reiter stark gewesen sei, hätten sie den Kampf gegen räuberische Banden verloren. Die Karawane hätte nach Orenburg zurückkehren müssen.

Ende September des Jahres 1829 erreichten Alexander von Humboldt und seine Begleiter beim Flußbogen von Samara die Wolga. Sie fuhren in Wagen flußabwärts auf dem Pfad der Bergseite; so sahen sie von der Höhe auf den mächtigen Fluß. Bei der Stadt Wolskij wurden sie vom Fürsten Golizyn[9], dem Gouverneur für die Provinz Saratow, begrüßt, der Humboldt darauf hinwies, daß in seinem Gouvernement eine starke deutsche Kolonie existiere. Der Fürst sorgte dafür, daß die Wagen der Reisenden auf das linke Wolgaufer übergesetzt wurden. Bald schon erreichten sie das erste deutsche Dorf: Sein Name war Schaffhausen.

Fürst Golizyn bestand darauf, daß sein deutscher Gast so gut wie alle Dörfer der Deutschen auf der Wiesenseite besuchte. Auf einer Strecke von 80 Kilometern sah Humboldt über zwanzig Siedlungen. Er ließ seinen Begleiter Rose notieren, daß die deutschen Bauern »Kartoffeln, Erbsen, Linsen, Hirse, Hanf und Lein, besonders aber Weizen und Tabak anbauen«. Ihre Abnehmer seien Kirgisen und Kalmücken. Der Boden an der Wolga sei fett. In Schaffhausen und Katharinenstadt sei mit der Seidenraupenzucht begonnen worden. Gustav Rose schrieb auf, die Dörfer seien reinlich, und die meisten ihrer Bewohner evangelisch. Sein Fazit der Begegnung mit den Wolgadeutschen war: »Es erregte in uns ein höchst freudiges und rührendes Gefühl, so fern von dem vaterländischen Boden auf eine so große Erstreckung nur die vaterländische Sprache zu hören und vaterländische Sitten und Gebräuche zu sehen, und es war uns sehr wohltuend, die Bewohner dieser Kolonien durch die Fürsorge einer liberalen und für sie wohlwollenden Regierung glücklich und mit ihrem Schicksal zufrieden zu finden.«[10]

Von Saratow aus war der befestigte Pfad über dem Fluß auf dem hügeligen Bergufer angelegt. Humboldt war besonders an der Kleinstadt Dubowka interessiert, über die er selbst die Bemerkung niederschrieb: »Sie ist berühmt wegen der eine Kanalverbindung versprechenden Nähe der Flüsse Don und Wolga.« Dubowka, heute von der nahen Stadt Wolgograd an Bedeutung weit überflügelt, war damals Umschlagsort für Waren, die auf der Wolga von Kasan oder von Astrachan herbeigeschifft worden waren, um über Land zum Don transportiert zu werden; auf dieser Wasserstraße gelangten sie dann zum Schwarzen Meer und schließlich nach Europa. Dubowka war in der ersten Hälfte des 19. Jahrhunderts offenbar bekannt bei Menschen, die sich mit den Handelswegen Europas befaßten.

Alexander von Humboldt hatte sich vorgenommen, den Eltonsee zu inspizieren, der rund einhundert Kilometer von Dubowka entfernt mitten in der unbewohnten Steppe zu finden ist. Der Eltonsee ist eine flache Vertiefung in der kaspischen Senke im Norden des Kaspischen Meeres, das sich in vorgeschichtlicher Zeit bis zum Samarafluß erstreckte. Im Prozeß der Austrocknung blieben Salzstöcke, Salzsümpfe und vereinzelte Salzseen zurück. Der bedeutendste ist der Eltonsee mit einer Ausdehnung von 152 Quadratkilometern.

Salz aus dem Eltonsee wurde bis in das 20. Jahrhundert hinein in ganz Rußland gehandelt. Über Wolga und Don wurde das Salz auch exportiert. Die »Salzstraße« führte vom Eltonsee nach Dubowka an der Wolga und von dort aus nach Kalatsch am Don. Auf dieser »Salzstraße« fuhren Humboldt und die zwei Begleiter nach Osten. »Tischeben« sei die Steppe, notierte Gustav Rose. Als die Reisenden am frühen Morgen den Salzsee erreichten, glaubten sie, eine Eisfläche vor sich zu haben, die sich weit in das Gewässer hinein erstreckte. Was sie sahen, war das auskristallisierte Salz an den Rändern des Sees. Das Wasser selbst war flach. Rose schrieb seine Beobachtungen auf: »Die über den Salzlagen befindliche Sole hatte jetzt kaum einen Fuß Höhe, soll aber im Frühjahr, wo sie durch den thauenden Schnee der Steppe gewaltig anschwillt, mehr als das Doppelte erreichen.«[11]

Humboldt ließ sich von den Aufsehern berichten, daß das Salz nur von Mai bis September gewonnen werden kann. Vom Wintereinbruch bis zum Ende der Schneeschmelze könne nicht gearbeitet werden. Während der fünf vom Wetter her günstigen Monate seien 1500 Männer am Eltonsee tätig. Die Beobachtungen an Ort und Stelle hielt Rose schriftlich fest: »Die Arbeiter, die in den See hineinsteigen, tragen rindslederne Stiefel. Mit hölzernen Stangen, die unten mit eisernen Spitzen beschlagen sind, stoßen sie Stücke von der Salzkruste am Boden des Sees ab. Die Stücke werden mit der Sole vom Schlamm reingewaschen, zusammengeschaufelt und in Kähne verladen. Man stößt nur die obere Schicht des Salzes ab, da die darunter liegenden Lagen zu sehr durch Schlamm verschmutzt sind. Die Lücken, die durch das Wegbrechen in der Salzkruste des Bodens entstehen, werden durch neuen Absatz bald wieder aufgefüllt, so daß eine Verminderung nicht zu bemerken ist und die Masse des im Eltonsee enthaltenen Salzes unerschöpflich genannt werden kann.«[12]

Humboldt war fasziniert von den unzähligen Insekten, die am Seerand im Salz zu finden waren. Steppenstürme hatten die Kleintiere in das Salzwasser geweht. Ihre Körper waren durch das Salz konserviert worden. Der Forscher freute sich darüber, daß er in kurzer Zeit zweihundert unterschiedliche Arten feststellen konnte, und ließ als Fazit notieren: »Damit konnte die fast vollkommene Fauna der Steppe eingesammelt werden.«

Bei Zarizyn besuchten die Reisenden noch einmal eine deutsche Kolonie an der Wolga. Die Bewohner gehörten zur Gemeinde der Herrnhuter. Mitten im Dorf stand ein Bethaus, das von den Gläubigen täglich aufgesucht wurde. Bis vor sieben Jahren, so erfuhr Humboldt, sei es erlaubt gewesen, die Kalmücken der Umgebung für den Glauben der Herrnhuter zu gewinnen. Jetzt aber sei es nicht einmal mehr erlaubt, den orthodoxen Christen die Wahrheit des Herrnhuter Glaubens zu erläutern. Die Dorfbewohner spürten, daß sie als Fremdkörper angesehen wurden. Sie klagten darüber, die Handelshäuser, mit denen sie zusammenarbeiteten, seien seltsamerweise häufig zahlungsunfähig.

Von Zarizyn aus reisten Humboldt und seine Begleiter weiter flußabwärts zum Wolgadelta. Im Reisetagebuch steht die Bemerkung: »Durch viele Arme ist der Fluß getheilt. Er wirkt mächtiger als zuvor. Langsam fließt der Strom dahin.«

Scharen von Kalmücken waren unterwegs auf staubigen Pfaden. Als Humboldt einen aus Pflanzenwedeln erbauten Tempel der Kalmücken sah, wollte er feststellen, welche Art Gott darin angebetet werde. Er begriff nur wenig vom Gottesdienst; er hörte nur, daß der Priester »Lama« genannt wurde. Der Lama bot seinem Gast eine Tasse Tee an, doch der lehnte höflich ab.

Vor Astrachan wartete das Dampfboot des Gouverneurs auf die zwei Kutschen der preußischen Forscher. Dies war das erste Dampfboot, das Humboldt und seine Begleiter auf der Wolga zu sehen bekamen. Es war so groß, daß beide Wagen leicht an Deck Platz fanden. Bei der Ankunft an der Hafenmauer donnerte die eine Kanone des Schiffes; weit hallte der Krach über die Stadt. Tausende von Menschen strömten an das Wasser, um die Fremden zu begrüßen. Die Ankunft des berühmten Naturforschers war zuvor bekanntgemacht worden.

Humboldt freute sich darüber, an einem Ort Angehörige so vieler Völkerschaften kennenlernen zu können. Russen, das wurde ihm gesagt, bildeten nur die Hälfte der Bevölkerung von Astrachan; die andere Hälfte teilte sich auf in Tataren, Armenier, Georgier, Perser, Turkmenen, Kirgisen, Kalmücken, in Leute aus den Khanaten Buchara und Chiwa – sogar Inder lebten in der Stadt. Insgesamt betrug die Zahl der Einwohner damals 40000.

Zu ihnen gehörte Nikolaj Wassiljewitsch Uljanow, Lenins Großvater. Er war Schneider in Astrachan und zählte zu den Armen. Verheiratet war Nikolaj Wassiljewitsch Uljanow mit Anna Alexejewna Smirnowa; sie war die Tochter eines Kalmücken und konnte weder lesen noch schreiben. Russische Historiker haben bis in die jüngste Zeit hinein die kalmückische Abstammung des großen Führers Lenin verschwiegen. Es geschah sogar, daß Nikolaj Wassiljewitsch Uljanow von Historikern der Schicht zugerechnet wurde, die mit Alexander von Humboldt in Astrachan Kontakt gehabt hatte.

Beim reichsten Mann von ganz Astrachan – beim Kaufmann und dreifachen Millionär Fjoderow – hatte der Forscher Quartier bezogen. In dessen prächtigem Haus empfing er die Honoratioren der Stadt. In dessen Begleitung erkundete er die Sehenswürdigkeiten. Humboldt bestaunte die reiche Vegetation: »Ich habe in keinem Erdteile, selbst nicht auf den Kanarischen Inseln oder in Spanien oder im südlichen Frankreich, herrlicheres Obst oder schönere Weintrauben gesehen als in Astrachan nahe den Ufern des Kaspischen Meeres.«

Die Begegnung mit dem ersten Dampfboot hatte Humboldts Interesse an Technik geweckt. Der Kaufmann Jewrejnow besaß ein solches Wasserfahrzeug und überließ es dem Forscher, gegen Bezahlung, zu einer Fahrt an die Mündung der Wolga. Alexander von Humboldt erkundigte sich nach der Herkunft der Maschinen und erfuhr, daß sie aus der Fabrik des Engländers Baird in St. Petersburg stammten.

Schnell begriff Humboldt, daß Dampfboote für die Region der unteren Wolga nicht das ideale Transportmittel waren: Es mangelte an Heizmaterial. Kohle gab es überhaupt nicht, und Holz mußte von weit her, von der mittleren und oberen Wolga geholt werden. Der Holzverbrauch der Dampfboote war riesig, so daß häufig nicht genügend Stapelraum für die zersägten Baumstämme an Deck zur Verfügung stand. Auf die Fahrt im Dampfboot des Kaufmanns Jewrejnow hinaus auf das Kaspische Meer mußte Humboldt verzichten – sie wäre zu teuer geworden. Zum Glück stellte ihm der Gouverneur sein Schiff zur Verfügung.

Am 21. Oktober 1829 trat die Gruppe die Rückreise an. Bis Zarizyn war sie Gast verschiedener Kalmückenfürsten. Der Winter war bereits angebrochen im Land an der unteren Wolga. Durch verschneite Landschaften fuhr Humboldt von Zarizyn hinüber zum Don.

Am 3. November traf er wieder in Moskau ein. Der Zar zog das Fazit der Reise: »Sie hat dem Land unendliche Fortschritte gebracht.«

Humboldts Anmerkungen zur sozialen Situation der Untertanen standen auf einem anderen Blatt.

Die Ereignisse des Dezember 1825 – Nikolaus I. hatte damals eben den Thron bestiegen – hatten den Herrscher tief erschreckt. Daß die meisten der »Dekabristen« junge Adlige gewesen waren, hat der Zar wohl nie verwinden können.[13] Was ihm bei der Bewältigung der innenpolitischen Folgen half, war, daß die Erinnerung an den Aufstand verblaßte, daß vor allem der Einfluß des französischen Gedankenguts nachließ – gegen Ende der dreißiger Jahre des vergangenen Jahrhunderts wußten nur noch wenige von den Begegnungen russischer Offiziere mit Frankreichs Geistesgrößen in der Zeit nach Napoleons Sturz.

Es war ein Deutscher, der dem Zaren ein Werkzeug schuf, um Rußland besser in den Griff zu bekommen. General Alexander Graf von Benckendorff überreichte im Jahre 1826, nicht ganz zwölf Monate nach der Dekabristenaffäre, dem Zaren eine Denkschrift, die Vorschläge enthielt zur radikalen Reform des Polizeiapparats. Der General schlug vor, die Intelligenzija[14] im Russischen Reich effektiver zu überwachen; über Verdächtige sei ein polizeiliches Dossier anzulegen, das auch auf Erfassung des Privatlebens auszudehnen sei. Nur mit der Methode der absoluten Kontrolle – so erläuterte der General das Ziel der Reform – könnten konspirative Umtriebe rechtzeitig erkannt werden.

Der Zar machte von Benckendorff zum Kommandeur der Gendarmerie und zum Chef der »Dritten Abteilung«, die den Geheimdienst aufzubauen hatte.[15] Den Agenten der »Dritten Abteilung« war die Aufgabe zugewiesen, das Denken der Untertanen zu ergründen. Sie mußten herausfinden, wer der herrschenden Ordnung feindlich gesinnt war. Sie hatten zu lauschen in Gasthöfen, in Kutschen, auf Schiffen, in Kanzleien, auf Märkten und in Theatern, wie das ja auch im Wien des Fürsten Metternich üblich war. Als verdächtig galt, wer die Einsetzung einer Verfassung forderte, wer Gerechtigkeit vor Gericht verlangte oder die Abschaffung der Leibeigenschaft.[16]

Liberale Ideen in Briefen zu äußern war gefährlich. Der Dichter Puschkin mußte 1834 feststellen, daß die Agenten der »Dritten

Abteilung« die Korrespondenz mit seiner Frau überwachten. Er teilte ihr seine Entdeckung mit: »Daß wir beide bespitzelt werden, macht mich rasend!«

Minister Sergej Semjonowitsch Uwarow, als Unterrichtsminister zuständig für die Zensur, gab seinen Mitarbeitern diesen Grundsatz mit auf den Weg: »Die politische Religion hat unantastbare Dogmen. Bei uns in Rußland sind das der Absolutismus und die Leibeigenschaft.«

In der Dokumentensammlung des dritten Bandes der »Geschichte Rußlands« von Valentin Gintermann ist ein Vorfall aus der Wolgaregion Nishnij Nowgorod nachzulesen, der nicht einmal als besonders drastisch galt:

»Ein reicher Gutsbesitzer namens Rachmanoff befand sich in Geldverlegenheit und beschloß, seine im Gouvernement Nishnij Nowgorod lebenden ›Seelen‹ einem gewissen Paschkoff zu verkaufen. Kaum hatten die Leibeigenen dies gehört, als die Rachmanoff vorschlugen, die benötigte Summe von 30000 Rubel Silber aufzubringen und ihm 15 000 Rubel sogleich, die andere Hälfte zu gewissen Terminen zu zahlen, wenn er beschwören wolle, sie nicht dem Paschkoff zu verkaufen. Rachmanoff ging darauf ein und leistete feierlich vor der Dorfkirche in Gegenwart des Priesters und des ganzen Dorfes den Schwur, küßte das Kreuz und das Evangelium und empfing die 15000 Rubel. Kaum hatte er das Geld in Händen, als er trotz Schwur und Evangelium seine Seelen für 30000 Rubel an Paschkoff verkaufte. Der Käufer schickte seinen Verwalter, um Gut und Leibeigene in Empfang zu nehmen. Dieser jedoch wurde von den Bauern verjagt, die behaupteten, sie gehörten ihrem bisherigen Herrn, dem Rachmanoff. Die Angelegenheit gelangte vor den Zaren. Der schickte seinen Flügeladjutanten Sumarokoff zur Untersuchung des Vorfalls. Sumarokoff kommt in die Stadt Nishnij Nowgorod und fordert vom Gouverneur einen Trupp Soldaten aus der Garnison, um der aufrührerischen Leibeigenen Herr zu werden. Gouverneur Murawieff weigert sich anfangs, weil kein Aufruhr vorliege. Die Menschen verhielten sich im Gegenteil ganz ruhig, weil sie der Meinung sind, ihr bisheriger Herr habe sie unmöglich einem anderen verkaufen können. Die

Drohungen Sumarokoffs und das Ansehen eines Flügeladjutanten bewegen den Gouverneur dann doch, den verlangten Soldatentrupp herzugeben. Sumarokoff läßt bei seiner Ankunft sämtliche Leibeigenen des Dorfes zusammenkommen, und er fragt den ersten: ›Wem gehörst du, Rachmanoff oder Paschkoff?‹ – die Antwort lautete ›Rachmanoff!‹ Der Antwortende wurde zu Boden geworfen und so lange mit Ruten gepeitscht, bis er nahezu des Todes war. Der zweite wurde gefragt: ›Wem gehörst du?‹ Dieselbe Antwort und dieselbe Strafe. Dies wiederholte sich dreißig Male, und schon schwamm der ganze Platz im Blut. Der einunddreißigste sagte endlich: ›Ich gehöre Paschkoff!‹ Diesem Beispiel folgten auch die anderen.«[17]

Ein anderer Bericht erzählt von einem Adligen, der nie sein Haus verließ, ohne daß ihm zwei seiner Diener mit Knuten folgten. Aus kleinstem Anlaß wurden die Leibeigenen verprügelt. »Die Gezüchtigten ließ der Herr stets mit gesalzenem Branntwein übergießen.«

Den folgenden Bericht hat ein Dorfgeistlicher aufgeschrieben, der ihn allerdings für sich behalten mußte. Hätte er protestiert, wäre er bestraft worden. Erst eine Generation später sind die Aufzeichnungen bekanntgeworden. Der Geistliche schilderte – als Beispiel der Beziehung zwischen Herr und Leibeigenem – das Ende eines Arbeitstages in seinem Dorf: »Am Abend pflegte der Aufseher an die Fenster der Hütten zu klopfen und dann laut Befehle zu erteilen: ›Iwan Mitritsch, du gehst morgen zur Tenne und drischst den Weizen. Deine Tochter Fedoja aber hat sich sofort zum Herrn zu begeben.‹ Oder: ›Iwan Kusmitsch, du sollst morgen das Feld pflügen. Deine Frau Anna soll sich noch für diese Nacht dem Herrn bereit halten.‹«

Der Dorfgeistliche hat auch diesen Vorfall schriftlich festgehalten: »Einer der Leibeigenen war ohne Erlaubnis in das nächste Dorf zum Markt gefahren. Der Herr ließ ihn vollkommen nackt in die Mitte des Hofes stellen und dort züchtigen, während er selbst, auf einem Stuhle sitzend, zuschaute. Nachdem die Schultern, die Arme, die Beine, der Rücken zerprügelt waren, ließ er den blutüberströmten Menschen nach Hause gehen. Kaum schleppte sich der Unglückliche mühsam fort, da hetzte der Herr seinen Hund, der den Leibeigenen sofort zerriß.« Der Tod des Leibeigenen wurde auch den Behörden bekannt; sie unternahmen nichts gegen den Gutsherrn.

Berichtet wird, ein anderer Gutsherr habe sich darüber geärgert, daß sich die Zahl der Leibeigenen auf seinen Gütern nicht vermehre. Ihm wurde bewußt, daß dieser Zustand nur durch Steigerung der Kinderzahl möglich war. Der Gutsherr habe daraufhin Paare zusammengestellt, die zu heiraten und Kinder zu zeugen hatten. Der Geistliche aber wollte nicht Helfer sein bei dieser Zwangskopulation. Doch der Herr schrie ihn an: »Wie kannst du schmutziger Pope dich meinen Befehlen widersetzen?« Der Herr drohte, er werde den Popen beim Erzbischof als Säufer verklagen. Daraufhin schwieg der Geistliche. Die Paare wurden getraut.

Vereinzelt waren aber doch Veränderungen im Verhältnis Herr/Knecht zu spüren. Aus dem Gouvernement Saratow an der Wolga erreichte den Hof in St. Petersburg ein Bericht, der meldete, einige der Grundbesitzer hätten die Erfahrung gemacht, daß sie mit bezahlten Arbeitskräften, mit Tagelöhnern, höhere Erträge erwirtschafteten als mit Leibeigenen, die keinen Anspruch auf einen Lohn haben. Als Grund wurde angegeben, der Tagelöhner strenge sich mehr an als der Leibeigene, der ohne Anreiz stumpfsinnig seiner Tätigkeit nachgehe. Das Resultat dieser Entwicklung werde schwindendes Interesse der Adligen und Gutsbesitzer an der Aufrechterhaltung des Prinzips der Leibeigenschaft sein.

Die Befreiung der Leibeigenen ließ allerdings noch lange auf sich warten. Die Zeit war nicht reif dafür. Bis auf weiteres resümierte Nikolaj Gogol in ätzender Ironie: »Die Leibeigenen haben sich zu fügen, selbst wenn der Herr ein schlechterer Mensch ist als sie, denn es gibt keine Gewalt, die nicht von Gott wäre. Sie müssen einsehen, daß sie, wenn sie für den Gutsbesitzer arbeiten, zugleich auch den Willen Gottes erfüllen.«

Sozialkritische Themen wurden zum bevorzugten Sujet der Dichter und Schriftsteller. Autoren wie Gogol, Puschkin, Tolstoj, Turgenew oder Dostojewski machten Recht und Unrecht im Rußland des 19. Jahrhunderts zum Anliegen ihrer Meisterwerke.

»Irgendwo liegen Saratow und Nishnij Nowgorod«

Im Dorf ist alles still und schläfrig; die Hütten stehen weit offen; man sieht keine Seele; nur die Fliegen wirbeln in Wolken herum und summen in der Hitze. Wenn man ins Haus tritt, ruft man vergeblich laut nach jemand. Totes Schweigen ist die Antwort; selten ertönt das schmerzliche Stöhnen oder dumpfe Husten einer alten Frau, die auf dem Ofen ihren Tod erwartet, oder es erscheint hinter dem Wetterverschlag ein barfüßiges, langhaariges dreijähriges Kind, das nichts als ein Hemd anhat, den Eintretenden schweigend und starr anblickt und sich schüchtern wieder versteckt. Dieselbe tiefe Stille und derselbe Frieden liegen auch auf den Feldern; nur hie und da krabbelt auf dem schwarzen Acker, wie eine Ameise, ein von der Hitze gesengter Bauer herum, indem er dem Pflug folgt und sich in Schweiß badet. Stille und durch nichts gestörte Ruhe herrschen auch in den Sitten der Menschen dieser Gegend. Es hat dort niemals Diebstahl, Mord oder irgendwelche schreckliche Zufälle gegeben; weder starke Leidenschaften noch kühne Unternehmungen regten hier die Gemüter auf. Die Einwohner dieser Gegend lebten in großer Entfernung von anderen Menschen. Die nächsten Dörfer und die Kreisstadt waren dreißig und fünfunddreißig Kilometer von ihnen entfernt. Die Bauern brachten zu einer bestimmten Zeit das Getreide zum nächsten Hafen an der Wolga hin, der ihre Herkulessäule war. Sie wußten, daß neunzig Kilometer entfernt die Gouvernementsstadt lag, doch nur wenige waren dort gewesen: Dann wußten sie noch, daß irgendwo Saratow und Nishnij Nowgorod liegen.«[18]

Die »Säulen des Herkules« hatten einst für diesen Helden der griechischen Mythologie den weitesten Punkt markiert, den er auf seinen Fahrten erreicht hatte. Der Hafen an der Wolga war für die meisten der Dorfbewohner auch noch im Rußland der Neuzeit der entfernteste Punkt, den sie jemals erreichten. Der Autor des Berichts, Gontscharow, weiß, worüber er schreibt, er ist in jener Gegend aufgewachsen: Simbirsk hieß die Heimatstadt des Dichters; nach der Revolution wurde sie umbenannt in Uljanowsk, zu Ehren der Familie Uljanow, aus der Lenin stammte.

1812 ist das Geburtsjahr von Iwan Alexandrowitsch Gontscharow, des poetischen Chronisten der Stadt und der Region. Er ist in jenem Sommer zur Welt gekommen, als Napoleon seinen Angriff auf Rußland begann. Simbirsk, die Gouvernementsstadt an der Wolga, ist davon unberührt geblieben. Als Sohn eines wohlhabenden Händlers wuchs Iwan Alexandrowitsch auf. Der Handel im Hinterland der zunächst besetzten, dann zerstörten Hauptstadt Moskau profitierte von den Kriegsereignissen.

Prägend für die Phantasie des Autors waren die Eindrücke, die er in der Kindheit und Jugend erfuhr. Er reiste mit dem Vater hinaus in die Dörfer an den Ufern der Wolga und abseits vom Fluß. Er empfand dort Stille und Schläfrigkeit. Er trat in die Hütten ein, in denen man vergeblich nach jemand rief. Er sah das Kind, das nichts als ein Hemd am Leib trug. Gontscharow spürte, daß die Menschen an der Wolga nichts von der Welt wußten: »Sie hatten wohl gehört, daß es Moskau und Petersburg gab und daß hinter Petersburg Franzosen und Deutsche lebten, aber weiter begann für sie wie für die Alten eine dunkle Welt, unbekannte Länder, die mit Ungeheuern, zweiköpfigen Menschen und Riesen bevölkert waren; dann folgte völlige Finsternis, und endlich schloß alles mit dem Tisch ab, der die Erde trägt.«[19]

Gontscharow brauchte, dank des Geldes seiner Familie, nicht in Unwissenheit und Enge zu leben. Er durfte in Moskau studieren. 1834, nach dem Studienabschluß wurde er in den Staatsdienst aufgenommen. Zuerst war er Beamter im Finanzministerium, dann in der Zensurbehörde. Es war die Zeit, da jede liberale geistige Regung unterdrückt wurde. Als Zensor gehörte Gontscharow zu den Unterdrückern. Aus den Zwängen, die ihn belasteten, konnte er im Alter von vierzig Jahren ausbrechen: Er wurde 1852 Sekretär eines russischen Admirals auf diplomatischer Mission in Japan. 1855 kehrte Gontscharow nach Rußland zurück – und in seine Heimatstadt Simbirsk.

Jetzt entstand der Roman »Oblomow«, der die Situation der Menschen an der Wolga beschreibt. Oblomow ist der Name des Helden. Er ist Gutsbesitzer, Herr über Boden und über 350 Seelen, wie die Leibeigenen genannt werden. Seit Generationen beschäftigt die Familie Sklaven. Oblomow, der späte Erbe, weiß nicht mehr, was Arbeit bedeutet. Für Boden und Seelen ist ein Verwalter zuständig, der sich gegenüber Oblomow zu verantworten hat. Doch auch mit der Kontrolle ist Oblomow überfordert: Er hat die Fähigkeit verloren, ein Ziel ernsthaft zu verfolgen; seine Existenz aktiv zu gestalten ist ihm unmöglich geworden.

Oblomow, dem Lebensuntüchtigen, in dem sich die Wirklichkeit bestimmter menschlicher Existenzen an der Wolga um die Mitte des vergangenen Jahrhunderts spiegelt, wird ein erfolgreicher Geschäftsmann gegenübergestellt, der den Namen Stolz trägt. Der Vater – der Name »Stolz« weist darauf hin – ist deutscher Abstammung, die Mutter Russin.

Die Person Stolz entspricht durchaus der Realität jener Jahre. Junge Männer verließen die deutschen Kolonistendörfer an der Wolga, da ihnen das Leben dort zuwider war, das seit Generationen nach immer gleichen Formen ablief. Die jungen Deutschen heirateten reiche Russinnen und machten sich als Geschäftsleute unabhängig. Der Unternehmer Stolz beherrscht die Praktiken des sich rasch entwickelnden Kapitalismus. Oblomow, an Passivität gewöhnt, verliert die einzige Frau, die ihn hätte veranlassen können, sich aufzuraffen, zu heiraten und für eine Familie zu arbeiten. Die Frau verbindet sich mit Stolz, dem zwar Lebenskultur fehlt, doch der Entschlußkraft besitzt, zu handeln. Oblomow verfällt in völlige Resignation, weil sein Gut an der Wolga Anforderungen stellt, denen er nicht gewachsen ist. »Der Dorfschulze schreibt: Man muß eine Straße bauen. Eine Schule errichten! Und dies bei sinkendem Verkaufspreis für Getreide!« Oblomow stimmt keiner Veränderung zu. Der Unternehmer Stolz aber sagt ihm voraus, daß auch für die Güter an der Wolga eine neue Zeit anbreche: »Noch vier Jahre, und man wird eine Bahnstation dort haben. Deine Leibeigenen werden bei der Eisenbahn arbeiten!«

Der Untergang des Systems der Leibeigenschaft ist für ihn nur noch eine Frage der Zeit: Die Veränderung der russischen Wirtschaftsstruktur verlangt, daß der Leibeigene zum Tagelöhner wird, zum Arbeiter, der eigene Initiative entwickelt. Diese soziale Wandlung sollte auch andere Schichten veranlassen, tätig zu werden. Der Autor Gontscharow verband damit die Hoffnung, daß Trägheit und Stumpfsinn, die – wie eine Krankheit – alle Schichten befallen haben, ausgetilgt werden können.

Die Eisenbahnlinie in die Wolgaregion wurde zu Beginn der zweiten Hälfte des 19. Jahrhunderts in Angriff genommen: Sie verband die Wolgastädte Simbirsk und Syzran und bekam Anschluß an die Strecke Pensa–Rjasan–Moskau. Es war künftig leicht, in die Hauptstadt des Reiches zu fahren.

Auf der Linie Nishnij Nowgorod–Kasan berühren sich die Wirtschaftsräume

Sowjetische Historiker haben festgestellt, daß während der Regierungszeit des Zaren Nikolaus I. »über fünfhundert Bauernaufstände« niederzuzwingen gewesen seien. Die Leibeigenen hätten revoltiert, weil sie Rechtlosigkeit und brutale Behandlung nicht länger ertragen konnten. Prügel, Demütigung und Hunger – das sei das Schicksal der Unfreien gewesen. Der Zar habe Bescheid gewußt, doch geändert hätte er nichts. Um seine Herrschaft abzusichern, hätte er die Revolten niederschlagen lassen.

Doch ganz so einfach war die Situation offenbar nicht. Und auch nicht so schwarzweiß, wie Schriftsteller sie schildern. Zumindest sind Fragezeichen angebracht. Den sowjetischen Historikern ging es weniger um Fakten als um eine Untermauerung ihrer Klassenkampftheorie, und da wurde jeder Protest zum Aufstand. Nikolaus I. regierte dreißig Jahre lang. Bei einer Gesamtzahl von fünfhundert Unruhen entfielen also auf ein Jahr statistisch siebzehn Unruhen, und das auf einem riesigen Territorium und bei einer Landbevölkerung von rund vierzig Millionen. Auch wenn es Turbulenzen gegeben hat – Massenerhebungen im Sinne eines Pugatschow oder Bolotnikow waren es nicht.

Hingegen rückt, seit in Rußland von Marktwirtschaft die Rede ist, ein Aspekt in den Vordergrund, der bisher beharrlich übersehen worden ist: Von den Zeiten Katharinas der Großen an entwickelten sich Nord und Süd in unterschiedliche Richtungen.

Zwischen dem Oberlauf der Wolga (von Nishnij Nowgorod) und Moskau ist die Erde nicht sehr fruchtbar. Daher waren die Bauern dort stets auf zusätzliche Erwerbsquellen angewiesen. Angeregt durch die vergrößerten Wirtschaftsräume und durch Schutzzölle, belebten sich nun im späten 18. Jahrhundert Handel und Gewerbe. Auch leibeigene Dörfer richteten kleine Fertigungsbetriebe ein, die rasch ausgebaut wurden, wie zum Beispiel in Iwanowo, das sich zu einem Zentrum der Baumwollindustrie entwickelte; in Pawlowo wurden Messer, Scheren und Schlösser hergestellt, in Velikoj Selo Leinen, in Kimry Schuhe und so fort. Diese leibeigenen Industriedörfer, die fünftausend Einwohner und mehr haben konnten und oft größer waren als Kreis- und Gouvernementsstädte, hatten ihre Standorte um Moskau, Twer, Wladimir, Jaroslawl und eben Nishnij Nowgorod. Auch Leibeigene nutzten die sich ihnen bietenden Chancen, um zu Wohlstand zu gelangen – ein Widerspruch der Sozial- und Wirtschaftsgeschichte, der einmalig ist in der neueren Geschichte.

Diese Entwicklung war möglich geworden, weil die Feudallasten, die der Gutsherr erhob, nicht mehr in Naturalien, sondern in Form von Geldzahlungen zu entrichten waren. Viele dieser Industriedörfer gehörten reichen Magnaten, die wegen zu hoher Kosten und mangels geeigneten Personals keine Verwaltung unterhielten, sondern die Bauern sich selbst überließen. Der Gutsherr wohnte auch nicht dort, sondern irgendwo in der Stadt. Dieser Absentismus (von »absent«) blieb ein Kennzeichen der russischen Wirtschaft bis zum Ende des Zarenreiches.

Vielfach war es der Gutsherr selbst, der eine industrielle Entwicklung seiner Dörfer in die Wege leitete. Sein Interesse war es letztlich, hohe Einkünfte zu erzielen. Daher mußte er alles daransetzen, um zusätzliche Geldquellen zu erschließen. Auch wußte er, daß sein eigener Wohlstand bis zu einem gewissen Grad davon abhing, wie es seinen Bauern ging. Schon aus diesem Grund waren der gutsherrlichen Unterdrückung Grenzen gesetzt.[20] Überdies hätten die Bauern, weil der Herr ja nicht anwesend war und es keine effiziente Verwaltung gab, alle Möglichkeiten zum Widerstand gehabt; sie hätten Abgaben oder Arbeitsleistungen verweigern können. Und sicher ist davon auch Gebrauch gemacht worden. Bummelei ließ sich zu einer hohen Kunst entwickeln, wie das Michail Gorbatschow vor nicht allzu langer Zeit noch beklagt hat.

Aber meistens lagen die Dinge anders: Um den Wohlstand der Bauern und damit das eigene Einkommen zu mehren, war so mancher Magnat um eine berufliche Ausbildung seiner Leibeigenen bemüht. Er schickte die Bauern bei städtischen Manufakturen »in die Lehre«, warb für seine Dörfer ausländische Spezialisten an, stellte Kredite und Rohstoffe für Unternehmensgründungen bereit, half beim Absatz der Waren und gründete in Moskau oder St. Petersburg Verkaufskontore. Das führte dazu, daß in der ersten Hälfte des 19. Jahrhunderts die Fertigung von Konsumgütern in den »leibeigenen Dörfern« sprunghaft anstieg. Zumindest hier war von der »dumpfen Trägheit« eines Oblomow keine Spur. Das kam schon eher einer Aufbruchstimmung gleich.

Analoges gilt für den Adel. Schon das Prinzip Eigennutz ließ viele Adlige zu Unternehmern und Händlern werden. Die Montanindustrie im Ural, die Branntwein- und Zuckerindustrie zum Beispiel waren von Adligen gegründet und geleitet. Rasche, große Gewinne sollten ein standesgemäßes Leben sichern helfen. Und es war nicht zuletzt der Adel, der die Technisierung Rußlands in die Wege leitete. Trotzdem gab es die Oblomows – gerade an der Wolga, und vor allem im Süden, der wirtschaftlich ganz anders strukturiert war als der Norden, jenseits der Linie Kasan–Nishnij Nowgorod.

Die Regionen Simbirsk, Saratow und Samara befinden sich im fruchtbaren Schwarzerdegebiet. Auf diesen Humusböden gab es seit jeher Getreideanbau, der nun intensiviert wurde. Je mehr die gewerbliche Verdichtung im Norden um sich griff, desto mehr Getreide konnte dorthin geliefert werden. So entstanden Märkte, auf denen Gutsherren und Bauern ihre Überschußproduktion verkaufen konnten. Erste Ansätze einer Kommerzialisierung der Landwirtschaft werden erkennbar, zumal die Nachfrage nach russischem Getreide auch in Mittel- und Westeuropa anstieg.

Für die erste Hälfte des 19. Jahrhunderts wurde eine Zunahme des auf Messen umgeschlagenen Getreides von sechs auf sechzehn

Prozent des Bruttoertrags errechnet. Das war zwar im Vergleich zu Westeuropa immer noch dürftig, aber ohne sie wäre die Entwicklung des Moskauer Raums zu einem Industriestandort nicht möglich gewesen.

Was das Gut entbehren konnte, wanderte auf den Getreidemarkt. Oder anders ausgedrückt: Der Gutsherr nutzte den »kapitalistisch organisierten« Markt, um seinen eigenen Lebensstandard zu halten. Diese Vermischung von Leibeigenschaft und Kapitalismus, von unfreier Arbeit und Marktwirtschaft war, kennzeichnend für die Gesellschaft des Zarenreiches seit dem 18. Jahrhundert.

Offenbar hat sich aber auch an der mittleren und unteren Wolga, wo die Bauern nach wie vor Spann- und Frondienste zu leisten hatten, die Lebenssituation der Leibeigenen insgesamt verbessert. Im allgemeinen waren die russischen Bauern, wie in einschlägigen Studien nachgewiesen wurde, besser ernährt als in Deutschland, Frankreich, Belgien, Italien oder Irland. Stephen Hoch[21] spricht in diesem Zusammenhang von einer »primitiven Überflußgesellschaft«: Es gab genug zu essen, aber es mangelte im Vergleich zum übrigen Europa an Konsumgütern. Bedürfnislosigkeit und vormarktwirtschaftliches Konsumverhalten drückten auch bei denen auf den Lebensstandard, die sich mehr hätten leisten können.

Zweifellos hat es Übergriffe von seiten der Gutsherren gegeben. Das belegen zahllose Dokumente. Aber dies war eben nur die eine Seite der Medaille und eher die Ausnahme als die Regel.

Die Lage der Bauern spitzte sich immer dann zu, wenn es zu Mißernten kam, wie 1840. Dann machten sich Hunger, Leid und Not breit. Da Rußland ein trockenes Kontinentalklima hat, kommt es weit häufiger zu Mißernten als in Westeuropa, und das trotz der sehr fruchtbaren Böden. Das war immer so und wird auch weiterhin so bleiben.

Dichter und Sozialrevolutionäre haben viel dazu beigetragen, daß vor allem Ausbeutung und Verelendung überzeichnet wurden. Ein russischer Historiker hat kürzlich über die eigene Zunft gespottet, die fortdauernde Verarmung der Bauern in so krassen

Farben geschildert zu haben, daß sich der Laie fragen müsse, ob überhaupt noch ein Bauer am Leben geblieben sei.

Zudem wurde im Westen der Fehler gemacht, die russische Leibeigenschaft mit Sklaverei gleichzusetzen. Tatsächlich handelte es sich aber um ein Gebundensein an die Scholle, wobei ein Teil der Arbeitskraft dem Herrn zugute kam. Leibeigene waren unfrei, doch waren sie »eigentumsfähig« und hatten zumeist einen größeren Lebensraum als die freien Bauern im übrigen Europa. Im 19. Jahrhundert war die Hälfte der Bauern noch leibeigen. Die anderen waren entweder freie Bauern oder Staats- bzw. Kronbauern, das heißt, sie gehörten der Zarenfamilie, die sie vereinzelt schon von den vierziger Jahren an in die Freiheit entließ.

Der Zar forderte immer wieder dazu auf, Mißständen entgegenzuwirken. Er selbst hat davon gesprochen, daß die Leibeigenschaft abgeschafft werden müsse. Doch realpolitisch war das noch nicht durchzusetzen. Und so blieb es beim Zerrbild des Zaren als Reaktionär und Gendarm Europas. Dabei hatte Rußland gerade ihm den entscheidenden Schritt in Richtung Moderne zu verdanken.

Nikolaus I. und vor allem sein Finanzminister Cancrin taten, was sie konnten, um Gewerbe und Industrie zu fördern. Entgegen den Wünschen des Adels blieb der Staat bei einem strikten Protektionismus, um mit Einfuhrverboten und Schutzzöllen die Anfänge der russischen Industrie zu unterstützen. Unter Nikolaus I. begann der Eisenbahnbau.[22] In den zwanziger Jahren kamen Dampfmaschinen nach Rußland; in den staatlichen Universitäten wurden Ingenieure und Fachkräfte ausgebildet. Die Entwicklung nahm einen so rasanten Verlauf, daß August von Haxthausen um 1840 bei seiner Reise durch das Zarenreich feststellte, Rußland sei ein »Fabrikationsstaat« geworden. Zwar erlangte Rußland im Zeitraum von 1800 bis 1861 nicht die Dynamik Westeuropas, wo damals die industrielle Revolution einsetzte. Verglichen mit der Ausgangslage zu Ende des 18. Jahrhunderts aber wurde eine beachtliche Modernisierung erreicht.

Der Historiker gibt wieder, was war; der Dramatiker zeigt, wie es war

Im Jahre 1855 teilte das Marineministerium in St. Petersburg einer interessierten Öffentlichkeit mit, es werde eine »Wolgaexpedition« organisieren. Die Ankündigung löste Überraschung aus, denn der Verlauf der Wolga war nicht als weißer Fleck auf den Landkarten Rußlands eingezeichnet. Die genauere Betrachtung der Ausschreibung ließ jedoch erkennen, daß die Absicht sinnvoll war.

Diese Region der »Mutter Rußlands« war bisher nur höchst ungenau untersucht worden. Die Wissenschaft hatte sich nicht um die Wolga gekümmert. Die Regierung stellte nun die Aufgabe, umfangreiche statistische Unterlagen zu erarbeiten. Sie sollten vor allem die Bevölkerung betreffen: Welche unterschiedlichen Völker lebten an der Wolga? Welche Sprachen werden neben der russischen verwendet? Wie sind die Lebensgewohnheiten, und wovon existieren die Menschen? Die Regierung erwartete Berichte über die Art und Weise, wie dort gefischt wurde; sie verlangte Unterlagen über Schiffbau und Schiffahrt.

Zur Teilnahme an der Wolgaexpedition meldete sich ein 32jähriger Mann, der bisher als Autor von Theaterstücken aufgefallen war. Sein Name: Alexander Nikolajewitsch Ostrowskij, Jahrgang 1825. Geboren in Samoskworetschje, dem Kaufmannsviertel von Moskau.

Der Vater Ostrowskij war jedoch keineswegs Kaufmann, sondern Gerichtsbeamter mit kleinem Gehalt. Der Sohn Alexander Nikolajewitsch wuchs auf in den Kontoren der Handelshäuser in der Nachbarschaft. Er lernte Händler kennen, die aus dem Osten kamen, aus den Handelsstädten an der Wolga. Er empfand die Männer als fremdartig; sie unterschieden sich in Sprache und Benehmen von den Menschen, die in Samoskworetschje lebten. Der Heranwachsende wollte mehr erfahren vom Land der Herkunft dieser Händler. Die gut bestückte Bibliothek des Vaters und auch die Lehrer des damals einzigen Moskauer Gymnasiums konnten ihm nur wenig Auskunft geben. Der junge Ostrowskij befand, das Land im Osten von Moskau sei unerforscht.

Nach Abschluß der Schulausbildung studierte Alexander Nikolajewitsch Ostrowskij Rechtswissenschaft, doch bald schon verließ er die Universität und wurde mit zwanzig Jahren Schreiber am »Gewissensgericht«. Diese Institution hatte einst Katharina II. geschaffen zur Entscheidung von Rechtsstreitigkeiten zwischen Familienmitgliedern – wenn etwa ein Mann seine Frau zu heftig geprügelt hatte – und bei Auseinandersetzungen zwischen Handelshäusern, die noch zu schlichten waren.

Hatte Ostrowskij zuvor schon, als Kind noch, die Kaufleute kennengelernt, so erfuhr er jetzt, als Schreiber am Gewissensgericht, Interna aus deren Familien. Einblick in Geschäftskniffe und in Tricks bei der Führung von Kassenbüchern aber erhielt er, als er Schreiber am Handelsgericht wurde. Aus Erfahrungen der täglichen Arbeit formten sich die Gestalten seines ersten Bühnenwerks.

Sein Titel ist »Bankrott«. Geschildert werden die Machenschaften Moskauer Händler und Handelsorganisationen im Kampf um Geld und Einfluß. Die Charaktere und die Geschäftspraktiken waren offenbar genau getroffen, denn kurz nach der Veröffentlichung des Textes in der Zeitschrift »Der Moskauer« verlangten die wichtigsten Persönlichkeiten der Kaufmannschaft, daß die Komödie »Bankrott« verboten werde. Die »Dritte Abteilung« befaßte sich zunächst mit dem Stück, mußte dann aber auf Weisung des Zaren Nikolaus I. die Untersuchung an einen besonderen Zensurausschuß abgeben. Sein Urteil lautete, Ostrowskij hätte den negativ gezeichneten Personen solche mit positiven Eigenschaften gegenüberstellen müssen; am Schluß aber hätte der Autor deutlich zu machen, daß »Missetaten auf dieser Welt ihre gerechte Sühne finden«. Die Aufführung des Stückes »Bankrott« wurde verboten.

Die Zeitschrift »Der Moskauer«, die den Text abgedruckt hatte, war das Sprachrohr der »slawophilen Bewegung«. Sie predigte die Betonung der slawischen Tradition der Russen; sie wollte Bewahrung der Einheit von Zar, Kirche und Volk. Die Grundsätze des orthodoxen Glaubens sollten gewahrt bleiben. Die Slawophilen waren gegen die Duldung demokratischer Strömungen und gegen jeden Ansatz revolutionärer Umwälzungen. Das Theaterstück »Bankrott« war von der Zeitschrift »Der Moskauer« deshalb zum Abdruck angenommen worden, weil es die soziale Wirklichkeit geißelte.

Ostrowskij ließ sich vom Kreis der Slawophilen einfangen. Er sah nun auch das Heil Rußlands in der Bewahrung der Tradition. Die Frage stellte sich für den Autor: Wo wird die Tradition am intensivsten bewahrt? Die Antwort war: nicht in Moskau und nicht ins St. Petersburg, sondern in der Provinz. Die Gedankengänge der Slawophilen bereiteten Ostrowskij auf die Teilnahme an der »Wolgaexpedition« vor.

Ostrowskij wurde der Gruppe zugeteilt, die den Verlauf des Flusses zwischen Kostroma und Nishnij Nowgorod zu erforschen hatte. Die Stadt Kineschma wurde zum Zentrum seines Aufenthalts. Die Arbeit nahm er ernst – wobei ihn weniger Schiffahrt und Schiffbau interessierten als die Menschen, die an der Wolga lebten. Er kümmerte sich um Volkszugehörigkeit und Sprache, um Lebensweise und Bedürfnisse – und er stieß zwangsläufig auf ihre Not als Folge der Unterdrückung durch das Zarenregime.

Die Erkenntnisse und Erfahrungen der Wolgaexpedition führten dazu, daß Ostrowskij die Bewegung der Slawophilen wieder verließ. Er mochte nicht länger an die Einheit von Zar, Kirche und Volk glauben. Die Autokratie der Romanow hielt der Dichter nun für überholt und schädlich gegenüber dem Volk. Er trat für Reformen ein, die behutsam eine Entwicklung einleiten sollten: hin zu demokratischen Formen des Zusammenlebens in Rußland. An der Spitze des Staates konnte – nach Ansicht Ostrowskijs – durchaus ein Monarch stehen, dessen Macht und Befugnisse jedoch durch eine Verfassung eingeschränkt sein müßten. Die Vorstellung des Dichters, wie der Reformprozeß ablaufen könnte, blieb aber verschwommen.

Die Wolgaexpedition des Marineministeriums war auf die Dauer von zwei Jahren angelegt. Ostrowskij schied allerdings bereits im ersten Jahr aus. Durch einen unglücklichen Zufall stürzte er und brach sich ein Bein. Der Bruch verheilte nur langsam. Während der Genesungszeit arbeitete Ostrowskij den ehrgeizigen Plan aus, einen Zyklus historischer Dramen zu schreiben, der den programmatischen Titel »Nächte an der Wolga« tragen sollte. Der Plan wurde allerdings nicht ganz verwirklicht. Vier »dramatische Chroniken« entstanden. Sie zeichnen sich durch Massenszenen aus, die handlungsbestimmend werden. Der Dichter hatte an der Wolga »das Volk« als dramatisches Element entdeckt.

Welche Wirkung Ostrowskij erzielen wollte, ist in seiner Denkschrift »Die Lage der dramatischen Kunst in Rußland« dargestellt: »Der Historiker gibt wieder, was war; der Dramatiker zeigt, wie es war. Er versetzt den Zuschauer an den Ort der Handlung und macht ihn zum Zeugen und sogar zum Teilnehmer des Geschehens. Nicht jeder wird gerührt, wenn er liest, daß zu Beginn des 17. Jahrhunderts in Nishnij Nowgorod freiwillig Gaben zur Finanzierung des heiligen Krieges gegen Polen und Schweden gesammelt werden. Aber dem Zuschauer werden die Augen naß, wenn er auf der Bühne den Saal des Kreml von Nishnij Nowgorod vor sich sieht und wenn er miterlebt, wie einfache Frauen ihre letzten Kopeken für den Krieg des Vaterlandes spenden.«[23]

Die für das Theater zuständigen Beamten in St. Petersburg urteilten damals so über Ostrowskijs Wirkung: »Unsere Bühnen stinken bereits nach den Bauern, die er auftreten läßt!«

Die Bürokratie verharrte schwerfällig bei ihrem bisherigen Standpunkt. Dennoch veränderte sich die Stimmung im Reich – langsam und zunächst nur bei den Intellektuellen.[24] Alexander II. – Zar der Russen seit dem Jahr 1855 – erkannte, daß eine Modernisierung von Staat und Gesellschaft unumgänglich sei. Er proklamierte: »Mit Gottes Hilfe möge Rußlands Rechtspflege von Wahrheit und Gnade beherrscht sein; möge auch jedermann unter gleichem Schutz der für alle gleich gerechten Gesetze die wohlerworbenen Früchte seiner Arbeit genießen.«[25] Solche Worte waren bisher am Zarenhof nie ausgesprochen worden.

Spekulationen tauchten auf, die Befreiung der Leibeigenen stehe unmittelbar bevor. Viele Adlige hatten noch immer nicht begriffen, daß das System des Tagelohns wirtschaftlich effektiver war als das System der Leibeigenschaft.[26] Die Befürworter der Aufhebung der bisherigen Ordnung argumentierten, es sei wohl besser, die Änderung »von oben her« anzuordnen, ehe sie »von unten her« erzwungen werde. Sie befürchteten eine Revolution nach französischem Muster.

Fünf Jahre lang zögerte Alexander II., dann aber verkündete er am 19. Februar 1861 ein Manifest, das den Bauern die Rechte freier Menschen gab. Für Frondienste und Abgabenzahlung wurden Übergangsregelungen festgesetzt. Den Bauern gehörten fortan die von ihnen bewohnten Häuser und das von ihnen bearbeitete Land. Die Bauern waren allerdings verpflichtet, den Boden in den Kollektivbesitz der Dorfgemeinde – »mir« genannt – einzubringen. Die Gemeinde trat also an die Stelle des bisherigen Gutsherrn; sie handelte auch die Entschädigung für den früheren Eigentümer aus.

Die Dimension dieser von Alexander II. eingeleiteten Reform wird deutlich, wenn man sich die Zahl der Betroffenen vor Augen führt: 22 Millionen Gutsbauern erhielten die Freiheit – bei einer Gesamtbevölkerung von 61 Millionen.

Viele der Leibeigenen wollten nicht glauben, daß dieser Freiheit noch für einige Zeit Grenzen gesetzt sein sollten. Unverständlich war ihnen, daß sie weiterhin Frondienste zu leisten hatten. Sie redeten sich ein, der Zar habe unbeschränkte Freiheiten verkündet, und das entsprechende Dokument sei von den Adligen verfälscht worden.

An der Wolga brach der Zorn der Leibeigenen auf: In den Dörfern um Kasan rotteten sie sich zusammen. Sie scharten sich um den Bauern Anton Petrow, der ihnen sagte, sie seien erneut die Betrogenen, und die Adligen blieben auch weiterhin die Herren. Plötzlich verkündete Petrow, er selbst sei in Wahrheit der echte Zar – und die Masse, die ihn doch aus der Zeit der Leibeigenschaft kannte, glaubte ihm. Petrow brachte die Bauern dazu, den Frondienst zu verweigern; die Dorfgemeinschaften um Kasan zahlten keine Abgaben mehr.

Die Regierung mußte eingreifen, wenn sie verhindern wollte, daß sich die Rebellion von der mittleren Wolga ausbreitete. Von Nishnij Nowgorod her wurde ein Trupp Soldaten in Richtung Kasan auf den Weg geschickt. Widerstand schlug den Bewaffneten nirgends entgegen. Sie umzingelten das Dorf des Anton Petrow. Die Bauern, die unbewaffnet waren, wollten die Hütte des »echten Zaren« mit ihren Leibern schützen. Der Aufforderung, ihren Anführer auszuliefern, folgten sie nicht. Da schossen die Soldaten. Über dreißig Bauern verloren das Leben. Petrow ergab sich nun. Er wurde von einem Standgericht zum Tode verurteilt und erschossen.

Das Dekret der Bauernbefreiung veränderte zunächst nur wenig. Viele Betroffene begriffen die neue Rechtslage kaum.

Fluß der Sklaven und der Trauer

In dieser Zeit hat Nikolaj Alexandrowitsch Nekrassow sein berühmtes »Hungerlied« geschrieben. Es ist 1876 entstanden, zwei Jahre vor Nekrassows Tod im Landhaus Karabicha bei Jaroslawl.

Nekrassow wohnte in einem vornehmen Gebäude, das er der Adelsfamilie Golizyn abgekauft hatte. Niemand hat das Haus verändert im Verlauf der vier Generationen seit dem Tod des Dichters. Hohe Bäume umgeben das zweistöckige Haus, das von einem runden Aussichtstürmchen gekrönt wird. Geräumig ist der überdachte Balkon im zweiten Stock. Von dort geht der Blick hinunter auf eine Wiese, die von Büschen begrenzt wird. Berichtet wird, auf diesem Balkon habe Nikolaj Alexandrowitsch Nekrassow im Jahr 1874 seine Verse über die Wolga[27] verfaßt:

Der Mond blickt von der Uferlehne
Und lauscht der Wolga leisem Lied,
Aufgellt mit warnender Sirene
Ein Schiff, das Qualm und Funken sprüht.

Und hundertstimmig hallt es wider
Aus dunklen Schluchten überall
Und übertönt die dumpfen Lieder
Der Treidler längs dem Wellental.

Ich hab' den schwermutsvollen Chören
Gelauscht oft in der Jugendzeit
Doch lieber hätt' ich wollen hören
Das Lärmen froher Tätigkeit.

Obwohl nun grau sind meine Haare,
Erhebt mein Herz sich weiterhin
An Zukunftsbildern spätrer Jahre
Und neuen Zeitenlaufs Beginn.

Nicht als des Zufalls Leidensstätten
Seh ich am Fluß die Ufer dann.
Ich seh' ein Volk, das frei von Ketten,
Hier endlich schafft nach eigenem Plan.

In diesem Ödland baut es Städte
Und Dörfer einst aus eigener Kraft,
Entsandet wird des Stromes Bette
Mit Mitteln neuer Wissenschaft.

Nekrassow brachte die Not des Volkes am großen Fluß zum Ausdruck: »Berufen ward ich, deine Qual zu singen, o Volk von staunenswürdiger Geduld.«

Im Landhaus bei Jaroslawl begegnet der Besucher dem Gemälde »Wolgatreidler« (Burlaki), das der Maler Ilja Repin im Jahre 1872 geschaffen hat. Es gehört zu den packendsten Darstellungen des Volkslebens am großen Fluß. In Nekrassows Landhaus hängt allerdings nur eine Kopie davon; das Original befindet sich in der Moskauer Tretjakow-Galerie.

Ilja Repin – Jahrgang 1844 – stammte aus einem Dorf bei Charkow, doch das prägende Erlebnis war für ihn nicht die Heimat, sondern ein Aufenthalt an der Wolga. Der Maler entdeckte die Majestät der Wolga und im Kontrast dazu die Armut der Bewohner am Ufer. Repin sah, daß die Männer und Frauen bei aller Bedrückung stolz waren.[28] In jener Zeit, als das Bild »Wolgatreidler« entstand, gehörte Repin zu einem Kreis von Männern, die für eine Demokratisierung Rußlands eintraten. Repin gab seiner Überzeugung durch die Wahl der Themen seiner Bilder Ausdruck: Die unteren Bevölkerungsschichten wurden zum Motiv. Dies war ein neues Element der russischen Malerei; die Maler waren damals auf einen akademischen Stil eingeschworen.

Grün, Grau, Braun und mattes Rot sind die Farben des Bildes »Wolgatreidler«. Acht Männer ziehen gebückt ein Seil, das sie mit einem schwerfälligen Kahn verbindet. Ein alter Mann geht voran; er hat den wildesten Gesichtsausdruck. Nur ein Gesicht ist nicht von Entbehrung und Leiden geprägt: Ein junger Mann blickt noch hoffnungsvoll.

Die Wolgatreidler gehen über Felsen und durch Wasser. Nicht alle haben Schuhe an. Ihre Kleidung ist zerlumpt: Auf dem Schiff, das sie ziehen, stehen zwei Männer. Einer gestikuliert: Ihm gehört das Schiff; er ist der Reiche.

Das Gemälde von Ilja Repin macht die Redensart deutlich, die den Menschen an der Wolga bis heute vertraut ist: »Bis zum Tabak!« Es soll aussagen: Bis hierher und nicht weiter! Den Tabak trugen die Wolgatreidler in der Gesäßtasche. Mußten sie durch Wasser waten, dann achteten sie darauf, daß der Tabak für ihre Pfeife nicht naß wurde, denn er war das Kostbarste, was sie bei sich hatten. Sie weigerten sich, einen Treidelpfad zu benutzen, der so überflutet war, daß das Wasser ihnen bis zum Gesäß reichte – und die Schiffsherren erkannten in diesem Fall das Recht auf Dienstverweigerung an. Über die Trostlosigkeit des Alltags der Wolgatreidler half allein die Tabakspfeife hinweg.

Ilja Repin hat das Leben, in dem keine Hoffnung auf Veränderung bleibt, eingefangen: In der Ferne ist bereits der nächste Kahn zu sehen – zu ahnen ist, im Gebüsch, die Gruppe von Treidlern, die das nachfolgende Schiff zu schleppen haben. Hoffnungslosigkeit drückt die Szene aus: Für die Bedrückten ist jeder Tag gleich mühsam. Die trüben Wolken am Himmel tragen zur Trostlosigkeit der Szene bei.

Das Bild hängt deshalb im Landhaus des Dichters Nikolaj Alexandrowitsch Nekrassow, weil auch für ihn die Wolga und das Leid der Menschen eng miteinander verbunden waren. Von Nekrassow stammen die Verse:[29]

Ich weinte, als ich am Ufer dieses Flusses stand.
Ein Fluß, der mir mein alles war.
Nun sah ich ihn von einer anderen Seite.
Und nun erkannt ich ihn,
Es ist der Fluß der Sklaven und der Trauer.

Der Dichter Nekrassow aber gehörte nicht zu den Sklaven und nicht zu den Trauernden. Er war Gutsherr, zuständig für ein Dorf mit dreihundert Seelen – nahezu hundert Familien waren sein Besitz. Nekrassow war der Dichter der Unterdrückten an der Wolga, und doch verzichtete er nicht auf sein Recht, Menschen zu besitzen.

Das demokratische Empfinden des Dichters Nekrassow führte keineswegs dazu, daß er seinen Leibeigenen gegenüber ein schlechtes Gewissen verspürte. Er dachte nicht daran, ihnen mehr an Freiheit zu geben, als ihnen per Gesetz zugestanden wurde. Nekrassow genoß seinen Reichtum in vollen Zügen. Der Herr mit dem Gefühl für die Not der anderen gab sich in Karabicha als Grandseigneur – und als solcher ist er in Erinnerung der Menschen an der Wolga geblieben.

Er konnte allerdings immer darauf hinweisen, daß er allein durch eigene schriftstellerische Arbeit wohlhabend geworden war. Die Jugend hatte er in Armut verbracht. Der Vater und der Großvater hatten ihn aus ihren Häusern in Jaroslawl verjagt, weil er sich nach Abschluß der Gymnasialjahre in Jaroslawl nicht für die Aufnahme in die Militärakademie bewerben wollte. Die Nekrassows von Jaroslawl gehörten einem Geschlecht von Offizieren an. Diese Tradition wollte der junge Nekrassow durchbrechen. Mit eisernem Willen erzwang er sich seinen eigenen Weg: »Oft hatte ich tagelang nichts zu essen.« Er war gezwungen, sein Studium selbst zu finanzieren. Er schrieb – und fand sein Thema: die Armut. Er behielt dieses Thema bei, als er schon Besitzer des Landgutes Karabicha bei Jaroslawl an der Wolga war.

Die Wahrheit der Worte »Es ist ein Fluß der Sklaven und der Trauer« bezeugt eine Photographie[30], die zur Zeit der Jahrhundertwende entstanden sein muß: Sie zeigt Wolgaschlepper bei der Arbeit. Mehr als ein Dutzend Frauen ziehen ein Schiff, das nicht zu sehen ist. Eine junge Frau geht voran. Alle haben sich breite Bänder, die mit dem Schleppseil verbunden sind, so um den Brustkorb und um die Oberarme geschlungen, daß der Eindruck entsteht, sie würden mit ihren Brüsten ein Schiff flußaufwärts schleppen. Ängstlich ist der Blick der alten und der jungen Frauen. Sie werden beaufsichtigt von einem Mann mit Mütze, der einen Stock in der Hand hält.

»Wolga, Wolga, unsere Mutter!«

Die Leute von Kasan sagen, der Sänger Fjodor Iwanowitsch Schaljapin[31] habe als junger Mann selbst Wolgaschiffe getreidelt. Es wird sich wohl um eine Legende handeln, denn in den Berichten über sein Leben findet sich keine Andeutung darüber. Daß er sich allerdings mit der Arbeit der Wolgaschlepper als Sänger befaßt hat, ist bezeugt. Er sang das Lied der Lastträger und der Treidler:

Wolga, Wolga, unsere Mutter
Ach du breiter, langer Strom,
Hast uns durchgewalkt, gebeutelt,
Unsere Kräfte sind verzehrt.

Auch Fjodor Schaljapin hatte die Armut kennengelernt. Er erinnerte sich später daran: »Tagelang streifte ich mit leerem Magen durch Kasan, suchte Arbeit und fand keine. Ich ging zu den Anlegestellen am Ufer der Wolga und beobachtete stundenlang die unaufhörliche, emsige Arbeit Hunderter von Menschen. Im tiefen, heißen Ufersand standen die Holzbuden der Tataren. Sie trugen Saffianstiefel und verkauften Kasaner Seife und Gewebe aus Buchara. Die Russen verkauften Semmeln, Wurst und andere Lebensmittel. Ringsum herrschte helles, fröhliches Leben. Es roch nach guten Dingen, nur ich ging wie ein Verdammter umher, sehnte mich nach Arbeit.«[32]

In Kasan ist Fjodor Iwanowitsch Schaljapin am 27. Februar 1873 geboren worden. Es war die Zeit, in der Nekrassow seine anklagenden Gedichte schuf. Von der tristen Atmosphäre der Armut an der Wolga war die Kindheit geprägt – in der sich trotzdem Geborgenheit entwickelt hatte. Schaljapin erinnerte sich: »Ich sehe mich, wie ich an einem dunklen Herbstabend auf dem Schlafboden in der Stube von Tichon Karpowitsch sitze, dem Müller von Ometowo, einem Dorf unweit von Kasan, gleich hinter der Vorstadt der Tuchmacher. Die Müllerfrau Kirillowna, meine Mutter und einige Nachbarinnen spinnen in der halbdunklen, nur von dem flackernden Licht eines Kienspans erhellten Stube. Der Span steckte in einem gabelförmigen Halter aus Eisen. Die abgebrannten verkohlten Stücke fielen zischend und mit einem Klagelaut in einen Zuber mit Wasser. Über die Wände huschten Schatten.«

Der Vater, der auf einem Amt arbeitete, vertrank meist das Geld, das er zum Monatsletzten erhielt. War der Vater betrunken, verprügelte er die Mutter. War der Rausch dann verflogen, blieb er 24 Stunden im Bett.

Vergnügen bereitete der regelmäßige Besuch des Badehauses: »Damals, in Kasan, war das Badehaus etwas Wunderbares. Zumal im Herbst, wenn die Luft rein und frisch war, wenn es ein wenig nach Moder, Pilzen und Badereisern roch, mit denen sich die sparsamen Leute abgerieben hatten.«

Daß er Prügel bekam, war für Fjodor Iwanowitsch eine Selbstverständlichkeit. Ihn störte nur, daß der Vater ihn im Vorraum des Badehauses schlug, wenn er nackt war – »angesichts der nackten Männer und zu ihrer Belustigung«.

Um dem Vater den Weg ins Amt zu verkürzen, zog die Familie aus der Vorstadt ins tatarische Viertel von Kasan um. In einem kleinen Zimmer lebten Vater, Mutter und drei Kinder. Fjodor Iwanowitsch trat, als kleiner Junge, bei einem Schmied den Blasebalg und verdiente sich die ersten Kopeken. Dieser Schmied ermunterte ihn zu singen – und von nun an sang Fjodor Iwanowitsch Schaljapin, »ob ich Fische fing oder im Gras lag«.

An einem Samstagabend spielte er in der Nähe der Kirche des heiligen Warlaam. »Die Abendmesse war eben in vollem Gang. Schon als ich durch das Portal ging, hörte ich harmonischen Gesang. Auf der Empore sang ein Chor von Männern und Knaben. Ich sah, daß die Sänger bekritzelte Papierblätter in der Hand hielten. Daß es für den Gesang Noten gab, hatte ich schon gehört und sogar irgendwo ein liniertes Blatt mit schwarzen Häkchen gesehen, die meiner Ansicht nach unmöglich zu begreifen waren. Chorgesang vernahm ich zum erstenmal, und er machte großen Eindruck auf mich.«

Fjodor Iwanowitsch bat den Kantor, in den Kirchenchor aufgenommen zu werden. Der Dirigent war beeindruckt von der Stimme. Schaljapin wurde – schlecht bezahlter – Chorsänger. Bald schon versuchte der Junge, sich seine Lieder selbst zu komponieren. Dem Vater mißfiel die Beschäftigung mit der Musik. Er gab den Sohn einem Schuhmacher in die Lehre; Fjodor besaß selbst gar keine Schuhe: »Es war Herbst, und wir hatten die ersten Frosttage, als ich barfuß mit der Mutter durch die Straßen zur Werkstatt des Schuhmachers ging.«

Die Lust, das Schuhmacherhandwerk zu erlernen, verging dem Jungen rasch. Als Versager wurde er in die Städtische Schule geschickt. Der Lehrer liebte Chorgesang und hatte eine Geige. Fjodor wollte eine eigene Geige besitzen. Er fand ein Instrument auf dem Kasaner Trödelmarkt; sie kostete zwei Rubel. Elf Jahre alt war der Junge, als er zum erstenmal eine Oper hörte: »Sie war für mich etwas ganz Neues und Verblüffendes. Als Sänger wunderte ich mich natürlich nicht, daß Menschen sangen. Ungewöhnliche Menschen in ebenso ungewöhnlich schönen Gewändern fragten singend, antworteten singend, sangen denkend, zürnend, sterbend.«

Schaljapin wurde Statist am Kasaner Theater – und wurde dafür vom Vater geschlagen. »Werde Hausknecht!« Das war die Berufsempfehlung des Vaters.

Der junge Mann arbeitete als Kassierer in einer Pfandleihe und schließlich als Schreiber in einer Behörde. Er fand eine enge Beziehung zum Land um Kasan: »Ich denke voller Liebe an den stillen, dunklen Kabansee bei Kasan. In den Sommernächten zog es mich mit Macht zu diesem Gewässer. Ich ging am Ufer entlang oder kletterte auf eine der großen Weiden. Bis zum Hellwerden saß ich wie ein Nachtvogel auf dem Baum, dachte an dies und jenes und schaute über den weiten See. Seine Ruhe und Größe brachten Ordnung in meine Gedanken und lenkten mich vom Schmutz ab, in dem das Leben in der Kasaner Stadt langsam und träge dahinfloß. Auf der einen Seite des Kabansees lagen die tatarische Vorstadt und Fabrikanlagen, auf der anderen Sandhügel, wo die ganze Nacht getrunken und gerauft wurde.«

Dem See an der Wolga gewann Schaljapin besonders im Winter Reize ab. Auf dem Eis fanden Faustkämpfe statt zwischen russischen und tatarischen Jugendlichen, die auf Schlittschuhen ausgetragen wurden.

Abwechslung brachten Großfeuer: »Ich entsinne mich noch des grandiosen Schauspiels, wie die riesige, vier bis fünf Stockwerke hohe Mühle an der Kasanka abbrannte. Die Mühle war ein Holzbau. Die glühenden Dachplatten aus Blech flogen wie Purpurvögel durch die Luft, und die Fenster des Gouverneurspalastes auf dem Hügel waren wie mit Blut übergossen. Alle freuten sich, daß es bei reichen Leuten brannte.«

Von einem Tag auf den andern mißfiel dem Fjodor Iwanowitsch Schaljapin die Stadt Kasan. Er hatte das Gefühl, sie bringe ihm kein Glück. Es gelang ihm, die Eltern zum Verlassen der Stadt zu bewegen. Astrachan war das Ziel. Schaljapin meinte, schon der Name sei faszinierend. In der vierten – und letzten – Klasse des Dampfers »Sewek« fuhren die Schaljapins wolgaabwärts.

So formulierte Schaljapin seinen Eindruck von der Wolga südlich von Kasan: »Die Wolga bezauberte mich, als ich die unsagbar stille Schönheit des königlichen Stroms sah. Ich habe, so glaube ich, keine Nacht, die ich auf dem Fluß zubrachte, geschlafen, weil ich fürchtete, irgendwelche Wunder zu versäumen, die ich unbedingt sehen mußte. Besonders froh machte mich die Unterhaltung mit einem gesetzten, älteren Mann. Er erzählte mir vom Kaukasus, von seinen in den Himmel ragenden Bergen, die schneebedeckt sind. Er erzählte auch von der Hitze, von den Menschen, die sogar im Sommer Schaffellmützen tragen, weil sie am besten gegen die Glut schützen!«

Astrachan aber enttäuschte den Ankommenden. Die Wolga hatte ihn in Hochstimmung versetzt – doch jetzt betrat er eine staubige und schmutzige Stadt. Ihn störte der Sand auf den Straßen und die Hitze zwischen den Häusern. »Überall schimmerten Fischschuppen. Es gab Millionen von Fliegen.«

Schaljapin hielt es in Astrachan nicht aus. Vor allem fehlte ihm das Theater. In Astrachan wurde die Kunst der Oper nicht gepflegt. Er entschloß sich, die Wolga wieder hinaufzufahren. »Und schon befand ich mich abermals auf einem Dampfer. Diesmal war es ein Schlepper, der mehrere Lastkähne hinter sich herzog.« Die Fahrt ging langsam voran. An den Anlegestellen wurden die Lastkähne entladen und wieder beladen. Als der Schleppzug in Saratow ankam, war das Geld des Fjodor Iwanowitsch aufgezehrt. Er hungerte bis Samara. Um wieder essen zu können, bat er die Lastträger des Hafens, ihn mitarbeiten zu lassen. Sie hielten ihn für einen Schwächling, doch sie gaben ihm eine Chance. Am Abend fühlte sich Schaljapin elend. Er hatte Mehlsäcke tragen müssen vom Lastkahn zum Kai. Alle Knochen taten ihm am zweiten Tag weh, doch er arbeitete weiter: Melonen waren auszuladen. Dann setzte der Schleppzug die Fahrt fort.

»Ich lebte zum erstenmal Seite an Seite mit Wolgaleuten und konnte sie genau beobachten. Sie erschienen mir zwar etwas absonderlich, waren aber brave, fröhliche und gutmütige Menschen.«

Glücklich war Schaljapin, als er wieder in Kasan angekommen war. Der Geruch der Heimat faszinierte ihn – es war der schwere Geruch des Erdöls. »In Kasan roch es penetranter nach Erdöl als in Astrachan.« Dabei hatte für das Wolgagebiet die Zeit der Erdölförderung noch gar nicht begonnen. Nur in der Region des Vorkaukasus, in der Nähe des Kubanflusses, wurden ab 1865 die Ölvorkommen ausgebeutet.

Zwei Jahre vor Schaljapins Geburt waren Versuchsbohrungen in Baku am Kaspischen Meer erfolgreich zu Ende gebracht worden. 1893 – Schaljapin ist zwanzig Jahre alt – begann die Ölförderung auf den Grosnyj-Feldern südlich der Wolgamündung. Solange Schaljapin Kindheit und Jugend an der Wolga verbrachte, wußten die Menschen zwar, daß unter der Erdoberfläche Öllager zu finden waren. Ölquellen traten an einigen Orten aus dem Boden – ihre Ausdünstungen erzeugten den Ölgeruch in der Luft von Astrachan und Kasan. »Der Geruch kam mir angenehm und süß vor, wie der Rauch des Vaterhauses.«

Der Aufenthalt in Kasan brachte Schaljapin diesmal Glück: Er begegnete einem Impresario, der ihm – dem Siebzehnjährigen – einen Vertrag als Chorist gab. Das Theater, an dem er aufzutreten hatte, befand sich in Ufa, einer Stadt an den westlichen Ausläufern des Uralgebirges. Ufa liegt am Fluß Belaja, der zum Gewässersystem der Wolga gehört.

Mit dem Dampfer »Jakimow« fuhr der Sänger, der noch über keine Repertoirekenntnisse verfügte, auf dem Wolganebenfluß Kama nach Osten. Das Schiff bog in die Belaja ein und brachte ihn nach Ufa, in das Zentrum des Baschkirenvolkes. Die wohlhabenden Bewohner liebten die Oper, und das Theater bot ihnen ein reiches Repertoire. In Ufa sammelte Schaljapin die Erfahrungen, die – zusammen mit seiner Musikalität und Stimmbegabung – die Grundlage bildeten für seinen Welterfolg. Die bedeutendsten Opernhäuser luden ihn bald schon ein, die Partien des Boris Godunow und Mephisto zu singen.

Schallplatten sind erhalten, die von Schaljapins Kunst zeugen – Schallplatten beweisen auch seine Liebe zur Wolga. Die Lieder, die er als Kind in Kasan gelernt hatte, sang er auch später noch häufig, und er ließ sie auf Tonträger aufnehmen. So kann heute abgehört werden, wie er das »Lied der Wolgaschlepper« und die Volkslieder »Wo die Wolga fließt« und »Die Wolga abwärts« sang.

Er mied seine Heimat, als sich Rußland in die Sowjetunion verwandelt hatte. Wenn er sich aus Rom, Berlin oder Paris an diese Heimat erinnerte, fiel ihm immer Kasan ein. Im Dezember 1928 schrieb er aus der französischen Hauptstadt an Maxim Gorkij: »In meinem Gedächtnis erscheint mir Kasan als die allerschönste aller Städte der Welt. Es ist, als stünde sie direkt vor meinen Augen. Ich erinnerte mich an mein ganzes vielfältiges buntes Leben in ihr: an Glück und Unglück, Alltag und Karnevalszeit, Gymnasiastinnen und Verkäuferinnen, Pfandleiher und Schusterwerkstätten. Beinahe hätte ich geweint, als ich mir das Stadttheater vorstellte, das mir so teuer war.«

Vom Leibeigenen zum Komponisten: Alexander Borodin

Schaljapin liebte eine Rolle ganz außerordentlich – die des Fürsten Galitzkij aus der Oper »Fürst Igor« von Alexander Porfirjewitsch Borodin. Die Gestalt ist glutvoll gezeichnet: Fürst Galitzkij entführt ein Bauernmädchen und brüstet sich damit, sie besessen zu haben. Er läßt sich im Hochmut zum Herrscher ausrufen und verliert schließlich sein gewagtes Machtspiel gegen den Titelhelden der Oper.

Der Komponist Borodin ist Sproß einer ungleichen Verbindung, von der in St. Petersburg niemand erfahren sollte. Sechzig Jahre alt war Fürst Luka Gedeanow, als er im Winter 1831/32 eine junge Frau kennenlernte, die ihm überaus gefiel. Die Frau – ihr Name war Awdotja Antonowa – stammte aus einfachen Verhältnissen: Der Vater war schlichter Soldat. Fürst Luka Gedeanow aber gehörte zum uralten, hochgeachteten Adelsgeschlecht der Gedea, das an der Wolga zu Hause ist. Die Sippe Gedea war tatarischen Ursprungs; sie hatte sich viele Generationen zuvor bei Saratow niedergelassen. Die Mutter des Fürsten Gedeanow war die Tochter eines kaukasischen Herrschers.

Der Standesunterschied machte es unmöglich, daß der Fürst den Sohn aus der Verbindung mit Awdotja Antonowa anerkannte. Er brachte durch seine fürstliche Autorität seinen Kammerdiener Porfiri Janowitsch Borodin dazu, das Kind im Geburtsregister als ehelichen Sohn eintragen zu lassen, den ihm seine angetraute Ehefrau geboren habe. So erhielt das Kind des Fürsten den Namen Alexander Porfirjewitsch Borodin.

Damit war der Sohn nicht mehr unehelich, doch er besaß nun einen anderen Makel: Der Kammerdiener Porfiri Janowitsch Borodin war Leibeigener – und damit war auch Alexander Porfirjewitsch Leibeigener. Er war sogar der Leibeigene seines fürstlichen Vaters. Da es vor der Öffentlichkeit keinen plausiblen Grund gab, um das Eigentumsverhältnis zu ändern, blieb die Leibeigenschaft bis zum zehnten Geburtstag des Kindes erhalten. Erst kurz vor seinem Tod im Jahre 1843 schenkte der Fürst seinem eigenen Sohn die Freiheit.

Freigelassene Leibeigene waren jedoch in Rußland nicht angesehen – sie wurden immer noch als Eigentum ihres Herrn betrachtet. Die Mutter Awdotja Antonowa wollte einige Jahre nach dem Tod des Fürsten diesen Zustand ändern. Fürst Luka Gedeanow hatte ihr ein Vermögen hinterlassen, das sie nun im Interesse ihres Kindes einsetzte: Durch eine Geldspende konnte sie die Kaufmannsgilde einer kleinen Stadt veranlassen, dem nun Sechzehnjährigen zu bescheinigen, er sei als Bürger anerkannt. Ausdrücklich nennt das Dokument die Herkunft des Alexander Porfirjewitsch Borodin: »Der Freigelassene gehörte früher dem in Bolschowskoje, Gouvernement Saratow an der Wolga, ansässigen Fürsten Gedeanow.« Die Anerkennung als Bürger bedeutete, daß Alexander Porfirjewitsch Borodin in den Staatsdienst eintreten konnte.

Dies war das Ziel, das seine kluge Mutter für ihn ausgedacht hatte – beamteter Akademiker sollte er werden. Borodin studierte Medizin und Chemie. Nebenher beschäftigte er sich mit Musik: Er begann zu komponieren. Daß er das absolute Gehör besaß, faszinierte ihn selbst. Er spürte in sich den Drang, Töne und Klänge zu erfinden. Sie zu notieren fiel ihm leicht. Er schrieb nieder, was er in sich hörte. Hilfestellung durch einen Lehrer brauchte Borodin nicht. Er blieb Autodidakt.[33]

Bei einem Studienaufenthalt in Heidelberg lernte er die Moskauer Pianistin Jekaterina Sergejewna Protopopowa kennen. Zusammen besuchten sie die Oper in Mannheim. Gemeinsam kamen sie auf den Gedanken, Alexander Porfirjewitsch müsse eine Oper schreiben.

Für den Sohn eines Tatarenfürsten von der Wolga lag es nahe, einen Stoff zu behandeln, der mit diesem Raum verbunden ist. Der Dichter Wladimir Stassow schickte ihm den Entwurf für ein Libretto, das auf der Grundlage des altrussischen Epos »Das Lied von der Heerfahrt Igors« entstehen sollte. Borodin schrieb dem Autor: »Liebster Wladimir Wassiljewitsch! Mir scheint, das Sujet ist ganz ungeheuerlich und nach meinem Geschmack.«

Geschildert wird – mit vielen dichterischen Freiheiten – der Kampf des Fürsten Igor gegen Khan Kontschak, das Oberhaupt der heidnischen Polowzer, die das Gebiet der südlichen Wolga bedrohen. Fürst Igor gerät in Gefangenschaft des Khans, der sich ihm gegenüber jedoch nicht – wie erwartet – als Barbar benimmt. Als Igor sieht, daß Frauen und Kinder in die Sklaverei verschleppt werden, flieht er, weil Menschenpflicht vor Ehre geht. Da er ohne Abstimmung mit Kiew ins Feld gezogen ist, ist er schuldig geworden. Die Städte sind zerstört, das Volk beklagt hohe Opfer – das Ganze ist eine Anklage gegen den Eigennutz der Teilfürsten.

Das Libretto zu »Fürst Igor« hat allerdings einen gewichtigen Fehler: Es mangelt ihm an Dramatik. Die einzige Gestalt, die von ihrer Persönlichkeit her fesselt, ist die des Fürsten Galitzkij – die den Sänger Schaljapin fasziniert hatte. Borodin litt unter dieser wenig packenden Handlung und hat die Komposition nie abgeschlossen. Nikolaj Rimskij-Korssakow hat die Partitur vollendet.

Teile aus »Fürst Igor« sind überaus publikumswirksam. Dazu gehören vor allem die »Polowzer Tänze« und das musikalische Gemälde »Eine Steppenskizze aus Mittelasien«. Zweimal hat Borodin für die »Steppenskizze« eine Darstellung des Geschehens niedergeschrieben. Die zweite Version unterscheidet sich von der ersten durch Streichung der Worte »Besiegte« und »Sieger« sowie der Formulierung »unter der Bewachung der furchteinflößenden Kriegsmacht der Sieger«.

Die Version aus dem Jahre 1880 lautet: »Die Karawane zieht ihren langen Weg dahin, unter der Bewachung der schrecklichen Kriegsmacht der Sieger. Die Karawane entfernt sich weiter und weiter. Die friedlichen Weisen der Besiegten und Sieger fügen sich zu einer Harmonie, deren Nachhall noch lange in der Steppe zu hören ist, bis er schließlich in der Ferne langsam erstirbt.«

Die Fassung von 1882 ist harmloser: »Die Karawane zieht ihren langen Weg dahin, unter dem Schutz der russischen Kriegsmacht. Die Karawane entfernt sich weiter und weiter. Die friedlichen Weisen der Russen und der Einheimischen fügen sich zu einer Harmonie, deren Nachhall noch lange in der Steppe zu hören ist, bis er schließlich in der Ferne langsam erstirbt.«

Die Verharmlosung des Textes zeigt die persönliche Situation des Komponisten und die Haltung der staatlichen Zensur zum aufkeimenden Nationalitätenproblem: Der Tatarenspröß Borodin läßt nur in der Version von 1880 Sympathie für die Besiegten erkennen; die Zensur ihrerseits kann nicht zulassen, daß die »schützende« Kriegsmacht Rußlands als schrecklich bezeichnet wird.

Insgeheim dachten russische Politiker zu diesem Zeitpunkt sogar darüber nach, ob es nicht möglich wäre, sich die Tataren weit vom Hals zu schaffen: sie aus der Region Kasan etwa in den Kaukasus, nach Zentralasien oder nach Turkestan zu deportieren. Den realistischen Schilderungen des Dichters Maxim Gorkij ist zu entnehmen, daß der Gouverneur von Kasan den Zaren auf derlei Bestrebungen hingewiesen hat.

Für den Vielvölkerstaat Rußland war das erstarkende Nationalbewußtsein zum Problem geworden.

Maxim Gorkijs Universitäten an der Wolga

»Und so war ich in der halbtatarischen Stadt, in einer engen kleinen Wohnung in einem einstöckigen Haus. Es stand einsam auf einer Anhöhe am Ende einer engen, ärmlichen Straße und grenzte auf der einen Seite an eine verlassene Brandstätte; auf ihr wucherte dichtes Unkraut. Aus dem Gestrüpp von Wermut, Klette und Sauerampfer ragten zwischen Holunderbüschen die Ruinen eines Ziegelgebäudes empor, darunter befand sich ein geräumiger Keller. Herrenlose Hunde lebten und kampierten in ihm. Ich kann mich gut an diesen Keller erinnern, war er doch eine meiner Universitäten.«[34]

Die richtige Universität blieb ihm verschlossen, dem jungen Alexej Maximowitsch Peschkow, der sich später Maxim Gorkij nannte. Die schulischen Voraussetzungen fehlten ihm dafür. Doch die Vielvölkerstadt Kasan – diese Mischung aus Tataren, Russen, Ukrainern, Armeniern, Kalmücken und anderen Volksgruppen – bot die Chance, vom Leben zu lernen.

Kasan war gegen Ende der siebziger Jahre des 19. Jahrhunderts zur Keimzelle des revolutionären Denkens in Rußland geworden. Peschkow lebte bei einem Bäcker und Kolonialwarenhändler, der

Derenkow hieß. Sein Laden war armselig. Die Kundschaft bestand aus Arbeitern, die jedoch alle lesen und schreiben konnten. Sie betraten das Geschäft wohl mit der Absicht, Brot zu kaufen, doch vor allem baten sie um Bücher. Derenkow hatte es verstanden, sich eine Sammlung von Schriften zu besorgen, die von der Zensur verboten waren. Hinter dem Laden befand sich eine respektable Bibliothek, die von der Polizei nicht entdeckt wurde.

Peschkow lernte einen Mann namens Romas kennen, der aus sibirischer Verbannung heimgekehrt war und davon sprach, daß Gerechtigkeit unter den Menschen möglich sein müsse. Doch um Gerechtigkeit zu erreichen, müßten die Menschen erst aus der Erstarrung aufgeschreckt werden. Es genüge eben nicht, die Verse des Gutsbesitzers Nekrassow zu rezitieren. Die Rezitation sei durch Agitation abzulösen; sie sei auf die Bauern auszurichten. »Ihnen muß man einhämmern: Du, mein Lieber, bist kein schlechter Kerl, lebst aber schlecht und hast keine Ahnung, was du tun mußt, damit dein Leben leichter und besser wird. Ein Tier weiß eher für sich zu sorgen als du, weil es sich besser zur Wehr setzen kann. Und dabei ist aus dir, dem Bauern, alles hervorgegangen – der Adel, die Geistlichkeit, die Gelehrten, die Zaren; sie waren ursprünglich Bauern. Siehst du das ein? Hast du's verstanden? Dann lerne leben, ohne dich unterkriegen zu lassen.«

In langen Diskussionsabenden stritten sich mittellose Studenten, gescheiterte Lehrer, wirklichkeitsfremde Tagelöhner, intellektuelle Handwerker über den richtigen Weg zur Veränderung der sozialen Zustände. Immer wieder war ihr Ansatzpunkt, die Bauern an der Wolga als Streitmacht der Revolution einzusetzen. Doch die Einsicht stellte sich schnell ein, daß die Bauern nicht gewillt waren, in Einigkeit den Kampf zu führen; sie blieben mit Herz und Blut Untertanen des Zaren. »Die Bauern sind sich selbst feind. Ein schlimmes Volk.«

Alexej Maximowitsch Peschkow hörte zu und erfuhr, wie verschieden das Denken der Menschen verläuft, wodurch ihre Handlungen geprägt sind, in welcher Not sie zu leben gezwungen sind. Als er später einmal gefragt wurde, warum er zu schreiben begonnen habe, war dies seine Antwort: »Das qualvolle arme Leben hat mich bedrückt, und dazuhin hatte ich vom Leben so starke Eindrücke erhalten, daß ich unbedingt schreiben mußte!«

Ihm wurde auch bewußt, daß die Zeit für einen Erfolg der Revolutionäre[35] noch nicht reif war. Er begriff die Sinnlosigkeit der Diskussionen und wurde wütend über die Wiederholungen der Argumente, über Gedanken, die sich im Kreise drehten. Peschkow verließ dann die Diskutierenden und ging durch die Gärten zur Wolga.

»Wenn ich sehe, wie die Strömung der Wolga, fern in der Dunkelheit geboren, den Brokatstreifen des Lichts in leise Bewegung versetzt und sich im schwarzen Schatten des Steilufers verliert, fühle ich, daß mein Denken lebhafter, schärfer wird. Mühelos denke ich an etwas, das in Worte nicht faßbar und allen fremd ist, was ich am Tag erlebt habe. Die hoheitsvolle Bewegung der Wassermassen vollzieht sich fast lautlos. Gleich einem Fabelwesen mit feuerfarbenem Gefieder gleitet ein Dampfer über die dunkle, breite Fahrrinne dahin, gefolgt von einem weichen Rauschen, das an das Schlagen schwerer Flügel erinnert. Am Wiesenufer flimmert ein Licht, von dem ein spitzer roter Strahl aufs Wasser fällt. Es ist ein Fischer, der beim Schein einer Kienspanfackel Fische fängt. Man könnte auch meinen, ein heimatloser Stern sei vom Himmel auf den Fluß gesunken und irre als feurige Blume über die Fluten.«

Die autobiographischen Werke Peschkows – erschienen unter dem Pseudonym »Gorkij«, das mit dem Begriff »der Bittere« zu übersetzen ist – enthalten viele Schilderungen des großen Flusses und selbsterlebter Fahrten auf dem Wasser. Er beschrieb, wie er die Strecke von Kasan nach Astrachan auf einem Frachtkahn zurücklegte, der von einem Schlepper gezogen wurde. Das Schiff kam aus Nishnij Nowgorod von der dortigen Handelsmesse. Es war vollbeladen mit Gütern für Persien: Eisenwaren, Fässer mit Zucker und Kisten, die Gewehre enthielten. Der Frachtkahn passierte die Stelle des Zusammenflusses von Kama und Wolga: Als stahlgrau schildert Gorkij das Wasser der Wolga – als gelb das der Kama. Gorkij erlebt, wie ein Mann in den Fluß springt, weil er plötzlich glaubt, es sei besser für ihn, Simbirsk nicht zu erreichen; der Mann hat zuvor geschworen, in Simbirsk seinen Onkel umzubringen, der Geld veruntreut hat. Der Sprung in die Wolga bewahrt den Mann vor einer Bluttat. Er gelangt ans Ufer mit dem Bewußtsein, seine Seele gerettet zu haben.

Bis Simbirsk war Gorkij Knecht des Steuermanns. Bei der Anlegestelle Simbirsk aber wurde ihm deutlich gemacht, daß man ihn auf dem Kahn nicht mehr haben wolle. Gorkij fuhr bis Samara als blinder Passagier, dann ließ er sich auf einem Frachtschiff anheuern und gelangte sieben Tage später nach Astrachan.

Nishnij Nowgorod aber ist die magische Stadt für Maxim Gorkij geblieben: Seine Kindheit hatte er dort verbracht, im Holzhaus seines Großvaters, der ihn oft bis zur Bewußtlosigkeit prügelte. Dieser Großvater konnte, wenn er nüchtern war, dem Jungen eindringlich vom Leben an der Wolga erzählen. Nie hat Alexej Maximowitsch vergessen, was sein Großvater über die Zeit sagte, als er Wolgaschlepper gewesen war:

»Mit eigener Kraft habe ich in meiner Jugend Frachtkähne gezogen, die Wolga stromaufwärts. Das Schiff befand sich draußen auf dem Fluß, ich aber lief dem Ufer entlang, barfuß, über spitze Steine, über Geröll, und so von Sonnenaufgang bis zur Nacht, der Kopf glüht, aber du gehst und gehst, vornüber gebeugt, das Kinn fast auf der Erde, und jeder Knochen knirscht. Dabei kannst du den Weg nicht sehen, der Schweiß verklebt dir die Augen, während die Seele sich abhärmt, während die Träne rinnt. Da gehst du also und gehst, bis du im Ziehgurt zusammenbrichst. Ich habe die Mutter Wolga auf diese Weise dreimal durchmessen, von der Simbirsker Gegend bis Rybinsk, von Saratow bis Nishnij Nowgorod, von Astrachan bis zum Kloster Makarjew, wo die Handelsmesse abgehalten wurde. Im vierten Jahr wurde ich dann Aufseher. Ich hatte gezeigt, daß ich Verstand besaß.«

Geizig war der Großvater. Die Großmutter, die Alexej Maximowitsch sehr liebte, mußte für Geld sorgen – und der Junge auch. Nun war Nishnij Nowgorod eine Stadt, in der alljährlich eine Verkaufsmesse stattfand, die von Kaufleuten aus dem ganzen Wolgagebiet und aus der Region zwischen Fluß und Ural besucht wurde. Früher einmal war diese Messe als Jahrmarkt beim Kloster Makarjew abgehalten worden. Verkehrsmäßig lag Nishnij Nowgorod am Zusammenfluß von Wolga und Oka jedoch weit günstiger. Für die Menschen der Stadt brachte die Messe Arbeit und Brot. Alexej Maximowitsch verdiente sich auf seine Art Kopeken: Wurden auf der Insel Peskij an der Okamündung die Verkaufsbuden abgebrochen, in denen vor allem Eisenwaren verkauft worden waren, dann stahl er die Bretter der Budenwände: »Zwei oder drei Bretter konnte man an einem Tag schon an sich bringen. Man brauchte dazu schlechtes Wetter, dann suchten die Wächter irgendwo Schutz.«

In Nishnij Nowgorod kam Maxim Gorkij, als er älter wurde, in Kontakt zu Männern, die aus St. Petersburg und Moskau verbannt waren, weil sie als politische Unruhestifter galten. Sie durften die Stadt am Zusammenfluß von Wolga und Oka nicht verlassen. Die Polizeibehörde beaufsichtigte sie. Die Verbindung mit diesen »Revolutionären« und Anhängern kommunistischer Ideen zog die Aufmerksamkeit der Polizeiagenten auf Maxim Gorkij. Auch er wurde fortan beobachtet.

Die Polizei ermittelte und fand heraus, daß er in Kasan Handlanger in einer Bäckerei gewesen war, die von der Behörde jetzt als Verschwörernest bezeichnet wurde. Der Verdacht lag nahe, daß Gorkij selbst mit verschwörerischen Ideen umging. Und so wurde eine »Akte Peschkow« angelegt.

24 Jahre alt war Gorkij, als er seine erste Erzählung veröffentlichte. Er schrieb über das, was er an der Wolga erfahren und in sich gespeichert hatte: den Keller einer Ruine, die Bäckerei der Verschwörer, Kneipen in Nishnij Nowgorod, Kähne auf der Wolga, die Schicht der Kleinbürger. Er hatte sie studieren können, die Kleinbürger, als er in Samara lebte und für das dortige »Journal« eine ständige Kolumne schrieb, die sonntags im Blatt zu stehen hatte. Einhundert Rubel im Monat zahlte ihm die »Zeitung für das Gouvernement Samara an der Wolga« dafür. Thema der Kolumne war das Leben in Stadt und Dorf. Er schrieb über alles, was die Leute interessierte – vor allem auch über die kleinen Skandale. Allerdings vermied er es, die Kolumne mit seinem Namen zu zeichnen; er verwendete auch das Pseudonym Gorkij nicht. Unter

den Kolumnen des Journals von Samara steht der Name Jehudilius Chlamys.

Die Menschen in Gorkijs Schriften sind, trotz aller Beengung, von der Wolga geprägt, vom breit strömenden Fluß, von der Weite der Landschaft auf der Wiesenseite, von den riesigen Dimensionen des Gewässersystems. Gorkij empfand, daß von der Wolga eine Kraft ausströmt, »die unerklärlich ist, den Menschen unbewußt und noch ohne Kenntnis der menschlichen Wünsche und Ziele«.

Fjodor Iwanowitsch Schaljapin, fünf Jahre jünger als Gorkij und mit dem Dichter befreundet, hat dessen Beziehung zum Fluß so beschrieben: »Ich weiß aus sicherer Überzeugung, daß alle Gedanken, alle Taten, alle Gefühle Gorkijs, die guten wie die schlechten, nur die einzige Quelle hatten: die Wolga.«

Die Entwicklung zum revolutionären Schriftsteller und schließlich zum Revolutionär verlief folgerichtig. Maxim Gorkij hatte das Elend an der Wolga studieren können; er stand auf der Seite derer, die dagegen protestierten. Als am »blutigen Sonntag« des Jahres 1905 in St. Petersburg vor dem Winterpalast von den Garden des Zaren mehrere hundert Menschen erschossen wurden, da protestierte Gorkij in einem »Aufruf an das russische Volk«. Von nun an unterstützte er diejenigen, die das Ende der Dynastie Romanow herbeiführen wollten. Im Jahre 1907 war er Delegierter beim fünften Parteitag des bolschewistischen Flügels der Sozialdemokratischen Arbeiterpartei Rußlands; getagt wurde in London. Gorkij war in den Bann des bedingungslosen Revolutionärs Lenin geraten; auch er war ein Kind der Wolgaregion.

In Simbirsk wächst ein Revolutionär heran

Geboren wurde er als Wladimir Iljitsch Uljanow im Seitengebäude des gutbürgerlichen Hauses der Witwe Pribylowskaja in der Strelezkajastraße. Das Haus ist erhalten. Es duckt sich zwischen den gewaltigen Palästen aus Beton und Glas, die während der vergangenen Jahre in Uljanowsk, der einstigen Stadt Simbirsk, rings um die Leningedenkstätten entstanden sind.

Der Ministerrat der UdSSR hatte am 2. Oktober 1984 die Schaffung des Staatlich-Historischen Museumsreservats »Die Heimat W. I. Lenins« beschlossen. Der Bau eines Memorialkomplexes von gewaltigen Ausmaßen wurde begonnen. Die Gebäude, die von Lenin einst bewohnt worden waren, aber auch andere Häuser, die nur irgendwie mit dem Revolutionär aus Simbirsk in Verbindung gebracht werden konnten, sollten renoviert und mit modernen Baustrukturen umgeben werden. In den Palästen aus Beton und Glas sollten Kongresse stattfinden und die Erforschung von Lenins Lebenswerk vorangetrieben werden. Heute sind die Hochhäuser und die breit hingelagerten Betonklötze verödet, die Erforschung der Person und der Werke Lenins ist eingestellt, obwohl in einer Publikation[1] noch 1990 als Ziel propagiert worden war: »Uljanowsk soll zur Stadt des Andenkens an W. I. Lenin werden, jenes Mannes, der wohl die tiefste Spur in der Geschichte der Menschheit hinterlassen hat.« Es war die letzte Veröffentlichung des Staatlich-Historischen Museumsreservats.

Simbirsk war zu der Zeit, als Wladimir Iljitsch Uljanow dort aufwuchs, eine beachtliche Bezirkshauptstadt. Dreißigtausend Menschen lebten in ihr, unter ihnen viele Handwerker und Händler. An Industrieansiedlung dachte kaum jemand, denn die Stadt war nicht an das Eisenbahnnetz angeschlossen. Die Wolga war die Verkehrsader, die Simbirsk mit dem übrigen Rußland verband. Allerdings war der Fluß im Winter zugefroren; dann war die Stadt für mehrere Monate vom übrigen Rußland abgeschnitten. Die Bewohner warteten, bis Ende März oder spätestens Mitte April das Eis aufbrach; dann trafen wieder Dampfer von Zarizyn und Kasan ein und mit ihnen Händler und Waren.

Simbirsk, heute noch Uljanowsk, liegt auf der Bergseite der Wolga – auf dem Steilufer. Das linke Ufer, das Wiesenufer, ist flach. Zwei kleine Flüsse – sie heißen Swijaga und Simbirka – münden auf der Stadtseite in den großen Fluß. Die Gewässer boten der Siedlung in der Geschichte gute Verteidigungsmöglichkeiten; und tatsächlich war Simbirsk im Jahre 1648 als russische Festung zur Abwehr tatarischer Angriffe gegründet worden. Mit der Abnahme der Tatarengefahr schwand die strategische und damit auch die politische Bedeutung der Provinzstadt an der Wolga.

Dennoch lebten, als Wladimir Iljitsch Uljanow dort geboren wurde, bedeutende Männer in Simbirsk: der Bruder des Dichters Iwan Gontscharow, die Dichter Dimitrij Osnobischin und Dimitrij Minajew sowie der tschuwaschische Volkskundler Iwan Jakowlew. Zu den Honoratioren gehörte auch Ilja Nikolajewitsch Uljanow, der Vater von Wladimir Iljitsch. Er war seit 1869 Inspektor der Volksschulen im Gouvernement und hatte beschlossen, das Niveau der Schulen zu heben. In seinem Arbeitsbericht über die Anfänge seiner Tätigkeit schrieb er: »Nur 89 von 460 Schulen im Gouvernement waren einigermaßen in Ordnung. Die übrigen befanden sich in kläglichem Zustand oder waren überhaupt nur auf dem Papier vorhanden.«

Der Volksschulinspektor Ilja Nikolajewitsch Uljanow war der Sohn jenes Nikolaus Wassiljewitsch Uljanow, der zur Zeit der Humboldtreise ans Kaspische Meer als Schneider in Astrachan gelebt hatte. Die Frau des Schneiders, und damit Lenins Großmutter, war die Kalmückin Anna Alexejewna Smirnowa gewesen. Sie und ihr Mann hatten ehrgeizige Pläne gehabt. Handwerker sollte der Sohn der beiden nicht werden – das war der Wunsch des Vaters. Ilja Nikolajewitsch trat im Jahr 1843 ins Astrachaner Gymnasium ein, das er mit Auszeichnung bestand. Der Vater war inzwischen gestorben; dessen älterer Bruder, der Fuhrmann war, übernahm die Verantwortung für Ilja Nikolajewitsch und schickte ihn – was ganz außergewöhnlich war – auf die Universität nach Kasan.

Seine Fächer waren Mathematik und Chemie. Bemerkenswert ist, daß er dem zaristischen Kurator damals als »autoritätsgläubig« auffiel. Andere Studenten und auch Lehrkräfte bekamen in jenen Jahren Schwierigkeiten, weil sie fortschrittliches und liberales Denken demonstrierten. Ilja Nikolajewitsch aber wurde von den Unterrichtsbehörden wegen seines konformen Verhaltens gelobt. Mit einem Preis für Fleiß schloß er die Studien ab.

Seinen ersten Posten als Lehrer für Mathematik und Chemie trat er in der Stadt Pensa an, die am Wolganebenfluß Sura liegt. Dort heiratete er Maria Alexandrowna Blank.

Bis zum Zusammenbruch der UdSSR wurde die Tatsache, daß Maria Alexandrowna Blank deutscher Abstammung war, wie ein Staatsgeheimnis behandelt. Der Russe Lenin durfte nicht deutsches Blut in den Adern haben. Dabei war nicht nur die Mutter der Maria Alexandrowna, also Lenins Großmutter, Deutsche (lutherischer Konfession), sondern auch der Vater, Dr. Alexander Dimitrijewitsch Blank, war deutscher Abstammung. Und ihre gemeinsame Tochter – die dann Lenins Mutter wurde – ist im lutherischen Glauben erzogen worden.

Dr. Blank war Absolvent der Medizinischen Akademie St. Petersburg. Er praktizierte in verschiedenen Städten der Wolgaregion. Die Erziehung der Tochter Maria Alexandrowna übertrug er nach dem frühen Tod seiner Frau einer deutschen Tante, die dem Mädchen einen hohen Bildungsstand vermitteln konnte. Maria Alexandrowna besuchte nie eine öffentliche Schule, und doch erlangte sie die Befähigung zum Volksschullehrerberuf. Außer Russisch sprach die Arzttochter Deutsch, Englisch und Französisch. Sie war in solchen Kenntnissen ihrem Mann überlegen.

Der nun verheiratete Lehrer Ilja Nikolajewitsch Uljanow wurde von Pensa aus nach Nishnij Nowgorod versetzt, das damals als Handelszentrum von sich reden machte. Die jährliche Messe von Nishnij Nowgorod entwickelte sich zum wichtigsten Umschlagplatz für Eisenwaren und Pelze. Damals entstand in Rußland die Redensart: »St. Petersburg ist der Kopf des Zarenreichs, Nishnij Nowgorod ist sein Bauch!«

Die Messestadt war jedoch nur eine Zwischenstation in der Laufbahn des Lehrers Uljanow. Seine endgültige Heimat wurde Simbirsk. Dort kam am 22. April 1870 Wladimir Iljitsch zur Welt.

Das Seitengebäude der Witwe Pribylowskaja in der Strelezkajastraße wurde der Familie Uljanow nun zu klein: Wladimir Iljitsch war das dritte Kind; Maria Alexandrowna hatte bereits die Tochter Anna und den Sohn Alexander geboren. Ein halbes Jahr nach der Geburt des Wladimir Iljitsch zogen die fünf Personen um ins Hauptgebäude der Witwe. Diese Wohnung genügte allerdings schon ein Jahr später auch nicht mehr – da war die Familie auf sechs Personen angewachsen. Doch auch die nächste Unterkunft, ebenfalls an der Strelezkajastraße gelegen, war kein Aufenthaltsort auf Dauer. Der Grund für einen neuerlichen Umzug war, daß Ilja Nikolajewitsch Uljanow zum Inspektor der Volksschulen im Gouvernement Simbirsk ernannt wurde. Ein standesgemäßes Haus fand die Familie – inzwischen sieben Personen stark – in der Moskowskaja-Straße, der modernsten in Simbirsk: Die Fahrbahn war befestigt; die Gehwege bestanden aus hölzernen Brettern; abends wurden an den Straßenecken Laternen entzündet.

Das Haus – es war aus Holz – wurde Ilja Nikolajewitsch wiederum bald zu klein, denn er stand nun einem Haushalt von acht Personen vor. Er wollte aber in der Moskowskaja-Straße bleiben, führte sie doch ins Grüne hinaus zum Fluß Swijaga – so mußte er mit einem Kompromiß vorliebnehmen. Anna, die ältere Schwester von Wladimir Iljitsch, erinnerte sich später: »Wir bezogen ein Gutsbesitzerhaus mit einem geräumigen hohen Saal und einem Zimmer für Gäste. Unsere Wohnzimmer aber waren eng und unbequem. Die Küche war im Keller und im Winter eiskalt. Sinnlos war der lange Gang. Das Haus war wunderbar geeignet für Empfänge eines Großgrundbesitzers. Nur für eine Familie wie die unsere war es nicht passend.«[2]

Der Vater sah rasch ein, daß er einen Fehler gemacht hatte. Er mietete eine Wohnung im Nachbarhaus. Doch auch diesen Schritt bereute er bald. Den Erinnerungen von Anna Uljanow ist zu entnehmen: »Im folgenden Winter in der Wohnung, die einem Anaksagorow gehörte. Das Haus, welches drei Fenster auf der Straßenseite besaß, war so beschaffen, daß man aus einem Zimmer in das andere gelangte. Man konnte im Kreis durch die ganze Wohnung laufen, was den Kleinen viel Spaß machte.«[3] Wladimir Iljitsch, der von den Familienmitgliedern Wolodja genannt wurde, kam in jener Zeit zur Schule.

Die Uljanows blieben auch weiterhin in der Moskowskaja-Straße. Sie mieteten wieder ein ganzes Haus, das sogar den Vorteil hatte, noch näher als die anderen am Swijagafluß zu liegen. Es ist heute so hergerichtet, als ob es seit der Kindheit Lenins nicht verändert worden wäre. Im größten Raum, Gesellschaftszimmer genannt, steht ein Flügel – die Mutter beherrschte das Instrument. In diesem Zimmer versammelte sich die Familie an Festtagen und manchmal abends. Das Eßzimmer schließt sich an. Der Tisch befindet sich in der Mitte; eine Petroleumlampe hängt darüber. Genauso einfach ist das Arbeitszimmer des Vaters: Der Schreibtisch ist ans Fenster gerückt. Darauf liegt ein Schreibzeug, das ihm das Lehrerkollegium zu einem Jubiläum geschenkt hat. Ein Diwan aus Leder steht an der Wand. Auf ihm ruhte sich der Schuldirektor und spätere Inspektor für das Gouvernement Simbirsk aus.

Aufbewahrt sind auch die Zeitschriften, die Ilja Nikolajewitsch Uljanow abonniert hatte. Ihre Titel hießen in der Übersetzung »Familie und Schule«, »Kinderlektüre«, »Vaterländische Blätter«, »Der Zeitgenosse«, »Der Funke«. Diese letzte Zeitschrift (auf russisch »Iskra«) hatte satirischen Charakter und darf nicht mit dem Publikationsorgan der Exilsozialisten verwechselt werden, das Lenin ab 1900 in Leipzig und München herausgab.

Der Vater war oft wochenlang von Haus und Familie abwesend. Er hatte nicht nur die Schulen in der Stadt Simbirsk zu inspizieren, sondern er wurde vor allem auf dem Land gebraucht, um den Lehrern Instruktionen zu erteilen. Ilja Nikolajewitsch ritt zu Pferd; nur bei schlechtem Wetter benützte er Wagen oder Schlitten. Seine Aufsichtsbehörde erkannte an, daß er viel leistete und Erfolg hatte. Er wurde zum Wirklichen Staatsrat ernannt und geadelt: Er erhielt den vierthöchsten Rang einer Skala von vierzehn möglichen Titeln.

Von Wolodjas Mutter wird erzählt, sie sei eine sehr bestimmende Persönlichkeit gewesen, die sich durch starken Willen und entschlossenen Charakter ausgezeichnet habe. Sie war zuständig für die Erziehung der Kinder. Deren Kleider nähte sie selbst auf einer Singer-Nähmaschine – die im Leninhaus in Uljanowsk noch zu besichtigen ist. Vom Kind Wolodja wird berichtet, es sei »lebhaft, keck und fröhlich gewesen. Es liebte laute Spiele und Herumtollen. Sein Spielzeug zerbrach [der Kleine] öfter, als daß er damit spielte. Bald aber begann er den Fleiß zu entwickeln, der später so bestaunt wurde.«[4]

Von den sozialen Unruhen, die den Regierenden in St. Petersburg Sorgen bereiteten, war an der mittleren Wolga wenig zu spüren. In Simbirsk wurden zwar manchmal primitiv gedruckte Zettel an Hauswänden entdeckt, die Aufrufe zum Mord an Gutsbesitzern enthielten oder hin und wieder auch den Tod des Zaren forderten. Als Zar Alexander II. dann am 28. Februar 1881 tatsächlich einem Attentat zum Opfer fiel, war der Volksschuldirektor des Gouvernements Simbirsk ratlos – war dieser Zar doch derjenige gewesen, der den Leibeigenen die Freiheit gegeben hatte. Für Ilja Nikolajewitsch Uljanow war Alexander II. der »Befreierzar« gewesen. Berichtet wird, der Vater Wolodjas habe, als er die Nachricht vom Attentat erhalten hatte, in hilfloser Trauer seine Beamtenuniform angezogen und sei in die Hauptkirche von Simbirsk gegangen.

Dem Mord am Zaren war ein Todesurteil vorausgegangen – ausgesprochen von der Bewegung »Narodnaja Wolja« (»Volkswille«), deren Ziel es war, das herrschende System durch Terror zu verändern. Daß der Zar die Leibeigenschaft wenigstens formal abgeschafft hatte, werteten die Männer und Frauen, die den Umsturz erstrebten, nicht als fortschrittliche Tat: Alexander II. blieb die Galionsfigur des verhaßten Regimes.

Terror als Mittel zur Auslösung der Revolution – damit sollte die radikale Phase in der Entwicklung des Widerstands gegen Zar, Adel und Grundbesitzer eingeleitet werden. Vorausgegangen war der – von Maxim Gorkij in seinen autobiographischen Werken geschilderte – Versuch, die Landbevölkerung aufzuwiegeln. Er mißlang. Hin und wieder hatten sich frühere Leibeigene dazu hinreißen lassen, den Gutshof ihres Herrn anzuzünden, weil sie sehr bald zu spüren bekamen, daß sich ihre Lage keineswegs verbessert hatte. Doch meistens bemerkten die Bauern und Knechte, daß die Aufwiegler Studenten aus wohlhabendem Hause oder wortreiche Nichtstuer waren, von denen sie sich nichts sagen lassen wollten. Die Intellektuellen und Vielredner boten ihnen keine Alternative zur bestehenden Ordnung. Mit der Parole »Land und Freiheit« identifizierten sich Bauern und Knechte nicht, weil sie ihnen von den falschen Leuten dargeboten wurde.

Die von Karl Marx propagierte Vision der Arbeiterschaft als Träger der Revolution ließ sich in Rußland nicht realisieren, da es noch nicht genügend Arbeiter gab. Die Industrialisierung war noch nicht so weit fortgeschritten wie in Westeuropa. Die Mehrheit der Menschen Rußlands arbeitete in landwirtschaftlichen Betrieben. Die Revolutionäre konnten also nur das eine Fazit ziehen, daß ihnen das revolutionäre Potential fehle. Um revolutionäre Taten zu verüben, blieb ihnen ausschließlich die Anwendung von Gewalt. Angehörige der Bewegung »Narodnaja Wolja« versuchten 1879 den Eisenbahnzug des Zaren in die Luft zu jagen. Die Attentäter wußten jedoch nicht, daß dem Zarenzug ein Güterzug vorausfuhr. So wurde nur das kaiserliche Gepäck beschädigt. Wenige Wochen später detonierte im Keller des Winterpalastes in St. Petersburg eine Dynamitladung. Der Zar befand sich eben im ersten Stock des Gebäudes, über der Stelle der Detonation – es geschah ihm nichts.

Wiederum nur wenige Wochen später, an einem Sonntag, fuhr der Zar am frühen Nachmittag in der Kutsche am Katharinenkanal entlang, der jetzt Gribojedow-Kanal heißt. An der Kreuzung der Newskij-Prospekts wurde ein Sprengkörper unter den Wagen geworfen. Die Detonation tötete zwei Männer der Zarengarde. Der Herrscher entstieg dem leicht beschädigten Fahrzeug unverletzt. In diesem Augenblick flog wieder ein Sprengkörper durch die Luft. Seine Explosion verwundete den Zaren tödlich.

Sein Sohn, Alexander III., regierte nach dem Grundsatz: Orthodoxie, Autokratie und Nationalbewußtsein. Orthodoxie und Autokratie – sie waren eng miteinander verbunden, da der Zar als höchster Repräsentant der herrschenden autokratischen Schicht zugleich »Oberster Hüter der Orthodoxie« war – sollten für eine Steigerung des Nationalbewußtseins sorgen; gemeint war natürlich das russische Nationalbewußtsein. Nun lebten im Russischen Reich jedoch über einhundert unterschiedliche Völker. Sie alle wurden gezwungen, russisch zu sprechen und ihre Eigenheiten aufzugeben. Das Ergebnis war eine wachsende Unzufriedenheit der unterdrückten Nationalitäten.

Ilja Nikolajewitsch Uljanow, der Sohn einer kalmückischen Mutter, fühlte sich als Russe und völlig dem Gedanken des russischen Nationalismus verpflichtet. Doch in seiner praktischen Arbeit erlaubte er sich Abweichungen von der Leitlinie, die vorschrieb, daß die einzelnen Nationalitäten russifiziert werden sollten. In unmittelbarer Nachbarschaft seines Wohnhauses bewies der Beamte, daß er unabhängig handeln konnte: Er ließ seine ganz besondere Protektion einer Lehrerbildungsanstalt für die tschuwaschische Minderheit angedeihen, die seit 1868 in Simbirsk, in der Nähe des Swijagaflusses, bestand.

Das Volk der Tschuwaschen war einst als Turkstamm aus dem Osten zum großen Fluß gewandert. Vor dem 10. Jahrhundert hatte es die Ufergebiete der Wolganebenflüsse Sura und Swijaga besiedelt. Als die Wolgabulgaren mächtig wurden, verloren die Tschuwaschen ihre Eigenständigkeit. Seit 1552 gehörte ihr Gebiet zu Rußland. Im 19. Jahrhundert wohnten die meisten Tschuwaschen im hügeligen Land der Wolga-Bergseite zwischen Samara und Simbirsk; ihr Gebiet wurde im Westen durch den Fluß Sura begrenzt.

Daß im Reich des Zaren eine Stätte zur Ausbildung von Lehrern für das Volk der Tschuwaschen existieren konnte, verdankte deren Gründer Iwan Jakowlew dem Volksschuldirektor und nachmaligen Inspektor Uljanow. Jakowlew erhielt vor allem von ihm Unterstützung in seinem Bemühen, die Turksprache der Tschuwaschen am Leben zu erhalten.

Die Familien Uljanow und Jakowlew waren freundschaftlich verbunden. Sie besuchten einander an Sonntagnachmittagen. Und diese Begegnungen mit der Tschuwaschenfamilie sollten später – als aus dem jungen Uljanow Lenin geworden war – noch Auswirkungen haben: Die Tschuwaschen gehörten zu den ersten Völkern, denen der junge Sowjetstaat eine gewisse Selbständigkeit gewährte. Am 24. Juni 1920 – damals war Lenin der mächtigste Mann Rußlands – wurde das Autonome Gebiet der Tschuwaschen geschaffen. Die Stadt Tscheboksary wurde sein Zentrum.

Als Ilja Nikolajewitsch Uljanow 1886 starb, war Wolodja erst fünfzehn Jahre alt und Gymnasiast. Nahezu zwanzig Jahre alt war Wolodjas Bruder Alexander Iljitsch, der in der Familie Sascha genannt wurde. Er studierte in St. Petersburg und kam nicht zur Beerdigung des Vaters nach Simbirsk. Seine Abwesenheit mag vor allem einen politischen Hintergrund gehabt haben: Alexander Iljitsch war Aktivist der Bewegung »Narodnaja Wolja«, deren Mitglieder 1881 den Zaren Alexander II. getötet hatten und nun Alexander III. ermorden wollten.

Alexander Iljitsch war als Student in den Kreis der Anhänger von »Narodnaja Wolja« geraten und galt als vehementer Befürworter der Idee, das Regime des Zaren durch Sprengstoffanschläge zu zerrütten. Alexander Iljitsch ließ sich von einem Amateurchemiker eine Bombe zusammenbauen. Doch noch ehe er die Möglichkeit bekam, sie unter dem Wagen von Alexander III. detonieren zu lassen, wurde sein Vorhaben verraten. Alexander Iljitsch Uljanow wurde verhaftet.

Seine Mutter erhielt die Nachricht im Haus der Lehrerin Kaschkadamowa, die mit der Familie Uljanow eng befreundet war. Eine Nichte, die in St. Petersburg wohnte, hatte von der Verhaftung gehört und die Lehrerin informiert, mit der Bitte, die Mutter vorsichtig in Kenntnis zu setzen. Frau Kaschkadamowa ließ Wolodja aus der Klasse rufen und zeigte ihm den Brief, den sie aus St. Petersburg erhalten hatte. Wolodja holte dann die Mutter zu Frau Kaschkadamowa. Das Haus, in dem dies geschah, ist heute noch erhalten; es befindet sich in der Krasnoarmejskaja-Straße.

Kaum hatte die Mutter begriffen, was geschehen war, entschloß sie sich zu handeln: Sie lieh sich ein Pferd und ritt nach Sysran, einhundert Kilometer von Simbirsk wolgaabwärts. In Sysran befand sich die nächste Bahnstation. Mit dem Zug fuhr sie über Moskau nach St. Petersburg.

Maria Alexandrowna Uljanowa eilte zum Winterpalais, um den Zaren untertänigst zu bitten, ihr den Besuch des verhafteten Sohnes zu gestatten. Sascha war inzwischen in die Festung Schlüsselburg gebracht worden, die sich auf einer Insel beim Ausfluß der Newa aus dem Ladogasee befindet. Der Zar gestattete der Beamtenwitwe Uljanow, deren Mann in den Adelsstand erhoben worden war, das Betreten der Festung Schlüsselburg. Sie durfte ihren Sohn sprechen.[5]

Beamte des Zarenhofs hatten ihr in St. Petersburg gesagt, sie würden dem Angeklagten empfehlen, den Herrscher um Verzeihung zu bitten und ihn um Gnade anzuflehen – in diesem Fall könne Sascha damit rechnen, nicht hingerichtet zu werden. Doch der Einundzwanzigjährige ließ sich darauf nicht ein, und selbst die Mutter konnte ihn nicht umstimmen. Überliefert ist, daß Sascha gesagt habe, den Zaren um Gnade anzuflehen, sei Heuchelei; er wolle für sein Land sterben. Am 8. Mai 1887 wurde Alexander Iljitsch Uljanow in Schlüsselburg gehängt. Seine Mutter begleitete ihn zum Galgen.

Das zaristische Regime war jedoch nicht so unmenschlich, die Familie Uljanow darunter leiden zu lassen, daß einer ihrer Söhne die Absicht gehabt hatte, den Zaren umzubringen. Wenige Wochen nach Saschas Hinrichtung erhielt Wladimir Iljitsch beim Abgang vom Simbirsker Gymnasium in Anerkennung von Fleiß und Betragen eine Goldmedaille überreicht. Sein Leben blieb zunächst vom Tod des älteren Bruders unbeeinflußt.

Doch der Wohnort der Familie änderte sich. In der Erinnerung von Mutter und Sohn Wladimir Iljitsch war geblieben, daß Sascha ein Leben in Simbirsk abgelehnt hatte. Es sei eine entsetzliche Perspektive, so soll er gesagt haben, in Simbirsk leben zu müssen, »wo man völlig abstumpft«. Nichts band die Familie mehr an diese Stadt. Da Wladimir Iljitsch in Kasan studieren wollte, zog auch die Mutter mit den jüngeren Kindern um.

Maria Alexandrowna, die Witwe des Volksschulinspektors, war vermögend. Der Staat zahlte ihr eine beachtliche Pension – sie war jedoch allein schon durch das Erbe, das ihr Vater hinterlassen hatte, wohlsituiert und konnte es sich leisten, Wladimir Iljitsch studieren zu lassen. Daß er Kasan zum Studienort gewählt hatte, war ihr recht: Dort waren zwei ihrer Schwestern verheiratet.

Das ruhige Leben der Uljanows in Kasan dauerte allerdings nicht lange. Bald zeigte es sich, daß auch Wladimir Iljitsch angesteckt war von der Idee der Auflehnung gegen die Autorität. Anfang Dezember 1887 – er hatte gerade erst mit dem Rechtsstudium begonnen – schloß sich Wladimir Iljitsch einer Demonstration gegen den Kurator der Universität an, der seinen Auftrag erfüllen wollte, den Studenten das freie Denken auszutreiben.

Seit dem Jahre 1884 verfolgte die Regierung die Absicht, die Russen noch stärker als bisher zur Achtung der Autorität des Zaren und zur Frömmigkeit im Sinne der Orthodoxie zu erziehen. In seinen letzten Lebensmonaten hatte Vater Uljanow erleben müssen, daß Dekrete in St. Petersburg erlassen wurden, die das Prinzip des Unterrichts verändern sollten. Erkenntnisse zu vermitteln und ein Denken, das von der Wissenschaft beeinflußt war, das war die Grundlage des Unterrichts gewesen, die der Schulinspektor Uljanow in seinem Gouvernement praktiziert sehen wollte. Doch die Dekrete verlangten eine Verminderung der wissenschaftlich orientierten Schulstunden und eine Vermehrung des Religionsunterrichts. Die Schüler sollten mehr beten als lernen. Der Aufklärung des Volkes wollte die Regierung Grenzen setzen. Sie glaubte, damit dem Zweifel der Russen am Gottesgnadentum des Zaren den Nährboden entziehen zu können.

Hatte Zar Alexander II. eine wenn auch beschränkte Lehr- und Lernfreiheit zugelassen, so vernichtete Alexander III. jegliche Autonomie der Universitäten. Professoren, die sich der Wissenschaft verpflichtet fühlten, wurden abgesetzt und durch Personen abgelöst, denen der Zar und die Kirche gleich heilig waren. Die Universitätskuratoren waren dem Zaren verantwortlich, daß die Studenten sich nicht zu Gemeinschaften gleich welcher Art vereinigten. Auch privat sollten sich die Studenten nicht zusammensetzen, weil befürchtet wurde, sie diskutierten Möglichkeiten zum Sturz des Zaren. Der Herrscher und sein Unterrichtsminister waren aufgeschreckt durch die Erfahrung, daß alle Versuche, den Zaren zu ermorden, von Studenten verübt worden waren, die sich zu Debattierclubs zusammengeschlossen hatten.

Die Reduzierung des Unterrichts auf Fächer, die der Kurator für unverfänglich hielt, und das Verbot der Zusammenkünfte empörten auch die Studenten von Kasan. Und mit ihnen demonstrierte Wladimir Iljitsch Uljanow für Freiheit der Lehre, des Lernens und der Bildung von studentischen Gemeinschaften. Am 4. Dezember 1887 wurde er verhaftet. Noch während er im Gefängnis festgehalten wurde, schloß ihn der Universitätskurator von der Fortsetzung der Studien aus. Ohne gerichtliche Verhandlung verfügte die Polizei, W. I. Uljanow werde durch Verbannung bestraft.

Energisch griff die Mutter ein. Sie bestürmte den Polizeichef, ihren Sohn nicht in Gebiete weit im Osten, sondern nach Kokuschkino in der Provinz Kasan zu schicken. Das Gut Kokuschkino an der Wolga gehörte zur Hinterlassenschaft des Dr. Blank, und Wladimir Iljitsch hatte dort häufig die Ferien beim Großvater verlebt. Der Antrag der Mutter hatte Erfolg: Der ehemalige Student Uljanow wurde nach Kokuschkino verbannt.

Alle Gesuche um Wiederaufnahme in die Universität Kasan wurden abgelehnt. Auch die Anfrage, ob ein Studium im Ausland von der Polizeibehörde erlaubt werde, wurde negativ beantwortet. Nur in einem Punkt wurde dem Wunsch der Mutter stattgegeben: Im September 1888 durfte Wladimir Iljitsch in die Stadt Kasan zurückkehren.

Dort, so hat die sowjetische Geschichtsschreibung später herausgearbeitet, beschäftigte sich der junge Uljanow intensiv mit den Schriften von Karl Marx.

Begegnung mit dem Marxismus

Die russischen Intellektuellen hatten sich mit Karl Marx schon früh auseinandergesetzt.[6] Das »Kommunistische Manifest« – 1848 von Karl Marx verfaßt – ist bereits 1860 ins Russische übersetzt worden; acht Jahre später lag auch »Das Kapital« in Russisch vor. Zum Vergleich: Ins Französische übertragen wurde »Das Kapital« im Jahre 1873 und ins Englische 1887.

Übersetzung bedeutete in Rußland jedoch keineswegs freie Verbreitung. Die zaristische Zensur verbot vielmehr die Veröffentlichung der Marxschen Schriften und fachte damit das Interesse der Intellektuellen nur um so mehr an: Sie waren gierig darauf, zu lesen, was der Deutsche über die Verbindung von Macht und Kapital dachte – und welche Entwicklung er für Rußland voraussagte.[7] Als Anreiz zur Weiterverfolgung der revolutionären Arbeit wurde der Gedanke aufgenommen, die Russen müßten zur Vorhut der revolutionären Bewegungen werden – allerdings erst, nachdem sie alle Entwicklungsstufen des Kapitalismus, analog zu den Vorgängen im Westen, durchgemacht hätten. Damit verbunden, so meinte Karl Marx, sei auch die Notwendigkeit, den Industrialisierungsprozeß in Rußland voranzutreiben. Karl Marx zweifelte, ob die Bauern Rußlands je an einer kommunistischen Revolution aktiv teilnehmen würden. Er wurde skeptisch in der Beurteilung seines Standpunkts, das russische Volk könnte das Signal für eine Revolution in Europa geben.

Der intellektuelle Ansatz revolutionären Denkens, wie ihn Karl Marx entwickelt hatte, faszinierte Wladimir Iljitsch Uljanow: Er unterschied sich völlig von dem seines Bruders Sascha, der die Gewalt als Heilmittel angesehen hatte. Marx empfahl nicht die Tötung eines Herrschers, er sah die Revolution als wissenschaftlich erkennbaren Prozeß.

In Kokuschkino und Kasan hatte Wladimir Iljitsch Zeit, sich mit der Theorie einer möglichen gesellschaftlichen Umwälzung auseinanderzusetzen. Er traf sich nicht mit revolutionären Zirkeln; Verbindung zu Arbeitern hatte er ebenfalls nicht. Ihm fehlten die Erfahrungen, die Maxim Gorkij in Kasan gemacht hatte. Wie wenig Uljanow an Berührungen mit der niederen Klasse gelegen war, ist daraus zu ersehen, daß er sich als »Edelmann Wladimir Uljanow« anreden ließ – er übernahm ganz selbstverständlich den Titel, der dem Vater vom Zaren verliehen worden war.[8]

In Eigeninitiative und mit Hilfe von Privatlehrern setzte der junge Uljanow seine rechts- und staatswissenschaftlichen Studien fort: Zunächst in Kasan und ab 1889 in Samara, wo die Mutter ein Haus gekauft hatte. Daß Wladimir Iljitsch damals »Das Kapital« von Karl Marx las, daran gibt es keinen Zweifel. Er selbst sagt später, daß für viele, die Veränderungen in Rußland herbeiführen wollten, die Ablösung vom Gedankengut der »Narodnaja Wolja« und damit vom Terrorismus schwierig gewesen sei; »Das Kapital« sei das Lehrbuch gewesen, das den Umdenkungsprozeß geleitet habe.

Als der Edelmann Wladimir Uljanow am 14. Januar 1892 den Antrag stellte, die juristische Staatsprüfung ablegen zu dürfen, war der Prozeß der Entwicklung zum Marxisten wohl abgeschlossen.[9] Er kannte alle Schriften jener Zeit zum Thema »Marxismus«.

Die Zulassung zur Prüfung wurde erteilt – und Wladimir Iljitsch bestand sie. Er hätte sich nun als Rechtsanwalt betätigen können, doch das war gar nicht seine Absicht. Sein Lebensziel war, Revolutionär zu werden.

In Samara schuf er sich einen Kreis von Intellektuellen, denen er zu erklären versuchte, daß der Verlauf der Entwicklung eines Volkes vom Gleichgewicht oder vom Ungleichgewicht der sozialen Kräfte beeinflußt werde. Nicht die romantische Vorstellung vom terroristischen Helden, sondern die nüchterne Betrachtung volkswirtschaftlicher Vorgänge sei vonnöten, um Fortschritte auf dem Weg zu einer Sozialordnung zu erreichen.

In Samara verfaßte Uljanow seine erste eigenständige Arbeit: »Die Lage der Bauern in Rußland« ist ein Nachweis der Zersetzung der bäuerlichen Ordnung durch den Kapitalismus. Die Macht des Kapitals führe zur Verarmung der Bauern und deren Entwurzelung. Die Bauern, so schrieb Uljanow, werden zu Proletariern und damit zu Trägern der Revolution.

Die Situation der Bauern in Rußland beschäftigte Uljanow immer stärker. Er war auf der Suche nach revolutionärem Potential und konnte dabei die Bauern nicht übergehen. Der Arbeiterklasse gehörten damals etwa eine Million Menschen an – 75 Millionen Russen aber waren Bauern. Waren nur Arbeiter für die Revolution zu interessieren, dann war der Kampf aussichtslos.

In Samara dachte sich Uljanow einen Fragebogen aus, der von Bauern beantwortet werden sollte. Er verlangte Auskunft über Größe der bäuerlichen Familien, über die Höhe des jährlichen Einkommens, über Umfang der Verschuldung, über Belastung durch Zinszahlungen und Abgaben, über Zukunftsaspekte. 250 dieser Fragebogen ließ Uljanow drucken – die Kosten bezahlte die Mutter. Ein Freund aus der Studienzeit, der auch in Samara lebte, verteilte die Papiere in Dörfern an der Bergseite der Wolga. Da die Bauern jedoch durchweg Analphabeten waren, mußte der Freund den Bauern die Fragen vorlesen und die Antworten in die Bogen eintragen. Sobald Uljanow die Resultate der Befragungsaktion erhalten hatte, begann er mit der Auswertung. Es entstanden ein Heft mit aufschlußreichen Statistiken und ein Artikel über die verzweifelte Lage der Landwirte an der Wolga. Doch kein Verlag, keine Druckerei interessierte sich dafür.

In einer mittelgroßen Stadt konnte der junge Rechtsanwalt freilich keinen Beitrag für die nach seinem Empfinden so dringend notwendige Revolution leisten. Dort hatten zwar in den sechziger Jahren des 17. Jahrhunderts der Kosakenrebell Stenka Rasin und hundert Jahre später der Aufrührer Pugatschow Anhänger gefunden, doch in den neunziger Jahren des 19. Jahrhunderts lebte eher der träge Sinn eines Oblomow in den Häusern von Simbirsk und Umgebung. Der junge Uljanow verließ die Mutter, die in Samara blieb, um nach St. Petersburg zu reisen.

Zunächst war er auf einem Wolgaschiff unterwegs; in Nishnij Nowgorod stieg er aus. Er glaubte, in der kapitalorientierten Handelsstadt interessierte Zuhörer in der Klasse der Lagerarbeiter und Kontordiener zu finden. Tatsächlich organisierte Uljanow in Nishnij Nowgorod eine Vortragsveranstaltung, bei der er sich zu den Lehren von Karl Marx bekannte.

In St. Petersburg suchte und fand er Kontakt zu Männern, die – wie er – die Schriften von Karl Marx intensiv studiert hatten. Es zeigte sich, daß er die Zeit in Kasan und Samara genützt hatte: Sein Wissen vom Marxismus war umfassender als das seiner Genossen. Er galt bald als fleißig, belesen und gelehrt. Wer mit ihm sprach, war allerdings meist unangenehm berührt von seiner Art, die Meinung anderer nicht zu akzeptieren. Von einem, der eben aus der Wolgaprovinz in die Hauptstadt gekommen war, erwartete man Bescheidenheit, nicht Überheblichkeit. Später, nach seinem Tod, als er die unantastbare Autorität in Sachen Marxismus war, beschrieb Wassilij Starkow, Mitglied der einstigen Gruppe um Uljanow in St. Petersburg, den Charakter des jungen Marxisten und seine Art der politischen Arbeit in überaus positiven Formulierungen: »Wladimir Iljitsch erstaunte uns nicht nur durch seine Überlegenheit in praktischen Fragen, sondern auch durch seine theoretische Schulung und, ich möchte sagen, durch die Nüchternheit seines Denkens. Diese letztere Eigenschaft wurde besonders unterstrichen durch seine unbeirrbare und kompromißlose Haltung in grundsätzlichen Fragen, die, wie wir es bald nannten, sich zur ›Steinhärte‹ entwickelte. Sehr unnachgiebig in der Formulierung allgemeiner Grundsätze, zeigte er sich in taktischen Fragen des Alltags verhältnismäßig beweglich.«[10]

In St. Petersburg stellte Uljanow, der sich bald schon Lenin nannte, sein taktisches und strategisches Talent unter Beweis. Seine Aktivitäten verschärften das revolutionäre Klima in der Hauptstadt. Zwanzig Monate brachte er als Assistent des Rechtsanwalts M. F. Folkenschtein zu – man konnte nicht sagen, daß er für ihn arbeitete. Offenbar hat er seine Aufgaben vernachlässigt. Seine Bezahlung war allerdings überaus gering; ohne die Unterstützung seiner Mutter hätte er nicht existieren können.

Nach zwanzig Monaten – also im Jahre 1895 – verließ Uljanow St. Petersburg, um in Westeuropa die Situation der Arbeiterschaft zu studieren. Auch diese Reise wurde von Mutter Uljanow finanziert – immer wieder bat er sie in seinen Briefen, ihm doch über ihre Bank in Samara Geld anzuweisen. Bald nach der Rückkehr in die russische Hauptstadt wurde Lenin verhaftet und schließlich nach Sibirien verbannt. Von Samara aus schickte ihm die Mutter auch dorthin Geld.

Da Lenin seinen Unterhalt in der Verbannung finanzieren konnte, brauchte er nicht zu arbeiten. Er durfte sich frei bewegen. Ihm war erlaubt, mit dem Gewehr zu jagen. Als sich auf dem Fluß Jenissej Eis bildete, überkamen ihn wehmutsvolle Erinnerungen an die Jugendzeit in Simbirsk, als er auf der Wolga Schlittschuh lief: »Zehn Jahre ist es her, seit ich nicht mehr auf dem Wolgaeis stand. Seither bin ich nicht mehr Schlittschuh gelaufen. Ich habe nichts verlernt.«[11]

Im Winter 1898 schrieb Lenin aus dem verschneiten Dorf Schuschenskoje, das am Ufer des Flusses Jenissej liegt, nach Samara an der Wolga: »Socken könnte ich brauchen und einen fertigen Anzug – und vielleicht noch eines: Lederhandschuhe wegen der Stechmücken im Sommer.«

Bemerkenswert ist, daß Lenin, wann immer er sich von der Verbannung aus an eine Behörde zu wenden hatte, sein Schreiben mit vollem Titel unterzeichnete: »Erbedelmann Wladimir Iljitsch Uljanow«. Dies geschah auch, als er darum bat, Nadeshda Krupskaja, die er in der Verbannung geheiratet hatte, in Ufa, am Wolganebenfluß Belaja gelegen, besuchen zu dürfen. Als das Gesuch zunächst abgelehnt wurde, wandte sich Uljanow an die Mutter in Samara, sie möge sich doch für ihn verwenden. Das Resultat ihrer Eingabe war, daß der Sohn für einen Monat nach Ufa reisen durfte.

Lenin schrieb damals an seinem Buch »Die Entwicklung des Kapitalismus in Rußland«; und er korrespondierte mit Gleichgesinnten im eigenen Land und in Europa. Die Briefe festigten die Kontakte zu Marxisten in London und Paris. Und allmählich entstand der Gedanke, sich überhaupt im Ausland aufzuhalten. Als er zu diesem Zweck unter Titel und Namen »Erbedelmann Wladimir Uljanow« einen Paß beantragte, war er überrascht, daß ihm das Dokument rasch ausgestellt wurde. Lenin konnte Rußland verlassen. Die Mutter schickte ihm erneut das Reisegeld.

In Brüssel und London lebte Lenin mit seiner Frau Nadeshda Krupskaja. Dann entstand in Stuttgart das Buch »Was tun?«. Es verurteilt die traditionellen Sozialisten, die nur darauf aus waren, die Lebens- und Arbeitsbedingungen der Arbeiter zu verbessern und nicht deren Machtübernahme vorzubereiten. »Die revolutionäre Sozialdemokratie ordnet den Kampf für Reformen dem revolutionären Kampf für Freiheit und Sozialismus unter.«

Inzwischen wurde Rußland in einen Krieg mit Japan verwickelt, in dessen Verlauf die russische Armee und vor allem die Flotte verheerende Niederlagen erlitten. Sie verloren im Fernen Osten rund 200000 Soldaten. Das Ansehen des zaristischen Regimes brach zusammen. War der Zar selbst bisher noch geachtet worden, so machten die politischen Köpfe Rußlands nun auch vor ihm nicht mehr halt. Lenin, der noch immer im Ausland lebte, gab sich der Hoffnung hin, das Proletariat werde die Autokratie zerschlagen.

Die Aufstände des Jahres 1905 wurden von Lenin weder angestachelt noch gelenkt. Arbeiter, Matrosen und Soldaten zeigten spontan ihre Unzufriedenheit. Doch sie verfolgten kein einheitliches Ziel. Lenin begriff, daß den Aufständen der Zusammenhalt fehlte. Er wollte selbst eingreifen. Von der Schweiz aus machte er sich auf die Reise. Sie führte über Stockholm nach St. Petersburg. Doch auch er brachte es nicht fertig, die Unzufriedenen zum schwungvollen und erfolgreichen Kampf gegen das herrschende Regime anzufeuern. Er hatte in Genf die Vision gehabt, der Zar sei gestürzt, die zaristische Regierung in alle Winde zerstreut; die revolutionäre Diktatur des Proletariats breche an; Arbeiter und Bauern machten sich Hand in Hand daran, Fabriken und Bauerngüter zu übernehmen; von Rußland aus werde ganz Europa von der Revolution angesteckt.

Die Wolga im Schatten der großen Ereignisse

Anfang des Jahres 1905 schrieben Bauern aus der Gegend von Saratow an die zaristische Behörde: »Um unsere Familien zu ernähren, sind wir gezwungen, Land von den Gutsbesitzern zu pachten. Der Pachtzins steigt von Jahr zu Jahr an. Er hat eine solche Höhe erreicht, daß der Betrag aus dem Boden nicht zu erwirtschaften ist. Wie wir weiterleben sollen, wissen wir nicht. Wir sind der Ansicht, es ist genug Wucher mit dem Boden getrieben worden. Das Land muß jenen gehören, die es bearbeiten.«[12]

Der revolutionäre Geist hatte Saratow erreicht, das Zentrum des Siedlungsgebiets der Wolgadeutschen. Sie waren, seit sie Zarin Katharina II. ins Land gerufen hatte, immer staatstreu gewesen, doch jetzt hatten sie das Vertrauen in den Zaren verloren. Dies führte jedoch nicht dazu, daß sie die großen Güter russischer Herren in der Nachbarschaft überfallen oder geplündert hätten. Derartiges geschah anderwärts an der Wolga. In St. Petersburg trafen Berichte ein, die Wolgabauern verteilten Land unter sich, das bisher Gutsherren gehört hatte; sie würden Grundbücher und Schuldverschreibungen vernichten.

Gerichtliche Untersuchungen der Vorfälle haben ergeben, daß die Bauernaufstände des Jahres 1905 im Wolgagebiet ihren Ursprung in wirtschaftlichen Schwierigkeiten der ländlichen Bevölkerung hatten. Nirgends, auch wenn das Schlagwort »Enteignung« fiel, war marxistisches Gedankengut Grundlage der Rebellion. Und doch ist eine Verbindung zu den Ereignissen in der Hauptstadt offensichtlich: Die Söhne vieler Bauern waren zum Militär eingezogen. Sie waren zu Zeugen der Aufstände geworden, hatten vielleicht sogar daran teilgenommen oder waren gezwungen gewesen, auf Rebellierende zu schießen. Sie schrieben nach Hause, an die Familie im Wolgadorf, und berichteten, was sie erlebt hatten. Die Angehörigen erfuhren, daß sich in St. Petersburg Ungeheuerliches zugetragen habe, daß die Menschen dort von Freiheit und Gerechtigkeit redeten. Und so begann sich auch das Denken der Leute an der Wolga zu verändern.

Als die Buchdrucker von Moskau in den Streik traten, um eine Lohnerhöhung von zwölf Prozent zu erzwingen, war dies eine neuartige revolutionäre Tat, die im ganzen Reich Aufsehen erregte. Der Streikbewegung schlossen sich Arbeiter der Tabakfabriken an. Sie forderten außer Lohnerhöhungen eine Verminderung der Arbeitszeit von dreizehn auf zwölf Stunden am Tag. Die Tabakarbeiter stellten auch bereits politische Forderungen: Sie verlangten die Einführung demokratischer Institutionen in Rußland.

Die Politisierung der Streikbewegung wurde von den Arbeitern der Bahnlinie Moskau–Kasan weitergetrieben. Die Eisenbahner forderten, der Zar solle freie Wahlen ausschreiben lassen und den Arbeitern das Wahlrecht geben. Die Parole »Freies Wahlrecht für alle« war auf einem Transparent am Kasaner Bahnhof zu lesen. Von der Stadt an der Wolga fuhr kein Zug mehr ab. Daß der Verkehr zwischen der Hauptstadt und der Wolgaregion unterbrochen war, empfanden die Bewohner von Kasan als Sensation.

Rasch folgten die Arbeiter anderer Bahnlinien dem Vorbild der Kollegen in Kasan. Am 8. Oktober 1905 standen alle Lokomotiven des Zarenreiches still. Dann weitete sich der Streik in Kasan aus: Die Arbeiter des Telegraphenamtes weigerten sich, die Geräte zu bedienen. Daraufhin erklärten sich die Postarbeiter solidarisch mit den Kollegen vom Telegraphenamt.

Die Politisierung der Streikbewegung war daran zu erkennen, daß sich die Streikkomitees die in diesem Zusammenhang neuartige Bezeichnung »Sowjet« gaben – das Wort ist mit »Rat« zu übersetzen. Der Begriff »Sowjet« behielt von nun an für Jahrzehnte Bedeutung.

Sowjets bildeten sich auch in Samara und Saratow. Ihnen gehörten zwar Arbeiter an, doch wurden sie meist von Rechtsanwälten, Lehrern oder Ingenieuren geleitet. Von Anfang an hatte das Proletariat in den sowjetischen Gremien wenig zu sagen. Es waren die Rechtsanwälte, die den Staat in eine demokratische Republik verwandeln wollten. Sie machten sich auch zu Sprechern der Minderheiten. Der Sowjet von Kasan verlangte, daß den Tataren eine gewisse Autonomie zugestanden werde.

Im Herbst 1905 war das öffentliche Leben an der mittleren Wolga durch Streiks weitgehend lahmgelegt. Die Unternehmer fühlten sich gezwungen, den wirtschaftlich orientierten Forderungen nachzugeben. Die Arbeitszeit wurde reduziert auf zehn Stunden am Tag. Daß viele Arbeitgeber schließlich, als die Streikbewegung abgeflaut war, kaum mehr zu ihrem Wort standen, sei vorweggenommen.

Der Zar begann zu fürchten, die Revolution sei nicht mehr fern und werde sein Regime hinwegfegen. Seine Minister glaubten, der

Zeitpunkt sei gekommen, wenigstens den Eindruck zu erwecken, der Zar gebe nach. Der Regierungschef war der Meinung, ein Umsturz sei nur durch eine demonstrative Geste zu verhindern. Er schrieb den Text eines Manifests, das die Einsetzung eines Parlaments versprach, dem das Recht einer Kontrolle der Gesetzgebung zugestanden werden sollte: »Wir legen als unerschütterliche Regel fest, daß kein Gesetz ohne Genehmigung der Reichsduma Geltung erlangen kann und daß den vom Volk Gewählten die Möglichkeit wirklicher Teilnahme an der Aufsicht über die Akte der von Uns eingesetzten Behörden gesichert ist.«[13]

Die Präambel betonte ausdrücklich, der Zar sei besorgt über die Unruhen, die »in den Provinzen Unseres Reiches« ausgebrochen wären. Der Text des Manifests sollte für rasche Beruhigung sorgen, doch seine Wirkung wurde verzögert, denn der Streik der Drucker verhinderte die Publizierung. Als das Papier dann die Provinzen des Reiches erreichte, trat der vom Zaren und von dessen Ministerpräsidenten gewünschte Effekt ein: Die Streikbewegung ebbte ab. Die Züge im Bahnhof von Kasan setzten sich wieder in Bewegung; in Postämtern und Telegraphenstationen wurde wieder gearbeitet.

Die Bauern aber, kaum interessiert an der Einsetzung einer Reichsduma, empörten sich erst jetzt mit voller Wucht. Sie hatten nie verlangt, in einem Parlament vertreten zu sein; sie hatten eine Senkung des Pachtzinses für ihre Äcker gefordert und mußten nun erkennen, daß der Zar und seine Regierung ihre Existenzprobleme gar nicht zur Kenntnis genommen hatten.

In der Gegend um die Wolgastädte Saratow, Samara und Simbirsk führte der Zorn der Bauern zu Gewalttätigkeiten. Hunderte von Gutshäusern wurden niedergebrannt. Die Grundbesitzer flohen aus Angst, erschlagen zu werden. Die Bauern sahen die Äcker nun als herrenlos an und nahmen sie in Besitz.

Die auf diese Weise enteigneten Grundbesitzer wandten sich an die Regierung mit der Bitte, die Garnison von Kasan möge sich wolgaabwärts in Bewegung setzen, um die Bauern zu bestrafen. Doch als die Nachrichten von den Brandschatzungen an der Wolga in St. Petersburg eintrafen, war die Regierung nicht bereit, den

Gutsbesitzern zu helfen – im Gegenteil. Überlegungen wurden angestellt, durch Dekret den Bauern der Gouvernements Saratow, Samara und Simbirsk das Land, das sie an sich genommen hatten, als Eigentum zu überlassen. Durch diese Maßnahme sollten die Bauern besänftigt werden.

Den Einsatz von Militär gegen die Aufständischen an der Wolga schloß die Regierung aus. Ministerpräsident Sergej J. Witte sprach den Grund für die Zurückhaltung aus: »Es gibt Bauern ohne Uniform, und es gibt Bauern mit Uniform – das sind die Soldaten. Nie werden Bauern mit Uniform auf Bauern ohne Uniform schießen!«

Zurückhaltung und Geduld lohnten sich für die zaristische Regierung. Ohne daß sie sich zu einschneidenden Maßnahmen entschließen mußte, hörten die Unruhen, Aufstände und Streiks im Winter 1905/06 auf. Sie waren nicht koordiniert worden; die Einzelaktionen verpufften schließlich von selbst. Lenin erkannte, daß die russischen Arbeiter und Bauern für die Machtergreifung des Proletariats nicht reif waren.

Daß die Regierung sich entschloß, Wahlen zur Reichsduma zuzulassen, war keineswegs als Nachgiebigkeit auszulegen. Das Wahlgesetz war so gestaltet worden, daß das Parlament zur Stütze der Monarchie werden mußte. Ausgeschlossen vom Recht zu wählen waren Studenten, Verbannte, Verdächtige jeder Art und Arbeiter, die nicht seit wenigstens einem Jahr einen festen Wohnsitz nachweisen konnten. Bevorzugt vom Wahlgesetz waren die Grundbesitzer, die für die Durchsetzung ihrer Kandidaten bedeutend weniger Stimmen brauchten als Arbeiter und Bauern. Ganz offensichtlich waren den »staatstragenden Kräften« der Bevölkerung Vorteile eingeräumt worden gegenüber den Bevölkerungsschichten, die für revolutionäre Ideen anfälliger waren.

Im Februar 1906 wurde in Städten und Dörfern Rußlands – und damit auch an der Wolga – zum erstenmal gewählt. Trotz der Absicherungen im Wahlgesetz war das Ergebnis nicht so, wie sich der Zar und seine Berater das vorgestellt hatten. Die Wahlberechtigten, die in Bauerndörfern lebten, hatten sich viel stärker am Wahlgang beteiligt als die Stadtbewohner. Ausgesprochen zurückhaltend waren die Grundbesitzer gewesen, denen die Prozedur ohnehin mißfiel – daß ihre Abhängigen Stimmrecht haben sollten, hielten sie für einen Skandal. Für die Bauern aber bedeutete die Wahl einen Hoffnungsschimmer: Sie glaubten wirklich, ihre Situation positiv verändern zu können. So geschah es, daß von 524 Mandaten 204 an die Bauern fielen. Nur 44 Deputierte waren als rechtsstehend, und damit dem Zaren unbedingt ergeben, anzusehen. Die Zahl derer, die revolutionäre Forderungen stellten, war größer. Was das Regime des Zaren von ihnen zu erwarten hatte, spürten kluge Köpfe schon bald. Nach der Parlamentseröffnung sagte die Mutter der Zarin: »Einige der Typen unter den Deputierten verbargen ihren Haß auf uns nicht. Das erfüllte mich mit schrecklicher Angst. Ich fragte mich, ob es gelingen wird, neue Revolutionsausbrüche zu verhindern, ob wir stark genug sind, sie zu unterdrücken.«[14]

Die Befürchtung war berechtigt. Die Mehrheit der Reichsduma verlangte sofort nach Beginn der ersten Sitzungsperiode, die Regierungsmitglieder müßten ihre Ämter niederlegen, da kein einziger von ihnen das Vertrauen der Bevölkerung besitze. Weitere Forderungen waren: Kontrolle der künftigen Regierung durch das Parlament; Enteignung des Grundbesitzes. Das Parlament wurde bald schon »die Duma der Wut des Volkes« genannt.

Die Mehrheit der Deputierten nahm sich besonders der Sache der Bauern an. Sie wollte das Problem einer gerechten Landverteilung anpacken, aus der die Bauern der Wolgaregion Nutzen gezogen hätten. Der Regierung erschienen die Forderungen zu radikal; sie löste die Duma auf. Für kurze Zeit bestand die Sorge, das Volk würde sich wehren, doch es geschah nichts.

Ein Jahr später wurde erneut gewählt. Trotz Anwendung wahlstrategischer Tricks war das Ergebnis der Abstimmung für den Zaren nicht günstiger. Nur ein Fünftel der Mandatsträger stand auf seiner Seite. Wieder wurden revolutionäre Forderungen erhoben, die das gesamte Regime in Frage stellten. Eine einigermaßen harmonische Zusammenarbeit zwischen Duma und Regierung war ausgeschlossen. Der Zar löste im Juni 1907 auch die zweite Duma auf.

Die Regierung ordnete die Verfolgung der Deputierten an, die das Mißfallen des Herrschers erregt hatten. Wer in der ersten oder zweiten Duma kühne Reden gehalten hatte, der verschwand hinter Gittern. In den Gefängnissen von Saratow und Simbirsk saßen die Mutigen der Mandatsträger aus der Wolgaregion.

Die nächsten Jahre der Geschichte des Gebiets um den Fluß waren geprägt durch eine zunehmende Präsenz der Polizeiorgane. Seine Freiheit verlor, wer sich für die Arbeiterschaft eingesetzt hatte. Jetzt wurden diejenigen bestraft, die für den Streik der Eisenbahner in Kasan verantwortlich waren. Wer Flugblätter verteilt hatte, wurde zu Kerkerstrafen verurteilt. Nicht einmal mehr der Ansatz einer Gewerkschaftsbewegung sollte nach dem Willen des Zaren überleben.

Die Arbeitgeber begriffen schnell, daß die Zeiten für sie günstig waren; sie nahmen alle Arbeitszeitverkürzungen, die sie unter Streikdruck zugestanden hatten, wieder zurück. Daß in Betrieben zwölf Stunden am Tag gearbeitet wurde, war bald wieder der Normalfall. Die Revolutionäre, die den Häschern des Zaren entkommen konnten, flohen ins Ausland. Sie suchten Halt bei Lenin. Nur mühsam wahrten sie den Kontakt zur Heimat. Sie lebten in der Hoffnung, irgendwann werde die Kraft des Zarismus erlahmen. Über Jahre hielt dieser Glaube an – und er wurde durch die Wirklichkeit bestätigt.

Tatsächlich verstärkte sich der revolutionäre Druck in Rußland. Der staatlich geförderte Prozeß der Industrialisierung beschleunigte diese Entwicklung noch: Die Zahl der Arbeiter nahm zwangsläufig zu – auch in der Wolgaregion. Für Agitatoren aber boten Fabriken ein ergiebiges Betätigungsfeld. Im festumschlossenen Raum waren die Arbeiter eingepfercht; in stickiger Luft hatten sie zu schuften; schlechte Bezahlung machte sie unzufrieden. Der Nährboden für eine revolutionäre Stimmung war bereitet. Konzentriert in der Enge waren sie der Agitation ausgesetzt. Sie konnten als Masse angepackt und beeinflußt werden. Die Bauern aber mußten einzeln oder in kleinen Gruppen angesprochen werden; sie waren individueller zu behandeln. Sie zu überzeugen brauchte Zeit.

Die Arbeiter boten den Agitatoren dazuhin den Vorteil, daß sie sich in der Masse gegenseitig aufheizten. Der eine steckte den anderen mit seinem Zorn auf die menschenunwürdigen Zustände an. Manchmal genügten wenige Worte der Revolutionäre, um einen Streik auszulösen, der dann wieder die Reaktion der Staatsmacht zur Folge hatte. Die Stimmung im Lande trieb auf den Ausbruch einer flächendeckenden Revolutionsbewegung zu.

In den Jahren 1907 bis 1912 schwand das Ansehen des Herrscherhauses Romanow weiter. Nur 1913 wurde die Dynastie noch einmal bejubelt – zur Dreihundertjahrfeier. Wie schnell jedoch die Begeisterung schwand, ist am Beispiel eines Denkmals zu sehen.

Im Park der Wolgastadt Kostroma entstand im Jubiläumsjahr 1913 der Sockel eines prächtigen Huldigungsbauwerks. Die Seitenwände sollten Platz bieten für Darstellungen von Szenen aus der glanzvollen Geschichte der Hauses Romanow. Als Krönung des Denkmals war eine Statue von Nikolaus II. vorgesehen, der auf einem Thronsessel sitzen und auf die Wolga hinabblicken sollte. Der Ausbruch des Krieges von 1914 verhinderte die Fertigstellung. Vierzehn Jahre später wurde auf den Sockel, der das Ende der Dynastie Romanow und die Revolution überdauert hatte, eine riesige Leninstatue gestellt. Lenin beherrschte nun, von der Wolga aus gesehen, das Stadtbild. Als sich die Romanows für dreihundert Jahre Herrschaft über Rußland feiern ließen, war diese Entwicklung nicht vorauszusehen.

Am 19. Mai 1913 bejubelten die Menschen von Kostroma die Zarenfamilie, die auf einem Dampfschiff die Wolga bereiste. Die Berater des Zaren hatten sich darauf besonnen, daß die Macht der Romanows ihre Wurzel an der Wolga gehabt hatte: Ein einfacher Bauer hatte vor dreihundert Jahren den eben proklamierten Herrscher Rußlands vor seinen Feinden gerettet. Eine Photographie aus dem Jahre 1913, aufgenommen vom Dampfer des Zaren aus, zeigt die Männer, Frauen und Kinder von Kostroma, die auf einem Platz zwischen niederen Holzhäusern ihren Herrscher erwarten.

Am Schluß des Jubiläumsjahres waren die konservativen, zarentreuen Kreise Rußlands der Meinung, nur durch Beteiligung an einem europäischen Krieg könne die Revolution vermieden werden. Der Innenminister sagte zum Zaren: »Wenn wir zu den Siegern dieses Konflikts zählen, wird die Zerstörung der umstürzlerischen Bewegung leicht möglich sein.« Ein zweites Argument sprach für eine Beteiligung am Krieg: Rußland fürchtete die wirtschaftliche Expansion des Deutschen Reiches; und die russischen Wirtschaftspolitiker sahen mit Sorge das Bündnis Deutschland/Türkei. Die Türken konnten den russischen Außenhandel, der über Wolga und Don abgewickelt wurde, durch Sperrung der Südgrenze Rußlands abwürgen. Der deutsche und der türkische Ehrgeiz mußten im russischen Interesse beschnitten werden.

In die Kriegsvorbereitungen wurde auch die Wolgaregion einbezogen. In den Städten am Fluß entstanden Waffenfabriken. Sie wurden an das stark erweiterte Eisenbahnnetz angeschlossen. Die Schiffahrt auf der Wolga nahm an Umfang der Transportmenge durch Beförderung von Erzen zu. Der Fluß wurde zur wichtigsten Verkehrsader im Hinterland.

Zum erstenmal wurde die Wolga zum Öltransport in großem Maßstab benutzt: Tanker fuhren von den Ölfeldern am Kaspischen Meer über Astrachan, Zarizyn, Kasan nach Norden. Die russische Kriegswirtschaft war auf dieses Öl angewiesen. Das Land am Ufer der Wolga erwachte aus seiner Rückständigkeit.

Bald überlagerte das Kriegsfieber den Drang zur Revolution. Das Bürgertum der Wolgastädte, das der Alleinherrschaft des Zaren schon sehr kritisch gegenübergestanden hatte, verlor den Willen zur raschen Ablösung des Regimes. Sein Interesse war, an der Seite der bürgerlich-demokratischen Staaten Frankreich und England in den Krieg einzutreten. Die Bürger glaubten, in der gemeinsamen Austragung des Kampfes gegen das Kaiserreich Deutschland werde die Demokratie auch auf Rußland abfärben. Sie sahen den Krieg als Mittel, um den sozialen Fortschritt in Rußland voranzutreiben. Ihre Kalkulation war falsch.

Genau wie im Krieg gegen Japan mißlang der russischen Armee der Feldzug. Sie erlitt schmähliche Niederlagen. Riesig waren die Verluste. Von 1914 bis 1916 fielen zwei Millionen Untertanen des Zaren. Vier Millionen kehrten als Krüppel von der Front zurück. Zwei Millionen befanden sich in deutscher Kriegsgefangenschaft.

Die Auswirkungen dieser Verluste waren auch im Land an der Wolga zu spüren: Kaum eine Familie hatte keinen Grund zur Trauer. Im Frühjahr 1917 fehlten Arbeitskräfte in den landwirtschaftlichen Betrieben – besonders betroffen waren die Gutshöfe, die auf eine große Zahl von Knechten angewiesen waren. Die Folge war, daß die Getreideproduktion sank. Erst stiegen die Brotpreise, dann herrschte Brotmangel. Bald waren in den Städten an der Wolga lange Schlangen vor den Läden zu sehen. Selten hatte im fruchtbaren Land am Fluß Not geherrscht, aber nun litten viele Menschen Hunger.

Besonders betroffen von Versorgungsschwierigkeiten waren die Bewohner der Stadt Nishnij Nowgorod. Hier lebten viele Arbeiterfamilien ohne Beziehung zu bäuerlicher Verwandtschaft, die zur Versorgung hätte beitragen können. Die Menschen waren auf das Lebensmittelangebot angewiesen, das auf dem Markt zu haben war. Zur Knappheit trug bei, daß der Bahnverkehr im Wolgagebiet wegen Kälte und starker Schneefälle zusammengebrochen war; Güterzüge, die Kartoffeln transportierten, standen auf freier Strecke. Über Wochen hin erreichte kein Waggon mit Kohle Nishnij Nowgorod. Die Bewohner froren. Als die letzte Kohlenhalde verschwunden war, als Marktstände und Läden leer blieben, rotteten sich die Frauen zusammen; bald protestierten auch die Männer. Unter ihnen befanden sich Agitatoren, die zu den Bolschewiki zählten. Diese Lenin ideologisch nahestehende Gruppierung organisierte Demonstrationen, die eindeutig gegen die Alleinherrschaft des Zaren gerichtet waren. Sein Sturz wurde gefordert. Im Januar 1917 lösten die Bolschewiki von Nishnij Nowgorod ihre Stadt aus dem vom Zaren beherrschten Gebiet heraus. Sie proklamierten für die Stadt am Zusammenfluß von Oka und Wolga das Ende der Dynastie Romanow. Die rote Fahne wehte an der Wolga.

Nur zwei Monate später trat das Ende der Dynastie tatsächlich ein. Am 3. März 1917 begab sich Nikolaus II., der eben abgedankt hatte, in sein Schloß Zarskoje Selo, um sich dort internieren zu lassen. Sein Regime war an Kraftlosigkeit zugrunde gegangen. Eine kluge Politik hätte die Revolution vielleicht verhindern können, waren sich doch die Revolutionäre durchaus nicht immer einig gewesen. Die Fraktionen hätten gegeneinander ausgespielt werden können, bis sich die Versorgungslage in Städten wie Nishnij Nowgorod mit der wärmeren Jahreszeit gebessert hätte. Zu einer aktiven Politik gegen den Druck der Straße hatten sich jedoch weder Zar noch Regierung aufraffen können.

Lenin traf am 3. April 1917 in Petrograd ein. (Der Name St. Petersburg war schon zu Beginn des Krieges in »Petrograd« russifiziert worden.) Lenin machte dem organisatorischen Durcheinander auf seiten der Revolutionäre ein Ende. Er wußte, daß seine Bolschewiki innerhalb der revolutionären Bewegung in der Minderheit waren, doch er war entschlossen, diese Fraktion zum Träger der Macht in Rußland zu machen. Genauso entschlossen war er, für den Fall des Erfolgs die Staatsgewalt zeit seines Lebens nicht mehr aus den Händen zu geben.

Auch Alexander Kerenskij stammte aus Simbirsk

In dieser Situation stellte sich Lenin ein Politiker in den Weg, der wie er selbst an der Wolga aufgewachsen war. Seine Lebenserinnerungen beginnen mit einer Beschreibung seiner Heimatstadt: »Simbirsk am mittleren Lauf der Wolga war eine der rückständigsten Provinzhauptstädte. Eisenbahn gab es nicht. Wenn der Fluß schiffbar war, verkehrten Dampfer. Aber während der langen Wintermonate mußte man sich auf die Pferde verlassen, und die einzige große Straße war der endlose, zugefrorene Fluß. Die Stadt befand sich auf einem Hügel am höhergelegenen Ufer. Auf dem Gipfel des Hügels befanden sich die Kirche, die Residenz des Gouverneurs, die Schule, ein Nonnenkloster und die öffentliche Bibliothek. Am Hang, zum Fluß hinunter, lagen reichtragende Apfel- und Kirschgärten. Im Frühling waren die Hänge wie beschneit mit Blütenblättern, und abends sangen die Nachtigallen. Der Blick über den Fluß und über das weite Wiesenland dahinter war wundervoll. Jedes Jahr trat der Fluß nach der Schneeschmelze über die Ufer und setzte die tiefliegenden Ländereien unter Wasser. Ein endloser See lag über den Feldern. Später, im Sommer, erklangen auf diesen Feldern die Lieder der Bauern, die das üppige Gras mähten. Rund um Simbirsk standen auf dem steilen Ufer die Gutshäuser des Landadels.«[15]

Während Lenins Gedenkstätten als Heiligtümer gepflegt wurden, fand sich in Simbirsk – die Stadt heißt seit Stalins Zeiten Uljanowsk – über die Jahrzehnte hin kein Hinweis darauf, daß Alexander Fjodorowitsch Kerenskij hier geboren und hier aufgewachsen war. Der Name wurde verschwiegen. Die Stadt wollte mit ihm nicht in Verbindung gebracht werden: Kerenskij war der Feind Lenins, des größten Sohnes der Stadt. Wer sich gegen Lenin gestellt hatte, der galt als Verräter an der Sache des Volkes und der fortschrittlich gesinnten Menschheit insgesamt. Wer gegen Lenin gekämpft hatte, der gehörte – nach der Vorstellung der Stadtverwaltung von Uljanowsk – in den Mülleimer der Geschichte.

Bis vor kurzem haben Russen und ausländische Touristen, die sich durch das zu einem Museum umgestaltete Simbirsker Gymnasium führen ließen, um das Klassenzimmer und die Schulbank des Wladimir Iljitsch Uljanow zu sehen, nichts davon erfahren, daß der damalige Schulleiter Fjodor Michailowitsch Kerenskij geheißen hatte – er war der Vater des Alexander Fjodorowitsch Kerenskij. Aus der Hand des Fjodor Michailowitsch Kerenskij hatte Wladimir Iljitsch Uljanow einst die Goldmedaille für seine schulischen Leistungen erhalten.

Alexander Fjodorowitsch Kerenskij war elf Jahre jünger als Lenin. Die Eltern Kerenskij hatten in Kasan geheiratet. Der Vater war der Sohn eines orthodoxen Geistlichen und war ursprünglich auch zum Priester bestimmt, wurde dann aber Pädagoge. Die Mutter war die Tochter des Leiters der topographischen Abteilung beim Generalstab des Militärdistrikts Kasan. Ihr Großvater war noch Leibeigener gewesen.

Der Gymnasialdirektor Kerenskij pflegte freundschaftliche Beziehungen zu seinem Kollegen, dem Volksschuldirektor und nachmaligen Inspektor Uljanow. Sie besuchten einander an Sonntagnachmittagen. Auch der Tod des Vaters Uljanow unterbrach den familiären Kontakt nicht. Doch nach der Hinrichtung des Alexander Uljanow kam die Familie Kerenskij nicht mehr ins Haus der Witwe Uljanow.

Kerenskij erinnerte sich, daß sich die Beteiligung des Alexander Uljanow an der Verschwörung gegen den Zaren für viele Bewohner von Simbirsk übel ausgewirkt habe: »Die Verhaftung des Sohnes eines prominenten Simbirsker Beamten führte zu Repressalien und Festnahmen in der Stadt. Die Verhaftungen wurden meist bei Nacht vorgenommen. Eine geheimnisvolle Kutsche fuhr durch die Stadt.«[16] Für das Kind Alexander Fjodorowitsch aber war es unbegreiflich, daß der Vater seiner Spielkameradin Sonja die nächtliche Kutsche losschickte – der Vater war der Polizeichef von Simbirsk. »Die angstvollen Gespräche der Erwachsenen über diese schrecklichen Ereignisse drangen bis in mein Kinderzimmer. Das war meine erste Begegnung mit der Revolutionsbewegung.«[17]

Ein wichtiges Ereignis im Leben des Kindes war in jedem Frühjahr das Aufbrechen des Eises der Wolga. Nach und nach trafen Schiffe an der Anlegestelle ein. Dann wurden Männer und Frauen in Kleidung aus rauhem Stoff durch die Stadt und hinunter zum Fluß getrieben: Verbannte, die nach Sibirien gebracht werden sollten. Sie waren den Winter über in Gruppen im Simbirsker Gefängnis eingetroffen und hatten dort auf den Weitertransport gewartet. War die Wolga vom Eis befreit, dann fuhren die Verbannten wolgaaufwärts und über die Kama zum Fluß Belaja, der sie zum Ural brachte. Das Kindermädchen der Familie Kerenskij hatte jedesmal Mitleid mit den Menschen, die aus ihrer Heimat weggebracht wurden. Kerenskij blieb im Gedächtnis haften, daß das Kindermädchen für die Verbannten Brot kaufte – und zwar das Spezialbrot »Kalatsch«, das besonders haltbar war. In Simbirsk hatten entlang der Straße von der Stadt zur Schiffsanlegestelle Verkäufer Stände aufgebaut, zum Verkauf des Brotes »Kalatsch« an mitleidige Bürger.

Für Alexander Fjodorowitsch Kerenskij bedeutete die Wolga das Herz Rußlands. Seine Kindheit hatte ihn gelehrt, daß dort das Leben stark an religiöse Gefühle gebunden war, daß der tausendjährige Glaube der Orthodoxie Nährboden war für die Lebenskraft der Menschen. Er war fasziniert von den Inhalten der Feiertage.

So war es beispielsweise zu Mariä Verkündigung in Simbirsk üblich, daß alle Vögel, die in Käfigen lebten, freigelassen wurden; als Zeichen der tiefen Verbundenheit mit der gesamten Natur. Feierliches Schweigen in den Straßen prägte die Fastenzeit. Laute Fröhlichkeit war das Kennzeichen des vorausgehenden Karnevals.

An ein Osterfest erinnerte sich Kerenskij, als er in der Auseinandersetzung mit Wladimir Iljitsch Uljanow längst der Verlierer war: »Der Priester erschien, um die heilige Kommunion zu vollziehen, und mein Bruder und ich, in weißen Kleidern mit roten Schleifen an den steifen weißen Kragen, wurden zu ihm hingeführt. Hinter uns stand eine schnurgerade Reihe von Schuljungen in enganliegenden blauen Uniformen, und einer von ihnen war der Musterschüler Wladimir Iljitsch Uljanow. Ich erinnere mich auch daran, daß ich damals tief betroffen vor dem Bildnis des auferstandenen Christus stand, das so beleuchtet war, daß es wie lebendig aussah. Auch Wladimir Iljitsch hat dieses Bild gesehen. Vielleicht hat er innerlich dabei gelacht, während er äußerlich einen frommen Eindruck machte. Er selbst sagte, er habe im Alter von vierzehn Jahren sein Taufkreuz in den Mülleimer geworfen.«[18]

Lenin, so meinte Kerenskij, habe nie die Schönheit und den Gefühlswert der Wolga verstanden, denn er habe Simbirsk als Ungläubiger verlassen. Zur Wolga gehörten die Überzeugung von der Heiligkeit des Kreuzes, das seelische Erfassen des Klangs der Abendglocken, der sich über den Fluß spanne, und die Begeisterung über den Besuch des Bischofs, der vierspännig in Simbirsk eingefahren sei.

Als Vater Fjodor Michailowitsch Kerenskij nach Taschkent versetzt wurde, mußte sich das Kind Alexander Fjodorowitsch von der Wolga verabschieden. Die Trennung von Simbirsk fiel schwer: »Es geschah an einem Tag Anfang Mai. Die Wolga, anscheinend grenzenlos, hatte sich von ihrer Eisdecke befreit und in übermütigem Ausbruch das Weideland überflutet. Vom Gipfel des Berges bis hinunter zum Flußufer war Simbirsk wie eine Braut in Zartrosa und Weiß gekleidet. Diese atemberaubende Schönheit schimmerte und glitzerte im Sonnenlicht. Der Fluß rauschte. Der Hügel war erfüllt vom Zwitschern und Singen der Vögel, vom Summen der Bienen, dem Brummen der Maikäfer und den Lauten anderer Kreaturen, die nur der liebe Gott kennt. Nichts mehr erinnerte an Winterschlaf. Ich blickte auf den Fluß. Ich war so verzaubert von seiner Schönheit, daß meine Begeisterung mich fast zu einer Art geistiger Verwandtschaft mit der Wolga führte. Dieser Augenblick war entscheidend für mich.«[19]

Von der Wolga nach Taschkent und zurück

Auf einem Raddampfer verließ die Familie Kerenskij Simbirsk zur Fahrt wolgaabwärts nach Astrachan. Dort, im Wolgadelta, nahm sie das Dampfschiff »Caspian« auf, das sie zum Hafen Usun-Ada an der Ostküste des Kaspischen Meers brachte. Von diesem winzigen Nest aus führte die Bahnlinie in kasachisches Gebiet hinein. Der Zug überquerte den Fluß Amu Darja, der in den Aralsee mündet. In Samarkand endete die Strecke. Schon jetzt hatte der junge Kerenskij Heimweh nach der Wolga. Auf einem Pferdewagen erreichte die Familie des Gymnasialdirektors Kerenskij den neuen Dienstort – Taschkent.

Neun Jahre verbrachte Alexander Fjodorowitsch in dieser zentralasiatischen Stadt, die erst 24 Jahre zuvor von Rußland erobert worden war, als es der Armee nach mehreren Versuchen endlich gelungen war, von der Wolga und dem Kaspischen Meer aus das Gebiet im Osten auf Dauer zu annektieren. Der Junge vergaß das Heimweh, und er fühlte sich wohl. Zeit seines Lebens war ihm Taschkent so wichtig wie Simbirsk; später, in der Erinnerung an seine Jugend, sah Kerenskij das zentralasiatische Land durchaus angebunden an die Wolgaregion, und damit zu Recht als Bestandteil Rußlands. Nicht einen Augenblick, so notierte er in seinem Lebensbericht, habe er das Gefühl gehabt, das Land im Osten der Wolga und des Kaspischen Meeres sei besetztes Gebiet: »Dasselbe friedliche Leben wurde geführt in Simbirsk, Samara oder in der Nähe von Tamerlans Grab.« Kerenskij war der Meinung, das Land im Osten werde tolerant geführt, die Politik gegenüber den Moslems sei voll Verständnis gegenüber den Vorschriften des Islam. Die russische Gerichtsbarkeit habe das islamische Recht dem Rechtskodex des Zarenreichs gleichgestellt. Der Koran werde als Gesetzbuch geachtet. Eingriffe in traditionelle und religiöse Gepflogenheiten habe es selten gegeben.

Daß Rußland Kolonialpolitik betrieb, mußte allerdings auch Kerenskij zugeben – war doch sein eigener Vater für sie tätig gewesen: Er war als Beamter von der Wolga nach Taschkent versetzt worden, um dort russische Unterrichtsmethoden einzuführen. Der Nutzen dieser Neuorientierung sei groß gewesen für die Moslems: Sie hätten Anschluß bekommen an die fortschrittliche Welt. Mit Vater Kerenskij waren Hunderte von Beamten nach Ostrußland versetzt worden. Sie hatten die Organisation der Verwaltung in Städten und Dörfern dem Standard im übrigen Rußland anzupassen.

In Taschkent zu leben bedeutete, weiter entfernt zu sein von der Hauptstadt als in Simbirsk. In Taschkent wirkte sich das Kontrollsystem der zaristischen Polizei weniger stark aus als an der Wolga. Die Angst der Menschen vor Verhaftung und Verfolgung, die das Kind Kerenskij in Simbirsk zu spüren bekommen hatte, war im islamischen Rußland offenbar nicht so bedrängend. Den Lebenserinnerungen ist zu entnehmen, daß die Eltern zu Hause Schriften aufbewahrten, die als revolutionär und staatsfeindlich galten.

Im Jahre 1899 zog Alexander Fjodorowitsch als Student nach St. Petersburg, doch kehrte er schon bald wieder zu den Eltern nach Taschkent zurück: Er hatte eine Rede gehalten, die dem Universitätskurator mißfallen hatte. Dem Vater zuliebe, so wurde dem Studenten gesagt, werde von einer strengen Bestrafung abgesehen. Er wurde jedoch in die Verbannung geschickt – nach Taschkent zu den Eltern. Alexander Fjodorowitsch wurde dort gleich bei der Ankunft von der Jugend als Held gefeiert. Diese Ovationen ärgerten den Vater, der nun Angst bekam, sein Sohn werde Revolutionär wie die zwei Söhne der Uljanows. Sascha und Wladimir Uljanow, die einstigen Nachbarn aus Simbirsk, wurden als Beispiele dafür hingestellt, in welches Unglück die Beschäftigung mit Politik einen Menschen treiben könne.

Alexander Fjodorowitsch Kerenskij hielt sich nicht an die Warnungen des Vaters. Er arbeitete zwar als Jurist, doch er befaßte sich in Wort und Schrift mit der Situation der Arbeiter. Kerenskij trat allerdings in keine Partei des Untergrunds ein; er wurde nicht, wie Uljanow, zum Marxisten.

Im Jahre 1910 bat ihn der Vorsitzende der Dumafraktion der »Trudowiki«, der »Arbeitergruppe«, er möge sich doch für diese Fraktion um einen Sitz in der Duma bewerben. Kerenskij war überrascht, doch als er hörte, welchen Wahlkreis ihm die Trudowiki zugedacht hatten, nahm er die Kandidatur an: Er wurde an die Wolga geschickt – ins Gouvernement Saratow.

Voraussetzung für die Kandidatur war, daß der Bewerber im Wahlkreis ansässig war, daß er dort Grund und Boden besaß. In der Bezirkshauptstadt Wolsk – sie liegt nördlich von Saratow direkt am Fluß – kaufte sich Kerenskij ein Stück Land und begann dort seinen Wahlkampf. Er hütete sich, auf die revolutionäre Tradition der Wolgaregion hinzuweisen; vor allem unterblieb jede Anspielung auf Pugatschow, der zwischen Saratow und Kasan im 18. Jahrhundert Zehntausende von Anhängern mobilisiert hatte. Seine Wähler suchte Kerenskij vorwiegend in Akademikerkreisen: Er sprach Richter, Ärzte und Beamte an. Obgleich die Wahlgesetzgebung eindeutig den Landadel bevorzugte – Adlige brauchten weniger Stimmen, um gewählt zu werden –, gewann Kerenskij einen Dumasitz für das Gouvernement Saratow.

Die Wochen vor Kriegsausbruch verbrachte Kerenskij an der Wolga. Am 9. Juli 1914 hielt er im Stadttheater von Samara eine Rede und wunderte sich, daß die Zuhörer kein Interesse zeigten an der außenpolitischen Situation, die er soeben schilderte. Niemand fragte ihn, ob ein Krieg bevorstehe. Was die Leute antrieb, war die Haltung der Trudowiki auf dem Gebiet der Landverteilung; sie sorgten sich, der Landadel werde keine Äcker für die Bodenreform zur Verfügung stellen.

Am anderen Morgen ging Kerenskij zusammen mit dem Dichter Nekrassow zum Kai von Samara und erlebte die frühen Stunden eines Hochsommertags am Fluß: »Die Wolga glitzerte im Sonnenschein; auf den Decks der Schiffe drängten sich glückliche und freudig erregte Menschen. Sie schenkten einem Zeitungsjungen wenig Beachtung, der an den Schiffen entlanglief und rief: ›Österreich stellt Serbien ein Ultimatum.‹«[20] Kerenskij wußte, daß dieses Ultimatum Krieg in ganz Europa bedeutete.

Die drei Kriegsjahre, die nun folgten, brachten für Rußland die größten Veränderungen in seiner Geschichte. Am Ende des Krieges war Rußland kein Zarenreich mehr – eine »bürgerliche Revolution« hatte den Monarchen aus Petrograd vertrieben.[21] Die Exekutive lag zunächst in der Hand der Provisorischen Regierung, in der Alexander Fjodorowitsch Kerenskij die stärkste Persönlichkeit war.

Der Dumaabgeordnete von Saratow hatte vom 5. Mai 1917 an das Kriegsministerium und damit den gesamten russischen Militärapparat zu führen. Mit wachsendem Erfolg machte ihm jedoch Lenin den Einfluß auf die Soldaten streitig. Der Führer der marxistischen Bolschewiki wußte, daß er für seine »proletarische Revolution« die Soldaten mobilisieren mußte. Kerenskij aber glaubte, sich auf die Streitkräfte weitgehend verlassen zu können. Als dann allerdings die Offensive, die Kerenskij in Galizien angeordnet hatte, in einer Niederlage endete, zerfiel sein Ansehen rasch. Nachdem er am 8. Juli 1917 Premierminister Rußlands geworden war, versuchte Kerenskij Ordnung in das politische und wirtschaftliche Chaos zu bringen. Die nächsten drei Monate waren geprägt durch den Zweikampf Lenin/Kerenskij[22] – Lenin setzte sich durch. Kerenskij mußte aus Petrograd fliehen.

In Samara wollen sich Lenins Gegner sammeln

Der bürgerliche Premierminister Rußlands glaubte, als er sich zunächst in einer verschneiten Waldhütte nahe der Hauptstadt versteckte, der bolschewistische Spuk werde nicht lange dauern. Er fühlte sich auch weiterhin als Regierungschef, der verpflichtet war, vom russischen Volk Übel abzuwenden. Die Bolschewiki aber waren für Kerenskij das schlimmste aller Übel. Waren sie durch Lenins Staatsstreich an die Macht gekommen, so mußten sie durch einen Gegenputsch wieder aus Petrograd und Moskau vertrieben werden. Der Stoß gegen Lenin konnte aber nur aus dem Hinterland geführt werden – vom Wolgagebiet aus.

Die Mehrheit der Menschen dort hatte sich nicht anstecken lassen von den radikalen Klassenkampfideen der Bolschewiki. Für die Mitglieder der Verfassunggebenden Versammlung, die in Petrograd von Lenins Anhängern aufgelöst worden war, lag es nahe, nach Samara an der Wolga auszuweichen. Von diesem sicheren Ort aus wollten sie ihre Arbeit fortsetzen.

Auch Kerenskij hatte die Absicht, in Samara Zuflucht zu suchen, um dort eine Koalition der antibolschewistischen Kräfte aus dem sozialistischen, liberalen und konservativen Lager aufzubauen. Als er in Moskau mit Männern seines Vertrauens darüber sprach – das war möglich, da Lenins Geheimdienst seine spätere Perfektion noch nicht erlangt hatte –, rieten sie ihm von seinen Plänen ab. Der Premierminister ohne Regierungssitz sollte sich vielmehr nach Murmansk durchschlagen, um so London und Paris zu erreichen: Kerenskij sollte die Regierungen der westlichen Demokratien zur Hilfestellung für die Demokratiebewegung in Rußland bewegen. Der Weg über Murmansk war offen, da der Hafen von englischen und französischen Kriegsschiffen benutzt wurde.

Kerenskij, der bisher immer noch daran geglaubt hatte, daß er in absehbarer Zeit wieder im Winterpalais in Petrograd residieren werde, empfand plötzlich, daß er Rußland für immer verlassen habe. Heimweh überkam ihn – Sehnsucht nach der Wolga, wie er später in seinen Lebenserinnerungen schrieb: »Während einer schlaflosen Polarnacht waren meine Gedanken in das Jahr 1916 zurückgewandert. Damals fuhr ich auf einem Wolgadampfer flußaufwärts, nachdem ich, als Dumaabgeordneter, in Saratow einen öffentlichen Rechenschaftsbericht über die politische Lage erstattet hatte. Es war ein klarer, frischer Herbsttag. Ich ging an Deck des Dampfers auf und ab, freute mich über die frische Luft, vergaß alle politischen Sorgen und gab mich den Gefühlen hin, die durch die Wolga immer in mir geweckt wurden. Die glückliche Jugendzeit in Simbirsk kam mir ins Gedächtnis. Das Heimweh hatte mich sehr stark gepackt. Auf einmal traf mich der Gedanke: Vielleicht werde ich meine heimatliche Wolga nie mehr wiedersehen.«[23] Alexander Fjodorowitsch Kerenskij starb im Jahre 1970 im amerikanischen Exil.

Als Kerenskij seine Heimat verließ, waren die Grundlagen für die bolschewistische Diktatur bereits vorhanden. Die meisten Russen beugten sich dem neuen Joch. Auch wer die Bolschewiki ablehnte, hatte selten die Kraft, gegen sie zu kämpfen. Als Ausnahme galten die Donkosaken: Sie hatten sich zum Widerstand entschlossen. Einen weiteren Kern der Abwehr der bolschewistischen Gewalt bildete die Tschechische Legion. Sie bestand aus tschechischen Soldaten, die – als Angehörige der österreichischen Armee – in russische Kriegsgefangenschaft geraten waren. Unter russischer Anleitung hatten sie sich entschieden, für die Unabhängigkeit ihres Vaterlandes zu kämpfen. Als Rußland den Kampf einstellte, befand sich die Tschechische Legion in der Ukraine. Ihre Mannschaftsstärke betrug 40 000 Mann.

In die Rote Armee wollten sich die Tschechen nicht eingliedern lassen. Um dem Griff des Volkskommissars für die Verteidigung, Leo Trotzkij, zu entgehen, blieb ihnen nichts anderes übrig, als nach Osten auszuweichen. Die Tschechen hatten bald schon ein Faustpfand in der Hand: Sie kontrollierten die Transsibirische Eisenbahn. Ihre Absicht war, über Sibirien zum Hafen Wladiwostok zu gelangen, um auf diesem riesigen Umweg Europa zu erreichen. Thomas G. Masaryk, der spätere Präsident der Tschechoslowakei, der damals in Rußland lebte und als führender Kopf der Tschechen galt, zog die Fäden. Daß der aus Paris stammende Plan einer Evakuierung über Sibirien phantastisch und wirklichkeitsfremd war, mußte schließlich auch er zugeben. Die französische Regierung hatte ihn ausgedacht. Frankreich befand sich noch im Krieg mit Deutschland und hätte die 40 000 Tschechen als Verstärkung seiner Front gebrauchen können.

Die Tschechische Legion war im Jahr 1918 der stärkste und disziplinierteste Truppenverband, der in Rußland zu finden war. Die Armee des Zaren war nach dem Waffenstillstand zerfallen, und die Rote Armee formierte sich erst. Die Donkosaken aber handelten emotional. Allerdings waren die Aktivitäten der Tschechen auch nicht immer rational. Es war ihnen gelungen, die Anlagen der Transsibirischen Eisenbahn in Betrieb zu halten – immer in der Hoffnung, sie für den eigenen Abtransport benutzen zu können –, doch bei dieser Aufgabe verzettelten sich die Legionäre. Erst als ihre Offiziere begriffen, daß die französische Regierung die Absicht aufgegeben hatte, die Tschechen nach Frankreich zu holen, wurden die Kräfte darauf konzentriert, sich auf fruchtbarem Boden ein eigenes Herrschaftsgebiet zu sichern, das den Truppenverband ernähren konnte. Dafür kam nur die Region an der Wolga in Frage. Die Tschechische Legion bewegte sich also wieder in Richtung Westen. Am 8. Juni 1918 erreichte sie Samara, den Platz, auf den sich die Hoffnungen von Lenins Gegnern konzentrierten.

In der Stadt hatten sich während der vergangenen Monate Kerenskijs Vertraute versammelt. Die Mehrzahl bekannte sich zur Bewegung der Sozialrevolutionäre. Sie bildeten eine Regierung, der Viktor Tschernow vorstand. Um sich von den Bolschewiki abzugrenzen, wurde von den Verantwortlichen der Samara-Regierung der Begriff »Die Weißen« verwendet.

Der Plan der französischen Regierung war nun, eigene Interventionstruppen nach Rußland zu entsenden, um den Weißen zu helfen. Die Westmächte und die Japaner entschlossen sich, Armeeverbände in Archangelsk, Murmansk, Wladiwostok und auf der Krim an Land zu bringen. Als Stoßrichtung der Engländer und Franzosen galt die Wolga. Dort sollte die Tschechische Legion die Interventionstruppen erwarten.

Die Rote Armee war zu dieser Zeit nicht in der Lage, einer derartigen Herausforderung standzuhalten. Leo Trotzkij, der Volkskommissar für die Verteidigung, wußte, daß die Zukunft der Revolution davon abhing, ob es gelang, den Vorstoß der Fremden in Richtung Wolga zu verhindern.[24] Trotzkij, der ursprünglich vorgehabt hatte, die Rote Armee aus Freiwilligen zu bilden, sah sich gezwungen, Offiziere der ehemaligen Zarenarmee anwerben zu lassen. 40000 folgten der Aufforderung. Die meisten waren durchaus keine Freunde der Bolschewiki, doch zog das Argument, die ausländische Intervention gefährde das Vaterland: Die Offiziere ließen sich bei der Ehre packen. Ihre Erfahrung gab der Roten

Armee Stabilität. Trotzkij konnte den Angriff auf die Tschechische Legion wagen. Am 10. September 1918 eroberte die Rote Armee Kasan.[25]

Trotzkij, der sich in seinem Panzerzug an der Front bei Kasan aufhielt, bekam dieses Telegramm übermittelt: »Ich begrüße mit Begeisterung den glänzenden Sieg der Roten Armee. Möge dieser Sieg die Gewähr dafür sein, daß das Bündnis der Arbeiter und der revolutionären Bauern die Bourgeoisie endgültig zerschlagen, jeden Widerstand der Ausbeuter brechen und dem Weltsozialismus den Sieg sichern werde. Es lebe die Arbeiterrevolution in der ganzen Welt! Lenin.«[26]

Der Erfolg von Kasan gab der Roten Armee Schwung. Schon am 11. September meldeten die Moskauer Zeitungen, die Heimatstadt Lenins, Simbirsk, sei den Weißen entrissen worden. Bald darauf fiel auch Samara. Die weiße Regierung floh flußaufwärts und über den Wolganebenfluß Kama in Richtung Ural. In Ufa am Fluß Belaja endete die Flucht.

Weder die rote noch die weiße Regierung beherrschten zusammenhängende Gebiete mit festen Grenzen. Jede Seite kontrollierte allenfalls Städte und Dörfer, in denen ihre Truppen präsent waren. Da die Armeen insgesamt zahlenmäßig schwach waren, wurden ihre Verbände ständig von einem Krisenpunkt zum anderen verschoben. Die jeweiligen Kommandanten übten Kontrolle aus, solange sie sich an einem Ort befanden. Waren sie abgezogen, galt für die Bauern und für die Bewohner der Städte das Gesetz: »Jeder schütze sich selbst!«

Im Chaos profilierten sich Männer als Chefs ganz kleiner Terroristeneinheiten. Sie verbündeten sich häufig mit den Bolschewiki. Iwanowitsch Machno gehörte zu denen, die sich »Kommunist-Anarchist« nannten. Mit Lenin verstand er sich, auch wenn dieser meinte, Machno habe keinen Boden unter den Füßen und sei, als Anarchist, unfähig, das Proletariat und die Bauernschaft zu organisieren.

Machno hielt sich im Jahre 1918 bei Zarizyn und Saratow auf. Seine Berichte gaben Einblick in die Lebensumstände der Menschen an der Wolga. Lenin erfuhr von Übergriffen der Rotgardisten, von Racheakten der Feinde der Revolution, von allgemeiner Unsicherheit. Die Situation an der Wolga war instabil. Gefahr bestand, daß die Weißen Nutzen daraus zogen. Wenn es ihnen erst gelang, sich als ordnende Kraft zu präsentieren, war das Ansehen der Roten aufs äußerste gefährdet.

Stalin – der Verteidiger von Zarizyn

Daß »wüste Zustände, organisatorisches Chaos, Schleichhandel und Verbrechen an der Wolga zu Hause sind«, bestätigte wenig später auch der von Lenin an den Fluß entsandte Stalin.

»Nachdem er mit eiserner Hand die Stadt von den weißgardistischen Verschwörern gesäubert, erbarmungslos den Widerstand der konterrevolutionären Gegner gebrochen hatte, die von Trotzkij geschickt und unterstützt worden waren, reorganisierte Stalin mit schnellen und entschiedenen Maßnahmen die verstreuten Einheiten ... Der eiserne Wille und der geniale Scharfblick Stalins festigten die Front bei Zarizyn. Er ließ die Weißen nicht nach Moskau durchbrechen.«[27] So wurde zu Lebzeiten Stalins seine Arbeit an der Front von Zarizyn im offiziellen »Kurzen Lehrgang« dargestellt – kritiklos und voll Erfurcht. Dieses Opus schilderte die Geschichte der Revolution und war Pflichtlektüre für jeden, der vorankommen wollte in der Sowjetunion.

Seit Chruschtschows Enthüllungen über Stalins Charakter und Untaten veränderten sich die Erkenntnisse von dessen Verhalten auch in Zarizyn allmählich. Dokumente, die lange verborgen geblieben waren, tauchten auf und konnten ausgewertet werden. Nach heutiger Sicht hat Jossif Wissarionowitsch Dshugaschwili, Stalin genannt, in Zarizyn die Machtmittel erprobt, mit denen er später die Herrschaft in der Sowjetunion an sich zu reißen und bis zu seinem Tod abzusichern vermochte. Stalin trug sogar Sorge dafür, daß Zarizyn ihm zu Ehren in Stalingrad umbenannt wurde.

Am 31. Mai des Jahres 1918 unterzeichnete Lenin den Erlaß über die Ernennung Stalins zum Leiter des Versorgungswesens in Südrußland. Die Aufgabe war rein ziviler Art: Zur Versorgung der großen Städte im Norden mußten Lebensmittel im Süden beschlagnahmt werden. Aus den fruchtbaren Ebenen der Wolgaregion sollten die letzten Vorräte herausgepreßt und nach Moskau und Petrograd transportiert werden.

Wie Trotzkij traf auch Stalin mit einem gepanzerten Zug an der Wolga ein, was im Bahnhof von Zarizyn Aufsehen erregte. Begleiten ließ er sich von einem Bataillon der Eliteeinheit lettischer Schützen. Die Hoffnung stieg, daß die Stadt gegen anrückende Kosaken zu halten war.

Stalin war in Rußland zu diesem Zeitpunkt bereits bekannt. Im November 1917 war er zum Volkskommissar für das Nationalitätenwesen[28] ernannt worden und im April 1918 zum Chef der Streitkräfte an der nördlichen Kaukasusfront. Er war damit dem Organisator der Roten Armee, Leo Trotzkij, ins Gehege gekommen: Beide entwickelten rasch eine deutliche Antipathie gegeneinander. Von nun an war Stalin darauf aus, alle Personen zu verfolgen, die als Anhänger Trotzkijs galten.

Kaum in Zarizyn angekommen, telegraphierte Stalin an Lenin, der nun im Moskauer Kreml residierte: »Wenn unsere militärischen ›Fachleute‹ nicht geschlafen und gefaulenzt hätten, wäre die militärische Situation nicht derart miserabel. Und wenn sie wieder besser wird, dann nicht dank dieser ›Fachleute‹, sondern trotz dieser Militärs.«[29]

Vom ersten Tag an kümmerte sich Stalin nicht um seine Aufgabe, aus Südrußland Getreide und Vieh in die Hauptstadt zu schicken, sondern um militärische Belange. In der Tat war die Lage bedrohlich. Zwar meisterte Trotzkij nach und nach die Situation bei Kasan, doch von Süden her stieß der »weiße« General Krasnow in Richtung Moskau vor. Es gelang seinen Reitern, zeitweise die Bahnstrecke von Zarizyn nach Moskau zu unterbrechen. Vorsorglich waren daraufhin in Moskau und Petrograd die Brotrationen auf hundert Gramm pro Tag heruntergesetzt worden.

Um seiner Offensive einen Stützpunkt zu geben, wollte General Krasnow unter allen Umständen Zarizyn besetzen. An diesem Punkt der geringsten Entfernung zwischen Wolga und Don konnten die Weißen beide Flüsse kontrollieren. Wollten die Roten nicht jeglichen Halt verlieren, mußten sie die Stadt erfolgreich verteidigen. Als militärischen Chef des Bereichs Zarizyn hatte Lenin den Berufsoffizier Sesanarjow ernannt. Sesanarjow war schon in der Armee des Zaren General gewesen und hatte Trotzkijs Angebot zur Reaktivierung angenommen. Drei Wochen vor Stalin war er in Zarizyn angekommen. Seine Einschätzung der Situation ging dahin, daß die Stadt zu halten sei, wenn das Bandenwesen eingedämmt und die Befehlsstruktur geordnet werde. Dies war schon weitgehend geschehen, als Stalin sein Hauptquartier an der Wolga aufschlug – ausgerechnet im Büro des Generals Sesanarjow.

Daß der General der Generalstabsschule der Zarenarmee entstammte, mißfiel Stalin, der selbst nie eine militärische Ausbildung erhalten hatte. Er glaubte diesen Mangel durch seine »proletarischen Fähigkeiten« wettmachen zu können. Glücklich machte ihn, daß er in Zarizyn Gleichgesinnte antraf. Chef der Zehnten Armee war Kliment Woroschilow, von Beruf Arbeiter. Ihm zur Seite stand Semjon Budjonnyj, ein ehemaliger Kavalleriewachtmeister, der sich als Partisanenführer einen Namen gemacht hatte. Diese Männer, Laien in der höheren Militärkunst, gefielen Stalin – und sie bestärkten seine Abneigung gegen General Sesanarjow.

Die drei waren nicht nur gegen den ehemaligen zaristischen General eingestellt, sondern vor allem gegen Trotzkij, der in ihren Augen den unverzeihlichen Fehler beging, die revolutionär orientierte Rote Armee den zu Offizieren gewordenen Landadligen – wie eben Sesanarjow – auszuliefern.

Der Konflikt zwischen Stalin und Trotzkij[30] – der sich wenig später zu einem gnadenlosen Machtkampf entwickelte und erst mit Trotzkijs Ermordung im Exil endete – begann in Zarizyn. Stalin sah im Armeebefehlshaber einen Konkurrenten im Wettstreit um die höchste Position im Sowjetstaat. Ihn ärgerte, daß Trotzkij als Persönlichkeit brillanter war – und der weit bessere Redner. Auch in seinen militärischen Fähigkeiten war Trotzkij überlegen; dies hatte er an der Front bei Kasan bewiesen. Stalin scheute nicht davor zurück, Trotzkij bei Lenin anzuschwärzen: Immer wieder argumentierte Stalin, der Oberbefehlshaber zerstöre den revolutionären Geist der Roten Armee.

Stalin glaubte, er habe Lenins volle Unterstützung und könne es sich leisten, in die Belange der Truppenführung einzugreifen. In der Tat hatte er eine gute Begründung dafür: Die Sicherstellung der Versorgung von Moskau und Petrograd sei nur durch militärische Maßnahmen zu erreichen. Berichtet wird, Stalin habe den Stab des Wehrkreises Zarizyn verhaften und in der Wolga ertränken lassen. Von einer militärgerichtlichen Untersuchung des Vorfalls ist nirgends ein Zeugnis zu finden.

Der Streit zwischen Trotzkij und Stalin beschäftigte Lenin, der keinen von beiden verlieren wollte, ganz erheblich. Er war auf den flexibel-intelligenten Trotzkij und auf den Gewaltmenschen Stalin angewiesen. Zwar gab er Trotzkij recht, daß in Sachen der Truppenführung allein der Kommandeur von Zarizyn zu entscheiden habe, doch er teilte Stalin nicht mit, daß er sich zu beugen habe. Das Ergebnis war vorauszusehen. Schickte der Oberbefehlshaber eine Anordnung nach Zarizyn, kommentierte sie Stalin mit dem Vermerk: »Wird nicht beachtet!«

Zunächst gab die militärische Entwicklung an der Wolga Stalin recht: Woroschilow organisierte und führte eine Offensive, die erfolgreich verlief. Die Roten durchbrachen die Front der Weißen und stießen von der Wolga bis zum Don vor. Stalin war es, der den Erfolg nach Moskau meldete: »Den Gegner haben wir aufs Haupt geschlagen und über den Don zurückgeworfen. Die Lage um Zarizyn ist gefestigt.«[31]

Doch schon wenige Tage später griffen die Weißen wieder an, und Woroschilow, den der rasche Sieg leichtsinnig gemacht hatte, geriet in Schwierigkeiten; es gelang ihm nur unter Mühen, eine Verteidigungslinie vor der Stadt aufzubauen. Sie war nun auf drei Seiten belagert. Allein das Wolgaufer war nicht vom Feind bedroht. Die Situation war kritisch für die Belagerten, obwohl diese in der Übermacht waren: Die Rote Armee verfügte in der Wolgaregion um Zarizyn über 76 000 Bewaffnete, die Weißen nur über 26 000. Die Roten hatten 250 Geschütze, die Weißen siebzig. Trotzkij, der die Kräfteverhältnisse übersehen konnte, verlangte von Lenin die Ablösung Stalins und der »Unteroffiziere«, die keine Armee führen konnten. Lenin handelte nicht.

Anfang Oktober 1918 befürchteten die Kommandeure in der Stadt, daß Zarizyn nicht mehr zu halten sei. Zu beobachten waren intensive Angriffsvorbereitungen der Weißen. Gefährlich war die Lage deshalb, weil mit dem Zufrieren des Flusses gerechnet werden mußte: Sobald die Eisdecke fest war, konnte der Feind auch die Ostflanke von Zarizyn bedrohen. Am 11. Oktober schien die Kraft der Verteidiger zu erlahmen. Da brach auf einmal von Süden her eine Reitertruppe über den Feind herein. Es war die »Stählerne Division« der Roten Armee, geführt von Dimitrij Shloba. Die Weißen flohen.

Bezeugt ist, daß sich Stalin an jenem 11. Oktober nicht in der gefährdeten Stadt, sondern am anderen Wolgaufer aufgehalten hat – in Sicherheit. Erst als der Feind geschlagen war, kam er nach Zarizyn zurück. Doch war er es, der den Sieg nach Moskau meldete. General Sesanarjow seinerseits sorgte dafür, daß Trotzkij von den hohen Verlusten der kämpfenden Truppe erfuhr, und er machte allein Stalin dafür verantwortlich.

An der Wolga erwies sich Stalin als gnadenloser Kommandeur. Ohne Beweise in der Hand zu haben, ließ er in Zarizyn den Ingenieur Alexejew samt zwei Söhnen verhaften, weil ihm berichtet worden war, sie seien Mitglieder einer konterrevolutionären Organisation. Die Vorwürfe wurden nicht weiter untersucht. Stalin gab den Befehl: »Erschießen!« Er wurde sofort ausgeführt.[32]

Gegen Ende des Sommers 1918 entspannte sich die militärische Lage insgesamt. Die Tschechische Legion konnte in den Ural getrieben werden. Moskau war von Osten her nicht mehr direkt bedroht. Trotzkij selbst konnte sich jetzt um die Südfront kümmern. Er fuhr in seinem Panzerzug von Kasan in Richtung Zarizyn ab.

Lenin mußte Stalin deutlich machen, daß dessen Mission an der Wolga beendet sei. Er schickte Swerdlow, den Präsidenten Rußlands, nach Zarizyn, um dem »Leiter des Versorgungswesens in Südrußland« den Abschied von seinem Posten zu erleichtern. Stalin fuhr nach Norden – Trotzkij nach Süden. Beim Knotenpunkt Sysran trafen sich die Züge von Trotzkij und Stalin. In Trotzkijs Salonwagen sprachen die beiden miteinander. Der Oberbefehlshaber ließ keinen Zweifel daran, daß er die höhere Position einnehme. In scharfem Ton sagte er: »Ihre Leute lasse ich absetzen!« Trotzkij, der Stärkere am Ende des Bürgerkriegs, ließ sich feiern als der »Sieger der Revolution an der Wolga«[33].

Doch nur wenige Wochen später zeigte Lenin an der Wolga, was er zu leisten vermochte – und er brauchte selbst nicht einmal anwesend zu sein. Die Spuren jenes Ereignisses sind noch an der großen Brücke beim Bahnknotenpunkt Sysran zu sehen: Zwei der zwei Dutzend Brückenbögen unterscheiden sich von den anderen. Zu erkennen ist, daß sie in Eile und ohne Rücksicht auf die Struktur der anderen Bögen eingefügt worden sind.

In der Nacht vom 3. zum 4. Oktober 1918 sprengten Weißgardisten, die über die Wolga in Richtung Osten flohen, den elften und zwölften Bogen der Brücke von Sysran. Damit war die letzte Bahnverbindung zwischen den beiden Wolgaufern unterbrochen, denn kurz zuvor hatten die Weißen auch die Brücke von Simbirsk so schwer beschädigt, daß sie nicht benutzt werden konnte. Das westliche Rußland war abgeschnitten von Lieferungen aus dem östlichen Wolgagebiet, aus dem Ural und aus Sibirien. Für den jungen Sowjetstaat war es jedoch von entscheidender Bedeutung, daß die Brücke von Sysran repariert wurde. Lenin rief die Arbeiter in den Industriezentren auf, geeignete Fachleute nach Sysran zu schicken, die imstande wären, in schwindelnder Höhe von 45 Metern zu arbeiten. Lenins flammender Appell veranlaßte Tausende von Arbeitern, die Züge nach Sysran zu besteigen.

Als die ersten Arbeiter den Knotenpunkt erreichten, war die Wolga zugefroren. Die Wasseroberfläche unter dem elften und zwölften Bogen mußte jedoch eisfrei gehalten werden, damit das Fundament geschaffen werden konnte für die Holzkonstruktion, die das Tragwerk der Stahlbögen zunächst ersetzen sollte. Unter den zerstörten Bögen wurden jeweils 240 Pfähle in das Flußbett getrieben. Um die Jahreswende 1918/19 wurden auf diesem Fundament Holztürme aus 250000 Balken errichtet. Die Arbeiter litten unter der eisigen Kälte; in der Höhe der Brückenbögen blies ständig ein scharfer Wind, der die Kleider durchdrang. Im Januar 1919 besaßen die Türme Plattformen, die Platz boten für die Montagetrupps. Ihre Aufgabe war es, die Eisenträger zusammenzufügen, die am Flußufer geschmiedet worden waren. Das Eis der Wolga war noch nicht gebrochen, als die ersten Züge die Brücke von Sysran wieder befahren konnten. Das Provisorium von damals hält dem Verkehr bis heute stand.

Nach diesem Erfolg galt auch Lenin als »Sieger der Revolution an der Wolga«. Nur Stalin hatte am Fluß wenig Ruhm geerntet. Daß er eine Niederlage erlitten hatte, war ihm bewußt. Sie beeinflußte sein Handeln ein Vierteljahrhundert später.

Die Wolgaregion als »Bauern- und Arbeiterparadies«

Lenins Tod in Gorkij

Am 12. Dezember 1922 verließ Lenin sein Büro im Kreml. Nur noch einmal kehrte er zurück an seinen Schreibtisch – zehn Monate später, zum letzten Abschied von seinem Arbeitsplatz. In Gorkij, in der Stadt, die bisher Nishnij Nowgorod geheißen hatte, wollte er leben. Seiner Meinung nach war das Klima an der Wolga gesünder für ihn. In Gorkij bestand ein Erholungsheim der sowjetischen Regierung. Das Haus befand sich unter hohen Bäumen; kiesbestreute, schattige Spazierwege führten durch das Gelände. Der Komplex von Gebäude und Wald lag außerhalb der Stadt und konnte leicht bewacht werden. Ein Vorteil war, daß Moskau nur 300 Kilometer entfernt war.

Kurz vor jenem 12. Dezember 1922 hatte Lenin zwei Schlaganfälle erlitten; die Ärzte sprachen von Gehirnthrombosen. Lenins Denkfähigkeit war eingeschränkt. Er spürte, daß er das Amt des Vorsitzenden des Rates der Volkskommissare nicht länger ausüben konnte. Doch trotz der schweren Erkrankung war er nicht gewillt, die Fäden der Macht aus der Hand zu geben. Wenn er auf den Machtapparat verzichtete – das wußte Lenin –, war er Stalin preisgegeben.

Mit Argwohn hatte Lenin beobachtet, daß Stalin einen Ort im Kaukasusgebiet als Erholungsplatz vorbereiten ließ. Lenin weigerte sich, in den Kaukasus zu fahren, mit dem Argument, die

Reise dorthin dauere drei Tage; seine Nerven seien dieser Anstrengung nicht gewachsen. Hartnäckig bestand Lenin darauf, an die Wolga gebracht zu werden. Stalin, noch nicht der mächtigste Mann Sowjetrußlands, mußte nachgeben.

Ein halbes Jahr zuvor hatte das Zentralkomitee der KPdSU Stalin zum Generalsekretär ernannt. Er war damit Leiter der allmächtigen Parteiorganisation geworden. Ihm zugeordnet waren Molotow und Kujbyschew – beide waren ihm ergeben. Bereits zu diesem Zeitpunkt war es Stalin gelungen, die Gefolgsleute Trotzkijs aus dem Machtzentrum der Sowjetunion zu entfernen.[1]

Stalin begann damals, in politischen Entscheidungen seinen Willen durchzusetzen – auch gegen Lenins Absichten. Noch als Vorsitzender des Rates der Volkskommissare hatte Lenin den Plan verfolgt, die Rote Armee zu verkleinern. Stalin aber hatte im gesamtrussischen Zentralkomitee eine Mehrheit organisiert, die gegen Lenins Vorlage stimmte. Auch in der Nationalitätenfrage waren Lenin und Stalin unterschiedlicher Meinung. Stalin, der Georgier, wußte aus eigener Erfahrung, daß der Staat separatistischen Bestrebungen der einzelnen Nationalitäten nicht nachgeben durfte, wenn er den Zusammenhalt bewahren wollte. Die Partei, so sagte Stalin, dürfe sich nicht den Anschein geben, sie gewähre wirkliche Autonomie.

Die Auseinandersetzung wurde darüber hinaus um Prestige und Machtansprüche geführt. Stalin war ein Meister der Zermürbungstaktik. Am Telefon beschimpfte er Lenins Frau Krupskaja, sie verwickle ihren kranken Mann in politische Diskussionen und zerrütte damit seine Nerven völlig. Die Krupskaja mußte es sich sogar gefallen lassen, daß Stalin ihr drohte, er werde sie vor den Disziplinargremien der Partei anklagen. Lenin, von seiner Frau über Stalins Verhalten informiert, regte sich auf. Die Folge war eine Lähmung des rechten Arms und des rechten Beins.

Lenins Gehirn war so weit noch funktionsfähig, daß dem Kranken der Fehler bewußt wurde, den er begangen hatte, als er Stalins Aufstieg zum Generalsekretär der KPdSU nicht verhinderte.[2] Er wollte diesen Fehler korrigieren. Am 24. Dezember 1922 schrieb Lenin diese Beurteilung Stalins in sein Testament: »Genosse Stalin hat, nachdem er Generalsekretär geworden ist, eine unermeßliche Macht in seinen Händen konzentriert, und ich bin nicht überzeugt, daß er es immer verstehen wird, von dieser Macht vorsichtig genug Gebrauch zu machen. Andererseits zeichnet sich Genosse Trotzkij nicht nur durch hervorragende Fähigkeiten aus. Persönlich ist er wohl der fähigste Mann im gegenwärtigen Zentralkomitee. Er ist aber auch ein Mensch, der ein Übermaß an Selbstbewußtsein und eine übermäßige Vorliebe für administrative Maßnahmen hat.«[3]

Trotz der kritischen Anmerkung zu Trotzkijs Charakter und Arbeitsweise ist festzustellen, daß Lenin Trotzkij an Stalins Stelle auf den Posten des Generalsekretärs setzen wollte. Zehn Tage später diktierte Lenin als Anhang zum Testament eine weit schärfere Beurteilung des Machthungrigen – sie ist ohne Zweifel ausgelöst worden durch Stalins Beschimpfung der Frau Lenins, Krupskaja: »Stalin ist zu grob. Dieser Mangel kann in der Funktion des Generalsekretärs nicht geduldet werden. Deshalb schlage ich den Genossen vor, sich darüber Gedanken zu machen, wie man Stalin ablösen könnte, um ihn durch einen anderen zu ersetzen. Er muß sich nur dadurch vom Genossen Stalin unterscheiden, daß er toleranter, loyaler, höflicher ist und weniger launenhaft.«[4]

Obgleich Lenin noch mehr als ein Jahr zu leben hat, unternimmt er selbst nichts, um Stalin aus dem Machtzentrum zu entfernen. Er hält sich zwar zu Beginn des Jahres 1923 in Moskau auf und redet mit den führenden Männern des Politbüros, doch er versucht nicht einmal, seinen Standpunkt durchzusetzen.

Am 3. März erleidet Lenin seinen dritten Schlaganfall. Von nun an ist er nicht mehr fähig zu sprechen. Seine Frau glaubt aus Lauten und Gesten zu verstehen, daß ihr Mann den Kreml verlassen wolle, um an die Wolga zu fahren. Die Chauffeure des Kreml aber weisen darauf hin, daß die Straßen vereist sind. Auch die Ärzte glauben, die Fahrt nach Gorkij sei unter diesen Witterungsumständen zu gefährlich für den Kranken.

Erst im Mai kann Lenin nach Gorkij gebracht werden. Er macht einen zufriedenen Eindruck. Die hohen Bäume im Park gefallen ihm. Ausdrücken kann er sich allerdings nicht mehr. Seine Frau bemüht sich, ihm Worte zu entlocken. Es gelingt ihm nur, das Wort »wot« auszusprechen – »so ist es«.

Am Morgen des 13. Oktober 1923 aber gibt Lenin zu erkennen, daß er das Auto besteigen will. Er möchte nach Moskau, in den Kreml. Lenin betritt dort seine Wohnung, den Kabinettsaal und sein Arbeitszimmer. Lange betrachtet er seinen Schreibtisch. Dann geht er über Gänge und Treppen zurück zum Auto. Am Abend ist er wieder in Gorkij.

Ungebrochen ist sein Wille. Er versucht, mit der linken Hand zu schreiben. Er nimmt teil an den Vorbereitungen zum Weihnachtsfest. Er läßt sich vorlesen. Am 21. Januar 1924, um 18 Uhr, steigt plötzlich seine Körpertemperatur an. Muskelkrämpfe erschüttern ihn. Er wird bewußtlos. Eine halbe Stunde später ist Lenin tot.

Jetzt kam die Zeit für Stalins Rache an Trotzkij. Es gelang Stalin bald, den Konkurrenten in den Parteigremien in die Oppositionsrolle zu drängen. Schon im Oktober 1926 wurde Trotzkij gezwungen, ein Reuebekenntnis zu unterschreiben; er wurde zum Abweichler erklärt. 1928 verlor er seine Funktionen in der Moskauer Parteizentrale. Fortan bestimmte Stalin allein das politische Geschehen in der Sowjetunion.[5] In Amt und Würden waren nur noch Gestalten, die jede von Stalin angeordnete Maßnahme bejubelten.

Zwangsmaßnahmen verändern das Leben

Auf dem 15. Parteitag der KPdSU, der vom 2. bis zum 19. Dezember 1927 tagte, propagierte Stalin sein Wirtschaftsprogramm, das den Menschen der Sowjetunion neue Lebensformen aufzwingen sollte. Die Landwirtschaft sollte kollektiviert und die Industrialisierung vorangetrieben werden.

Das war eine radikale Abkehr von der Neuen Ökonomischen Politik (NEP[6]), die Lenin angesichts der katastrophalen Hungersnot im Sowjetstaat 1921 eingeschlagen hatte. Lenin hatte damals eingesehen, daß er Anreize für die Bauern schaffen mußte, um diese zu einer Vergrößerung des Nahrungsmittelangebots zu bewegen. Ein ganzes Bündel von Maßnahmen sollte nach Lenins Ansicht zu einer raschen Gesundung der Wirtschaft führen – Ansätze, an die Michail Gorbatschow 65 Jahre später wieder anknüpfte: Der Bauer brauchte um so weniger an den Staat abzuführen, je mehr er produzierte; seine Überschüsse durfte er auf dem Markt verkaufen; der Binnenhandel sollte wieder in Gang gebracht werden; Privatpersonen erhielten Konzessionen zur Gründung von Industriebetrieben, was rasch auch ausländisches Kapital ins Land lockte.

Diese Neue Ökonomische Politik war auch bis zu einem gewissen Grad erfolgreich, besonders an der Wolga. Die Produktion stieg an; gleichzeitig blieb die kollektive Nutzung des Bodens gewährleistet, weil die Bauern an der Dorfgemeinde festhielten. Doch auf Dauer ließen sich Kommando- und Marktwirtschaft nicht so recht miteinander vereinbaren. Den Bauern fehlte der Anreiz, ihr Getreide zu vermarkten, weil das Angebot an Konsumgütern gering und ihr Preis hoch war. Also verbrauchten die Bauern ihr Getreide lieber selbst. Eine Fehleinschätzung der Marktmechanismen und wohl auch der bäuerlichen Welt hatte das Land in eine schlimme Lage manövriert.

Stalin ließ die Ablieferung der Pflichtkontingente strikter überwachen. Es wurde Zwang angewendet. Die Situation verschlechterte sich, zumal sich Mißernten ankündigten. Felder wurden nicht mehr bestellt, Bewässerungsanlagen vernachlässigt. Die Alternative lautete schließlich: mehr Marktwirtschaft oder sozialistische Planwirtschaft. Stalin entschied sich für die zweite Lösung.

Doch ein Aufruf an die Kleinbauern, sich freiwillig zu Genossenschaften zusammenzuschließen, wurde kaum beachtet: *kollektivnoje chosjajstwo* – in der Abkürzung Kolchos – blieb ein leerer Begriff. Je mehr Land ein Bauer besaß, desto weniger war er gewillt, seinen Besitz zu opfern. Der Widerstand rief Zwangsmaßnahmen hervor: Stalin proklamierte den Klassenkampf gegen die Kulaken; sie sollten gezwungen werden, in die Kolchosen einzutreten. Die Kulaken aber schlachteten Vieh und Pferde, um die Tiere nicht abliefern zu müssen. Im Zusammenhang mit Mißernten führte dies zu einer Hungersnot ungekannten Ausmaßes. Am

1. Februar 1930 verfügte Stalin die Deportation von Kulaken, die sich weigerten, Kolchosbauern zu werden. Die erste Umsiedlungsaktion lief an: Innerhalb von vier Wochen wurden eine halbe Million Menschen von ihren Höfen weggetrieben und in meist wenig fruchtbare Gegenden Rußlands gebracht. Als auch diese Strafaktion die Kulaken nicht in die Knie zwang, wurden die Deportationen in großem Maßstab fortgesetzt. Stalin, so wird berichtet, habe sich später damit gebrüstet, daß der Kampf gegen die Kulaken zehn Millionen Menschenleben gekostet habe.

Daß die Bauern ihre Zugpferde geschlachtet hatten, wirkte sich jetzt ebenfalls aus: Die Felder konnten nicht gepflügt werden, Wagen wurden nicht gezogen. Es gab nur eine Möglichkeit, dem Mangel abzuhelfen: Traktoren mußten in großer Zahl gebaut werden. Traktorenwerke bekamen Vorrang im Industrialisierungsprogramm auch der Wolgaregion. Besonders eindrucksvoll geriet die Traktorenfabrik in der Stadt Zarizyn. Sie hieß nun allerdings Stalingrad – zur Erinnerung an Stalins Präsenz als Kommandeur der Roten Einheiten im Bürgerkrieg. Den Industrieplanern gelang es, das Werk in Stalingrad so leistungsfähig zu machen, daß es den Traktorenbedarf der Städte und Dörfer an der mittleren und unteren Wolga zu decken vermochte.

Die Autonome Sozialistische Sowjetrepublik der Wolgadeutschen

Die Umwandlung Rußlands in die UdSSR veränderte auch das Leben der Wolgadeutschen. Sie hatten 1914 das 150jährige Jubiläum der Wolgabesiedlung gefeiert. Deutlich war dabei geworden, daß keine Beziehung mehr bestand zu Deutschland als Staat – es gab sogar kaum mehr Kontakte zu den Familien in der alten Heimat. »Deutsch sein« bedeutete: zu handeln nach »Väter Sitte und Art« – es war eine Sache des Gefühls. »Treu dem neuen Heimatlande« lautete die Parole. Sie entstammt dem reichlich pathetischen Wolgalied[7] des Dichters Rudolf Dirk.

Schwing im Glanz der Morgensonne auf dich,
stolzer Jubelsang.
Künde Wolgaleid und Wonne laut die Lande weit entlang!
Kämpfe für errungene Güter, Wolgastrom, im Wettersturm:
Als des Rechts, der Ehre Hüter, unerschüttert rag' – ein Turm.
Wolgawellen, Wolgastrand, knüpfen fest der Liebe Band.
Wo die Väter zäh gerungen um der rauhen Scholle Preis
leistet, hunderttausend Jungen, heute eure Schwüre heiß.
Treu dem neuen Heimatland, treu der Väter Sitt' und Art.
Reicht nach deutschem Brauch zum Pfande
Euch die Hände schwielenhart:
Wolgawellen, Wolgastrom knüpfen fest der Liebe Band.

Nach dem Zusammenbruch des Zarenreichs paßten sich die Wolgadeutschen der politischen Situation an.[8] Die von Stalin ausgearbeitete »Deklaration über die Rechte der Völker Rußlands« vom November 1917 sicherte ihnen eine weitgehende Autonomie zu: Die Bewohner durften ihre Sprache verwenden, ihr kulturelles Leben entwickeln und einen eigenen Kongreß einberufen. In der Tat gab es kaum ein anderes Land auf der Welt, das einer Minderheit – theoretisch – so große Entfaltungsmöglichkeiten bot wie die 1918 gegründete »Föderation nationaler Sowjetrepubliken«.

Daß sie optimal genutzt wurden, dafür sorgte eine Persönlichkeit, die später, im Nachkriegsdeutschland, eine entscheidende Funktion ausübte: Ernst Reuter. Er begann seine politische Karriere unter der Protektion von Stalin und Lenin an der Wolga, wurde aber aufgrund seiner praktischen Erfahrungen im Verlauf der Jahre zum Gegner des Bolschewismus und zum Feind Stalins. Nach 1945 kämpfte Ernst Reuter entschlossen gegen den Machtanspruch des sowjetischen Diktators auf den Westteil Berlins.

26 Jahre alt war Ernst Reuter, als er zum erstenmal die Wolga sah. Im September 1916 wurde er in den Krankensaal des Kriegsgefangenenlagers von Nishnij Nowgorod gebracht: Er war schwer verwundet in russische Gefangenschaft geraten. Das linke Bein war mehrfach durchschossen, der Oberschenkelknochen gebrochen. Die Wunden heilten in Nishnij Nowgorod, doch der Kno-

chen verkürzte sich beim Zusammenwachsen. Ernst Reuter brauchte zeit seines Lebens einen Stock.

Im Lager von Nishnij Nowgorod befaßte sich Reuter ernsthaft mit der russischen Sprache; er lernte Vokabeln und versuchte sich damit auszudrücken. Bereits nach einem Vierteljahr war es ihm möglich, russische Zeitungen zu lesen und mit Russen zu reden.

So erfuhr Ernst Reuter immer als erster unter den Gefangenen von den aufregenden Ereignissen, die Rußland veränderten. Er konnte den Kameraden von den Umwälzungen im Frühjahr 1917 berichten, vom Zusammenbruch der Ordnung in St. Petersburg, vom Sturz des Zaren. Als Sozialdemokrat empfand Ernst Reuter Sympathie für die revolutionäre Bewegung. Den Sieg der Bolschewiki begrüßte er mit Begeisterung. Reuter befand sich zu diesem Zeitpunkt als Gefangener in einem Bergwerk bei Tula in der Nähe des Donursprungs. Da er sich auf russisch verständigen konnte, wurde er bald zum Sprecher der Kriegsgefangenen in der Region Tula bestimmt. In dieser Funktion wurde er Mitglied eines Gefangenenkomitees, das von den Bolschewiki kontrolliert wurde. Nach wenigen Wochen schon war er Vorsitzender dieses Komitees. Reuter durfte nach Moskau reisen.

In der Hauptstadt des sich neu formierenden Staates fiel der Vorsitzende des Kriegsgefangenenkomitees durch wirtschaftspolitische Kenntnisse auf. Während seiner Begegnungen mit führenden Funktionären der bolschewistischen Partei stellte er unbequeme Fragen. So wollte er bei einem solchen Treffen wissen, welchen Sinn es habe, den Bauern Land zu geben, ohne sie auch mit Pflügen auszustatten?[9]

Mit derartigen Denkanstößen imponierte Ernst Reuter dem Volkskommissar für Nationalitäten, Josef Stalin. Sein Problem im Jahre 1918 war die Versorgung der revolutionären Zentren St. Petersburg und Moskau mit Lebensmitteln. Hungerten die Menschen in diesen Städten, dann bestand Gefahr, daß sie der bolschewistischen Herrschaft entglitten, um Rettung bei anderen Herren zu suchen – die »Weißen« boten sich als Alternative an. Die Rettung der Revolution war nur möglich, wenn das Getreide der wolgadeutschen Bauern zur Verfügung stand. Das fruchtbare Land um Samara durfte nicht den Weißen in die Hände fallen, die das Gebiet nördlich der deutschen Wolgasiedlungen kontrollierten. Von Kasan aus wollten die Weißen die Ernte erbeuten. Josef Stalin kam auf den Gedanken, Ernst Reuter mit der Aufgabe zu betreuen, die Deutschen der Wolgaregion von Samara in seinem Sinne zu organisieren. Ein »Volkskommissariat für deutsche Angelegenheiten an der Wolga« wurde errichtet – und Reuter zu seinem Leiter bestimmt.

Er empfand, sein Mandat sei »breiter als die Wolga«. So umfassend der Auftrag auch war, so unbestimmt blieb er. Reuter wußte nur, daß er Kreissowjets aufzubauen hatte, die schließlich zu einer Verwaltung des gesamten Gebiets zusammenzufassen waren. Diese Verwaltung aber war den Gouvernementssowjets von Saratow und Samara zu unterstellen.

Dabei war Reuter offiziell noch immer russischer Kriegsgefangener, als er Anfang Mai 1918 in Saratow eintraf. Für ihn war das Gebäude eines reichen deutschen Kaufmanns – sein Name war Reineke – beschlagnahmt worden. Es wurde Hauptquartier des Kommissariats.

Reuter berief für Ende Juni 1918 einen Sowjetkongreß der Wolgadeutschen ein, der den Aufbau der Selbstverwaltung zu beschließen hatte. Volkskommissar Ernst Reuter übernahm den Vorsitz und bestimmte die politische Richtung für eine halbe Million Bewohner des Wolgagebiets. Zu seinen Aufgaben gehörte es auch, den Protest des kaiserlich-deutschen Botschafters in Moskau gegen die bolschewistischen Maßnahmen im »deutschen Gebiet« der Wolga energisch zurückzuweisen. Dem Botschafter Graf Mirbach wurde mitgeteilt, die Menschen an der Wolga benötigten keine Protektion des deutschen Kaiserreichs. Ihren Schutz könnten die Deutschen selbst übernehmen. Die gewählten Sowjetfunktionäre würden für die Sicherheit sorgen.

Und tatsächlich traten sie immer für die Belange der Bauern ein. Versucht wurde sogar, Übergriffe der bolschewistischen Tscheka (Polizei) zu verhindern. Tschekakommandos waren angewiesen, auf eigene Faust Getreide für Moskau zu beschlagnahmen. Der Volkskommissar Ernst Reuter aber war darauf bedacht, die Ordnung aufrechtzuerhalten – auch wenn er selbst in Gefahr geriet, von der Tscheka verhaftet und exekutiert zu werden. Er fühlte sich deshalb einigermaßen sicher, weil die Sowjetführung in Moskau auf seine Getreidelieferungen angewiesen war. Die Abhängigkeit Stalins in der Versorgungsfrage machte den »Volkskommissar für Nationalitäten« ungewöhnlich nachgiebig. Ernst Reuter konnte Forderungen stellen.

Im Herbst 1918 dekretierte der Rat der Volkskommissare in Moskau auf Anregung ihres Vertrauensmannes in Saratow, an der Wolga sei eine unabhängige deutsche Arbeiterkommune zu schaffen. Aus ihr entwickelte sich ein autonomes Gebiet, das als nahezu unabhängiger Staat zu betrachten war. 29 Jahre alt war Ernst Reuter, als er den Aufbau der Verwaltungseinheit des deutschen Wolgagebietes abschloß. In Saratow war Reuter zum aktiven Politiker geworden.

Willy Brandt und Richard Löwenthal erwähnen in ihrem Buch »Ernst Reuter – Ein Leben für die Freiheit« auch, daß der Volkskommissar nach seiner Rückkehr aus der Sowjetunion in das Deutsche Reich von einstigen Wolgadeutschen denunziert worden sei, er habe Morde begangen. Die Vorwürfe hätten sich durchweg als grundlos erwiesen.[10]

Im November 1918 zerbrach das deutsche Kaiserreich. Die von Lenin lang erwartete Revolution der Deutschen fand statt. Für den Revolutionär Lenin waren die Vorgänge in Berlin wichtiger als die Entwicklung des deutschen Gebiets an der Wolga. Es war ihm recht, daß Ernst Reuter den Wunsch äußerte, Saratow zu verlassen, um zu Hause politisch aktiv zu werden. Er kehrte in die Heimat als begeisterter Anhänger der bolschewistischen Revolution zurück. Drei Jahre später war die Illusion zerplatzt, der Wandel zum Sozialdemokraten vollzogen.

Auch die menschliche Gemeinschaft, die Reuter an der Wolga aufgebaut hatte, war verändert worden. Die Ansätze einer Demokratisierung waren vernichtet und die Freiheiten beschnitten worden. Solange Ernst Reuter Volkskommissar der Deutschen an der Wolga war, blieb das religiöse Leben unangetastet. Als die Bolschewiki aber verlangten, daß die Schulen nicht länger eng mit den

Kirchen verbunden sein sollten, daß das kirchliche Leben überhaupt einzuschränken sei, fiel ein erster Schatten auf das Glück der Deutschen im Sowjetstaat. 160 Jahre lang waren die Kirchen für den Zusammenhalt der Siedler wichtig gewesen. Dort hatten sie Geborgenheit gefunden – nun sollten die Kirchen geschlossen werden.

Vielfältig waren die Glaubensrichtungen: Da gab es Dörfer der Lutheraner, Reformierten, Methodisten, Katholiken, Baptisten, Pietisten. Ihre Pfarrer hatten künftig zurückzustehen hinter den Funktionären der Partei. Sie bekamen bald mehr Einfluß, als ein Pfarrer je gehabt hatte. Die Funktionäre hatten die Vollmacht, die Kollektivierung voranzutreiben. Der Plan bestand, im fruchtbaren Wolgaland jeweils dreißig Familien zu einer Kolchose zusammenzufassen. Doch gerade die deutschen Bauern hingen an ihrem Eigentum und wollten auf den eigenen Boden nicht verzichten.

Nach bolschewistischer Terminologie war fast jeder deutsche Wolgabauer ein Kulak und damit ein Klassenfeind. Unter Druck entschieden sich die meisten für Nachgiebigkeit gegenüber dem Willen der Partei. Häufig genug wurden sie dennoch Opfer des Terrors, der um das Jahr 1930 in radikaler Form ausbrach. Wer beschuldigt wurde, wie ein Kulak zu denken, der wurde in ein Arbeitslager eingewiesen. Mit den Kulaken verschwanden die Pfarrer, Ärzte, Lehrer, Ingenieure aus den Dörfern. Die Intelligenzschicht der deutschen Siedler wurde vernichtet. Schätzungen besagen, daß bis 1940 etwa eine halbe Million Deutschstämmiger durch Terrormaßnahmen der Partei umgekommen seien. Ein Drittel aller Familien hatten keinen Vater mehr, weil er getötet oder verhaftet worden war.

Die Vorväter waren einst aus Deutschland an die Wolga gewandert, weil sie der Unterdrückung hatten entgehen wollen. Die Nachfahren dachten daran, wieder nach Deutschland zurückzukehren. Viele versuchten, in Moskau mit Demonstrationen Aufsehen zu erregen, um so die Behörden zur Ausstellung von Ausreisegenehmigungen zu bewegen. Die Deutschen wurden in ihre Dörfer zurückgebracht, um bald darauf in Arbeitslager geschickt zu werden.

Das Schicksal der Wolgadeutschen in jenen Schreckensjahren darf natürlich nicht isoliert gesehen werden. Die Deutschen sind bis zum Krieg zwischen Rußland und Deutschland nicht schlechter behandelt worden als die Tataren, die Baschkiren, die Tschuwaschen, die Russen. Alle diese Völker waren für Stalin ein riesiges Reservoir an Arbeitskräften, das zum industriellen Aufbau gebraucht wurde. Das Land sollte verändert werden, aber Kosten durften nicht entstehen – an eine Bezahlung war nicht zu denken. Da diese Arbeitskräfte sich unter solchen Bedingungen nicht freiwillig zur Verfügung stellten, wurden sie zuerst durch fadenscheinige Anklagen zu Verbrechern gestempelt, um dann als Gefangene, als Zwangsarbeiter behandelt werden zu können. Die gewaltige Aufbauleistung der Sowjetunion vor und nach dem Zweiten Weltkrieg war nur im Zeichen des Gulag[11] möglich. Von Millionen Zwangsarbeitern – und später Hunderttausenden deutscher Kriegsgefangener – wurden die Staudämme gebaut, die das Landschaftsbild der Wolga so entscheidend verändert haben.

Die »Große Säuberung« beginnt in Gorkij

Im Sommer 1935 meldete die Führung des NKWD dem Genossen Stalin, in der Stadt Gorkij sei eine Gruppe von Studenten entdeckt worden, die sich vorgenommen hätten, den großen Führer der UdSSR zu ermorden. Ihre verbrecherische Absicht sei deshalb verwerflicher als andere Attentatspläne, weil diese Studenten dem Führungskader der Jugendorganisation Komsomol angehörten. Sie hätten den Eid geleistet, dem Genossen Stalin immer treu ergeben zu sein. Die NKWD-Führung bat um die Erlaubnis, die Komsomolstruktur an der mittleren Wolga zu durchleuchten. Stalin selbst erteilte dazu die Genehmigung. Er forderte seinen Staatssicherheitsdienst auf, alle Verräter zu entlarven.

Hunderte von Studenten des Pädagogischen Instituts von Gorkij wurden verhaftet, verhört, gefoltert. Im NKWD-Gefängnis auf dem Steilufer über dem Fluß wurden die Geständnisse erpreßt. Wer einmal verhaftet war, der wurde nicht wieder freigelassen. In

Gorkij wurde zum erstenmal die Methode praktiziert, die während der nächsten Jahre bis zum Beginn des Zweiten Weltkriegs Hunderttausende von Menschen zerbrechen und dem Henker ausliefern sollte.

Unmittelbar nach der Verhaftung der Studenten in Gorkij begriff Stalin, daß sich ihm die Chance bot, die Partei von Mitgliedern zu säubern, die sein Mißfallen erregt hatten, indem sie es irgendwann gewagt hatten, ihm zu widersprechen. Den Fehler, seinen Konkurrenten Trotzkij unbehelligt ins Ausland reisen zu lassen, wollte er nicht wiederholen. Doch es war ihm noch nicht möglich, die Mißliebigen einfach in den Kellern des NKWD liquidieren zu lassen – Stalin mußte den Anschein der Legalität für seine Taten wahren. Es sollten Prozesse stattfinden, die für die Öffentlichkeit zugänglich waren. Während dieser Verfahren durfte jedoch nichts geschehen, was die Brutalität der »Untersuchungsmethode« entlarvt hätte. Geständnisse mußten vorliegen, und die Angeklagten mußten derart vorbereitet sein, daß sie nicht den Mut fassen konnten, diese Geständnisse während der Verhandlung zu widerrufen.

Das Ziel war, Nikolaj Bucharin hinrichten zu lassen, den Lenin einst als »Liebling der Partei« bezeichnet hatte. Als der Sowjetstaat noch jung war, hatte ihn Lenin als Nachfolger in Betracht gezogen für den Fall, daß er und Trotzkij Partei und Staat nicht mehr führen konnten. Stalin konnte Bucharin nie verzeihen, daß er die höhere Gunst Lenins genossen hatte. Stalin vergaß auch nicht, daß Bucharin während der zwanziger Jahre von Stalin stärkere Demokratisierung und Einschränkung der diktatorischen Gewalt gefordert hatte. Stalin hielt Bucharin immer wieder vor, er habe die Bauern verteidigt, die sich gegen die Eingliederung in Kolchosen gewehrt hätten. Nur einen Vorwurf konnte der Diktator dem Kontrahenten nicht machen – er sei ein Anhänger Trotzkijs gewesen. Als Trotzkist zu gelten war im Jahre 1935 in der UdSSR die beste Voraussetzung dafür, von Stalin auf die Todesliste gesetzt zu werden. Bucharin aber besaß Anhänger, die zu ihm standen. Sein Untergang war erst am 17. Januar 1937 besiegelt; an diesem Tag nannte ihn die Zeitung »Iswestija« nicht mehr im Impressum als

Herausgeber. Von da an war Nikolaj Bucharin angeklagt, zum »trotzkistisch-terroristischen Zentrum« zu gehören. Die Basis dazu wurde im Sommer 1935 in Gorkij gelegt.

Den verhafteten Studenten wurde vorgeworfen, sie hätten Kontakt zu Trotzkij aufgenommen, der damals in Mexiko im Exil lebte. Als die erpreßten Geständnisse vorlagen, wurde die Anklage erweitert: Nun hieß es plötzlich, Trotzkij habe die Studenten dazu aufgefordert, Stalin zu ermorden.

Als Verbindungsmann zwischen Trotzkij und den Studenten wurde ein Mann namens Walentin Olberg präsentiert.[12] Er stellte sich in Gorkij der NKWD-Behörde und beschuldigte sich selbst. In Wahrheit war er Mitarbeiter des NKWD. Walentin Olberg hatte den Befehl erhalten, falsche Angaben zu machen und die Studenten des Pädagogischen Instituts Gorkij zu belasten. Man hatte ihm zuvor zu verstehen gegeben, Stalin und die Partei erwarteten, daß er sich dem Willen der Partei, die immer recht habe, ohne Zögern beuge. Es wurde ihm versprochen, er werde nicht hingerichtet; um der Form zu genügen, werde eine hohe Haftstrafe ausgesprochen, die er jedoch nicht anzutreten brauche, denn er werde an einen Dienstort weit von Gorkij entfernt versetzt.

Der örtliche NKWD-Kommandeur in Gorkij – sein Name war Jelin – war zuvor informiert worden, Walentin Olberg werde sich ihm stellen. Darüber war Jelin empört: Er versuchte seine Vorgesetzten in Moskau zu überzeugen, man habe es an der Wolga nicht nötig, Staatsfeinde durch fremde falsche Zeugen zu entlarven. Zudem lägen die Geständnisse hinsichtlich der Mordabsichten bereits vor; die Todesurteile könnten jederzeit gefällt werden.

Stalin aber wollte die Verbindung der potentiellen Attentäter zu Trotzkij hergestellt wissen: als Vorstufe zur Enthüllung einer gewaltigen »trotzkistisch-terroristischen Verschwörung«, deren Zerschlagung viele Mißliebige zum Opfer fallen würden. Und tatsächlich gab Walentin Olberg bei den »Verhören« an, nicht nur Studenten seien an der »trotzkistisch-terroristischen Verschwörung« beteiligt gewesen, sondern vor allem auch Professoren des Pädagogischen Instituts Gorkij. Sie seien von ihm während des Maiaufmarsches in jenem Jahr 1935 angeworben worden. Bereitwillig hätten sie sich als Anhänger Trotzkijs zu erkennen gegeben; keinen Augenblick hätten sie Empörung darüber gezeigt, daß Stalins Ermordung von ihnen verlangt wurde. Der Kronzeuge Walentin Olberg bewährte sich. Dank seiner Disziplin gegenüber der Partei konnte Stalin behaupten, am Zusammenfluß von Wolga und Oka sei ein Nest der »trotzkistischen Schlangenbrut ausgehoben worden«.

Für den Kommandeur des NKWD in Gorkij rächte es sich nun, daß er Walentin Olberg als Kronzeugen zunächst abgelehnt hatte. Von ihm war die Grundregel der Organisation gebrochen worden, die lautete: Befehle werden ausgeführt und nicht diskutiert. Jelin wurde im NKWD-Gebäude von Gorkij erschossen. Er war damit das erste Opfer der »Großen Säuberung« an der Wolga.

Im Sommer 1935 starb überraschend der Mann, dessen Name die einstige Stadt Nishnij Nowgorod nun trug: Maxim Gorkij. Er war als Schriftsteller gegen die Ausbeutung der armen Schichten angetreten, doch er war kein überzeugter Anhänger der bolschewistischen Revolution gewesen. Er hatte sich als Aushängeschild des kommunistischen Regimes benutzen lassen, doch war er mutig genug gewesen, Stalin zu widersprechen. Im Jahre 1930 hatte Maxim Gorkij mit Erfolg Position für Schriftsteller bezogen, denen der Diktator Abweichung von der Parteilinie vorwarf. Jetzt hatte Stalin befürchten müssen, daß Maxim Gorkij den Prozeß gegen die »trotzkistisch-terroristischen Verschwörer« zu verhindern oder wenigstens zu beeinflussen versucht hätte. In einer späteren Phase der »Großen Säuberung« wurde den angeklagten Studenten und Professoren vorgeworfen, sie hätten Maxim Gorkij umgebracht. Sie bekannten sich schuldig.

Möglich ist durchaus, daß der Schriftsteller im Sommer 1935 ermordet worden ist. Jedenfalls kam Gorkijs Tod für Stalin zur rechten Zeit. Hätte Gorkij weitergelebt, wären die Prozesse der »Großen Säuberung« wohl nicht ausschließlich nach Stalins Willen verlaufen. So aber konnten die Prozeßvorbereitungen ungestört vorangetrieben werden.

Im Februar 1936 lagen in Gorkij die Geständnisse des Rektors und des Chemielehrers des Pädagogischen Instituts vor. Der letztere klagte sich selbst an, er habe sich mit der Herstellung der zum Mord benötigten Sprengkörper befaßt. Damit war die »Untersuchung« des »Komplotts« eigentlich abgeschlossen. Doch Stalin gab die Anweisung, nach weiteren Agenten Trotzkijs zu suchen. Sie sollten vor allem in Moskau gefunden werden. Von der Wolga verlagerte sich der Schwerpunkt der »Großen Säuberung« in die Hauptstadt.

Walentin Olberg wurde veranlaßt, weitere Aussagen zu machen. Er belastete Grigorij Sinowjew, der einst – als Lenin todkrank war – für kurze Zeit der mächtigste Mann der Sowjetunion war. Beschuldigt wurde auch der früher hochkarätige Parteifunktionär Lew Kamenew. Beiden versprach Stalin, ihr Leben zu schonen, wenn sie – im Dienste der Partei – gegen sich selbst aussagten. Sie wurden »liquidiert« wie Bucharin und Millionen anderer. Erst kurz vor Ausbruch des Zweiten Weltkriegs wurden die »Säuberungen« eingestellt.

Die Werktätigen an der Wolga hatten von der Parteiführung den Auftrag erhalten, die Organe von Partei und Staat zur unnachgiebigen Verfolgung der »Schlangenbrut« aufzufordern. In Proklamationen und Petitionen hatten die Arbeiter des Traktorenwerks »Dsershinskij« in Stalingrad den Tod aller Verhafteten verlangt. Auch Olberg starb. Er hatte im Verlauf der Prozesse schließlich selbst daran geglaubt, daß er Trotzkijs Kurier gewesen sei.

Moskau wird für Wolgaschiffe erreichbar

Die russische Hauptstadt ist zwar durch natürliche Gewässer mit der Wolga verbunden, doch der praktische Nutzen der Wasserstraße war, zumindest in der Neuzeit, gering. Die Moskwa, die bei Kolomna in die Oka fließt – sie wiederum mündet bei Nishnij Nowgorod in den großen Fluß –, war für größere Schiffe nicht zu befahren. So gab es in der gesamten Geschichte der Stadt nie einen richtigen Moskauer Hafen. Seit dem Jahre 1937 aber existiert eine prächtige Anlegestelle für Dampfer, errichtet im Stil der Stalinschen Prunkbauten. Säulenhallen erwecken den Eindruck von Größe; ein Turm trägt auf seiner schlanken Spitze einen imponierenden roten Stern. In der Mitte des Gebäudes am Moskau-Wolga-Kanal zeugen bildliche Darstellungen vom Aufbauwerk der Stalinzeit: Da sind Kanäle mit Schleusen zu sehen, Dämme, Elektrizitätswerke. Die Menschen, die zu Stalins Ruhm durch ihre Arbeit beigetragen haben, sind nicht dargestellt.

Doch sie sind im Filmen festgehalten, die zur Bauzeit des Moskau-Wolga-Kanals gedreht worden sind. Die Aufnahmen vom ersten Bautag zeigen Männer, die verängstigt um sich blicken. Sie stehen in einem Raum hinter einer hölzernen Umschrankung. Der Kommandant des Arbeitslagers macht den Gefangenen deutlich, daß sie wegen ihrer Verbrechen gegen die Partei zu harter Arbeit verurteilt worden seien: »Als Rechtsbrecher seid ihr gekommen, als anständige Menschen werdet ihr von hier weggehen. Der Sowjetstaat bestraft nicht – er bessert. Ihr habt die Ehre, am größten Kanalprojekt der Welt zu arbeiten, am gewaltigsten Bauauftrag, den je eine Regierung zu vergeben hat. Ihr alle dürft glücklich darüber sein, daß ihr das Vertrauen unseres genialen, lieben und menschenfreundlichen Führers Stalin genießt.«[13]

Die Dokumentaraufnahmen beschönigen nichts. Die Arbeiter schuften bei eisigem Wind, im Schneetreiben. Der Atem gefriert am Bart zu Eis. Baumaschinen stehen nicht zur Verfügung. Gearbeitet wird mit Hacken, Spaten, Schaufeln. Hartgefroren ist der Boden, der abgetragen werden muß. Gute Winterkleidung haben nur die Aufseher, die alle zur Sicherheitspolizei gehören. Sie treiben die Arbeiter mit unerbittlicher Härte an. Karren müssen im Eiltempo geschoben werden; die Arbeiter bewegen sich im Laufschritt. Nicht zu hören ist der Ruf der Wachen: »Dawaj! Dawaj! – Los! Los!« Der Filmton unterschlägt diese Schreie.

Die Polizisten sind gut genährt, den Schuftenden ist der Hunger anzusehen. Die Bilder zeigen scharfe Hunde, die Flüchtlinge aufspüren und zurücktreiben. Sie zeigen nicht, daß die Polizisten schießen, wenn einer der »Rechtsbrecher« wirklich zu fliehen versucht. Überlebende der Arbeitslager am Moskau-Wolga-Kanal haben später darüber berichtet. Über die Zahl der Toten weiß niemand Bescheid. Die Gefangenen waren »Kulakenvieh« und damit keine menschlichen Wesen; niemand verlangte Rechenschaft, wenn sie getötet wurden. Nirgends ist im Kanalgebiet ein Friedhof zu sehen oder ein Grabmal. Bekannt ist nur, daß die Toten in Massengräbern verscharrt worden sind.

Sicher ist, daß die Arbeitslager durchweg mit rund 100 000 Gefangenen belegt waren. Mangel an Lagerinsassen herrschte nicht. Überall im sowjetischen Riesenreich wurden »Verräter« und »Saboteure« aufgespürt. Wer seine Arbeitsnorm nicht erfüllte, der wurde durch die Organe der Partei in ein Lager eingewiesen. Männer und Frauen, die zehn Jahre zuvor hatten erkennen lassen, daß sie Gegner der Bolschewiki waren, wurden nun verhaftet. Ehemalige Anhänger Trotzkijs mußten befürchten, auf Lebenszeit im Arbeitslager vegetieren zu müssen. Ihnen allen wurde gesagt, daß sie nicht zur Strafe im Lager seien, sondern zur Besserung.[14]

Stalins Vertraute, die für die Gerichtsbarkeit in der UdSSR zuständig waren, definierten den Unterschied zwischen sowjetischen Lagern und »bürgerlichen Gefängnissen« so: In der »bourgeoisen Gesellschaft« sei der Zwang der bestimmende Faktor des Strafvollzugs; in den Lagern des Sozialismus stehe die politisch-erzieherische Maßnahme im Vordergrund. Hier werde das Strafsystem durch ein neues Erziehungssystem abgelöst. Gerade darin erweise sich der hohe Standard der sowjetischen Kultur. An Zynismus ist diese Definition des Gulag durch nichts zu übertreffen.

Der Moskau-Wolga-Kanal, der zur Stalinzeit natürlich nach dem Diktator benannt war, ist dort gegraben worden, wo der Abstand zwischen Hauptstadt und Fluß am geringsten ist. Innerhalb von fünf Jahren wurde er fertiggestellt.

Der Nutzen der Wasserstraße war unbestreitbar. Die Riesenstadt Moskau litt damals unter einem akuten Mangel an Trinkwasser. Dort, wo der Kanal vom Fluß abzweigte, war das Wasser sauber – die Wolga war dort noch jung. Der Kanal brachte frisches Wasser in die Hauptstadt. Im Westen der Kanalmündung entstand die erste Staustufe mit einer Höhe von achtzehn Metern. Dahinter bildete sich ein See mit einer Oberfläche von 330 Quadratkilometern: auch »Moskauer Meer« genannt. Das Kraftwerk »Wolshskoje«, eingebaut in die Staumauer, liefert Strom nach Moskau.

Im Jahre 1937 war es zum erstenmal möglich, von Moskau aus das Kaspische Meer zu erreichen. Doch auch der Weg von der Hauptstadt zum Eismeer war offen, wenngleich noch nicht durchweg für größere Schiffe befahrbar. Ermöglicht wurde diese Route durch die Eröffnung des Weißmeer-Ostsee-Kanals. Seine Vollendung konnte dem »geliebten Lehrer der Werktätigen« bereits am 1. Mai 1933 gemeldet werden.

Der Weißmeer-Ostsee-Kanal, der heute Bestandteil des gewaltigen Kanalsystems der Wolga ist, war in der kurzen Zeit von nicht einmal zwei Jahren fertiggestellt worden. Stalins Direktive hatte gelautet: »Der Kanal ist mit billigsten Mitteln zu erbauen!« Zum erstenmal war bei diesem Projekt das Prinzip des Arbeitseinsatzes von »Volksschädlingen« und Sträflingen erprobt worden. Sie hatten felsigen Boden aufzuhacken und in Sümpfen Fahrrinnen auszuheben. 27 Schleusen mußten errichtet werden.

Die Wasserstraße führt vom Ladogasee über den Fluß Swir zum Onegasee, die Strecke von Powenez nach Belomorsk am Weißen Meer stellte die größten Anforderungen an die Zwangsarbeiter, die mit völlig veraltetem Gerät in Eis und Schnee den Boden zu bezwingen hatten.

Alexander Solschenizyn zitiert im Folgeband des »Archipel Gulag« diese Schilderung eines Häftlings: »Nach Arbeitsschluß bleiben in den Baugruben die Leichen zurück. Bald sind ihre Gesichter vom Schnee zugeweht. Einer verkroch sich unter dem umgestürzten Schubkarren, seine Hände stecken wärmesuchend in den Ärmeln, so liegt er da, erfroren. Ein anderer sitzt starr, den Kopf zwischen den Knien vergraben. Dort sind zwei erfroren, sie lehnen mit dem Rücken aneinander. Bauernburschen sind es, die zu arbeiten verstehen, wie man sich's besser nicht wünschen kann. Zu Abertausenden werden sie zum Kanalbau geschickt. Nur darauf wird achtgegeben, daß keiner mit seinem Vater ins selbe Lager kommt. Dann verordnet man ihnen vom ersten Tag an eine Norm, die auch im Sommer nicht zu schaffen ist. Sie arbeiten mit ganzer Kraft und werden schnell schwach. Sie erfrieren. Nachts kommt ein Pferdeschlitten, um sie abzutransportieren. Es klingt wie Holz, wenn sie der Fuhrmann auf den Schlitten wirft. Im Sommer aber findet man von den nicht rechtzeitig fortgeschafften Leichen nur noch die Knochen. Sie werden mit den Kieselsteinen in die Betonmischer geschaufelt. Die letzte Schleuse vor der Stadt Belomorsk ist aus einem solchen Gemisch gebaut. Die Gebeine bleiben für alle Zeiten darin eingemauert.«[15]

Von großem Nutzen war der Kanal nicht, denn der Nordteil des Ostsee-Eismeer-Kanals ist beinahe zwei Drittel des Jahres zugefroren. Auf der Strecke von St. Petersburg zum Onegasee ist die Wasserstraße Bestandteil des heutigen Wolga-Baltic-Kanals. Die Kanalsysteme verknüpfen sich im Onegasee.

Bis St. Petersburg war die Wolga schon im Zarenreich »verlängert«

Daß ein durchgängiger Verkehrsweg von der Hauptstadt St. Petersburg zur Wolga möglich sei, war bereits zu Peters I. Zeiten erkannt worden. Ein Netz von Flüssen überzieht die Wasserscheide zwischen dem Wolgabecken und dem Tiefland des Onegasees. Die bedeutendsten heißen Scheksna, Kama und Wytegra. Ihre Schüttung reicht aus, um Schleusen jeder Größe zu füllen. Sie waren nötig für die Überwindung eines Höhenunterschieds von nahezu hundert Metern. Die technische Schwierigkeit, eine Aufstiegsmöglichkeit für Schiffe vom Onegasee zum Wolgasystem zu schaffen, und Kriege verhinderten damals jedoch die Verwirklichung der Pläne.

Die ersten Arbeiten wurden von 1818 bis 1820 ausgeführt. Der Kanal westlich des Flusses Wytegra entstand: auf dem östlichen Küstenstreifen des Onegasees. Sein Sinn war, den Lastschiffen die Fahrt auf dem See zu ersparen, wo sie häufig heftigen Stürmen ausgesetzt gewesen waren. Wertvolle Fracht war durch Kentern der Schiffe verlorengegangen. Der Onegasee, so sagten die Besatzungen, werde vom Teufel heimgesucht. Sicher wurde die Route erst, als die Schiffe vom See ferngehalten werden konnten. Dem Zaren Alexander I. war das Vorhaben so wichtig, daß er 1819 die Baustelle besuchte.

Im Jahre 1828 wurde am Fluß Scheksna eine Kanalstrecke in der Nähe des legendären Kyrillow-Beloserskij-Klosters geschaffen. Der Abschnitt erhielt den Namen »Herzog-Alexander-von-Württemberg-Kanal«. Der Deutsche war zu jener Zeit oberster Aufseher der Kanalbauarbeiten.

Drei Jahre und vier Monate dauerte die Erstellung des Umleitungskanals am Weißen See, mit dem 1843 begonnen wurde. Er hat eine Länge von 68 Kilometern. Seine Tiefe betrug etwas mehr als zwei Meter. Der Tiefgang der Lastschiffe mußte auf weniger als eineinhalb Meter beschränkt bleiben. Der Fluß Scheksna konnte in den Kanal erst an einem Punkt einbezogen werden, der zehn Kilometer unterhalb von dessen Ursprung liegt. Oberhalb dieses Punkts führte die Scheksna zu wenig Wasser. Als Hauptprobleme dieses Flusses erwiesen sich für lange Zeit Felsblöcke in der Fahrrinne und Stromschnellen.

Die drei Schleusen, die im Bereich des Weißen Sees gebaut wurden, erhielten die Namen »Nützlichkeit«, »Vorteil« und »Sicherheit«. Sie waren jeweils 32 Meter lang und neun Meter breit; sie hätten von Schiffen beachtlicher Größe benutzt werden können, doch die geringe Tiefe verhinderte dies.

Die Schiffe wurden bis in die zweite Hälfte des 19. Jahrhunderts von Treidlern gezogen, die sich auf den Uferpfaden fortbewegten. Die Schwierigkeit, mit der sie zu kämpfen hatten, war die Überflutung der Uferstreifen im Frühjahr infolge der Schneeschmelze. Die Pfade wurden befestigt und waren schließlich so tragfähig, daß zum Treideln Pferde eingesetzt werden konnten.

Von 1852 an war es möglich, mit dem Schiff auf der Wolga bis Rybinsk zu fahren, um dann über Flüsse und Kanalsysteme den Onegasee zu erreichen; von dort aus konnten Schiffe bis St. Petersburg gelangen. Die Verbindung vom Kaspischen Meer zur Ostsee war hergestellt. Die Wasserstraße wurde »Marienkanal« getauft.

Rasch stieg die Zahl der Schiffe an, die Waren zwischen der Hauptstadt und dem Herzen Rußlands transportierten. Um das Jahr 1860 war diese Zahl bei 1700 pro Saison angekommen, wobei zu bedenken ist, daß der Kanal nur sechs Monate im Jahr benutzt werden konnte. Die Hälfte des Jahres waren die Anlagen mit Eis und Schnee bedeckt. Von Herbst bis zum Frühjahr stapelten sich in Rybinsk an der Wolga und in Wytegra am gleichnamigen Fluß die Güter, bis die »Generalinspektion für Wasserwege und Schiffahrt« die Benutzung der Kanalroute freigab.

Selbst wenn die Natur den Kanalbenutzern Beschränkungen auferlegte, brachte der Ausbau des Systems der Wasserstraßen zwischen Wolga und Onegasee der russischen Wirtschaft beachtliche Vorteile. Es existierten dort kaum Straßen; sie anzulegen wäre teurer gewesen als der Bau des Marienkanals. Ohnehin hätten auch die Straßen im Winter gesperrt werden müssen.[16]

Parallel zum Bau des Marienkanals erfolgte die topographische Erfassung der oberen Wolga und der Berge nördlich von Rybinsk. Die Kartographie in Rußland war nur sehr wenig entwickelt. Erst im Jahre 1894 war die geographische Erfassung der Wolga und ihrer Verlängerung bis St. Petersburg abgeschlossen.

Private Unternehmer hatten im Auftrag des russischen Staates die Arbeiten am Marienkanal ausgeführt. Sie hießen Schaloponow, Feitelsohn und Gladin. Von letzterem weiß man, daß er ein freigelassener Leibeigener gewesen ist, der dann eine Baufirma gründete.

Die Zeit war menschlicher gewesen als eine Generation später. Der Marienkanal war nicht von Zwangsarbeitern ausgehoben worden. In der Zarenzeit hatte es zwar Verbannung und Lagerhaft gegeben, doch – wie das Beispiel Lenin zeigt – war die Existenz des Verbannten kaum bedroht. Das System des Gulag war noch nicht entwickelt.

Der Grosse Vaterländische Krieg und seine Folgen

Die Wolgaregion bei Kriegsbeginn

Als die Deutschen am 22. Juni 1941 in Rußland einfielen, wurden die Arbeitslager im Westen der UdSSR soweit wie möglich evakuiert – wobei Zehntausende der Häftlinge unterwegs von den Wachmannschaften erschossen wurden. Auffanglager entstanden an der Wolga. An einen Weitertransport nach Osten im Falle eines Sieges der Deutschen an der Wolga war nicht gedacht. Die bewaffneten Wachen drohten den Häftlingen ganz offen: »Wenn die Deutschen bei Stalingrad die Wolga erreichen, werdet ihr alle erschossen!«

Den Zwangsarbeitern wurde die Erfüllung höherer Normen abgepreßt. »Mehr Arbeit – weniger Essen!«

Das war allerdings nicht nur das Los der Gulag-Insassen, sondern aller Bewohner der UdSSR. Sie nahmen Entbehrungen jedweder Art bereitwillig auf sich. »Mutter Rußland« war in Gefahr; sie zu retten war kein Opfer zu groß. Frauen eilten in die Fabriken und führten die Arbeit der Männer fort; sie ließen sich an den schweren Maschinen der Rüstungsbetriebe anlernen und bauten T-34-Panzer zusammen. Und aller Blicke richteten sich auf die »Mutter Wolga«, von der aus der Widerstand organisiert wurde. Ein Ruck ging durchs Land, wie ihn kaum jemand für möglich gehalten hätte. Versagen und Untaten der Sowjetführung zählten nicht mehr. Jetzt galt es, die Heimaterde zu verteidigen. Auf diese

Weise hat das »Unternehmen Barbarossa« die Sowjetbürger hinter Stalin geeint und sein Regime vor einem möglichen Zusammenbruch gerettet.[1]

Zu Beginn des Krieges taumelte die Sowjetunion von einer Niederlage in die andere. Die Ursache dafür lag nicht in der geringen Zahl der Truppen: Tatsächlich waren die sowjetischen Streitkräfte so stark wie die deutschen; auch war die Armee ausreichend mit Waffen und Munition versorgt; die Luftwaffe war mit weit mehr Flugzeugen ausgestattet als die deutsche, doch sie wurde gleich in den ersten Kriegstagen nahezu vollständig vernichtet. Unterlegen waren die Sowjets in der Qualität ihrer Oberkommandierenden, ihrer Generalstabsoffiziere, ihrer Regimentskommandeure. Sie waren alle zu neu im Amt, zu unerfahren und oft zu jung. Die erprobten Offiziere, wie Marschall Michail Tuchatschewski, waren während der Terrorzeit umgebracht worden. So herrschte Ratlosigkeit in den Hauptquartieren, wie dem deutschen Vorstoß zu begegnen sei.

Auf diese Weise konnte es geschehen, daß im Dezember 1941 deutsche Truppen das Quellgebiet der Wolga, die Waldaihöhen, besetzten; sie kontrollierten auch den Stalin-Kanal zwischen Moskau und Wolga – und bedrohten Moskau. Teile der russischen Regierung wichen an die mittlere Wolga aus. Ministerien schlugen ihr Quartier in Kujbyschew auf. Stalin aber blieb im Moskauer Kreml. Seine Gegenwart dort stärkte den Widerstand.

Auf Stalins Anordnung wurde die Wolgaregion zum wichtigsten Rüstungszentrum der Sowjetunion ausgebaut. Besonders die Stadt Kujbyschew, die vor der Revolution Samara geheißen hatte, sollte die Industriestädte Leningrad, Charkow und Dnepropetrowsk, die von der deutschen Armee eingenommen worden waren, ersetzen. Aus den verlorenen Gebieten wurden 226 Rüstungsbetriebe an die Wolga verlagert. Für den Transport der Maschinen setzte die sowjetische Eisenbahn 60000 Güterwagen ein. Die Geschwindigkeit des deutschen Vormarsches diktierte das Tempo der Verlagerung. Innerhalb weniger Tage mußten Abbau und Bahnfahrt nach Osten abgewickelt sein.

Mit den Maschinen verließen die Rüstungsbauer Betriebe und

Heimat. Über 200000 Männer und Frauen wurden an die Wolga gebracht. Ihre Fahrten verliefen keineswegs reibungslos: Die deutsche Luftwaffe versuchte die Verlagerung zu verhindern; sie griff Züge und Bahnkörper an. Meist konnten die Transporte nur bei Nacht erfolgen.

In Kujbyschew angekommen, mußten die Arbeiter zuerst für ihre Unterkunft sorgen. Bei Einbruch des Winters waren die Barackenlager fertig. Im November 1941 begann an der Wolga die Erzeugung von Eisen und Stahl.

Stalin schickte gute Organisatoren nach Kujbyschew. Sie bildeten dort das Zentralkomitee für die Kriegswirtschaft im Gebiet von Wolga, Ural, Sibirien und Zentralasien. Dieses Komitee schuf die Grundlagen dafür, daß weiter im Osten ebenfalls Rüstungsbetriebe aus dem Westen ihre Arbeit in Sicherheit fortsetzen konnten. 663 Fabriken wurden jenseits des Urals angesiedelt, 244 in Sibirien und 308 in Kasachstan. Für mehr als zwei Millionen Menschen waren die Organisatoren in Kujbyschew verantwortlich.[2]

Für Maschinen und Arbeiter der bedrohten Betriebe im Bereich der Hauptstadt Moskau wurde die Stadt Gorkij zur Evakuierungsbasis. Von dort wurden die Anlagen der Moskauer Kugellagerwerke nach Saratow geleitet. Einen Monat nach Beginn des Umzugs waren die kriegswichtigen Werke wieder funktionsfähig. In Saratow war bald auch die Produktion der russischen Kampfflugzeuge konzentriert. Die Stadt wurde, als die deutsche Führung die Entwicklung erkannte, zum bevorzugten Angriffsziel der deutschen Luftwaffe.

Bei Betrachtung der industriellen Bedeutung, die das Wolgagebiet innerhalb weniger Wochen für die sowjetische Kriegswirtschaft erlangt hatte, wird verständlich, daß die Kremlherren mit Argwohn auf die deutschstämmigen Siedler blickten, die an der Wolga mitten in der Region lebten, in der nun Panzer, Geschütze und Flugzeuge gebaut wurden. Verständlich war die Angst, die Deutschrussen würden aus Sympathie für ihre frühere Heimat zur Fünften Kolonne der Deutschen werden.

Aber nicht nur das Land am Fluß hatte an Bedeutung gewonnen, sondern auch die Wolga selbst. Sie war nun der bedeutendste

Transportweg der UdSSR. Stalin war richtig informiert, als er sagte: »Die Wolga ersetzt zehn ausgebaute Eisenbahnlinien.«

Als Treibminen dort gefunden wurden, während die militärische Kraft der UdSSR am Zusammenbrechen schien, gab die russische Führung den Wolgadeutschen die Schuld.

Das Ende der Autonomen Republik der Wolgadeutschen

Sechs Wochen nach dem Überfall Hitlers auf die Sowjetunion unterzeichneten der Vorsitzende des Präsidiums des Obersten Sowjets, M. Kalinin, und der Sekretär des Präsidiums des Obersten Sowjets, A. Gorkin, den »Erlaß über die Übersiedlung der Deutschen, die in den Wolgarayons leben«. Das ist der Text, der Hunderttausenden Unglück brachte:

»Laut genauen Angaben, die Militärbehörden erhalten haben, befinden sich unter der in den Wolgarayons lebenden deutschen Bevölkerung Tausende und Abertausende Diversanten und Spione, die nach dem aus Deutschland gegebenen Signal Explosionen in den von den Wolgadeutschen besiedelten Rayons hervorrufen sollen. Über das Vorhandensein einer solch großen Anzahl von Diversanten und Spionen unter den Wolgadeutschen hat keiner der Deutschen, die in den Wolgarayons wohnen, die Sowjetbehörden in Kenntnis gesetzt, folglich verheimlicht die deutsche Bevölkerung der Wolgarayons die Anwesenheit in ihrer Mitte der Feinde des Sowjetvolkes und der Sowjetmacht.

Falls aber auf Anweisung aus Deutschland die deutschen Diversanten und Spione in der Republik der Wolgadeutschen oder in den angrenzenden Rayons Diversionsakte ausführen werden und Blut vergossen wird, wird die Sowjetregierung laut den Gesetzen der Kriegszeit vor die Notwendigkeit gestellt, Strafmaßnahmen gegenüber der gesamten deutschen Wolgabevölkerung zu ergreifen.

Zwecks Vorbeugung dieser unerwünschten Erscheinungen und um kein erstes Blutvergießen zuzulassen, hat das Präsidium des Obersten Sowjets der UdSSR es für notwendig gefunden, die gesamte deutsche in den Wolgarayons lebende Bevölkerung in andere Rayons zu übersiedeln, wobei den Überzusiedelnden Land zuzuteilen und eine staatliche Hilfe für die Einrichtung in den neuen Rayons zu erweisen ist. Zwecks Ansiedlung sind die an Ackerland reichen Rayons des Nowosibirsker und Omsker Gebiets, des Altaigaus, Kasachstans und andere Nachbarortschaften bestimmt.

In Übereinstimmung mit diesem wurde dem Staatlichen Komitee für Landesverteidigung vorgeschlagen, die Übersiedlung der gesamten Wolgadeutschen unverzüglich auszuführen und die überzusiedelnden Wolgadeutschen mit Land und Nutzländereien in den neuen Rayons sicherzustellen.

Moskau, Kreml. 28. August 1941.«[3]

Lange Zeit später erinnert sich der Wolgadeutsche Dichter Waldemar Herdt[4] an die Gefühle der Betroffenen:

Spione,
Ihr Leit, wer hat denn die gesehn?
Un abertausend Diversante,
Des kann ich alles net verstehn
Wo soll der Unrat sich verstecke?
Ein jedes Dorf saa Leit doch kennt.
Die Teufelsbrut müßt doch verrecke
Die Kreizgewittersackerment.

Der Mundartdichter bezeichnet den Erlaß als das »ungerecht gedruckte Wort«. Dennoch hatte er Gesetzeskraft. Die Wolgadeutschen wurden fortgebracht.

Die Rote Armee, die in jenem August 1941 von den vorrückenden Deutschen hart bedrängt wurde, mußte Zehntausende ihrer Soldaten abstellen, um die Transporte der Deportierten zusammenzutreiben und zu bewachen. Schiffe und Eisenbahnzüge, die man dringend für die Versorgung der Front gebraucht hätte, wurden nach Saratow umgeleitet, dem zentralen Sammelpunkt für die Wolgadeutschen. Eine Million Menschen wurden in Arbeitslager hinter dem Ural und nach Zentralasien verbannt.

Im Land, das sie verlassen hatten, wurden die Spuren der Autonomen Republik der Wolgadeutschen getilgt. Die Siedlung Rosenfeld beispielsweise wurde in Zwetotschnoje umbenannt, Straßburg in Romaschki, Hussenbach in Linewo-Osero. In der Stadt Saratow, in der nach August 1941 kein Wolgadeutscher mehr lebte, nannten die russischen Bewohner ihre Hauptstraße allerdings weiterhin »Nemezkaja« – die »Deutsche Straße«. Das Haus des Getreidekaufmanns Schmidt, der als Weizenkönig Rußlands gegolten hatte, wurde von Russen bezogen. Die Geschäfte, Hotels und Gaststätten an der Nemezkaja blieben fortan geschlossen.

Hinter dem Ural litten die Wolgadeutschen bittere Not; doch das Bewußtsein des zugefügten Unrechts und das Heimweh waren für viele noch schlimmer. Ihre Gedanken galten weiterhin der verlorenen Heimat, wie das folgende Gedicht[5] zeigt.

Ich bin ein Kind der Wolga,
Geboren am Wolgastrand.
Für mich gibt's in allen Welten
Nur dies eine Heimatland.
Ich bin an der Wolga geboren
Und wünsch' mir kein anderes Glück.
Dich allein hab' ich erkoren.
Zu dir kehr' ich immer zurück.

Die Deportation der Deutschen blieb freilich auch für die Wirtschaft der Region zwischen Kasan und Stalingrad nicht ohne Folgen: Die Bauern, die im August 1941 vertrieben wurden, konnten nicht durch russische Arbeitskräfte ersetzt werden. Besonders kritisch war die Situation der Versorgung mit Lebensmitteln im strengen Winter 1941/42. Den Soldaten und den Zivilisten der UdSSR fehlten Weizen, Roggen, Hafer, Gerste und Kartoffeln aus den deutschen Dörfern des fruchtbaren Wolgagebiets. Das Millionenheer der Sowjetunion, das sich auf eine Gegenoffensive vorbereitete, konnte kaum ausreichend versorgt werden.

Im industriellen Bereich waren die metallverarbeitenden Produktionsgemeinschaften in Katherinenstadt nicht mehr funktionsfähig; fortan fehlten der Armee und den Kolchosverwaltungen die Traktoren, die dort gebaut worden waren. Lahmgelegt war auch die Textilindustrie von Balzer; niemand war da, der die Webmaschinen hätte bedienen können. Begehrt war in Rußland der Senf von Sarepta gewesen. Deutsche hatten die Senffabrik betrieben. Auf diesen Senf mußten die Russen künftig verzichten. Die Fabrik ist ohnehin bald zerstört worden, denn Sarepta war ein Vorort von Stalingrad.

Stalingrad

»Den Platz wollte ich nehmen. Nicht weil er den Namen Stalins trägt, sondern weil ich dort drei Millionen Tonnen Öl abschneiden kann. Und – wissen Sie – wir sind bescheiden – wir haben den Ort nämlich! Es sind nur noch ein paar ganz kleine Plätzchen da. Nun sagen die anderen: ›Warum kämpfen die nicht schneller?‹ – Weil ich kein zweites Verdun haben will, sondern es lieber mit ganz kleinen Stoßtrupps mache!«[6]

Gewaltig war der Beifall im Münchner Bürgerbräukeller nach diesen Worten Hitlers. Er sprach sie am 9. November 1942, während der Feier zum Gedenken an den Marsch zur Feldherrnhalle, der 1923 stattgefunden hatte. Die Zuhörer waren Parteigenossen der Frühzeit der NS-Bewegung. Sie glaubten ihrem Führer und waren überzeugt, Grund zum Jubel zu haben.

Einen Tag zuvor hatte Stalin zum 25. Jahrestag der bolschewistischen Revolution eine Rede gehalten: »Bald wird auf unseren Straßen ein Sieg gefeiert werden!« rief er aus. Doch die Russen sahen keine Ursache zur Freude: Die Deutschen standen an der Wolga.

Als der Angriff auf Stalingrad in Hitlers Hauptquartier vorbereitet worden war, hatte der Generalstabschef, Generaloberst Franz Halder, seinem Führer eine alte Landkarte vorgelegt, auf der Stalingrad noch Zarizyn hieß. Halder erklärte dem Obersten Befehlshaber der Deutschen Wehrmacht, daß die Stadt im russischen Bürgerkrieg nahezu von den antirevolutionären »Weißen Truppen« erobert worden sei. Damals sei Stalin persönlich für die Verteidigung durch die Rote Armee verantwortlich gewesen – und Stalin habe gesiegt. Der Generalstabschef war der Meinung, Stalin werde versuchen, alle militärischen Energien, über die die UdSSR noch verfüge, darauf zu konzentrieren, die Stadt, die er einst selbst gegen die Weißen verteidigt hatte, vor der deutschen Armee zu retten. Stalin könne nicht zulassen, daß die Stadt, die seinen Namen trage, dem Feind in die Hände falle.[7] Doch Halders Hinweis, der Hitler vom Gedanken, Stalingrad zu erobern, hätte abbringen sollen, bewirkte das Gegenteil. Jetzt war es für Hitler eine Angelegenheit des Prestiges, gerade Stalingrad zu erobern.

Abgesehen von Hitlers Ehrgeiz, dem persönlichen Feind Stalin eine Niederlage zu bereiten, war Stalingrad durchaus ein lohnendes Ziel. Der wirtschaftliche Gesichtspunkt, den Schiffsverkehr auf der Wolga abzuschneiden, wog schwer. Der Fluß war gerade durch die Kriegsereignisse zur Schlagader des Güterverkehrs geworden. Vom Kaspischen Meer her waren Öl und raffinierte Ölprodukte zu den Rüstungszentren des Nordens unterwegs. Erze wurden auf der Wolga transportiert; auch Getreide, Kartoffeln und Vieh. Rüstungsgüter des alliierten Hilfsprogramms für Rußland, das nach und nach über den Iran anlief, wurden vom Kaspischen Meer zu den Depots der russischen Armee gebracht. War der Verkehr auf der Wolga unterbrochen, dann war es für die Planer schwierig, neue Versorgungsrouten bereitzustellen.

Als der Sommer 1942 im Steppenland um Don und Wolga seinen Höhepunkt erreichte, blickten deutsche Soldaten vom westlichen Steilufer hinunter auf den Fluß. Am Abend des 24. August 1942 hatten die ersten deutschen Panzer das gesteckte Ziel erreicht. Die Panzerkommandanten konnten rechts von ihrer Einheit ganz deutlich Fabrikschornsteine und weißleuchtende Häuser im Abendlicht erkennen. Dunst stieg vom Fluß auf. Im Osten war das Land schon dunkel.

Einer, der dabei war, erinnert sich, daß das Wort umging, drüben über der Wolga liege das Herz Asiens. Ihm war aber vor allem das erste Bad in der Wolga im Gedächtnis geblieben. Nach wochenlanger Panzerfahrt im Staub der Steppe sei das Wasser auf der Haut ein Genuß gewesen.

So mancher deutsche Soldat mochte erwartet haben, der Fluß werde in etwa so aussehen wie der Rhein. Überrascht stellte er nun fest, daß die Wolga breiter war und majestätischer wirkte. Jeder, der die Wolga sah, war beeindruckt.

Am 3. September telegraphierte Stalin an Marschall Schukow, der sein Hauptquartier 80 Kilometer nördlich von Stalingrad aufgeschlagen hatte, diese dringende Aufforderung zum aggressiven Kampf: »Die Lage bei Stalingrad hat sich verschlechtert. Der Feind steht etwa drei Kilometer vor der Stadt. Stalingrad kann heute oder morgen eingenommen werden. Verlangen Sie von den Befehlshabern der Truppen nördlich und nordwestlich von Stalingrad, daß sie unverzüglich losschlagen. Jede Verzögerung ist unzulässig und ein Verbrechen.«[8]

Zu diesem Zeitpunkt entsprach der Plan zur Eroberung Stalingrads schon nicht mehr exakt den ursprünglichen Absichten des deutschen Oberkommandos. Hitler hatte sich entschlossen, nicht nur Stalingrad, sondern noch ein zweites lohnendes Ziel anzugreifen: die Ölfelder des Kaukasus. Der Heeresgruppe A wurde befohlen, aus der Stoßrichtung Stalingrad im rechten Winkel nach Südosten zu schwenken. Dieser Befehl erfolgte gegen den Rat des Generalstabschefs Halder, der sich bitter beklagte, sein Oberbefehlshaber unterschätze die feindlichen Kräfte noch immer; jede ernsthafte Generalstabsarbeit werde durch »pathologische Reaktionen auf momentane Eindrücke« unmöglich gemacht. Das Resultat war, daß die Heeresgruppe B bei ihrem Vorstoß auf Stalingrad auf sich allein gestellt war. Hitler hatte die Truppe zersplittert.

Doch die Schwächung der in Richtung Wolga vorrückenden Verbände war nicht die einzige negative Folge des Führerbefehls: Der Schwenk der Heeresgruppe A brachte die gesamte Logistik der komplizierten Operation durcheinander. Es ließ sich nicht vermeiden, daß Einheiten der Heeresgruppe B den Weg der Panzer, die zur Heeresgruppe A gehörten, zu kreuzen hatten. Störungen des operativen Ablaufs und große Zeitverluste waren die Folge.

Der Oberste Befehlshaber sah nicht ein, daß Stalingrad nicht mehr gemäß seinem eigenen ursprünglichen Zeitplan erobert werden konnte. Hitler trieb den Kommandeur der 6. Armee, Generaloberst Paulus, an, Schluß zu machen mit der Stadt, die Stalins Namen trug. Die Wolga war zwar erreicht, doch die Stadt wurde zäh verteidigt.

Lang am Westufer des Flusses ausgebreitet erstreckte sich das damalige Stalingrad. Im Norden befanden sich die Anlagen und Fabriken der Schwerindustrie: das Traktorenwerk »Dsershinskij« als Produktionsstätte des Panzers T-34, die Geschützfabrik »Barrikade«, das Werk »Roter Oktober«. Sie waren umgeben von Arbeitersiedlungen. Im Süden waren die besseren Wohnviertel und die Einkaufszentren. Die beiden Stadtteile wurden getrennt durch den 102 Meter über die Wolga aufragenden Mamajewhügel. An diesem erhabenen Punkt hatten die Tataren einst ihre Helden bestattet.

Das Wohngebiet des Südens war durchschnitten von der Zariza-Schlucht, einem Trockental, das von Westen auf den Fluß zuführte. Von dieser Schlucht aus, wo sich jetzt das Hauptquartier der Verteidiger befand, hatte schon 23 Jahre zuvor Stalin seine Befehle gegeben. Der Name der Zariza-Schlucht an der Wolga war für russische Schulkinder zur Legende geworden.

Siebzig Meter tief eingeschnitten in die Hügel des Wolgawestufers war das Tal gut gegen Artilleriebeschuß geschützt. 500 Meter vom Fluß entfernt lag der Haupteingang zum Bunkersystem. Stalin selbst hatte Befehl gegeben, den Ort seiner ersten »Heldentaten« großzügig auszubauen und auszustatten: allerdings eher als Museum zu seinen Ehren. Die Wände und Decken waren mit Beton verstärkt worden, so daß sie Schutz boten gegen den Explosionsdruck von Granaten jeden Kalibers.

General Andrej Iwanowitsch Jeremenko kommandierte hier. Er mußte die Stadt verteidigen, die auf Stalins Wunsch zum Musterbeispiel sowjetischer Industriepolitik geworden war. Daß sie jemals in einen Krieg mit einem äußeren Feind einbezogen werden könnte, daran war nie ernsthaft gedacht worden. Der Bunker in der Zariza-Schlucht sollte im äußersten Fall bei internen Auseinandersetzungen nützlich sein. Aus der Tatsache, daß Napoleon nicht bis zur Wolga vorgedrungen war, hatten die russischen

Kriegsplaner den Schluß gezogen, die Wolga südlich von Nishnij Nowgorod sei von keinem Gegner bedroht.

Irgendwelche Verteidigungsanlagen existierten nicht. Auch keine Schutzräume für die Bevölkerung. 600000 Menschen lebten rings um die Zentren der Schwerindustrie. Mehr als die Hälfte waren Frauen und Kinder. Sie zu retten war Aufgabe der militärischen und politischen Führung. Sicherheit bot allein das Ostufer des Flusses. Dorthin mußten diejenigen gebracht werden, die nicht kämpften und nicht in den Fabriken gebraucht wurden. Das war schon deshalb schwierig, weil die Stadt keine feste Verbindung zum »Wiesenufer« besaß. Zwar war das Projekt eines Brückenbaus mehrfach diskutiert worden, doch die Verwirklichung der Pläne hatten die Verantwortlichen immer wieder aufgeschoben. Sie hatten befürchtet, die Brücke in seiner Patenstadt könnte dem Genossen Stalin nicht gefallen – denn alles, was mit seinem Namen verbunden war, mußte besonders großartig wirken. So war die Brücke von Stalingrad eine Vision geblieben. Nun sollten mehr als 200000 Menschen, die nicht in der Stadt bleiben mußten, auf Fähren und Booten ans sichere Ufer übergesetzt werden – und das trotz pausenloser Angriffe der deutschen Luftwaffe, die den Befehl hatte, jeglichen Verkehr auf dem Fluß zu unterbinden.

General Andrej Iwanowitsch Jeremenko hatte aber noch andere Lebewesen in Sicherheit zu bringen, die von den deutschen Quartiermeistern bereits als willkommene Beute ins Auge gefaßt worden waren: Im äußeren Bereich der Stadt befanden sich zwei Millionen Stück Vieh. Während die deutschen Panzerspitzen die Wolga bereits im Norden des Industriezentrums erreicht hatten, trieben weiter im Süden russische Soldaten die Herden in den Fluß. Die Tiere mußten schwimmend das Ostufer erreichen. Unzählige ertranken.[9]

Die Menschen, die in Stalingrad blieben, erlebten im Spätsommer 1942 überaus heiße Tage. Vierzig Grad im Schatten waren keine Seltenheit. Über dem Fluß wehte kaum ein Wind; so bildete sich eine Dunstglocke. Wenn im Westen die Sonne unterging, färbte sie sich blutrot. Auch die Nächte brachten keine Abkühlung. Stickig war die Luft. Dort, wo früher die Dampfer am Ufer lagen, war bei Dunkelheit der Ort, wo sich noch Männer und Frauen trafen. Direkt am Wasser glaubten sie am sichersten zu sein. Einige Händler boten Tee an – das letzte Genußmittel, das noch zu haben war.

Die Situation war reif für Gerüchte. An der Dampferanlegestelle war zu hören, die Tatarenvölker des Ostens würden, wie einst, über die Russen an der Wolga herfallen. Die Kalmücken hätten sich bereits zum offenen Kampf entschlossen. Tatsache war allein, daß Reiter der Kalmückenstämme Brunnen vergiftet hatten, auf die flüchtende sowjetische Einheiten angewiesen waren. Die Kalmücken haßten die Sowjets – und ganz besonders die kommunistischen Russen. Lag ein Brunnen am Weg sowjetischer Soldaten, warfen Kalmücken Tierkadaver hinein. Wer das Wasser trank, der starb.

Wann immer deutsche Soldaten den Kalmückenreitern begegneten, wurden sie freudig begrüßt, umarmt und beschenkt. Die Soldaten und auch deren Offiziere wußten nichts von der Geschichte dieser »Schlitzaugen«. Daß sie in Feindschaft zu den Russen lebten, war sogar den meisten der Offiziere unbekannt. Die Deutschen schlossen aus dem Verhalten der Kalmücken, das Sowjetvolk insgesamt sei zum Frieden bereit.[10]

Mißverständnisse auf beiden Seiten waren unvermeidlich. So geschah es, daß sich in Hütten und Zelten der Stämme zwischen Don und Wolga der Gedanke breitmachte, mit Hilfe der siegreichen Deutschen könne es gelingen, dem Griff der Russen – und damit auch der Macht der kommunistischen Ideologie – zu entkommen. Der Traum von der Freiheit der nichtrussischen Völker an den zwei großen Flüssen erwachte erneut. Doch die Deutschen waren nicht lange genug siegreich, und wer geträumt hatte, der wurde kurze Zeit später von Stalin brutal dafür bestraft.

Daß die Wolga am 24. August 1942 erreicht worden war, galt der deutschen Heeresleitung als Sieg – und vor allem als Vorzeichen für die rasche und endgültige Einnahme Stalingrads und die Zerschlagung der letzten sowjetischen Reserven. Um so enttäuschter war man im Führerhauptquartier, daß von einer Niederlage Stalins in der Stadt, die seinen Namen trug, keine Rede sein konnte. Um die Entscheidung zu erzwingen, wurde die Bombardierung der Stadt befohlen. Innerhalb weniger Tage war der Stadtkern ein Ruinenfeld.

Doch erwies sich die Zerstörung Stalingrads als schwerer strategischer Fehler. General Jeremenko brauchte auf nichts mehr Rücksicht zu nehmen, keine Fabrik und kein Wohnviertel mußte geschont werden. Und die Ruinen boten exzellente Möglichkeiten zur Einrichtung von Verteidigungsstellungen. Die Deutschen mußten die bittere Erfahrung machen, daß eine Stadt, deren Häuser nun Trümmerberge waren, nur unter großen Opfern angegriffen werden kann.

Trotzdem hoffte die deutsche Heeresleitung immer noch auf den Sieg. Am 9. September fiel auch das Steilufer im Süden der Stadt in deutsche Hand. Damit waren die russischen Verteidiger zurückgedrängt auf den »Brückenkopf Ruinenfeld Stalingrad«. General Jeremenko beschloß daraufhin, die Bunker in der Zariza-Schlucht zu verlassen und sich ans andere Wolgaufer übersetzen zu lassen. Im Dorf Jami, am »Wiesenufer«, richtete der General ein improvisiertes Hauptquartier ein.

Stalin war wütend, als er von der »Flucht« Jeremenkos erfuhr. Es war der Politische Kommissar Nikita Chruschtschow, dem es schließlich gelang, dem Herrn des Kreml deutlich zu machen, daß sich ein Befehlshaber in einer rückwärtigen Stellung einen besseren Überblick verschaffen könne; und dieser sei nun einmal notwendig zur Führung einer Truppe, die sich auf schnell wechselnde Situationen einstellen müsse. Selten war Stalin so nachgiebig wie in diesem Fall.

Damals wußte Stalin bereits, daß die Gefahr für eine Niederlage abklang, daß Reserven zur Verfügung standen und die Zentren der Schwerindustrie verteidigt werden konnten. Dafür war es allerdings notwendig, die Anlegestellen der Fähren am Westufer des Flusses zu halten. Gerade auf diesen Punkt aber konzentrierten die Deutschen ihre Angriffe. Der Stab des Generalobersten Paulus hatte erkannt, daß das Problem Stalingrad nur zu lösen sei, wenn die Lebensader der Stadt zum »Wiesenufer« abgeschnitten werden könne.[11]

Die Sorge des Generalobersten vor einer negativen Entwicklung der Situation vor Stalingrad wurde im Führerhauptquartier nicht geteilt. Am 24. Oktober 1942 verfaßte General Zeitzler, Generalstabschef des Heeres, eine »Ergänzung zum Operationsbefehl Nr. 1 betr. Feindabsichten und Halten von Stellungen«. Der einleitende Text lautet: »Der Führer läßt auf folgendes hinweisen: Die augenblicklichen Unterlagen über den Feind und seine Absichten ergeben folgendes Bild: Der Russe ist z. Zt. wohl kaum in der Lage, eine große Offensive mit weiträumigem Ziel zu beginnen.«[12]

Tatsächlich liefen im sowjetischen Oberkommando die Vorbereitungen für die Verlegung von Verstärkungen in das Ruinenfeld Stalingrad aber bereits auf Hochtouren. Die Beobachter der Deutschen am Wolgaufer entdeckten, daß der Verkehr auf dem Fluß gewaltig zunahm. Mit Sturzkampfbombern griff die Luftwaffe die Fähren an, an deren Deck jeweils mehr als 500 Soldaten dichtgedrängt standen. Die Schiffe folgten einander in geringem Abstand. Überlebende berichteten, jedes zweite Schiff sei getroffen worden, und es habe enorme Opfer gegeben. Wer vom Ostufer aus die Schreckensszenen beobachtete und dazu eingeteilt war, die Fähren zu besteigen, der wich zurück und versuchte, vom Ufer wegzukommen. Milizionäre des NKWD trieben die Männer wieder ans Wasser, auf die Fähren zu. Sie schossen rücksichtslos, so daß sich die Verstärkungseinheiten von zwei Seiten unter Feuer genommen sahen. Mehr als die Hälfte der Männer, die zum Entsatz der bedrängten Truppen bei der Traktorenfabrik »Dsershinskij« bestimmt waren, haben die Anlegestelle am Westufer nicht erreicht.

Doch die Zahl der sowjetischen Kämpfer, zu ihrem Frontabschnitt gelangten, war groß genug, um die Abwehrkraft der Verteidiger wirkungsvoll zu stärken. Die deutschen Infanteristen griffen unter hohen Verlusten an; trotzdem bekamen sie die Ruinen der Stadt nicht völlig in ihre Hand.

Den Verantwortlichen für den Nachschub der sowjetischen Armee im Bereich Stalingrad gelang es, den Verkehr auf dem Fluß in Gang zu halten. Während die deutschen Nachschublinien auf langen Wegen durch besetztes Gebiet führten und dadurch anfällig waren für Sabotageakte, waren die Schiffsbewegungen auf dem Transportweg Wolga nur im Bereich der Frontstadt ernsthaft gefährdet. Die Wolga floß durch unbesetztes Heimatland. Auf der Strecke Nishnij Nowgorod–Kasan–Simbirsk waren die Dampfer sicher.

Die Vorteile waren auf der Seite der Sowjetunion. Ihre Munitionsfabriken lagen in der Region der Wolga oder ihrer Nebenflüsse. Die Panzer T-34 wurden in der Nähe der Front produziert. Selbst im Traktorenwerk »Dsershinskij« montierten die Arbeiter – trotz Beschuß und Hungersnot – weiter. Nur notdürftig zusammengeschweißt, rollten die Kettenfahrzeuge in die Verteidigungsabschnitte von Stalingrad. Die deutschen Panzer aber mußten 2500 Kilometer weit herbeigeschafft werden, auf Straßen, die mit dem Einbruch des Herbstwetters immer schlechter zu befahren waren.

Hitler erkannte, daß seine Zielvorgaben unrealistisch waren. Er machte jedoch nicht sich selbst Vorwürfe, sondern der Führung an der Front und dem eigenen Generalstab. Zu seiner Verärgerung trug bei, daß nicht nur die ersehnte Einnahme von Stalingrad ausblieb, sondern auch die Nachricht über den erfolgreichen Vorstoß zum Zentrum der Ölproduktion im Kaukasusgebiet. Seine Visionen vom Lebensraum im Osten verflüchtigten sich. Ein Scheitern wollte er sich jedoch nicht eingestehen. Wer auch immer zuhörte, dem sagte der Oberste Befehlshaber, die Wehrmacht werde für immer an der Wolga stehen, denn der deutsche Soldat gebe nicht mehr aus der Hand, was er einmal erobert habe. Bezeugt sind diese Worte: »Wir haben die letzte und größte Verkehrsader der Russen abgeschnitten. Sie können der Überzeugung sein, daß uns kein Mensch mehr von dieser Stelle wegbringen wird.«[13]

Daß Hitler jedoch inzwischen selbst nicht mehr von der Überlegenheit der Deutschen an der Wolga überzeugt war, ist einem Funkspruch zu entnehmen, den er Mitte November 1942 vom Obersalzberg aus dem Befehlshaber in Stalingrad übermitteln ließ: »Die Schwierigkeiten des Kampfes um Stalingrad und die gesunkenen Gefechtsstärken sind mir bekannt. Die Schwierigkeiten für den Russen sind jetzt aber bei dem Eisgang auf der Wolga noch größer. Wenn wir diese Zeitspanne ausnutzen, ersparen wir uns später viel Blut. Ich erwarte deshalb, daß die Führung nochmals mit aller wiederholt bewiesenen Energie und die Truppe nochmals mit dem oft gezeigten Schneid alles einsetzt, um wenigstens bei der Geschützfabrik und beim metallurgischen Werk bis zur Wolga durchzustoßen und diese Stadtteile zu nehmen.«[14]

Die ersten Schneefälle hatten Anfang November eingesetzt. Dann brach Kälte über die Wolga herein. Erst schwammen Eisbrocken auf dem Wasser, bald aber schon Eisplatten. In der Tat wurde die Überquerung des Flusses für die Fähren der Sowjets schwierig. Die Eisschollen verkeilten sich, bildeten Barrieren und hielten schließlich die Schiffe fest. Nur durch Sprengung des Eises konnte eine Wasserstraße für den Fährverkehr freigemacht werden. Daß die Anlegestellen inzwischen von den Deutschen besetzt worden waren, bereitete der sowjetischen Führung jedoch nur geringe Schwierigkeiten, denn neue Möglichkeiten zur Anlandung der Fähren waren am Ufer des Industrieviertels geschaffen worden. Der Nachschub der Sowjets war nie ernsthaft gefährdet.

Die 6. Armee unter Generaloberst Paulus aber hatte existenzbedrohende Versorgungsprobleme zu bewältigen. Die Soldaten brauchten warme Kleidung. Die Intendanturen der Armeen hatten gelernt aus den bitteren Erfahrungen des vergangenen Winters, als die deutschen Soldaten ohne schützende Mäntel, Mützen, Stiefel und Handschuhe von Kälte und Schnee überrascht worden waren. Was im Winter 1941/42 an Ausrüstung gefehlt hatte, das lagerte nun in den Depots von Charkow. Tausende von Tonnen Winterkleidung mußten per Bahn auf den Weg nach Osten gebracht werden. In Richtung Stalingrad stand nur eine eingleisige Bahnlinie zur Verfügung, die in Nishne Tschirskaja endete, einem Nest in der Steppe, das etwa hundert Kilometer westlich der umkämpften Stadt lag. Vom Personal der Station Nishne Tschirskaja mußte nicht nur das Problem der Winterkleidung für die 6. Armee gelöst werden, sondern vor allem die Aufgabe der täglichen Versorgung von mehr als hunderttausend Männern. Nachschubfachleute waren sich darin einig, daß die 6. Armee täglich 750 Tonnen an Lebensmitteln, Munition und Verbandszeug brauchte.

Als der Winter über Stalingrad hereinbrach, lernten die deutschen Soldaten den Wert baulicher Relikte aus vergangener Zeit schätzen. Im 15. Jahrhundert hatten die Siedler im Gebiet der späteren Stadt Zarizyn einen Damm zur Abwehr von Raubüberfällen aus dem Osten geschaufelt. In Stadtnähe zog sich dieser »Tatarendamm« hin, der immerhin eine Gesamtlänge von über 20 Kilometern aufwies. Drei Meter hoch war die Erdaufschüttung. Sie bot nun deutschen Panzern Schutz und den Soldaten Unterstände, die sie in die durch lange Jahrhunderte hartgewordene Ende gruben.

Aber die »Geborgenheit« war nur von kurzer Dauer. Die Luftaufklärung meldete seit Wochen ungewöhnliche Truppenbewegungen der Sowjets. An der Nordflanke der Front, in der Gegend von Woronesh, wurden Panzer und Geschütze zusammengezogen. Auf Luftaufnahmen war deutlich die Konzentration von Gerät und Mannschaften zu erkennen. Generaloberst Paulus ließ sich über die gefährliche Entwicklung berichten. Er mußte selbst feststellen, daß dieser feindliche Aufmarsch nicht zur Verteidigung, sondern zum Angriff bestimmt war.

Dasselbe galt für die Südfront. Die Flanke zum Kaukasus wurde vom Kaspischen Meer und von Astrachan her bedroht. An den beiden gefährdeten Frontabschnitten befanden sich kaum deutsche Truppen, sondern rumänische, ungarische und italienische Armeeverbände. Rumänien, Ungarn und Italien hatten dem Deutschen Reich zwar ihre besten Einheiten »zum Kampf gegen den Bolschewismus« zur Verfügung gestellt, doch waren diese den Aufgaben an der Ostfront in keiner Weise gewachsen. Paulus bezeichnete sie als »Marionettenarmeen«. Er wußte, daß sie einem Angriff nicht standhalten würden, verdrängte diese Erkenntnis aber in der Hoffnung, das Oberkommando der Wehrmacht werde für den Schutz der bedrängten Flanken sorgen. Seine Aufgabe sah Paulus darin, den Widerstand der Sowjets in Stalingrad zu brechen. Tatsächlich gelang der deutschen Infanterie die Eroberung des Traktorenwerks »Dsershinskij« im Norden der Stadt. Dies war allerdings der letzte Erfolg der 6. Deutschen Armee – dafür sorgte der russische Angriff gegen die Flanken der riesigen Frontausbuchtung von Stalingrad.

»Uranus« hieß das Codewort des sowjetischen Generalstabs für den Angriff zur Einkreisung der 6. Armee. Er begann am 19. November 1942, um 6.30 Uhr, mit einem Feuerschlag der sowjetischen Artillerie auf breiter Front. Besondere Feuerkonzentration lag auf den Kampflinien der mit der 6. Armee verbündeten Truppen: Zehntausende von Detonationen brachen die Kampfkraft der 3. Rumänischen Armee; ihre Soldaten flohen in Richtung Südwesten. Die Frontlinie am Don zwischen Serafimowitsch, Kletskaja und Kremenskaja existierte schon bald nach Beginn des sowjetischen Angriffs nicht mehr. Die Stoßrichtung der sowjetischen Verbände war leicht erkennbar. Sie hatten Befehl, den Donbogen abzuriegeln, was bereits am Abend des ersten Angriffstages nahezu gelungen war.

Die Führung der 6. Armee sah noch immer keinen Grund zu übergroßer Besorgnis. In den Stäben und Hauptquartieren herrschte die Meinung vor, der sowjetische Einbruch könne von rückwärtigen Verbänden bereinigt werden. Zur Beruhigung trug auch das Wetter bei. Stürmischer Wind trieb dichte Schneeschwaden über die Steppe. Kaum einer der verantwortlichen deutschen Offiziere glaubte, der Gegner könne bei dieser Witterung weitgesteckte Ziele erreichen.

Da geschah für die Deutschen Unerwartetes: Am 20. November vormittags stießen Hunderte russischer Panzer vom Typ T-34 im Süden von Stalingrad gegen die 4. Rumänische Armee vor, die völlig überrascht wurde. Die Rumänen flohen, ohne wirksamen Widerstand zu leisten.

Der Angriff im Süden von Stalingrad zielte auf die Donbrücke bei Kalatsch, die für die Versorgung der 6. Deutschen Armee von größter Wichtigkeit war. Dort sollten sich die Panzerverbände dieser Offensive mit denen vereinigen, die durch den Donbogen vorstießen. Hatten sich die beiden Angriffszangen erst bei Kalatsch getroffen, war die 6. Armee eingeschlossen. Dies zu erreichen war das strategische Ziel des sowjetischen Oberkommandos.

Generaloberst Paulus war klar, daß seine Armee allein durch Abzug aus der Wolgaregion gerettet werden konnte. Er empfahl daher dem Befehlshaber der Heeresgruppe B die Rücknahme der

Verbände von Stalingrad auf eine Linie am unteren Don. Der Chef der Heeresgruppe B unterstützte die Empfehlung des Generalobersten, doch Hitler entschied persönlich am 21. November: »6. Armee hält trotz Gefahr vorübergehender Einschließung.«

In Stalingrad sank die Tagestemperatur auf minus 18 Grad. Die Soldaten waren damit beschäftigt, sich zu wärmen. Die Entwicklung im Westen der Wolga nahmen sie nur undeutlich wahr. Am 22. November erreichten russische Panzer die Brücke von Kalatsch. Um 19 Uhr meldete das Hauptquartier der 6. Armee an die Heeresgruppe B: »Die Armee ist eingekesselt. Das Tal von Zarizyn in der Hand der Russen.« Der Einbruch in die deutschen Stellungen im Bereich der Stadt war also gelungen. Paulus glaubte noch immer, Hitler gebe ihm die Erlaubnis, seinen Soldaten den Abmarsch von der Wolga zu befehlen, solange die sowjetischen Verbände noch in Bewegung waren. Hatten sie sich erst feste Stellungen gegraben, konnte ein Ausbruch nur unter hohen Verlusten erfolgen.

Paulus war sich bewußt, daß es schwierig sein würde, 250 000 Mann über eine Strecke von nahezu hundert Kilometern über Schnee und Eis zu führen – bei wahrscheinlich ständiger Feindberührung. Doch wenn er nur zwei Drittel seiner Männer retten konnte, war dies schon ein Erfolg. Er konnte sich nicht vorstellen, daß Hitler und das Oberkommando der Wehrmacht die 6. Armee an der Wolga opfern würden. Doch Hitler entschied, die Armee habe an der Wolga zu bleiben. Begründet wurde der »Führerbefehl« wenig später mit den Worten: »Eine Aufgabe von Stalingrad würde den Verzicht auf einen wesentlichen Erfolg der Offensive dieses Jahres bedeuten. Der Russe würde wieder in den Besitz der für ihn lebenswichtigen Verbindung auf der Wolga kommen.«[15]

Ende November war die gesamte Oberfläche der Wolga von treibenden Eisplatten bedeckt. Sie rieben aneinander und erzeugten einen weithin hörbaren schrillen Ton; es klang wie splitterndes Glas und trug dazu bei, die Nerven der Verteidiger zu zermürben. Nun waren es die Deutschen, die sich in der Defensive befanden. Ihre Munition ging zu Ende; die Lebensmittelrationen wurden von Tag zu Tag geringer. Ihre einzige Hoffnung war, daß der Gegner auch unter Versorgungsschwierigkeiten litt: Der Eisgang verhinderte jeden Schiffsverkehr auf dem Fluß.

Eine dicke Schneedecke legte sich auf das Ruinenfeld Stalingrad. Nur an einem Ort konnte sich der Schnee nicht halten: Vom Mamajewhügel blies ihn der Luftdruck der Detonationen weg. Das Feuer beider Seiten konzentrierte sich auf diese Erhebung. Auf ihrer Kuppe hatten sich die Deutschen verschanzt; die Sowjets beherrschten den Abhang, der sich zur Wolga hinunterneigte. Die sowjetischen Propagandaspezialisten hatten am Fluß Lautsprecher installieren lassen. Die Worte, die aus ihnen tönten, waren weithin zu hören: »Stalingrad – Massengrab! Stalingrad – Massengrab!«

An Weihnachten lebten in Stalingrad noch 150000 Deutsche. Fast alle waren dem Hungertod nahe. Die Verteidiger der Kuppe des Mamajewhügels sangen bei Einbruch der Dunkelheit am Heiligen Abend »O Tannenbaum! O Tannenbaum!«. Dann schossen sie Leuchtspurmunition über die Wolga hin. Das war ihr Weihnachtsgruß.

Am 1. Januar 1943 versprach Hitler, er und die Wehrmacht würden »alles daransetzen, um die Verteidiger von Stalingrad zu entsetzen und damit ihr langes Aushalten in einen der größten Triumphe der deutschen Kriegsgeschichte zu verwandeln«[16].

Erst dreißig Tage später gelang es den sowjetischen Soldaten, den Mamajewhügel zu erstürmen. Der Kampf um Stalingrad war zu Ende. 90000 Männer schleppten sich in Gefangenschaft. Sie wurden über den Fluß gebracht und verschwanden dann langsam in einer endlosen Kolonne am weißen Horizont.

Jahre später setzte die Bundesregierung eine Wissenschaftliche Kommission zur Untersuchung der Situation der deutschen Kriegsgefangenen in der UdSSR ein, die ihre Ergebnisse 1966 und 1974 veröffentlichte. Zitiert werden Aussagen von Beteiligten. Ein Soldat, der in Stalingrad in Gefangenschaft geraten war, berichtete: »Die Marschkolonnen waren ohne jede Versorgung. Die ersten von uns lagen rechts und links der Strecke. Sie konnten nicht mehr. Anfangs bekamen sie von den Posten einen soliden Genickschuß. Nachdem sich aber die Fälle mehrten, ließ man sie so liegen.

Es dauerte höchstens zwei bis drei Stunden, bis sie erfroren waren.« Ein anderer Soldat erinnerte sich: »In den Dörfern am Weg stürzte sich die Bevölkerung auf die Gefangenen, um ihnen Feuerzeuge, Füllfederhalter und Verbandspäckchen abzunehmen. Blaugefroren setzte man einen Fuß vor den anderen und versuchte sich abzulenken, indem man an seine Lieben daheim in Deutschland dachte.«[17]

Udo Giulini, der als Oberleutnant in Stalingrad gekämpft hatte, schrieb in seinem Buch »Stalingrad und mein zweites Leben«: »Wir schleppten uns mühsam durch den Schnee. Es war bitterkalt, und nachts rollten wir uns zu Kreisen zusammen, wobei die Kameraden, die in der Mitte lagen, am besten durch die Nacht kamen. Die, die am Außenrand lagerten, waren morgens erfroren und blieben wie ein stummer Ring zurück, während man uns weitertrieb.«[18]

Den Marschkolonnen war kein Ziel vorgegeben – und so geschah es, daß einige orientierungslos im Kreis gingen. Udo Giulinis Gruppe kam wieder nach Stalingrad zurück. Er sah Frauen an den Straßenrändern, die Schlitten mit Leichen beluden: »Hunderte, Tausende von Leichen in deutschen und russischen Uniformen, die kaum voneinander zu unterscheiden waren.«[19]

Berichte aus dem Frühjahr 1943 besagen, das Schmelzwasser, das vom Mamajewhügel hinunter in die Wolga floß, sei rostrot gewesen. Und das Gras sei damals nicht gewachsen, so sehr sei die Erde an allen Seiten der Erhebung aufgerissen gewesen. Pro Quadratmeter habe man fast tausend Granatsplitter finden können.

Marschall Schukow nennt in seinem Buch »Erinnerungen und Gedanken« Zahlen über die deutschen Verluste: »Sie beliefen sich im Raum Don, Wolga und Stalingrad auf etwa 1,5 Millionen Mann.«[20]

Deutsche Kriegsgefangene haben bald schon nach Einstellung des Kampfes um die Stadt mit Schaufeln und mit ihren Händen daran mitarbeiten müssen, den Mamajewhügel in das Mahnmal der Schlacht um Stalingrad zu verwandeln, das von der Wende des Zweiten Weltkriegs kündet. Bemerkenswert sind die Klänge, die dort Tag und Nacht zu hören sind: Schumanns »Träumerei«.

Im Jahr 1944 hat Charles de Gaulle, damals der Repräsentant des Freien Frankreich, den Ort der Schlacht besucht. Bezeugt ist, daß er gegenüber einem Korrespondenten gesagt habe: »C'est tout de même un peuple formidable, un très grand peuple!« Als der Korrespondent ihm zustimmen wollte und bemerkte, ohne Zweifels seien die Russen ein ganz großes Volk, fiel ihm de Gaulle ins Wort: »Ich spreche nicht von den Russen. Ich meine die Deutschen! Daß sie bis hierher gekommen sind!«[21]

Wie Chruschtschow Stalingrad befreite

Wer entschied die Schlacht an der Wolga? In den Antworten auf diese Frage spiegelt sich die politische Entwicklung der Sowjetunion während der Jahre nach dem sowjetischen Sieg auf erstaunliche Weise. Zu erkennen sind Machtpositionen und Machtkämpfe. Solange Stalin lebte, war die Sprachregelung einfach. Sie lautete: Der Genosse Stalin hat alle militärischen Operationen erdacht, befohlen, überwacht und zum erfolgreichen Ende gebracht; den Sieg verdankt das russische Volk allein dem militärischen und organisatorischen Genie des Genossen Stalin. Die sowjetischen Darstellungen der Schlacht an der Wolga vor dem Jahre 1953 erwähnen als bedeutende Persönlichkeit neben dem Diktator nur Georgij Maximilianowitsch Malenkow, dem die Position des Stellvertretenden Befehlshabers in Stalingrad zugewiesen wird. Der Großen Sowjet-Enzyklopädie ist zu entnehmen, daß Stalin Malenkow, Sekretär des Zentralkomitees der Kommunistischen Partei und Mitglied des Staatsverteidigungskomitees, an die Wolga geschickt habe, um die Verteidigung von Stalingrad zu organisieren.

Unmittelbar nach Stalins Tod im Jahre 1953 veröffentlichte B. S. Telpuchowskij sein Buch »Der Große Sieg der Sowjetarmee bei Stalingrad«. Stalins Funktion wird in dieser Darstellung bereits stark beschnitten. »Malenkow, Chruschtschow und General Wassiljewskij«, so heißt es da, »haben in Stalingrad die Tätigkeit des Befehlshabers der Front, der Parteiorganisation und des Sowjets der Provinz Stalingrad ausgeübt.«[22] Offensichtlich ist der Name Chruschtschow an dieser Stelle in das fertige Manuskript eingefügt worden, denn er findet sich sonst im ganzen Buch nicht mehr. Malenkows Verdienste aber werden hervorgehoben: Er habe die Bereitstellung der erforderlichen Kampfmittel bewirkt; seinem Einsatz sei die Erhöhung der Panzerproduktion in der umkämpften Stadt zu verdanken. Der Historiker beschreibt, wie Malenkow und Wassiljewskij die Bataillone der Volksfreiwilligen in Kampfbegeisterung versetzt hätten.

Im Februar 1955 verlor Malenkow seinen Posten als Vorsitzender des Ministerrats. Noch im selben Monat publizierte B. S. Telpuchowski ein Buch, das einmal mehr den Themenkreis der Schlacht an der Wolga behandelt. Sein Titel: »Grundriß der Geschichte des Vaterländischen Krieges«. Es ist dem Autor gelungen, rechtzeitig den Namen Malenkow aus seinem Manuskript zu tilgen. Nun sind es Chruschtschow und Wassiljewskij, die allein die richtigen Maßnahmen zur Abwehr der deutschen Aggressoren angeordnet hatten.[23]

Das Verteidigungsministerium der UdSSR befand sich damals noch in der Hand des Marschalls Georgij Konstantinowitsch Schukow, der als Verbündeter Malenkows galt. In einer Veröffentlichung seines Ministeriums dokumentiert der Marschall seine Treue zu Malenkow, obgleich der nicht mehr oberster Chef der Armee war: »Um bei der Organisation der Verteidigung praktische Hilfe zu leisten, um zu führen und um alle Kräfte zur Zurückschlagung des Feindes zu mobilisieren, wurden G. M. Malenkow, Armeegeneral Schukow und General Wassiljewskij nach Stalingrad geschickt.«[24]

Nur wenige Monate später, als Chruschtschow den Machtkampf für sich entschieden hatte, wurde derselbe Text noch einmal gedruckt – mit einer Veränderung: Die Herausgeber hatten den Namen Malenkow getilgt; Chruschtschow wurde zum Sieger an der Wolga erklärt. Marschall Schukow, der wahre Organisator des sowjetischen Erfolgs von Stalingrad, wurde bald danach gar nicht mehr erwähnt.

Chruschtschow ließ, sobald er Generalsekretär der KPdSU geworden war, durch bereitwillige Schreiber seine Person eng mit dem Sieg an der Wolga verknüpfen. Den Höhepunkt der Bemühungen, Chruschtschow zum »Sieger von Stalingrad« zu ernennen, bildet der erste Band der Kriegsmemoiren des Generals Wassilij Tschuikow. Der General stellt dort fest, Chruschtschow sei der wahre Organisator des Sieges von Stalingrad gewesen: »Als die Entscheidungsschlacht an den Höhen der Wolga-Ufer bei Stalingrad heranreifte, warf die Partei hierher an die Front das Beste, was es in ihren Reihen gab. Den Kriegsrat leitete das Mitglied des Politbüros: Chruschtschow. Er verschwieg nicht, daß die Lage an allen Fronten ernst war, aber er unterstrich: ›Stalingrad können wir nicht aufgeben. Wir dürfen keinesfalls und nirgends zurück.‹«[25]

Historiker und beflissene Freunde machten Chruschtschow zum Befreier der Wolga.

Das Ölgebiet Wolga–Ural

Am Ende der Schlacht war Stalingrad zerstört, doch andere Städte an der Wolga zogen Nutzen aus der Kriegssituation. In Kujbyschew nahm die Schwerindustrie einen gewaltigen Aufschwung. Dort wurden die Anlagen zur Fertigung von Panzern und Lastwagen erweitert. Sie ersetzten den Produktionsausfall, der durch die Zerstörung der Traktorenfabrik »Dsershinskij« entstanden war. Der Ausstoß an gepanzerten Fahrzeugen war schließlich so groß, daß die sowjetische Armee immer neue Verbände motorisieren konnte.

Die Motoren verschlangen Kraftstoff und Schmieröl in riesigen Mengen. Bald reichten die Ölvorkommen der Region um Baku nicht mehr aus. Neue Lagerstätten mußten gefunden werden. Russische Geologen wurden aufgefordert, nach Gegenden zu suchen, in denen Ölvorkommen wahrscheinlich waren.

Rasche Ergebnisse versprach die Erforschung des Wolgabekkens. Die Geologen waren der Meinung, das Gebiet zwischen Wolga und Ural lasse erkennen, daß dort in der Frühzeit der Erdgeschichte für die Entstehung von Erdöllagerstätten günstige Bedingungen geherrscht haben mußten. Die Struktur der Senken und Bassins ostwärts der Wolga deuteten auf ölhaltige Gesteinsschichten hin. Dennoch war Vorsicht geboten. Schon einmal waren die Geologen bei ähnlichen Voraussetzungen zu optimistisch gewesen. Sie hatten zu Beginn der vierziger Jahre für das Gebiet zwischen Kaspischem Meer und Aralsee eine ölreiche Zukunft vorausgesagt. Die ersten Bohrungen in der Senke des Embaflusses bestätigten die Vermutungen. Als dann Fördertürme errichtet waren, erwiesen sich die Vorkommen jedoch als spärlich. Ähnlich war das Resultat bei Bohrungen im Wolgadelta: Die Felder Rasnochinowo und Karakilinsk enthielten wenig förderwürdiges Öl. Anders im Wolga–Ural-Gebiet.

Lange schon hatten sich Fremde, die nach Kasan kamen, über einen eigentümlichen Geruch gewundert – es roch nach Petroleum. Und so waren viele Menschen im Mündungsgebiet des Wolganebenflusses Kama überzeugt, Kasan liege im Mittelpunkt gewaltiger Erdölfelder. Irgendwo mußten diese Ölvorkommen sich sogar ganz nahe an der Erdoberfläche befinden. Bohrungen der vierziger Jahre bestätigten die Vermutungen: Nahe einer Hügelkette im Osten von Kasan wurden Öllagerstätten entdeckt.

Das »Wunder von Baku« wiederholte sich. Die Vorkommen an der Westküste des Kaspischen Meeres hatten der UdSSR eine Ölproduktion beschert, die den Industrialisierungsprozeß seit 1928 ermöglicht hatte. Die Felder von Baku, wo die Förderung bereits 1860 angelaufen war[26], erschöpften sich langsam. Aus ihnen war fast eine Milliarde Tonnen Rohöl hochwertiger Qualität gefördert worden. Das Öl von Baku war das beste, das in der Sowjetunion je gefunden worden ist. Nun, gerade zur rechten Zeit, erwies sich das »Ölgebiet Wolga–Ural« als »zweites Baku«. Es ermöglichte die industrielle Entwicklung der fünfziger Jahre. Im Winkel zwischen Wolga und Kama liegen die Ölfelder Tujmasy, die sich in einem Quadrat von 300 Kilometern Seitenlänge ausdehnen. Sie gelten als die umfangreichsten der einstigen Sowjetunion. Die Ölvorkommen befinden sich in unterschiedlichen »Horizonten«. Es kommt vor, daß die Lagerstätten übereinander gestaffelt sind.

Aus dem Fördergebiet Wolga–Ural stammen mehr als sechzig Prozent des Öls, das Rußland heute zur Verfügung steht. Daran wird sich auch in Zukunft nichts ändern, denn die Kapazität der Ölförderung ist noch lange nicht voll ausgenützt. Das Ölfeld Romaschkino nahe der Kamamündung, das schon seit 1942 ausgebeutet wird, ist nicht einmal vollständig erforscht. Die Geologen vermuten direkt am Zusammenfluß von Wolga und Kama reiche Vorkommen.

Im Wolgagebiet befindet sich auch der Knotenpunkt der russischen Ölpipelines. Von Tujmasy aus verläuft die Transsibirische Leitung nach Osten; sie geht über Omsk nach Irkutsk. Die Entfernung beträgt 3800 Kilometer. Vorläufig wird Öl noch von der Wolga nach Sibirien gepumpt. In der Zukunft aber wird sich die sibirische Wirtschaft mit eigenem Öl versorgen können; es wird sogar eine Zeit kommen, da sibirisches Öl nach Westen fließt. Sibirien ist die Ölförderregion der Zukunft. Wenn erst die klimatischen Schwierigkeiten überwunden sind, wird das »dritte Baku« in der Permafrostzone das Ölgebiet Wolga–Ural ablösen.

Länger als die Transsibirische Leitung ist die Nefteprowod Drushba (Ölleitung Freundschaft), deren Länge mit allen Abzweigungen 4300 Kilometer mißt. Sie führt in die Ukraine, nach Litauen, Polen und in die Tschechische Republik. Die Nefteprowod Drushba diente zur Versorgung der Wirtschaftspartner im Ostblock. Sie hat nach dem Zusammenbruch der Sowjetunion an Bedeutung eingebüßt. Von Tujmasy aus wird auch die Raffinerie St. Petersburg versorgt.

Die Betriebe der ölverarbeitenden Industrie Rußlands sind im Gebiet zwischen Wolga und Ural konzentriert. Nirgends sonst in Rußland befinden sich derart viele Raffinerien. Sie sind fast alle nach dem Zweiten Weltkrieg errichtet worden. Durch sie wurde das Land um die Wolga zwischen Wolgograd und Kamaursprung zur Energiezentrale des Riesenstaates. Die Abhängigkeit von der Wolgaregion im Energiebereich steigerte sich noch, als der Fluß sich in »Meere« verwandelte.

Staudämme, Elektrizitätswerke, Schleusen, Kanäle

Noch in den fünfziger Jahren brauchte das Wolgawasser für den Weg zwischen den Waldaihöhen und dem Kaspischen Meer zwei Monate; heute ist es mehr als eineinhalb Jahre unterwegs. Acht Staudämme verlangsamen den Fluß. Nur so viel Wasser darf passieren, wie für die Turbinen der Elektrizitätswerke und für den Betrieb der Schleusen gebraucht wird. Der Mensch hat die Wolga gezähmt. Auf diese Leistung war das Sowjetregime stolz. Mit dem Ende der kommunistischen Herrschaft änderte sich die Einstellung der Bewohner der Wolgaregion zu den Dämmen und zu den »Meeren«, deren Errichtung die Kommunistische Partei der UdSSR befohlen hatte. Der Standpunkt heute: Die Meere sind ein Produkt der Gulagwirtschaft.

Als sich gegen Ende des Jahres 1943 der Sieg der Alliierten über Deutschland abzeichnete, sagte Stalin auf der Konferenz von Teheran zu Churchill, die UdSSR brauche auf Jahre hinaus vier Millionen Kriegsgefangene, um die Schäden zu beseitigen, die durch den Angriff der Deutschen entstanden seien. Churchill wunderte sich über die hohe Zahl, doch er sah keinen Grund, Protest einzulegen. Er wußte, daß die Deutschen ebenfalls mehrere Millionen sowjetische Soldaten gefangengenommen hatten. Was er noch nicht kennen konnte, waren die genauen Zahlen, die erst im Laufe der Nachkriegszeit zusammengetragen wurden.

Insgesamt waren während des Zweiten Weltkriegs mehr als 5,2 Millionen sowjetische Soldaten in deutsche Kriegsgefangenschaft geraten, darunter viele von der Wolga. Über die Hälfte starben im Gewahrsam der deutschen Wehrmacht. Die Überlebenden wurden zur Zwangsarbeit ins Reich geschickt und mit ihnen auch zwei Millionen sowjetische Zivilisten, die als sogenannte »Ostarbeiter« ebenfalls zur Zwangsarbeit in der deutschen Kriegsindustrie verpflichtet waren. Nach ihrer Rückkehr in die Sowjetunion wurden viele dieser sowjetischen Kriegsgefangenen und »Ostarbeiter« ebenfalls in Gulag-Lager gesperrt und teilten deren Alltag: Auch sie waren an den enormen Aufbauleistungen nach 1945 beteiligt.

Die Zahl von vier Millionen deutschen Kriegsgefangenen wurde nie erreicht. 1945 befanden sich 1,5 Millionen Kriegsgefangene in russischer Hand. Die Zahl verminderte sich durch Entlassungen; 1950 waren schließlich noch fast 30000 Deutsche in Gefangenschaft. Über fünf Jahre hin waren die Kriegsgefangenen ein wichtiges Arbeitspotential der UdSSR gewesen.

Die Wissenschaftliche Kommission der Bundesregierung für deutsche Kriegsgefangenengeschichte stellte fest, daß ehemalige Wehrmachtsangehörige insgesamt mindestens zehn Milliarden Arbeitsstunden geleistet haben. Die Kommission bemerkte dazu: »Durch ihren Umfang und ihre Effizienz wurde diese Arbeitsleistung zu einem Stück sowjetischer Wirtschaftsgeschichte.«[27]

Die Arbeit der deutschen Kriegsgefangenen ermöglichte den Bau der Wolga–Kamaskoje-Kaskade; so wird die Gesamtheit des Systems von Stauwerken und Schleusen an Wolga und Kama genannt. Ein am 2. Februar 1951 unterzeichnetes Dokument markiert den Beginn der Bauarbeiten.

»An den Genossen Stalin I. W.
An den Genossen Molotow W. M.
An den Genossen Malenkow G. M.
An den Genossen Berija L. P.
An den Genossen Chruschtschow N. S.

Auf Beschluß des Ministerrates wurde das Ministerium für Inneres der UdSSR mit der Projektierung und dem Bau des Kujbyschew-Wasserreservoirs an der Wolga beauftragt. Die Arbeiten sind im Jahr 1955 abzuschließen.«[28]

Damit war die Vollmacht zum Einsatz der Gefangenen an der Wolga erteilt. Der Arbeitseinsatz erfolgte am Kujbyschewskaja Wodochroni-Lishe, am Reservoir von Kujbyschew – die Stadt heißt heute wieder Samara. Dieses Reservoir, das »Meer von Samara«, ist mit einer Spiegelfläche von 5500 Quadratkilometern das größte an der Wolga. 27 Meter hoch wird die Wolga bei Samara gestaut. 18 Meter hoch ist der Damm von Gorodez oberhalb von Nishnij Nowgorod. Dort bildete sich nur ein kleines Meer mit einer Spiegelfläche von 1570 Quadratkilometern. Auch an diesem Bauwerk haben Deutsche gearbeitet.

Verschwunden sind die Spuren der Gefangenenlager an der Wolga, im Sumpf versunken die Überbleibsel des berüchtigten Moorlagers bei Gorkij (Nishnij Nowgorod). Längst sind an der Stelle der Waldarbeitslager wieder Bäume und Buschwerk gewachsen. Die Gefangenen hatten sie abgeholzt – damals, 1943 – um Baumaterial zu haben für die Baracken. Aus den Ästen machten sie Grabkreuze für die Toten. Zehntausende starben an Entkräftung und an Mangelkrankheiten. Stürme aus dem Osten haben die Grabhügel inzwischen eingeebnet. Für die Beseitigung der Grabkreuze hatten die letzten Deutschen noch sorgen müssen, die den Weg in die Heimat antreten durften.

Mancher, der keine Hoffnung auf Entlassung hatte, versuchte, der Lagerhölle durch Flucht zu entkommen. Paul Carell schildert in seinem Buch »Die Gefangenen« [29] die Abenteuer des Oberzahlmeisters Hermann Bieler, der im Sommer 1946 den Entschluß faßte, sich von der Wolga nach Hofgeismar in Hessen durchzuschlagen. Bieler hatte einen großen Vorteil: Er konnte sich ganz gut auf russisch verständigen. Es gelang ihm, nach und nach Kleidungsstücke zu organisieren, die ihm das Aussehen eines russischen Bauern gaben. Ein Jahr nach Kriegsende war es üblich geworden, den Kriegsgefangenen geringe Rubelbeträge als Arbeitslohn auszubezahlen. Bieler sparte das Geld.

Der Tagesablauf der Arbeitskolonne im Lager Soloni-Dolks an der Wolga ist genau geregelt: Bei Sonnenaufgang marschieren die Gefangenen, bewacht von zwei Posten, zur Baustelle. Dort angekommen, besteigen die Posten Wachtürme, von denen aus sie die ganze Baustelle überblicken können. Bielers Plan besteht darin, die Flucht während des Augenblickes zu beginnen, in dem die Wachsoldaten auf die Türme klettern – da ist ihr Blickfeld eingeengt. Er vermag sich unbemerkt aus der arbeitenden Gruppe zu entfernen. Niemand schießt hinter ihm her; die Flucht ist also nicht bemerkt worden. Bieler erreicht eine Straßenbahnhaltestelle und fährt in der überfüllten Bahn nach Kasan. Vor einem Bäckerladen reiht er sich in eine Schlange ein, wartet eine halbe Stunde lang und kauft sich dann Brot. Er findet den Bahnhof und nimmt sich vor, den Gleisen nach Westen zu folgen. Aber zuerst muß er die Wolga überwinden. An der Eisenbahnbrücke von Kasan wartet er einen Tag lang, um zu beobachten, ob das Bauwerk bewacht wird. Während der Nacht holt sich Bieler als Verpflegung Gelbe Rüben aus den Gärten am Bahndamm. Er stellt fest, daß die Züge die Brücke sehr langsam befahren. Noch in der Nacht springt er auf den letzten Wagen eines Güterzugs auf und rollt über die Wolga. Das dröhnende Geräusch der Vibration von Rädern, Schienen und Stahlträgern der Brücke bleibt Hermann Bieler noch lange im Ohr. Bald liegt der Fluß – und damit auch das Lager – weit hinter ihm. Als Schwarzfahrer reist er nach Moskau und weiter nach Westen. Der Oberzahlmeister erreicht tatsächlich die hessische Heimat.

In jenen Jahren, als die UdSSR über deutsche Zwangsarbeiter verfügen konnte, wurde eine Vision Wirklichkeit, die schon Jahrhunderte zuvor entstanden war: die Verbindung der Flüsse Don und Wolga durch einen Wasserweg. Die Planung für den Bau des Don-Wolga-Kanals war noch vor dem Beginn des Zweiten Weltkriegs abgeschlossen worden; die Kampfhandlungen im Gebiet von Don und Wolga hatten dann die Ausführung verhindert. Als Deutschland niedergerungen war, wurden deutsche Soldaten, die bei Stalingrad gefangengenommen worden waren, gerade auf dem Stück Land zur Arbeit eingesetzt, über das sie nach Osten vorgestoßen waren: Sie hatten die Wasserstraße von Kalatsch nach Stalingrad zu graben.

Die Arbeiten waren weit schwieriger als die beim Schleusenbau an der Wolga. Schuld daran waren die topographischen Gegebenheiten. Die Gewässer flossen in unterschiedlicher Höhe. Das Flußufer von Kalatsch am Don liegt 31 Meter über dem Meeresspiegel, die Oberfläche der Wolga bei Stalingrad aber zehn Meter unter dem Meeresspiegel. Doch nicht nur diese Höhendifferenz war zu überwinden: Zwischen Kalatsch und Stalingrad zieht sich eine Hügelschwelle hin, die bis 76 Meter über N. N. ansteigt. Auf der Seite des Don verringerte sich der Anstieg der Wasserstraße durch die künstliche Stauung des Sees von Zimljansk um drei Meter. Vom Ausgangspunkt Kalatsch bis zur Hügelschwelle waren deshalb nur drei Schleusen nötig. Auf der Seite der Wolga aber mußten Voraussetzungen geschaffen werden, um die Schiffe 88 Meter anzuheben; dafür wurden acht Schleusen gebaut. Mit primitivstem Werkzeug wurde gearbeitet. Menschen ersetzten Maschinen. Den Arbeitsbrigaden waren hohe Normen vorgeschrieben. Ausreichend ernährt wurde nur, wer sein Soll übererfüllte. Wie viele Männer an Entkräftung und an Krankheiten starben, weiß niemand. Im Jahre 1952 konnte der Don-Wolga-Kanal eingeweiht werden. Von der Wolga zum Don wurden fortan Erze, Öl und Holz transportiert; nach Osten brachte die Wasserstraße Industrieprodukte aus der Ukraine.

Ein Triumphbogen krönt jede der Schleusen. Stalin selbst hat die Errichtung dieser Siegessymbole befohlen, zum Zeichen der Verwirklichung der Vision von der Verbindung der Flüsse Wolga und Don. Den Opfern, die unter dem Kanalbau verscharrt liegen, wurde kein Denkmal gesetzt.

In Saratow hat der Astronaut Gagarin das Fliegen gelernt

Wo das Raumschiff »Wostok« (Der Osten) landete, blieb zunächst ein Geheimnis. Die sowjetische Nachrichtenagentur Tass gab am 12. April 1961 folgende Meldung heraus: »Nach erfolgreicher Erfüllung des Flugprogramms ist das sowjetische Raumschiff ›Wostok‹ um 10.55 Uhr Moskauer Zeit wohlbehalten im vorgesehenen Raum der Sowjetunion gelandet.«

Heute schmückt ein Denkmal, ein 27 Meter hoher Obelisk, diesen »vorgesehenen Raum«. Seine Position ist südwestlich der Stadt Engels auf dem »Wiesenufer« der Wolga. Die Entfernung zum Fluß beträgt 20 Kilometer.

Der Obelisk erinnert daran, daß an jener Stelle der erste Weltraumflug eines Menschen nach geglückter Erdumrundung abgeschlossen wurde. An der Wolga hat der Astronaut Jurij Alexejewitsch Gagarin das Fliegen gelernt, als Mitglied des »Fliegerclubs« von Saratow. Der Name »Fliegerclub« führt in die Irre. Es handelte sich um eine staatliche Organisation, die dem Luftfahrtministerium unterstellt war und den Auftrag hatte, fliegerischen Nachwuchs zu suchen und zu schulen. 1952 wurde im »Fliegerclub« von Saratow das Talent Jurij Alexejewitsch Gagarin entdeckt. Als er neun Jahre später »Held der Sowjetunion« geworden war, sagte er: »Zwei Erlebnisse haben mich in Saratow geprägt: das Fliegen und die Begegnung mit der Wolga.«[30]

Gagarin ist nicht an der Wolga geboren worden. Er stammt aus der Gegend um Smolensk. Sein Vater war Kolchosbauer. Der Junge war sieben Jahre alt, als die Deutschen in die UdSSR einfielen. Dieses Ereignis nahm den Eltern die Freude an der Heimat; sie zogen mit ihrem Sohn um in einen Vorort von Moskau. Jurij lernte den Beruf des Gußformers. Er trat in die Jugendorganisation der KPdSU ein, bildete sich weiter und schloß mit 21 Jahren ein Studium an der Industriefachschule von Saratow ab.

Während des dreijährigen Aufenthalts in der Stadt an der Wolga hatte Gagarin eine neue Heimat gefunden. Über seine Verbundenheit mit der Wolga sagte er selbst: »Ich fühle mich zur Wolga, der Mutter Rußlands, hingezogen. Das war der Grund, warum ich darum gebeten habe, mit dem Raumschiff ›Wostok‹ in dieser Heimat landen zu dürfen.«

Der Landeplatz liegt in jenem Gebiet, aus dem die Wolgadeutschen vertrieben worden sind. Es war seither dünn besiedelt. Der Wunsch Gagarins paßte ins Konzept der sowjetischen Raumfahrtspezialisten: Die Landung konnte durchgeführt werden, ohne Menschen in Dörfern und Städten übermäßig zu gefährden. Im Unterschied zur Arbeitsweise der Amerikaner, die ihre Raumfahrzeuge im Wasser aufkommen ließen, hatten die Sowjets ein Verfahren entwickelt, das die Landung auf festem Boden ermöglichte.

Später, als der Landeplatz nicht mehr geheimzuhalten war, erzählte eine Augenzeugin, die Bäuerin Anna Akimowna, was sie erlebt hatte, als sie beim Dorf Smelowka in der Nähe der Stadt Engels Kartoffeln steckte: »Meine Enkelin, sechs Jahre alt, zupfte mich am Ärmel und sagte: ›Da kommt etwas geflogen.‹ Vom Himmel schwebte tatsächlich ein Ding herunter, wie ich es im Leben noch nie gesehen hatte. Bald bemerkte ich einen Mann, der auf mich zukam und der einen roten Lederanzug trug. Er drückte mir die Hand und stellte sich als sowjetischer Offizier vor. Ich sagte

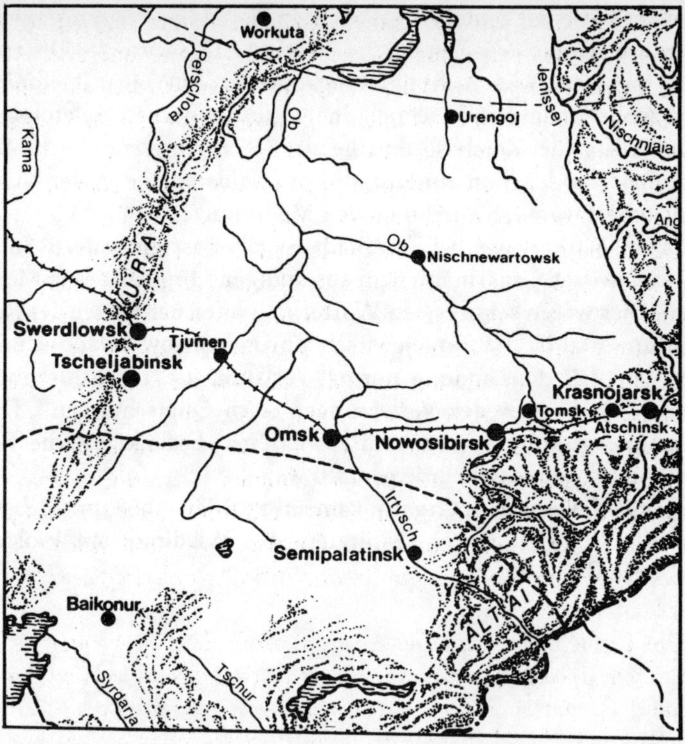

Schwerindustrie- und Raumfahrtzentren der UdSSR

ihm, er hätte mit seiner Kugel leicht in die Wolga stürzen können – es war nämlich die Zeit des Hochwassers. Da lachte der Offizier und meinte, er wäre nicht untergegangen in der Wolga. Telefonieren wollte er, und zwar schnell. Ich sagte, das nächste Telefon befinde sich in der Kolchose, und die war drei Kilometer entfernt. Da kam aber auch schon ein Lastauto mit Soldaten, die in der Nähe stationiert waren. Sie nahmen den Mann mit.«[31]

Vom Militärlager bei der Stadt Engels aus telefonierte Jurij Alexejewitsch Gagarin mit dem zuständigen Ministerium in Moskau. Dies waren seine ersten Worte: »Ich bitte, der Partei, der Regierung und Nikita Sergejewitsch Chruschtschow persönlich zu melden, daß die Landung normal verlaufen ist. Ich fühle mich wohl und habe weder Verletzungen noch Quetschungen.« Die letzte Bemerkung ist verständlich, wenn man bedenkt, daß die Kugel mit Wucht auf die Erde geprallt war.

Jurij Alexejewitsch Gagarin kam am 27. März 1968 ums Leben, als sein Kampfflugzeug abstürzte – bei Wladimir, am Wolganebenfluß Kljasma.

Gorkij – die geschlossene Stadt

In der Nachkriegszeit verfügte die Staatsgewalt, die Existenz einer Stadt an der Wolga, die früher wirtschaftlich Interessierten aus aller Welt ein Begriff war, von einem Tag auf den anderen zu verschweigen. Es war, als ob sie nicht mehr vorhanden wäre. Über Gorkij durfte aus Sorge der sowjetischen Führung, der kapitalistische und imperialistische Feind könne die dortigen Rüstungsbetriebe ausspionieren, nicht mehr gesprochen werden.

Die »geschlossene Stadt« und ihre Umgebung durfte kein Ausländer mehr besuchen. Sogar Touristenschiffe durften die Strecke von Gorkij nur bei Nacht passieren. Kein Passagier sollte die Chance haben, einen Blick auf das Stadtbild am Steilufer zu werfen. Gedruckte Reisebeschreibungen, wie Nagels »UdSSR« aus dem Jahre 1973 nannten die Stadt gar nicht erst. Das Reisehandbuch »Sowjetunion. Die Zentralen Republiken« von 1989 gibt zwar an, die Stadt Gorkij liege an der Wolga, doch eine Stadtbeschreibung ist darin nicht zu finden.[1] Die Weisung der Sowjetregierung, das Interesse der Ausländer nicht auf die Stadt zu lenken, wurde befolgt.

Die Bedeutung der Stadt, in der die atomar angetriebenen U-Boote der sowjetischen Kriegsmarine entwickelt und gebaut wurden, sollte allen Fremden verborgen bleiben. Das geheimste Objekt war die Fabrik zur Herstellung der Atomreaktoren. Darüber durften auch die Sowjets in der geschlossenen Stadt nicht reden. Sie war für die Bewohner von Gorkij nicht existent. Die wenigen, die dort arbeiteten, schwiegen.

Seit 1932 trug die Stadt den Namen Gorkij, dem Schriftsteller Maxim Gorkij zu Ehren, dessen Geburtsort sie war. Ihr früherer Name, der seit dem Jahr 1990 wieder gilt, ist Nishnij Nowgorod – die »Untere Neustadt«. Sie liegt am Zusammenfluß von Oka und Wolga.

Bemerkenswert ist die Geschichte der Stadt: Sie entwickelte sich zum »Magen Rußlands« und schließlich zum »Gefängnis der UdSSR«. Der strategisch wichtige Platz war im Jahre 1221 befestigt worden zum Schutz des Fürstentums Susdal gegen den Einfall der Stämme aus dem Osten, die wolgaaufwärts vorstießen. Die Festung Nishnij Nowgorod hatte dann viele Generationen lang den Zugang von der Wolga nach Moskau kontrolliert. An Bedeutung gewann die Stadt allerdings erst nach dem Jahre 1817: Damals ist die bedeutendste Messe an der Wolga von Makarjew nach Nishnij Nowgorod verlegt worden. Das 60 Kilometer entfernte Kloster genügte den Ansprüchen der Händler nicht mehr. Die Stadt an der Okamündung konnte die verkehrsmäßig günstige Lage in Richtung der Märkte von Moskau und St. Petersburg bieten; in ihr waren Herbergen für Händler und Kunden zu finden.

Um die Jahrhundertmitte erlangte die Messe von Nishnij Nowgorod Weltbedeutung. Wichtigstes Handelsgut war chinesischer Tee. Erst wenn die zahlreichen und großen Karawanen aus Kjachta, einem russischen Grenzort in Sibirien, Nishnij Nowgorod erreichten, galt die Messe als eröffnet. Zweitwichtigste Handelsware waren Textilien. Sie wurden größtenteils von leibeigenen Fabrikanten an sogenannte kleine Wanderhändler (knapp 10000 wurden gegen 1850 in Rußland gezählt) verkauft, die sie dann über ganz Rußland verteilten.[2] Führend war Nishnij Nowgorod auch im Pelzgeschäft. Im Verlauf der Industrialisierung Rußlands wurde die Messe dann zum Umschlagsplatz für Maschinen; wer eine Dampfmaschine für Fabriken an der Wolga oder ostwärts des Ural brauchte, der bestellte sie in Nishnij Nowgorod. Gehandelt wurden zudem Metalle jeder Art und Menge. Ein hoher Umsatz wurde durch Verkauf von Maschinenölen erzielt. Bis 1880 hatte sich auch der Getreidehandel auf der Messe so weit entwickelt, daß dort fortan der Weizenpreis für ganz Rußland festgesetzt wurde. Damals wurde das Sprichwort geprägt: »St. Petersburg ist der Kopf Rußlands; Moskau ist sein Herz; Nishnij Nowgorod aber ist der Magen.«

1885 hielt sich der amerikanische Journalist George Kennan in Nishnij Nowgorod auf; er war unterwegs von St. Petersburg über Moskau nach Sibirien. Er beschrieb das Wolgaufer der Stadt so: »Auf dem ganzen Gelände stehen dichtgedrängt die Geschäfte für Großhandel und Einzelhandel. Man kann alles kaufen, von der Nähnadel, vom Holzkamm, von den getrockneten Pilzen, die auf Schnüren aufgereiht sind, bis zum Schiffsanker und zur Dampfmaschine. Überall sind Landungsbrücken zu sehen, an denen Dampfer festgemacht sind. Zu jeder Stunde gehen Dampfer ab zur unteren Wolga. Andere fahren zur Grenze Sibiriens und wieder andere bis zum Kaspischen Meer. Die breite Straße am Ufer ist den ganzen Tag voll von Händlern, Bauern, Hilfsarbeitern, Pilgern und Bettlern.« Die Aufzählung zeigt, daß die Zahl der Armen im damaligen Nishnij Nowgorod, der reichen Handelsstadt, groß gewesen sein muß. Maxim Gorkij war in jenen Jahren Kind gewesen in einer Familie, die den Hunger kannte. Die Unterprivilegierten waren leicht für die Ideen des Marxismus zu gewinnen. Sie – die Mehrheit der Bevölkerung – ordneten die Stadt nur wenige Tage nach dem Sieg der Bolschewisten in St. Petersburg den revolutionären Herren unter. Auf Nishnij Nowgorod/Gorkij konnten sich die Machthaber im Kreml fortan verlassen. Zur Belohnung wurde ihre Industrie schneller ausgebaut als die anderer Städte: In Nishnij Nowgorod wurde die gewaltige Automobilfabrik »Molotow« angesiedelt, die den offiziellen Namen »Gorkowskij Automobilnyj Zawod« trug. Sie machte die Sowjetunion unabhängig von ausländischen Automobilkonzernen.

Nur auf eine beliebte Tradition mußte Nishnij Nowgorod künftig verzichten: Die weltberühmte Messe paßte nicht ins Wirtschaftskonzept der Sowjetmacht. Der freie Handel wurde abgeschafft. Die Wirtschaftsbeziehungen mit der Welt konnten nicht mehr im freien Spiel des Marktes stattfinden.

Die Konsequenz der raschen Industrialisierung war eine ungewöhnliche Zunahme der Bevölkerung. 1895 lebten nicht mehr als 80 000 Menschen in Nishnij Nowgorod. Nur fünfzig Jahre später war in Gorkij die Million beinahe erreicht.

Arbeiter wurden zwangsverpflichtet, in Nishnij Nowgorod zu leben. Sie und Hunderttausende von Sträflingen wurden gebraucht im Schwermaschinenbau, zur Herstellung von Panzern. Schließlich wurde auch die Fertigung der Kampfflugzeuge vom Typ Mig-29 und Mig-31 in Gorkij konzentriert. Das Beste, was die UdSSR an Waffensystemen besaß, wurde in dieser Wolgastadt hergestellt. Gorkij war zur Waffenschmiede nicht nur der Sowjetunion, sondern des gesamten Ostblocks geworden. Panzer und Flugzeuge aus Gorkij bildeten den technischen Kern der Armeen aller kommunistischen Staaten. Diese Zusammenballung veranlaßte die Führung des Sowjetstaates, Gorkij zur »geschlossenen Stadt« zu erklären.

Da es jedem Ausländer verboten war, Gorkij zu betreten, war die Stadt geeignet, um dort Menschen vor den Augen der Welt zu verstecken. So absurd es klingt: Diese Maßnahme war notwendig geworden als Folge einer beginnenden Entstalinisierung. Menschen, die zu Stalins Zeit liquidiert worden wären, weil sie durch Wort oder Tat das Mißfallen des Diktators erregt hätten, waren unter Chruschtschow und Breschnew vor Erschießungskommandos sicher. Diese Entwicklung ermutigte Intellektuelle, ihre Meinung über die kommunistische Herrschaft deutlich zu sagen. Die Regimekritiker wurden zu »Dissidenten«.

Sie hätten für die Kremlherren keine wesentliche Gefahr bedeutet, wenn es in Moskau nicht Vertreter ausländischer Zeitungen und westlicher Fernseh- und Rundfunkanstalten gegeben hätte.[3] Von der sowjetischen Presse wurden die Dissidenten verschwiegen. Den westlichen Journalisten aber boten die Regimekritiker packenden Stoff für Berichte. Die Dissidenten wußten wiederum genau, daß sie nur dann eine Wirkung erzeugen konnten, wenn die westlichen Medien über sie berichteten. Sie und die Journalisten hatten dasselbe Anliegen: Die Journalisten brauchten eine Story – und die Dissidenten brauchten sie auch.

Der berühmteste Regimekritiker war Andrej Dimitrijewitsch Sacharow, Jahrgang 1921. Die ersten vierzig Jahre seines Lebens war er ein vorbildlicher Bürger der Sowjetunion gewesen. Zum erstenmal hatte er die Aufmerksamkeit der Mächtigen während der deutschen Besetzung der UdSSR erregt: Dem jungen Leutnant Sacharow war es gelungen, aus der von den Deutschen beherrschten Stadt Rostow am Don einen Atomteilchen-Beschleuniger zu retten, der zum Geheimsten zählte, was die Sowjetunion damals besaß. Für seine Tat wurde Sacharow mit dem Leninorden ausgezeichnet. Sacharows Interessengebiet blieb die Nuklearforschung. Im Alter von 22 Jahren war er bereits Professor für Physik. Zu Beginn der fünfziger Jahre arbeitete er an der Studie »Anwendung der elektrischen Entladung zur Erzielung einer kontrollierten Atomreaktion«. Mit dem Abschluß der Studie war die Grundlage für den Bau der Wasserstoffbombe in der Sowjetunion geschaffen. Für diese Leistung erhielt Sacharow den Stalinpreis und wenig später den Titel »Held der sozialistischen Arbeit«. 1953 hatte Sacharow alles erreicht, was im Sowjetstaat für einen Wissenschaftler möglich war.

Mit dem Erfolg war jedoch auch Sacharows Verantwortungsbewußtsein gewachsen; er verlor den moralischen Aspekt seiner Arbeit nie aus den Augen. Daß er im Dienst des Apparats der kommunistischen Diktatur an der Perfektion der Massentötungsmittel mitwirkte, belastete sein Gewissen zunehmend. Parteichef Chruschtschow ärgerte er mit der Forderung, die UdSSR solle sich – zum Zeichen ihrer friedlichen Absichten – einen Teststopp für Atombomben auferlegen. Chruschtschow aber verlangte eine ganze Serie von Tests, die der Welt und den Kritikern im Lande selbst beweisen sollte, daß die UdSSR stark und deren Führung mächtig sei. Als die Tests nach Sacharows Meinung ein zu großes Risiko in sich bargen, kündigte der Wissenschaftler seine Mitarbeit auf. Damals, so erinnerte sich Sacharow später, habe ihn ein Gefühl der Ohnmacht und des Grauens erfaßt. Der Konflikt führte zu dem Entschluß, dem Regime nicht länger zu dienen.

Im Jahre 1968 wurden Sacharows »Gedanken über den Fortschritt, die friedliche Koexistenz und die geistige Freiheit« publik.

Der berühmte Atomwissenschaftler bezog offen Position gegen die herrschende Schicht der Sowjetunion, die zwar offiziell von friedlicher Koexistenz sprach, gleichzeitig jedoch ihr Kriegspotential steigerte und der geistigen Freiheit im eigenen Lande keine Chance ließ.[4] Sacharow forderte Demokratisierung und damit ein Ende der absoluten Herrschaft des Parteiapparats. Ohne persönliche Freiheit der Menschen, ohne die Mitwirkung des einzelnen an der Gestaltung des Zusammenlebens aller, so verkündete Andrej Sacharow öffentlich, werde die Sowjetunion im Verlauf der sich rapide beschleunigenden industriellen Entwicklung weit hinter den kapitalistischen Ländern zurückbleiben; die UdSSR sei dann dazu verurteilt, ein zweitrangiges Staatsgebilde zu werden. Demokratisierung aber sei nicht möglich ohne Garantie der Bewahrung der Menschenwürde.

Im Jahre 1975 gründete Sacharow das Komitee für die Verwirklichung der Menschenrechte. Sacharow war es, der die Verbindung herstellte zwischen der Möglichkeit der Entspannung im Ost-West-Konflikt und der Unantastbarkeit der Menschenrechte. In die Ergebnisse der Gipfelkonferenz von Helsinki im Jahre 1975 flossen Sacharows Erkenntnisse ein. Noch im selben Jahr wurde ihm der Friedensnobelpreis verliehen.

Sacharow war zum moralisch-politischen Gegenpol des Generalsekretärs der KPdSU geworden. Hatte Leonid Breschnew den Dissidenten zunächst gewähren lassen, so wurde er im Verlauf der Jahre immer dünnhäutiger gegenüber der fundierten Kritik. Breschnew war überdies den mahnenden Worten seiner Parteifreunde ausgesetzt, die ihm vorsichtig vorwarfen, er lasse die Zügel aus der Hand gleiten. Sie erteilten ihm den Rat, den hartnäckigen Kritiker aus der Reichweite westlicher Journalisten zu bringen.

Ein günstiger Zeitpunkt dafür ergab sich zur Jahreswende 1979/80: Sowjetische Truppen waren in Afghanistan eingefallen; die Aufmerksamkeit der Medien war weltweit abgelenkt. Der Dissident Sacharow wurde unter Anwendung »sanfter Gewalt« an die Wolga geschafft – in die geschlossene Stadt Gorkij. Das Verbannungsdekret trägt das Datum 22. Januar 1980. Die gesetzliche Bestätigung durch ein Gericht erfolgte nie. Per Dekret wurde auch verfügt, daß Sacharow seine Titel und Ehrenzeichen nicht mehr tragen dürfe.

Zugewiesen wurde dem Verbannten ein Appartement im Erdgeschoß des Gebäudes 214 der Gagarinstraße, im Südteil von Gorkij. Die Wohnfläche betrug 42 Quadratmeter und war in drei kleine Zimmer und eine Küche aufgeteilt. Eigentümer des Appartements war der Staatssicherheitsdienst. Er hatte darin über den Telefonanschluß 2272720 verfügt; vom Augenblick des Einzugs von Sacharow an war die Leitung tot.

Der Dissident sollte keine Verbindung aufnehmen können mit der Welt. Ihm war es auch verboten, eine Schreibmaschine zu benutzen. Seine handgeschriebenen Briefe wurden abgefangen. Sacharow lebte als Gefangener in der geschlossenen Stadt Gorkij.

Der Aufwand für die Bewachung des Dissidenten war beachtlich. Vor der Tür des Appartements saß an einem Tisch Tag und Nacht ein KGB-Mann; die Wachhabenden wechselten sich alle sechs Stunden ab. Auf der Gagarinstraße stand ein Wohnwagen, aus dessen Fenstern das Appartement beobachtet wurde. Im Nebenhaus bezog der Geheimdienst eine Wohnung. Dorthin wurde jeder gebracht, der zu Sacharow Kontakt aufnehmen wollte; er mußte ein Verhör über sich ergehen lassen.

Im Jahre 1984 wurde auch Sacharows Frau, Jelena Bonner, die bis dahin Sacharows Sprachrohr nach außen gewesen war, nach Gorkij verbannt. Sie ist die Tochter eines armenischen Parteifunktionärs, der Stalins Säuberungen zum Opfer gefallen war. Als der Vater erschossen war, wurde Jelenas Mutter in ein Arbeitslager eingewiesen. Jelena, noch keine fünfzehn Jahre alt, fuhr mit ihrem kleinen Bruder nach Leningrad – zur Großmutter. Während der deutschen Belagerung Leningrads war sie Krankenschwester. Seit damals litt sie an einer Augenkrankheit.

Durch Hungerstreik wollte Sacharow Jelenas Ausreise zur Operation in einem westlichen Land erzwingen. Der Hungerstreik wurde bekannt – auch im Westen. Doch das kommunistische Regime blieb hart. Sacharow erinnert sich: »Am 7. Mai 1984 wurde ich von KGB-Mitarbeitern in weißen Arztkitteln verhaftet, als ich meine Frau zu einem Verhör begleitete. Sie wandten Gewalt an, um mich in das Semaschko-Krankenhaus in Gorkij zu bringen. Dort wurde ich vier Monate lang festgehalten und gequält. Fluchtversuche wurden von den KGB-Mitarbeitern verhindert, die mich rund um die Uhr bewachten.«[5] Die Ärzte des Semaschko-Krankenhauses erzwangen das Ende des Hungerstreiks.

Während Sacharow in der Verbannung in Gorkij an der Wolga lebte, vollzog sich in der UdSSR dreimal ein Machtwechsel. Am 10. November 1983 starb Leonid Breschnew. Doch mit seinem Tod war seine Ära noch nicht zu Ende. Breschnews »Seilschaft« behielt die Macht. Jurij Andropow wurde Nachfolger als Generalsekretär und damit mächtigster Mann im Staat. Kurz nach seinem Amtsantritt wurde er schwer krank. Als er starb, fiel die Macht an Konstantin Tschernenko – Jahrgang 1911. Krankheiten hinderten ihn daran, Entscheidungen zu treffen. Die Gerontokratie, diese lähmende Herrschaft der Alten, führte dazu, daß sich in der UdSSR nichts mehr veränderte.

Auch Sacharows Situation wurde durch die Machtwechsel nicht berührt. »Im November 1983 richtete ich eine Eingabe an den Genossen J. A. Andropow und im Februar 1984 eine ähnliche Eingabe an den Genossen K. U. Tschernenko.« Antwort bekam der Verbannte nicht.

Am 11. März 1985 starb Tschernenko. Noch in derselben Nacht trafen sich die höchsten Führer der Partei, des Staates, der Armee und des KGB. Sie gehörten alle der älteren Generation an. Das Durchschnittsalter des Politbüros, das aus zwölf Mitgliedern bestand, betrug siebzig Jahre. Die Gerontokraten wollten daran festhalten, daß allein sie das Recht hatten, im Kreml zu herrschen. Viktor Grischin, 71 Jahre alt, glaubte, er habe nun die Macht in der Hand. Doch das Glück war einem anderen günstig: dem 54jährigen Michail Gorbatschow. Als die Abstimmung über die Nachfolge im Amt des Generalsekretärs nicht länger aufgeschoben werden konnte, in jener entscheidenden Nacht am Sarg des toten Tschernenko, da fehlten zwei Politbüromitglieder, die mit Sicherheit gegen Gorbatschow entschieden hätten. So geschah es, daß von den neun anwesenden Stimmberechtigten, vier für Viktor Grischin waren und fünf für Michail Gorbatschow.

Wolfgang Leonhard, Spezialist für politische Entwicklungen der UdSSR analysierte die Situation am 12. März 1985 so: »Als ich die sowjetischen Zeitungen erhielt, sah ich ein seltsames Gruppenbild. Man sah den 54jährigen neuen Generalsekretär stark eingeengt: Rechts neben ihm der damals 73jährige Ministerpräsident Tichonow, links neben ihm der damalige 76jährige Stellvertretende Ministerpräsident und Außenminister Gromyko, hinter ihm breit und fast etwas drohend vornübergebeugt der 71jährige Viktor Grischin und noch fünf weitere Politbüromitglieder. Die Botschaft war klar: Wir haben diesen neuen jungen Generalsekretär, aber keine Angst, habt Vertrauen in die alten Führer, die für Kontinuität sorgen werden.«[6]

Dies war der Ausgangspunkt von Gorbatschows Amtszeit an der Spitze des Staates. Sein Rahmen für politische Entscheidungen war abgesteckt. Deshalb drückte er sich gegenüber unbequemen Fragern aus dem Westen vorsichtig aus. »Sacharow lebt unter normalen Bedingungen in Gorkij. Sein Gesundheitszustand ist gut. Bekanntlich hat er rechtswidrige Handlungen begangen.« Auf die Frage, ob es nicht bequemer für ihn wäre, den Kritiker durch eine Auslandsreise zum Verstummen zu bringen, antwortete Gorbatschow: »Er ist nach wie vor Träger von Atomgeheimnissen und darf aus diesem Grund nicht ins Ausland reisen.« Immerhin ließ er nur kurze Zeit später Jelena Bonner in den Westen fliegen. Sacharow wurde wieder zum »Einsamen von Gorkij«.

Noch im Dezember 1985 – Gorbatschow war mehr als ein halbes Jahr im Amt – griff der Präsident des sowjetischen Juristenverbandes den an die Wolga Verbannten an: »Sacharow ist einer der Wissenschaftler, die in einer recht komplizierten internationalen Situation die Konfrontation erzwingen wollen, die dann zur Katastrophe führen kann.« Der Präsident des Juristenverbandes verteidigte die Fortdauer der Verbannung.

Genau ein Jahr später, am 16. Dezember 1986, wurde im Haus Gagarinstraße 214 in Gorkij auf Anordnung der Sicherheitsbehörde eilends ein Telefon installiert. Noch am selben Tag rief Gorbatschow an, um Sacharow mitzuteilen, seine Verbannung sei aufgehoben: Er könne die Stadt an der Wolga verlassen.

Der Name Stalin erlischt in Kasan

Zu den Geheimnissen, die in der einstigen UdSSR nur ganz langsam gelüftet werden, gehört das Schicksal des Wassilij Josipowitsch Stalin, des jüngsten Sohnes des Diktators. Nach Stalins Tod war er verhaftet und verbannt worden. Niemand sollte erfahren, wo sich Stalins Erbe aufhielt – und niemand hätte es gewagt, nach ihm zu fragen. Seine Spur verlor sich im KGB-Gefängnis von Wladimir an der Wolga, das dafür berüchtigt war, daß Gefangene nackt im »Isolator« gehalten wurden, in einer engen und schmutzigen Einzelzelle. Daß er im Jahre 1962, nur 41 Jahre alt, in der Tatarenstadt Kasan starb, war kein Gesprächsthema während der letzten drei Jahrzehnte in der UdSSR.

Am 21. März 1921 ist Wassilij Josipowitsch Stalin geboren worden. Seine Mutter war Stalins zweite Frau, Nadeshda Allilujewa, die damals in Lenins Stab arbeitete. Sie versuchte, ihrem kleinen Sohn beizubringen daß der Mensch klug beraten sei, ein bescheidenes Leben zu führen; doch schon das Kind begriff, daß dies für einen, der Stalin hieß, offenbar nicht galt. Die Problematik des Wassilij Josipowitsch begann jedoch erst, als sich Nadeshda Allilujewa im Jahre 1932 das Leben nahm – aus Gründen, die nie ganz geklärt wurden. Angenommen wird, daß die empfindsame Frau Stalins wachsende Herrschsucht und Unmenschlichkeit nicht länger ertragen konnte.

Der Diktator war der Meinung, Nadeshda Allilujewa habe ihn im Stich gelassen. In Wahrheit war der Leidtragende ihr elfjähriger Sohn. Dem Jungen fehlte fortan der Halt, den ihm die Mutter gegeben hatte. Niemand wies ihn an, wie er zu leben habe, niemand setzte ihm feste Regeln. Kein Erzieher wagte es, dem Sohn des absoluten Herrschers über 150 Millionen Menschen zu widersprechen.

Die Lehrer hatten Angst davor, Wassilij Josipowitsch könnte dem Vater berichten, sie würden »konterrevolutionäre Ansichten« vertreten, sie würden versuchen, ihn vom rechten Weg des Marxismus abzubringen. Bezeugt wird, Wassilij Josipowitsch habe sich ganz offen darüber gefreut, wenn es ihm gelungen war, einen

Menschen derart zu denunzieren, daß er in die Fänge des Geheimdienstes geriet und für immer verschwand.

Die nächsten, die vor dem Stalinsohn zitterten, waren die Lehrkräfte der Luftwaffenakademie in Moskau. Sie empfanden ihn als unbeherrscht und hinterhältig. Doch in die Beurteilungsbögen wurde diese Charakteristik nicht aufgenommen. Dem Vater wurde berichtet, der Sohn sei ein exzellenter Pilot, der rasche Beförderung verdiene. Bei Kriegsbeginn im Jahre 1941 – Wassilij Josipowitsch war zwanzig Jahre alt – wurde er zum Hauptmann der Luftwaffe befördert.

Auf ausdrücklichen Wunsch des Vaters durfte er aber nicht zu Fronteinsätzen kommandiert werden. Stalin wollte nicht noch einmal erleben, daß ein Sohn in deutsche Gefangenschaft geriet: »Ein Stalin fällt nicht in die Hand des Feindes!« Sein ältester Sohn Jakow hatte sich als Artillerie-Oberleutnant der deutschen Wehrmacht ergeben müssen. Stalins Ärger darüber wurde nur wenig durch die Nachricht gemildert, Jakow habe sich selbst das Leben genommen. Dem Sohn Wassilij Josipowitsch wurde also Feindberührung verboten. Die höchsten Auszeichnungen für Tapferkeit erhielt er trotzdem.

Der Stalinsohn war Generalleutnant, als der Vater 1953 starb. Er war sich im klaren, daß er nun für sein arrogantes und tückisches Verhalten bestraft werden sollte. Die Situation empfand er als ausweglos. Es dauerte auch nur eineinhalb Monate, bis er verhaftet wurde. Der Vorwurf war: Wassilij Josipowitsch handle häufig in betrunkenem Zustand unverantwortlich und errege öffentliches Ärgernis. Die Vorfälle wurden nie gerichtlich untersucht. Er wurde einfach im Gefängnis festgehalten.

Erst im September 1955 erfolgte eine Verurteilung. Jetzt wurden die wahren Gründe für die Verfolgung deutlicher: Die Urteilsbegründung lautete, Wassilij Josipowitsch habe Offizierskollegen denunziert. Die Abrechnung mit der Zeit des Stalinismus hatte begonnen.

Chruschtschow selbst sorgte dafür, daß Stalins Sohn die Lager und Gefängnisse nicht mehr verlassen konnte. Vermutlich befürchtete er, ein Träger des magischen Namens Stalin könnte ihm gefährlich werden. Die »Entstalinisierung« war leichter voranzutreiben, wenn in Moskau kein »Stalin« lebte, der im Namen des Vaters Respekt verlangen konnte. Auch wenn Wassilij Josipowitsch einen schlechten Ruf hatte, war es doch besser, ihn von der Hauptstadt fernzuhalten.

Leonid Breschnew folgte der gleichen Taktik. Er ließ den Sohn Stalins nach Kasan bringen. Dort, an der Wolga, war er 700 Kilometer von der Hauptstadt entfernt. Was in Kasan geschah, interessierte an der Moskwa kaum jemanden. Unbeachtet lebte der Vierzigjährige im Kasaner Gefängnis.

Eine Krankenpflegerin begann sich für Wassilij Josipowitsch zu interessieren. Die beiden heirateten schließlich – dabei legte der Häftling den Namen »Stalin« ab. Während der letzten Lebensmonate in Kasan nannte er sich Dshugaschwili – wie einst der Vater im heimatlichen Georgien. Der Name »der Stählerne«, vom Vater erfunden, war damit erloschen. Die Voraussetzung für den Beginn einer neuen Zeit war geschaffen: Die Gefahr einer »Stalindynastie« – von Stalinisten erhofft – bestand nicht länger.

Gerade dort, wo der Name »Stalin« erlosch, in Kasan an der Wolga, kündigte sich eine neue Zeit an. Der Stalinismus hatte alle nationalen Bestrebungen im Wolgagebiet eingefroren. Jetzt meldeten sich die Völker zu Wort, die sich allmählich aus der Erstarrung zu lösen begannen. Sie forderten ihr Recht.

Neue Namen sind mit dem Wandel verbunden. Michail Gorbatschow und Boris Jelzin.

Boris Jelzin erforscht den Ursprung des Flusses Jaiwa

Bekannt war, daß die Jaiwa im Uralgebirge entspringt; sicher war, daß sie in den Wolganebenfluß Kama mündet. Die Jaiwa gehört zu der Vielzahl von Flüssen, die mit ihrem Wasserreichtum die Wolga zum mächtigen Strom machen. Besondere Bedeutung wurde der Jaiwa nicht beigemessen, und so hatten die Kartographen den Ursprung nur undeutlich in ihre Atlanten eingetragen. Auf manchen Landkarten ist der Fluß gar nicht zu finden.

Dem Schüler Boris Jelzin, der in der Stadt Beresnikij am Zusammenfluß von Kama und Jaiwa, in der Gegend der Großstadt Perm, lebte, störte diese Undeutlichkeit. Er fühlte sich herausgefordert, die Quelle der Jaiwa zu suchen. Boris Jelzin, damals in der neunten Klasse, fiel es nicht schwer, einige seiner Kameraden für die »Expedition zum Ursprung der Jaiwa« zu gewinnen. Die Eltern hatten nichts dagegen, im Gegenteil: Die Jugend sollte sich austoben; sie hatte es schwer gehabt während der Kriegszeit, die noch nicht lange zurücklag.

Boris Jelzin, Jahrgang 1931, war in einem abgelegenen Dorf aufgewachsen. Der Vater war selbständiger Bauer gewesen, doch der Staat hatte ihn gezwungen, in eine Kolchose einzutreten. Als Teilchen eines Kollektivs aber wollte der Vater nicht leben; er verließ das Dorf und wurde Bauarbeiter in Beresnikij. In einer Baracke auf dem Baugelände des Kalikombinats fand die Familie Jelzin Unterkunft: Sechs Menschen lebten in einem winzigen Raum. An die Zeit in Beresnikij erinnerte sich Jelzin später ungern: »Baracken sind mir seither verhaßt. Unser Leben war schwer dort. Besonders im Winter, wenn wir nicht wußten, wohin vor Kälte, denn wir besaßen keine warme Kleidung. Unsere Ziege rettete uns. Wir schmiegten uns an sie. Die Ziege war warm wie ein Ofen.«[7]

Der Schüler Jelzin war neugierig und abenteuerlustig. Noch während des Krieges hatte er aus einem wenig bewachten Militärlager am Fluß Kama eine Granate entwendet. Er wollte wissen, wie ein solches Geschoß innen aussieht, und so versuchte er den Stahlmantel mit Hammerschlägen zu zertrümmern. Dabei detonierte die Granate. Zwei Finger seiner linken Hand wurden abgerissen.

Der Vierzehnjährige suchte bald Abenteuer außerhalb von Beresnikij. Er bestieg den Berg Kamen – mit 1500 Metern Höhe eine der höchsten Erhebungen des Ural. In der Nähe des Berges Kamen, das war der Landkarte zu entnehmen, mußte sich der Ursprung des Flusses Jaiwa befinden.

Zu Fuß brach er mit seinen Kameraden auf. In ihren Rucksäkken befanden sich Brotlaibe und geräucherte Würste. Sie wußten, daß sie weitgehend unbesiedeltes Land zu durchwandern hatten. Sie durchquerten riesige Wälder an den westlichen Hängen des

Ural. Schon nach zehn Tagen waren alle Lebensmittel aufgebraucht. Die Gruppe lebte von Beeren, Pilzen, Nüssen. Während der Nächte schliefen die Jungen ohne Schutz. Obgleich die Kräfte aller Beteiligten schwanden, gab Boris Jelzin als Anführer nicht auf. Längst waren die Hosen zerlumpt und die Schuhe zerrissen. Insektenstiche und Wunden an den Füßen quälten jeden. Boris trieb die Gruppe bergauf. Der Fluß war nur noch ein Rinnsal. Keiner konnte mehr schätzen, wie viele Kilometer zurückgelegt waren. Nach nahezu drei Wochen mühsamer Wanderung fand die Gruppe den Ursprung des Flusses Jaiwa – eine schwachsprudelnde Quelle. Boris trank das Wasser und stellte fest, daß es schwefelhaltig war.

Die Schüler hatten ihr Ziel erreicht. Geographische Festlegungen trafen sie nicht; dazu waren sie auch gar nicht ausgerüstet. Die Landkarte des Wolga-Kama-Gebiets wurde durch das Ergebnis von Jelzins Expedition keineswegs genauer.

Nach Abschluß der Schulzeit schrieb sich Jelzin an der Fakultät für Bauwesen der Polytechnischen Hochschule von Swerdlowsk ein – die Stadt ostwärts des Ural heißt seit 1991 wieder Jekaterinburg. Der Student Jelzin zeichnete sich besonders als Volleyballspieler aus. Die Hochschulmannschaft war sein Freundeskreis. Die Gruppe reiste zu Wettkämpfen in Gegenden westlich des Ural, zum Beispiel nach Kasan; sie verbrachte die Ferien bei Bootsfahrten auf den geliebten Flüssen Kama und Wolga.

Im letzten Studienjahr verliebte sich Boris Jelzin in die Studentin Anastasia Girina, die aus Orenburg stammte. Als seine Diplomarbeit abgeschlossen war, vereinbarte Boris mit Anastasia, daß er in Swerdlowsk bleiben werde, sie aber für ein Jahr bei den Eltern in Orenburg leben sollte. Nach diesem Zeitraum, so war die Verabredung, wollten sie sich in Kujbyschew an der Wolga treffen.

Zur vereinbarten Zeit waren tatsächlich beide zur Stelle. An jenem Abend verlobten sie sich am Wolga-Ufer. Seither hat der Fluß besondere Bedeutung für sie.

Boris Jelzin wurde Funktionär der Kommunistischen Partei. In der allumfassenden Organisation wurde er Spezialist für den Bausektor in Swerdlowsk. Leonid Breschnew machte ihn dort schließlich zum Ersten Sekretär des Gebietskomitees. Von 1976 an war Jelzin unumschränkter Herrscher im Bereich von Swerdlowsk. Bald war der alternde Generalsekretär Breschnew nicht mehr fähig, Entscheidungen zu treffen. Jelzin nutzte die Chance und den ihm gebotenen Freiraum.

Dem Gebietsfürsten von Swerdlowsk blieben die Erlebnisse auf den Flüssen Jaiwa, Kama und Wolga unvergessen. Wann immer er konnte, suchte er Gelegenheit zu Schiffsreisen auf den beiden großen Flüssen. Jahr für Jahr fuhr Boris mit Anastasia und schließlich auch mit den Kindern an die Wolga. Jelzin erinnert sich: »Mit dem Motorschiff fuhren wir Kama und Wolga hinunter. In Gelendschik gingen wir an Land und bauten unsere Zelte auf. Man sagt, ich lächle selten. Doch an der Wolga wurde von morgens bis abends gelacht. Das war richtige Erholung.«[8]

Jelzin wurde von Breschnew nach Moskau geholt, als ZK-Sekretär für den Bausektor. Dort traf er auf Michail Gorbatschow, der aus dem Kaukasus in die Hauptstadt beordert worden war. Zwar unterstützte Jelzin den Konkurrenten auf dem Weg zur Staatsspitze, doch nur deshalb, so Jelzin später, weil er Gorbatschow für geeignet hielt, Vorarbeiten für Reformen zu leisten, die dringend anstanden. Der wahre Reformer, das hatte Jelzin rasch herausgefunden, konnte Gorbatschow nicht sein, dafür vertrat er viel zu sehr die Interessen des Parteiapparats. Aus den Denkstrukturen der Partei, so meinte Jelzin, würde sich dieser Mann nicht lösen können.

Verwunderung rief Gorbatschow hervor, als er in der Autofabrik Togliatti, in der Nähe von Kujbyschew, verkündete, »von diesem Werk am heiligen Strom Wolga aus wird bald das beste Kraftfahrzeug der Welt die Märkte Europas, Japans und der USA erobern«. Jelzin erinnert sich: »Wer dabei war, der wußte nicht mehr, wohin er vor Scham und Schreck blicken sollte. Gorbatschow machte sich einfach lächerlich. Wir erzeugen in Togliatti nicht einmal mittelmäßige Autos. An das beste Auto der Welt ist gar nicht zu denken!«[9]

Das Verhältnis Jelzin–Gorbatschow spitzte sich zu. Zum Bruch zwischen den beiden kam es 1987, als Jelzin sich mit seinen Reformvorschlägen zu weit vorwagte. Gorbatschow löste ihn als Moskauer Parteichef ab und machte ihn zum Minister für das Bauwesen, wo er »fortan keinen Schaden mehr anrichten« könne. Gorbatschows Verdikt: »Boris, in die Politik lasse ich dich nicht wieder hinein«, wurde dank der Öffnung des Landes im Zeichen von Perestroika und Glasnost in alle Welt übertragen. Fernsehkameras dokumentierten aber auch das triumphale Comeback des Mannes von der Wolga im Wahlkampf des Jahres 1988: Mit großer Mehrheit wurde Jelzin von der Moskauer Bevölkerung als Deputierter des Obersten Sowjet der UdSSR wieder ins öffentliche Leben zurückgeholt.

Die weiteren Höhepunkte des Ringens um die Macht sind bekannt. Der Ausgang auch: Jelzin blieb der Sieger. Vorerst.

Und parallel zum Fortgang dieses zunehmend persönlichen Schlagabtauschs vollzog sich die Auflösung der UdSSR.

»Idegej« – oder: Das wiedererwachende Nationalgefühl der Tataren

Der Grund, warum sich nach Tschernenkos Tod im Jahre 1985 fünf von neun der in Moskau anwesenden Mitglieder des Politbüros für den jüngeren und vitaleren der beiden Kontrahenten Viktor Grischin und Michail Gorbatschow entschieden hatten, lag auch darin, daß damals die Mächtigen der UdSSR mit Sorge auf die nicht-russischen Völker des Riesenreiches blickten. Die bange Frage lautete: Würden sie sich die russische Bevormundung länger gefallen lassen angesichts eines Generationswechsels, der auch auf die Machtstrukturen nicht ohne Auswirkung bleiben konnte? Lenins Bemerkung aus vorrevolutionärer Zeit »das Reich ist nichts als ein riesiges Völkergefängnis« wurde nun auch im Politbüro zitiert und ernst genommen.

Die fünf Politiker des engsten Führungszirkels, die auf Gorbatschow gesetzt hatten, waren keineswegs bereit gewesen, eine Entlassung der Völker aus dem Gefängnis UdSSR in Erwägung zu ziehen. Im Gegenteil: Sie hatten von Gorbatschow erwartet, daß er eine Lösung finden werde, die den Zusammenhalt der Sowjetunion garantierte. Die Politbüromitglieder insgesamt waren sich darin einig gewesen, daß das Reich nicht verkleinert werden dürfe.

Bewahrung der Einheit der UdSSR aber bedeutete: Aufrechterhaltung der russischen Vorherrschaft. Als Gorbatschow die Macht übernahm, war die Zensur noch immer angewiesen, in Druckwerken jede nationale Regung, die nichtrussisch orientiert war, aufzuspüren und auszumerzen.

So war es den Tataren an der Wolga untersagt, ihr Nationalepos »Idegej« zu lesen. Das Druckverbot war im Jahr 1944 ausgesprochen worden. Stalin war damals der Meinung gewesen, es müsse verhindert werden, daß in der aufflammenden Begeisterung über den bevorstehenden Sieg im Großen Vaterländischen Krieg starke Nationalgefühle der Tataren erwachten.

Das Heldenepos »Idegej« beschreibt die Anstrengungen des Tatarenführers Idegej, die Sippen seines Volkes zusammenzubinden, um den Machtzerfall der Goldenen Horde zu verhindern. Idegejs politisches Ziel war es, die Vormacht der islamischen Völker über das orthodoxe Rußland, aber auch gegenüber anderen Moslemvölkerschaften abzusichern. Das Epos erzählt von den Heldentaten des Tataren Idegej, dem es gelang, sein Volk zum Sturm auf Moskau mitzureißen.

In einer Epoche, in der die Staatsautorität hartnäckig den Grundsatz vertrat, Rußland habe Jahrhunderte hindurch den »unzivilisierten« islamischen Völkern den Weg in eine strahlende Zukunft gewiesen, durften die Tataren nicht als die Überlegenen dargestellt werden. Die amtliche Begründung des Verbots von »Idegej« war, das Epos sei von nationalistischen Tendenzen geprägt und baue Feindschaft zur UdSSR auf.

Seit 1990 darf in Kasan wieder die Wahrheit über die Vergangenheit gesagt werden. Bis zu diesem Zeitpunkt wurde darüber geschwiegen, daß im Jahre 1928 der tatarische Nationalist Sultan Galijew »liquidiert« worden ist. Er sei ein Werkzeug der »bourgeoisen Konterrevolution« gewesen, hatte Stalin behauptet.

Sultan Galijew war überzeugter Moslem gewesen – und er war im Jahre 1917 der Kommunistischen Partei beigetreten. Er glaubte an die Vereinbarkeit des Glaubens an Allah und der Lehren des Marxismus.

Im Mai 1920 gründete Sultan Galijew die Tatarische Sowjetrepublik an der Wolga mit der Hauptstadt Kasan. Politischer Träger der Republik sollte eine islamisch-kommunistische Partei sein. Diese Entwicklung mußte die Parteizentrale in Moskau und ganz besonders Stalin zur Gegenreaktion reizen. Stalin wollte nicht auf Teile seines Herrschaftsgebietes verzichten; er bestand auf einer zentralen Organisation des Staates.

Sultan Galijew bekam den Zorn Stalins nicht sofort zu spüren. Der Diktator ging behutsam vor. Erst wurde milder Tadel ausgesprochen; dann führte Stalin Klage über die »ungerechtfertigte Betonung des tatarischen Volkscharakters«. Wenige Monate später erhielt die islamische Volksbewegung die Bezeichnung »Sultangalijewismus« und wurde als gefährlich eingestuft. Stalin konnte den »Sultangalijewismus« dem bereits als staatsfeindlich abgestempelten »Trotzkismus« zur Seite stellen. Sultan Galijew konnte zum Tode verurteilt werden.

Von nun an wagte niemand mehr, die nationale Unabhängigkeit der Wolgaregion zu propagieren.

Erst 1990 tauchte der Begriff der »tatarischen Nationalität« in der öffentlichen Diskussion wieder auf. Die Vision des Sultan Galijew, die islamischen Regionen an der Wolga – unter Einbeziehung des Gebietes von Kasachstan – zusammenfassen, rückte in den Bereich des Möglichen.

Im Zusammenhang damit ist eine alte Diskussion plötzlich wieder aufgebrochen: die Frage nach der einem Vielvölkerreich angemessenen Staatsidee. Schon vor dem Ersten Weltkrieg haben sich Slawophile und Eurasier darüber die Köpfe heißgeredet. Steht für die einen eine eigenständige osteuropäische (slawisch geprägte) Kultur in der Nachfolge der Kiewer Rus und des Dritten Rom im Vordergrund, so betonen die anderen die Brückenfunktion nach Asien. Der Eurasismus gibt sich als Konzept großräumiger und lehnt eine Hegemonie Moskaus entschieden ab.

Die Befürworter des Eurasismus argumentieren: Eurasien müsse sich vom Erbe der römisch-byzantinischen Tradition lösen, um zu einer auch im 21. Jahrhundert funktionstüchtigen und wettbewerbsfähigen Gesellschaftsform zu finden. Bereits das Großfürstentum Moskau habe die Idee der Einheit Eurasiens von den Tataren übernommen. Zuerst hätten die unterdrückten Russen den Gedanken des mongolischen Universalreiches zwar als etwas Fremdes empfunden. Später hätten sie sich aber nicht mehr seiner Faszinationskraft entziehen können. Daran gelte es nun anzuknüpfen, um eine modernen Anforderungen entsprechende Staatsform zu entwickeln.

Aus diesem Blickwinkel erscheinen freilich auch das »Tatarenjoch« und die Kiewer Rus in einem anderen Licht. Klaus Gestwa resümiert diesen brandaktuellen Streit um den Stellenwert der russischen Geschichte so: »Während die Kiewer Rus nur einen kleinen Teil des späteren russischen Imperiums umfaßte, habe das Mongolenreich dem ganzen Territorium Rußlands entsprochen. Verbinden die Russophilen mit ihrer Orientierung auf die Orthodoxie die russische Staatstradition mit dem christianisierten Kiew, feiern die Eurasier Dschingis-Khan, den Zerstörer Kiews und der Rus, als den ersten Vertreter der grandiosen Idee von der Einheit des eurasischen Territoriums. Der Staatsgedanke der Kiewer Rus sei im Vergleich zu dem des Mongolenreiches provinziell gewesen.«[10]

Dieser Streit wird die Gemüter voraussichtlich noch lange erhitzen und bei der Suche nach einem neuen Selbstverständnis der Tataren und der benachbarten Kasachen eine Rolle spielen. Tatarstan besinnt sich auf seine Geschichte – wie Kasachstan und die anderen Völker des zerborstenen Sowjetreiches auch.

Dennoch ist zu vermuten, daß die Konflikte der Zukunft weniger von der islamischen Bevölkerung der Region um die Wolga ausgehen werden als von den Russen und deren Politikern. Gebietsansprüche werden nicht von den Moslems erhoben. Selbst radikale Kräfte der »Islamischen Partei der Wiedergeburt« sprechen nicht ernsthaft vom Export ihrer Ideologie – auch wenn G. Dschemal, der schärfste Polemiker der Partei, meint, daß Rußland nur dann eine Chance habe, nicht von der politischen Bildfläche zu verschwinden, wenn es einen islamischen Staat gründe.[11]

Probleme entstehen vielmehr durch russische Bestrebungen, den »Schutz« der Russen zu übernehmen, die unter Tataren, Kasachen und anderen Turkvölkern leben. Für Wladimir Wolfowitsch Shirinowskij, den Wahlsieger vom Dezember 1993, ist der Gedanke unerträglich, daß Millionen von Russen in Teilen ihres einstigen Riesenreiches als Minderheit – vielleicht sogar als bedrohte Minderheit – leben müssen. Wenn Shirinowskij von »natürlichen Einflußzonen Rußlands« spricht, sehen im Geiste viele Nichtrussen den Einsatz russischer Panzer[12] vor sich: auch an der Wolga.

Die Kosaken besinnen sich auf ihre Tradition

Liebe Rußland, denn Rußland ist deine Mutter!« So lautet das Erste Gebot des Kosakenkatechismus. Für die Allgemeinheit wiederentdeckt wurde er, als nach dem Zusammenbruch der Sowjetunion die Suche nach einem Ausweg aus der universellen Sinnkrise begann. Die kosakische Lebensweise samt ihrer festgefügten Ordnung erschien nun plötzlich auch Nichtkosaken als eine bedenkenswerte Alternative.

Kosakentum sei ein Zustand der Seele, sagen ältere Männer, die noch Erinnerungen an Augenzeugen oder Helden des Bürgerkriegs haben. Als »Rote« und »Weiße« hatten die Kosaken damals gegeneinander gefochten. Dennoch galten die Ideale »Frieden, Liebe und Wahrheit« beiden Parteien gleichermaßen als Grundlage ihrer Kultur.

»Für Gott und Vaterland!« haben die Kosaken die Geschicke Rußlands rund fünf Jahrhunderte hindurch mit geprägt. Und so steht es auch heute wieder auf ihren Fahnen. 1990 wurden sie mit den alten Uniformen aus Verstecken und Museumsdepots hervorgeholt. Vereinzelt zuerst, und erstaunlicherweise auch in Moskau, tauchten Kosaken in ihren bunten Röcken, Pelzmützen und Reiterstiefeln im Straßenbild auf. Inzwischen sollen es bereits mindestens drei Millionen Kosaken sein, die sich stolz zur Geschichte der »freien Krieger« bekennen.

Um Freiheit geht es nach wie vor. Am 16. Juni 1992 verfügte

Boris Jelzin mittels eines präsidialen Ukas die politische und juristische Rehabilitierung der Kosaken.[13] Sie sollten künftig ihre Kultur und ihre Tradition wieder pflegen dürfen. Kosaken sollten sein dürfen, was sie immer waren.

Doch, was waren sie? Und was ist für die Zukunft darunter zu verstehen? Seit solche Fragen gestellt wurden, erregt nicht nur die Sinnkrise, sondern auch die Neudefinition des Kosakentums die Gemüter.

Zu einer bestimmenden Kraft wurden die Kosaken während der Tatarenkriege und in der Abwehr der Türkengefahr. In Krisenzeiten haben sie stets mitgemischt. Nie waren sie Knechte des Zaren – eher schon Widerpart eines Zentralstaats, der die Freiheiten des einzelnen seit Iwans IV. Schreckensherrschaft systematisch einschränkte.

Aus soziologischer Sicht waren die Kosaken ein eigener Stand.[14] Sie verfügten über eine funktionierende Selbstverwaltung: über einen Staat im Staat. Die Atamane und ihr Rat waren nur dem Zaren rechenschaftspflichtig. Und genau daran knüpft die Politik der Kosaken der neunziger Jahre in und um Rostow und Wolgograd wieder an.

Längst hat sich die Kosakenbewegung in unterschiedliche Lager gespalten, deren Sympathien füreinander ein Kapitel für sich wären: Die Gesamtrussische Kosaken-Union verfügt über gute Verbindungen zur früheren Nomenklatura, die Union der Kosakenheere gibt sich streng antikommunistisch, während die Kosaken-Union Südrußlands die extreme Rechte unterstützt. Doch über alle Differenzen und Gruppierungen hinweg verfügen sie offenbar über eine unangefochtene ideologische Grundlage, die ein gemeinsames Handeln erlaubt. Das unumstrittene Credo lautet: Eintreten für den Erhalt des russischen Imperiums, unbedingte Staatstreue, Bekenntnis zum russisch-orthodoxen Glauben.[15]

Damit sind aber auch die Nah- und Fernziele umrissen, wenngleich über die einzuschlagenden Wege dorthin heftige Flügelkämpfe im Gang sind. Als eine der vordringlichsten Aufgaben sehen die Kosaken ihren Beitrag zur Wiederherstellung der Disziplin in den Streitkräften an. Kosakenregimenter, so wird argumentiert, könnten zur Befriedung von Bergregionen und zur Sicherung der Grenzen beitragen – wie das seit der Zeit der Tatareneinfälle gewesen sei. Im Süden (zum Kaukasus hin), im Westen (als Beitrag zur Verteidigung der Orthodoxie in Moldavien und Bosnien) und in den Weiten Sibiriens (bei der Sicherung der Grenze am Amur zu China), so ist zu hören, seien heute schon Kosaken im Einsatz.

Wertvolle Erfahrungen meinen die Kosaken auch in die Innenpolitik einbringen zu können. Da sie sich stets als Volksbewegung verstanden, das Gleichheitsprinzip über Jahrhunderte hinweg praktiziert und die Selbstverwaltung perfektioniert hätten, seien vom Kosakentum nützliche Impulse für den Demokratisierungsprozeß Rußlands zu erwarten. Nicht geklärt ist freilich, wie die kosakische Selbst-(Krug)-Verwaltung im Computerzeitalter funktionieren soll. Dennoch sind sich die politisch denkenden Atamane einig, daß dies eine Lösung sei, um einer drohenden Verwestlichung zu entgehen.

Ähnliches versprechen sie sich von der Wiedereinführung der Umverteilungsgemeinde. Der Ukas Präsident Jelzins sichert den Kosaken das Recht auf die traditionelle russische Wirtschaftsweise zu. »Die historische russische Agrarverfassung sah vor, daß der gesamte dörfliche Besitz, abgesehen vom Hausgrundstück und Garten, gleichmäßig entsprechend der Zahl der Männer im Alter von sechzehn bis sechzig Jahren (erwachsene Frauen zählten gar nicht oder als ›halber Mann‹) auf alle Haushalte umgelegt wurde. Diese Landumverteilung wurde periodisch vorgenommen, um auf Haushaltsveränderungen reagieren zu können. Das umverteilte Land konnte weitervererbt, verpachtet, aber durfte keinesfalls an Auswärtige verkauft werden.«[16] Diese Prinzipien der Kollektivhaftung und des kollektiven Landbesitzes sollen nun einen Weg zwischen der Skylla des Kapitalismus und der Charybdis des Kollektivismus weisen.

Der Aufbruch ins 21. Jahrhundert im Rückgriff auf das vormoderne Zeitalter – auf diese Formel läßt sich die Strategie der Kosaken bringen. Dennoch wird mit einem bewundernswerten Ernst argumentiert und in der Praxis experimentiert, der den Aposteln der alternativen Lebensphilosophie im Westen um nichts nachsteht.

Obwohl die Kosaken ihre Parteilosigkeit betonen und sich als Volksbewegung verstehen, ist unschwer zu erkennen, daß die politische Rechte hier zumindest Sympathisanten findet.

Und so ganz ungefährlich scheint die Entwicklung zu Autonomen Gebieten auch nicht zu sein. Gudrun Ziegler, die 1993 einen Film über die Kosaken gedreht und sich in verschiedenen Kosakengebieten umgesehen hat, schreibt in ihrem Buch »Auf dem wilden Feld«: »Im Herbst 1991 wurde in Sunji, einem Ort in der Inguschenregion, der Ataman Alexander Podkolzin bei einem Streit um ein Stück Land ermordet. Inzwischen liefern sich Inguschen und Tschetschenen mit Russen und Kosaken erbitterte Gefechte. Es geht um Grenzstreitigkeiten und vor allem um Land, um altes Kosakenland, das generationenlang von Kosaken bewohnt wurde, in der Stalinzeit aber an Inguschen und Tschetschenen verteilt worden war. Auch religiöse Fragen spielen in diesem schwelenden Konflikt eine Rolle. Ein Pulverfaß! Und der Kuban ist nicht weit. Hier sieht man sich als Vorposten der christlichen Zivilisation gegen die muslimischen Abchasen, als Bollwerk gegen den ›Feind aus dem Osten‹.«[17]

Traditionen haben auch ihre Kehrseite.

Ein Neuanfang für die Wolgadeutschen?

Auch den Wolgadeutschen versuchte Moskau Gerechtigkeit widerfahren zu lassen. Noch in der Ära Gorbatschow wurde ihre vollständige Rehabilitierung beschlossen. Ausdrücklich wurde ihnen bescheinigt, daß sie sich während des deutschen Überfalls auf die UdSSR loyal verhalten hätten und die Anschuldigungen Stalins jeglicher Grundlage entbehrten.

Zur Wiedergutmachung sollten zum einen mehr Ausreisevisa in die Bundesrepublik erteilt und zum andern nach Wegen gesucht werden, um den nach Sibirien und Mittelasien verschleppten Familien die Rückkehr in die alte Heimat zu ermöglichen. Finanzhilfen aus der Bundesrepublik sollten helfen, neue Siedlungsgebiete zu erschließen.

Freilich begegneten schon damals viele Rußlanddeutsche solchen Verheißungen mit Skepsis. Kenner der Situation kamen nach ausgiebigen Befragungen in zahlreichen Orten Kasachstans und Sibiriens schon 1989 zu dem Ergebnis, der Großteil der jungen Deutschen hätte ihre Ausreiseanträge gestellt und säße auf gepackten Koffern, um ins »Land der Väter« zurückzukehren – auch wenn sie kein Wort Deutsch sprächen und keinerlei Bindungen daran hätten.

Trotzdem trat im Februar 1992 ein Dekret über »Sofortmaßnahmen für die Rehabilitierung der Rußlanddeutschen« in Kraft. Die Verordnung sieht vor, daß für Deutsche, deren Familien einst an der Wolga gelebt haben und die unter Stalin deportiert worden sind, am großen Fluß zwei »deutsche nationale Rayons« eingerichtet werden: Diese Rayons sollten sich in den Bezirken Saratow und Wolgograd befinden, bei entsprechendem Interesse der Siedler jedoch allmählich ausgeweitet werden.

Die Abgrenzung der »deutschen nationalen Rayons« wurde einem »rußlanddeutsch-russischen Organisationskomitee« übertragen, dem neun Mitglieder aus der Region Saratow und zwölf aus der Region Wolgograd angehören. Die Rußlanddeutschen stellen ein Drittel der Mitglieder des Komitees, das auch Grundlagen für künftige Verwaltungsstrukturen der deutschen Siedlungen zu erarbeiten hat.

Im Frühjahr 1992 trafen sich in Saratow führende Mitglieder des »Verbands der Deutschen in den Ländern der GUS«. Besprochen wurden Vor- und Nachteile einer Rückkehr an die Wolga. In erster Linie waren die Deutschen, die in Sibirien und Mittelasien leben, an einer Umsiedlung interessiert. Sie wurden aktiv und verhandelten mit der Gebietsadministration von Saratow. Das Ergebnis war, daß die örtlichen Verwaltungschefs durchaus Zustimmung zur Rückkehr der Deutschen zu erkennen gaben. Die Region Saratow verfügt über freie Flächen, die landwirtschaftlich genutzt werden können. Den Deutschen wurde auch gesagt, daß die russischen Landwirte die rückkehrwilligen Deutschen mit offenen Armen empfangen würden. Ein Nebeneinander von deutschen und russischen Betrieben sei durchaus denkbar. Es habe ja früher auch bestanden.

Die Deutschen aus Sibirien und Mittelasien reisten aus Saratow ab mit der sicheren Zusage in der Tasche, daß ihnen künftig ein zusammenhängendes Siedlungsgebiet zwischen den Flüssen Wolga und Medwediza auf dem Bergufer nördlich der Stadt Kamyschin zur Verfügung stehen werde. Am Wiesenufer sei ein etwas kleineres Gebiet nordwärts der Stadt Pallasowka für die Deutschen vorgesehen. Kriterium für die Zuweisung war, daß in jenen Landstrichen schon jetzt Deutsche in größerer Zahl ihren Lebensraum gefunden haben. Im Kreis Pallasowka sind in bestimmten Dörfern mehr als die Hälfte der Bewohner Deutsche.

Die Rückkehrwilligen prüften daraufhin, ob auch die Verwaltungsorgane von Wolgograd zu ähnlichen Zugeständnissen bereit wären. Das Ergebnis war positiv: Den Deutschen sollten östlich von Wolgograd, an der Grenze zu Kasachstan, landwirtschaftliche Nutzflächen zugewiesen werden – besonders in der Region um den salzhaltigen Eltonsee. Der Boden rings um das Gewässer sei für den Getreidebau brauchbar und liege derzeit brach. Die Siedlungsdichte am Eltonsee erwies sich als gering. Sie beträgt nur drei Einwohner pro Quadratkilometer.

Im Bereich ostwärts der Stadt Wolgograd sollten den Siedlern 2400 Quadratkilometer zur Verfügung stehen. Gedacht war, militärisches Übungsgelände, das nicht mehr gebraucht wurde, für Bauern freizugeben, die am Aufbau großer Güter interessiert seien. Hoffnung wurde in den deutschrussischen Gesprächspartnern geweckt, für Siedlungszwecke könne letztlich das ganze Land zwischen Eltonsee und Wolga genutzt werden.

Die Regionalpolitiker in Saratow und Wolgograd entwickelten Pläne für eine enge Zusammenarbeit ihrer Städte und Gebiete. Die deutschen Siedler sollten bei der Realisierung der Kooperationsabsichten ein Verbindungsglied schaffen. Ihr Siedlungsgebiet nördlich von Kamyschin liegt genau in der Mitte zwischen Saratow und Wolgograd. Erwartet wurden von den Deutschen entscheidende Impulse.

Daß die russischen Pläne nicht ganz uneigennützig waren, ist kein Geheimnis. Die Regionalverwaltungen von Saratow und Wolgograd hofften auf Hilfe aus der Bundesrepublik: Wenn Bonn die Siedler massiv unterstützte, kämen diese Gelder allen Städten und Dörfern an der unteren Wolga zugute. Beabsichtigt sei, eine wirtschaftlich starke Provinz Rußlands zu schaffen. Daß die Deutschen an der Wolga wieder erfolgreich sein würden, daran zweifelten die Russen nicht.[18]

Als dann aber die Umsiedlung in größerem Stil anlaufen sollte, wurden von russischer Seite immer lauter Bedenken geäußert. Die örtlichen Behörden hatten Angst, daß die deutschen Zuwanderer den jetzt dort Wohnenden Boden wegnehmen könnten. So sind dann schließlich die ausgewiesenen Siedlungsgebiete zunehmend beschnitten worden. Das Militärgelände erwies sich als landwirtschaftlich kaum nutzbar. Es war viel zu klein und durch Umweltsünden der Vorbenützer verdorben – ähnliche Erfahrungen, wie sie die Deutschen beim Abzug der russischen Truppen aus Ostdeutschland machen.

Nachdem sich die Lebensverhältnisse in Rußland generell rapide verschlechtert haben, besteht auch Unklarheit darüber, wie viele Übersiedler überhaupt noch an die Wolga gehen wollen. Ein Leben in der Bundesrepublik erscheint eben doch vielen verlokkender, als unter unsicheren Verhältnissen in einem letztlich unbekannten Land eine neue Existenz aufbauen zu müssen.

Die weiterhin hohe Zahl der Aussiedleranträge und die geringe Zahl der Wolga-Übersiedler sprechen dafür, daß die Siedlungsgebiete an der Wolga von der Mehrheit der verbliebenen Rußlanddeutschen nicht angenommen wurden. Politisch gesehen war die Aktion also ein Flop – trotz hoher finanzieller Aufwendungen der Bundesregierung.[19]

Neuerdings kommen Investitionen daher eher den in Mittelasien und Sibirien verbleibenden Rußlanddeutschen direkt zugute, um die Lebensbedingungen an Ort und Stelle zu verbessern.

Deutsche an der Wolga – sie scheinen, von Ausnahmen abgesehen, wohl doch der Vergangenheit anzugehören. Für sie läßt sich die Geschichte offenbar nicht zurückdrehen.

Das »Sammeln russischer Erde« ist wieder aktuell geworden

Den Ort der Ankündigung seines Ukas hatte Boris Jelzin mit Bedacht gewählt: In Jaroslawl sagte er dem russischen Volk, jeder Russe werde künftig das Recht haben, Grund und Boden zu besitzen. In der Stadt an der Wolga zog Jelzin damit den endgültigen Schlußstrich unter das Zeitalter der kommunistischen Revolution. Zeugen waren die Geistlichen der orthodoxen Kirche. Sie feierten den Sieg des »Geistes von Jaroslawl«.

Die Stadt am großen Fluß war vom Großfürsten Jaroslaw, der später den Beinamen »der Weise« erhielt, im Jahre 1024 gegründet worden. Die Erinnerung an Jaroslaw ist bis heute in Rußland lebendig geblieben. Er wird dafür gepriesen, daß es ihm gelungen war, aus der Kiewer Rus einen angesehenen Partner abendländischer Fürstentümer zu machen. Vor allem mit Deutschland und Polen gab es enge Beziehungen; aber auch zu anderen Höfen. Drei Töchter des Großfürsten wurden durch Heirat Königinnen von Frankreich, Ungarn und Norwegen.

Wichtiger für den Symbolwert der Wolgastadt Jaroslawl ist jedoch, daß ihrem Gründer zugeschrieben wird, er habe seinem Staat eine vorbildliche Rechtsordnung dekretiert. Sie ist im Rechtskodex »Russkaja Prawda« schriftlich festgehalten, was sich mit »Russische Wahrheit« oder mit »Russische Gerechtigkeit« übersetzen läßt. Welche Bedeutung der »Russkaja Prawda« zuerkannt wird, ist daraus zu ersehen, daß die erhaltene Handschrift in den dreißiger Jahren unseres Jahrhunderts als Faksimiledruck veröffentlicht worden ist – selten wurde einem Dokument eine solche Ehre zuteil.[20]

Nachdem er ein Denkmal Jaroslaws des Weisen enthüllt hatte, sagte Boris Jelzin: »In der Geschichte ist er bekannt geworden als Sammler russischer Erde. Wir stellen in unserer Zeit fest, wie wichtig dies für den Zusammenhalt unseres Staates ist.«[21] Rußland müsse aus der Geschichte lernen, um seine Schwierigkeiten zu überwinden.

Für die Russen war klar, worauf der Präsident anspielte. Jelzin berief sich auf Jaroslaw den Weisen als den Kiewer Großfürsten, dem es zwischen 1019 und 1054 gelungen war, die unterschiedlichen Teilfürsten auf eine gemeinsame Politik zu verpflichten. Ihm gelang die Zentralisierung der Macht und die Eindämmung zentrifugaler Kräfte, so daß die Kiewer Rus innen- wie außenpolitisch handlungsfähig wurde. Auf das heutige Rußland übertragen war dieser Hinweis auf die Geschichte des 11. Jahrhunderts ein deutlicher Wink an die »Gebietsfürsten«, nicht ihre eigenen Interessen über die des Gesamtstaates zu stellen.

Die »Russkaja Prawda« wiederum war ein Gesetzeswerk, das nicht nur das freie bäuerliche Eigentum an Grund und Boden festlegte; vor allem sollten Streitigkeiten zwischen den Teilfürsten mittels einer verbindlichen Rechtsgrundlage künftig friedlich beigelegt werden. So war fortan die Blutrache untersagt; sie wurde durch ein kompliziertes System von Geldstrafen ersetzt.

Der Hinweis auf die positive, einigende und befriedende Wirkung der »Russkaja Prawda« war natürlich im Zusammenhang mit der Verfassungsdiskussion zu sehen: Nur eine starke Verfassung mit einer Betonung der Moskauer Zentralgewalt kann, so Jelzin, Rußland den notwendigen Halt geben. Der »Geist von Jaroslawl« zielte auf eine Beschwörung der Einheit Rußlands. Die Stadt Jaroslawl wurde hier zum Symbol für einen durch eine Verfassung gefestigten Einheitsstaat mit einem starken Regenten an der Spitze.

Mehr noch: Im Sinne der »Russkaja Prawda« ging es um die unerläßliche Bodenreform. Eigentumsrechte an Grund und Boden sollten nicht als Akkumulation von Besitz im Sinne von reiner Kapitalanhäufung gedeutet werden. Die russische Regierung muß daran interessiert sein, der Landwirtschaft wieder auf die Beine zu helfen. Viele Kolchosen sind unrentabel, so daß sich dieses riesige Land mit seiner dünnen Besiedlung trotz aller fruchtbaren Erde nicht selbst versorgen kann. Jelzins Ukas zielt also – ähnlich wie die Reformen Stolypins – auf die Schaffung einer ökonomisch leistungsstarken Schicht von »kapitalistischen« Landwirten ab. Das zeigt sich auch darin, daß er nicht von Bauern sprach, sondern von »Farmern« (fermery). Die Agrarpolitik orientiert sich an den

USA, nicht an der russischen Bauerngesellschaft des 19. Jahrhunderts. Jelzins Rede in Jaroslawl galt der Schaffung eines »neuen Dorfes«, nicht der Wiederherstellung des »hölzernen Rußland« – bei aller Betonung der Tradition, von der man zu lernen habe.

Bis diese Reformen greifen, werden Jahre ins Land gehen, und auf den Böden um die Wolga werden Kolchosen und privatkapitalistisch betriebene Landwirtschaften noch eine ganze Weile nebeneinander existieren müssen. Die Kolchosendirektoren verteidigen die Überreste der sowjetischen Betriebe energisch und durchaus erfolgreich. Bisher werden in Rußland weniger als fünf Prozent des Ackerlandes von »Farmern« bearbeitet.

Auch dieser Übergangscharakter, die Gleichzeitigkeit von Alt und Neu, von kommunistischen Überresten und neuen agrarkapitalistischen Ansätzen, kurzum ein friedliches Nebeneinander war, mit dieser Rede gemeint. Das »Nicht mehr, aber noch nicht« der gegenwärtigen Situation bedarf solcher Leitfiguren, wie sie Jaroslaw der Weise für das russische Volk darstellen.

Vom »Sammeln russischer Erde« redet auch Wladimir Wolfowitsch Shirinowskij oft und ausgiebig. Er liebe die Balten so sehr, ruft er aus, daß er sie am liebsten heim ins Reich holen möchte. Was russisch war, soll russisch bleiben, Polen, Tschechien, Afghanistan... Er schimpft auf die »Funktionäre«, die den Zerfall der Sowjetunion betrieben und den Verlust der Randgebiete zu verantworten hätten; er greift die Staaten der einstigen UdSSR an, die ihre Unabhängigkeit[22] erklärt haben; er schimpft gegen die Bonzen in Moskau, die schuld seien an der Not des Volkes.

Seine Worte über die Größe Rußlands, der Sowjetunion, werden mit Begeisterung aufgenommen – vor allem von Offizieren der Streitkräfte; sie leiden darunter, daß alle Opfer umsonst gewesen sein sollen, die von der vorigen Generation erbracht worden sind. Die Zahl derer ist riesig, die nicht zu verstehen vermögen, wie es geschehen konnte, daß der Sieg von Stalingrad »zur Bedeutungslosigkeit herabgewürdigt« werden konnte.

Wladimir Wolfowitsch Shirinowskij will all das ändern – sobald er in den Kreml einziehe. Das Reich solle wieder seine frühere Kraft und Größe erlangen.

Jedes Mittel ist ihm recht, um dieses Ziel zu erreichen: von wirtschaftlichen Restriktionen bis zum Schüren ethnischer und sozialer Konflikte. »Sie werden sich gegenseitig abschlachten – Armenier gegen Aseri, Türken gegen Armenier, Bergvölker gegen Türken, Afghanen gegen Tadschiken und so weiter.«[23] Danach seien sie dann reif für eine Heimkehr unter den schützenden Mantel von Mütterchen Rußland.

Das »Sammeln russischer Erde« ist wieder aktuell geworden. Und dazu bedarf es heiliger und unheiliger Allianzen – sogar mit der Kirche. Kurz vor Weihnachten hat Wladimir Wolfowitsch – in Rußlands satirischen Zeitungen heißt er bereits »Adolfowitsch«– Shirinowskij eine Moskauer Kathedrale besucht, um sich dem Fernsehvolk in tiefer Andacht zu präsentieren. Das Kreuzzeichen machte er theatralisch[24] – mit zwei Fingern. Viele Russen werden die Geste verstanden haben.

Die Rückbesinnung auf die Vergangenheit weist Wege in die Zukunft. Die Frage ist nur: welche und zu welchem Ziel.

Anhang

Bibliographie

Abalkin, Leonid: Perestroika von innen, Düsseldorf 1989
Alef, Gustave: The Origins of Muscovite Autocracy. The Age of Iwan III, Berlin/Wiesbaden 1986
Ammann, Albert M., SJ.: Abriß der ostslawischen Kirchengeschichte, Wien 1950
Aus dem alten Rußland. Epen, Chroniken und Geschichten, hrsg. v. S. A. Zankovsky, München 1968
Barbour, Philip L.: Dimitrij. Abenteurer auf dem Zarenthron, Stuttgart 1966
Batuta, Ibn: Reisen ans Ende der Welt, Tübingen 1974
Bednarz, Klaus: Mein Moskau. Notizen aus der Sowjetunion, Hamburg 1985
Blackwell, William: The Beginnings of Russian Industrialization, Princeton (N.J.) 1970
Borovsky, Victor: Fedor Shaliapin. A Critical Biography, London 1988
Bosl, Karl: Europa im Mittelalter, Bayreuth 1978
Brandt, Willi/Löwenthal, Richard: Ernst Reuter. Ein Leben für die Freiheit, München 1957
Breitschwerdt, Maraus (Hrsg.): Eine Chance für Gorbatschow, Augsburg 1989
Burletzki, Fjodor: Chruschtschow, Düsseldorf 1990
Carell, Paul: Die Gefangenen, Frankfurt a. M. 1980
Carrère d'Encausse, Hélène: Risse im roten Imperium, München 1973
Chancellor, Richard: The Book of the Great and Mighty Emperor of Russia and Duke of Muscovia, London 1809
Conquest, Robert: Am Anfang starb Genosse Kirow, Düsseldorf 1970
Corbet, Ch.: Nekrassov, l'homme et le poète, Paris 1948
Craig, William: Die Schlacht um Stalingrad, München 1974
Deutscher, Isaac: Stalin. Eine politische Biographie, Stuttgart 1962

– : Trotzki. Bd. 1: Der bewaffnete Prophet, 1879–1921, Stuttgart 1962
Dhondt, Jan: Das frühe Mittelalter (= Fischer Weltgeschichte, Bd. 10), Frankfurt a. M. 1968
Donnert, Erich: Iwan Grosny, »der Schreckliche«, Berlin ^{2}1980
– : Peter der Große, Leipzig/Wien/Köln/Graz 1988/89
– : Das russische Zarenreich. Aufstieg und Untergang einer Weltmacht, München 1992
Dunlop, D. M.: The History of the Jewish Khasars, Princeton (N. J.) 1954
Erokhine, Victore: Ouglitch, Moskau 1991
Fennell, John Lister: Iwan the Great of Moscow, London 1961
Fischer, Louis: Das Leben Lenins, 2 Bde., München 1970
Fischer-Weltalmanach, Bde. 1992–1994, Frankfurt a. M.
Fitzpatrick, Ann L.: The Great Russian Fair, Basingstoke/London 1990
Fleischhacker, Hedwig: Rußland zwischen zwei Dynastien (1598–1613), Wien 1933
Fleischhauer, Ingeborg: Die Deutschen im Zarenreich. Zwei Jahrhunderte deutsch-russische Kulturgemeinschaft, Stuttgart 1986
Fletcher, Giles: Russia at the Close of the XVIth Century, London 1856
Gestwa, Klaus: Die Wiedergeburt des Kosakentums, in: Osteuropa, 5/1993, S. 452 ff.
– : Zum gegenwärtigen »öffentlichen Gebrauch« der Geschichte des Zarenreiches: Nationale Emotionen und russophile Tendenzen, in: Geschichte in Wissenschaft und Unterricht 44/1993, S. 282 ff.
Geyer, Dietrich: Die russische Revolution. Historische Probleme und Perspektiven, Stuttgart 1968
– : Wirtschaft und Gesellschaft im vorrevolutionären Rußland, Köln 1975
Gille, Werner: Wolgafahrt. Spurensuche im heutigen Rußland, München 1992
Gitermann, Valentin: Geschichte Rußlands, 3 Bde., Hamburg 1949
Giulini, Udo: Stalingrad und mein zweites Leben, Neustadt 1978
Göckenjan, Hansgerd/Sweeny, James R. (Hrsg.): Der Mongolensturm. Berichte von Augenzeugen und Zeitgenossen, Graz/Wien/Köln 1985
Goehrke, Carsten: Die Moskauer Periode, in: Rußland (= Fischer Weltgeschichte, Bd. 31), Frankfurt a. M. 1981
Gontscharow, Iwan: Oblomow, Berlin 1918
Gorbatschow, Michail: Perestroika, München 1987; Frankfurt a. M. 1990
– : Das gemeinsame Haus Europa, Düsseldorf 1989
Gorki, Maxim: Mein Freund Fjodor, Tübingen 1970
– : Werke, München 1972
Grey, Ian: Ivan der Schreckliche, Reinbek 1988
Gromyko, Andrej: Erinnerungen, Düsseldorf 1989
Gröper, Klaus J.: Die Geschichte der Kosaken, München 1976
Grousset, R.: L'empire des steppes. Attila, Gengis-Khan, Tamerlan, Paris 1960

Halbach, Uwe: Mittelasien als innersowjetisches Drittweltproblem (= Bundesinstitut für ostwissenschaftliche u. internationale Studien), Köln 1988
Halder, Franz: Kriegstagebuch, bearbeitet von Hans-Adolf Jacobsen, 3 Bde., Stuttgart 1962–64
Hauptmann, Peter: Altrussischer Glaube. Der Kampf des Protopopen Avvakum gegen die Kirchenreformen des 17. Jahrhunderts, Göttingen 1963
Heer, Friedrich: Europa – Mutter der Revolutionen, Stuttgart 1964
Das heilige Rußland. 1000 Jahre Russisch-Orthodoxe Kirche, Freiburg/Basel/Wien 1987
Heissig, Walther: Die Mongolen, Düsseldorf/Wien 1979
– / Müller, Claudius (Hrsg.): Die Mongolen, Innsbruck/Frankfurt a. M. 1989
Heller, K.: Der russisch-chinesische Handel von seinen Anfängen bis zum 19. Jahrhundert, Erlangen 1980
Herberstein, Sigmund von: Das alte Rußland, übertragen von Wolfram von den Steinen (= Manesse), Zürich o. J.
Historie vom Zartum Kasan (= Slawische Geschichtsschreiber, Bd. 7), Graz 1969
Hoch, Stephen: Serfdom and Social Control, Chicago/London 1986
Hofer, Walther: Die Entfesselung des Zweiten Weltkriegs, Stuttgart 1954
Hösch, Edgar: Orthodoxie und Häresie im alten Rußland, Wiesbaden 1975
Humboldt, Alexander von: Reise durchs Baltikum nach Rußland und Sibirien, München 1976
Hürlimann, Martin: Moskau – Leningrad, Zürich 1958
Igorlied. Die Mär von der Heerfahrt Igors. Die älteste russische Heldendichtung nachgedichtet von A. Luther, München 1923
Jagoditsch, Rudolf: Das Leben des Protopopen Awwakum, Berlin/Königsberg 1930
Jelzin, Boris: Aufzeichnungen eines Unbequemen, München 1990
Jones, Cathy: Eine Jugend in Moskau, Düsseldorf 1990
Jukes, Geoffrey: Stalingrad. The Turning Point, New York 1968
Kappeler, Andreas: Rußland als Vielvölkerreich. Entstehung – Geschichte – Zerfall, München ^{2}1993
Kappler, René: Die großen europäischen Reisenden: Plano Carpini, Rubuk und Marco Polo, in: Heissig, Walther/Müller, Claudius C. (Hrsg): Die Mongolen, Innsbruck/Frankfurt a. M. 1989
Karamsin, Nikolaj Michajlowitsch: Geschichte des Russischen Reiches, 11 Bde., Riga/Leipzig 1820–1833
Kassin, Jewgeni/Redkin, Mark: Die Wolga (Bildband), Leipzig 1983
Kehrig, Manfred: Stalingrad. Analyse und Dokumentation, Stuttgart 1974
Kerenski, Alexander: Rußland und der Wendepunkt der Geschichte, Hamburg 1965
Kljutschewskij, Wassilij Ossipowitsch: Geschichte Rußlands, 3 Bde., Stuttgart 1925/26

Koestler, Arthur: Der dreizehnte Stamm. Das Reich der Khasaren und sein Erbe. Bergisch Gladbach 1989
Kolchin, Peter: Unfree Labor: American Slavery and Russian Serfdom, Cambridge (Mass.) 1987
Krekšin, P.: Peters des Großen Jugendjahre, hrsg. v. Frank Kaempfer, Stuttgart 1989
Kuchinke, Norbert: Rußland unterm Kreuz, Bergisch Gladbach 1987
Kudrjawzew, F.: Der Goldene Ring. Städte bei Moskau, Leningrad 1988
Längin, Bernd G.: Die Rußlanddeutschen unter Doppeladler und Sowjetstern, Augsburg 1991
Laqueur, Walter: Der Schoß ist fruchtbar noch. Der militante Nationalismus der russischen Rechten, München 1993
Lech, Klaus: Das Mongolische Weltreich, Wiesbaden 1968
Lincoln, W. Bruce: Nikolaus I. von Rußland, 1796–1855, München 1981
Longworth, Philip: Die Kosaken. Legende und Geschichte, Wiesbaden 1971
– : The Three Empresses. Catherine I, Anne and Elizabeth of Russia, London 1972
Madariaga, Isabel de: Katharina die Große. Ein Zeitgemälde, Berlin 1993
Mandel, Ernest: Das Gorbatschow-Experiment, Frankfurt a.M. 1989
Massie, Robert K.: Peter der Große und seine Zeit, Königstein i.T. 1982
Mayer, Ferdinand: Weltatlas Erdöl und Erdgas, Braunschweig 1966
Mazour, Anatole Grigorevich: Rise and Fall of the Romanovs, Princeton (N.J.) 1960
Meier-Welcker, Hans (Hrsg.): Abwehrkämpfe, Stuttgart 1963
Meißner, Boris: Die Sowjetunion im Umbruch, Stuttgart 1988
Metzler, Rudolf: Der Große Augenblick in der Weltraumfahrt, Bayreuth 1980
Michael, Prinz von Griechenland: Nikolaus und Alexandra. Die letzte Zarenfamilie, München 1992
Miljukow, Paul: Skizzen russischer Kulturgeschichte, 2 Bde., Leipzig 1898 u. 1901
Mikul'skij, Daniil: Die Islamische Partei der Wiedergeburt (= Berichte des Bundesinstituts für ostwissenschaftliche und internationale Studien), Köln 1993
Müller, Ludolf: Helden und Heilige aus russischer Frühzeit, München 1984
Nestorchronik. Die altrussische Nestorchronik, übers. v. R. Trautmann, Leipzig 1931 (dort auch »Laurentius«-Handschrift)
Neumann-Hoditz, Reinhold: Iwan der Schreckliche (= rowohlts monographien), Reinbek 1990
– : Katharina II. die Große (= rowohlts monographien), Reinbek 1988
– : Peter der Große (=rowohlts monographien), Reinbek 1983
Onasch, Konrad: Grundzüge russischer Kirchengeschichte, Göttingen 1967
Ostrowski, Alexander: Gesamtausgabe, Berlin 1952
Paloczi-Horvath, Georg: Chruschtschow, Frankfurt a.M. 1969

Philipp, Werner: Altrußland bis zum Ende des 16. Jahrhunderts, in: Propyläen-Weltgeschichte, Bd. 5, hrsg. v. Golo Mann und August Nitschke, Frankfurt a. M./Berlin 1963
Pipes, Richard (Hrsg.): Die russische Intelligentsia, Stuttgart 1962
Pistrak, Lazar: Chruschtschow unter Stalin, Stuttgart 1962
Plano Carpini, Johann de: Geschichte der Mongolen und Reisebericht (1245 bis 1247), übers. und erläutert v. F. Risch, Leipzig 1930
Platonow, Sergej Fjodorowitch: Boris Godounov. Tsar de Russie, Paris 1929
Pletnjowa, Swetlana Alexandrowna: Die Chasaren. Mittelalterliches Reich an Don und Wolga, Wien 1979
Pleyer, Viktoria: Das russische Altgläubigentum. Geschichte, Darstellung in der Literatur, München 1961
Popowa, Tatjana: Borodin, Leipzig 1955
Puschkin, Alexander: Geschichte des Pugatschow-Aufstandes, Stuttgart 1840
–: Die Hauptmannstochter, in: Erzählungen und Anekdoten, München 1964
Ratchnevsky, Paul: Chinggis-Khan, Wiesbaden 1983
Rauch, Georg von: Geschichte des bolschewistischen Rußland, Wiesbaden 1955
Rubel, Maximilian: Stalin, Reinbek bei Hamburg 1975
Ruge, Gerd: Michail Gorbatschow, Frankfurt a. M. 1990
Rußland (= Fischer Weltgeschichte), Frankfurt a. M. 1981
Sacharow, Andrej: Den Frieden retten!, Stuttgart 1983
Scheck, Werner: Illustrierte Geschichte Rußlands, München 1975
Schecter, Jerry: Moskauer Frühling, Rastatt 1989
Schilling, Heinz-Dieter: Sowjetunion, Hamburg 1989
Scholl-Latour, Peter: Den Gottlosen die Hölle, München 1991
Schukow (Zhukov), Georgi K.: Erinnerungen und Gedanken, Stuttgart 1969
Schulz-Vobach, Klaus-Dieter: Die Deutschen im Osten, Hamburg 1989
Skrynnikow, Ruslan G.: Iwan der Schreckliche, München 1991
Solschenizyn, Alexander: Der Archipel Gulag, Bern 1974
Spuler, Berthold: Geschichte der Mongolen. Nach östlichen und westlichen Zeugnissen des 13. und 14. Jahrhunderts, Zürich 1968
–: Die Goldene Horde. Die Mongolen in Rußland. 1223–1502, Wiesbaden 1965
Stökl, Günther: Russische Geschichte. Von den Anfängen bis zur Gegenwart, Stuttgart 1962
Tausend Jahre Christentum in Rußland, hrsg. v. K. H. Felmy, Göttingen 1988
Thomson, G. S.: Catherine the Great and the Expansion of Russia, London 1950
Trotzki, Leo: Geschichte der Russischen Revolution, 2 Bde., Frankfurt a. M. 1931
–: Der junge Lenin, Wien/München/Zürich 1969
Utechin, S. V.: Geschichte der politischen Ideen in Rußland, Stuttgart 1966

Vambery, Hermann: Mohammed in Asien, Stuttgart 1983
Voronine, Nikolai: Vladimir. Monuments d'Architecture, Leningrad 1988
Wagenlehner, Günther: Militärpolitik der UdSSR, Stuttgart 1987
Werth, Alexander: Russia at War. 1941–1945, London 1964
Wikinger und Slawen, hrsg. v. Joachim Hermann, Berlin 1982
Wittram, Reinhard: Peter der Große. Der Eintritt Rußlands in die Neuzeit, Berlin/Göttingen/Heidelberg 1954
Wokonskij, M.: Die Dekabristen. Die ersten russischen Freiheitskämpfer des 19. Jahrhunderts, Zürich 1946
Wolkogonow, Dimitri: Stalin. Triumph und Tragödie, Düsseldorf 1989
Ziegler, Gudrun: Auf dem wilden Feld. 500 Jahre Kosaken, Hamburg 1993
Zubow, Victor Graf: Zar Paul I. Mensch und Schicksal, Stuttgart 1963

Ohne Verfasser:
Kosmonaut Nr. 1, Juri Gagarin, Moskau 1961
Das Rußland der Zaren. Photographien von 1838 bis zur Oktober-Revolution, Berlin 1989
Volti dell'Impero Russo, Venezia 1991

Anmerkungen

Motto

Andreas Razumovsky, in: Frankfurter Allgemeine Zeitung, 10.4.1993

Einleitung

(zu S. 11–S. 14)

1 Stuttgarter Zeitung, 2. 1. 1993.
2 Vgl. u.a.: Fischer-Weltalmanach, Bde. 1992–1994, Frankfurt a.M.
3 Radio Free Europe, 13. 12. 1993.

Fluß zwischen Völkern und Kulturen

(zu S. 17–S. 66)

1 Vgl. dazu: Swetlana Alexandrowna Pletnjowa: Die Chasaren. Mittelalterliches Reich an Don und Wolga, Wien 1979.
2 Vgl. dazu: Karl Bosl: Europa im Mittelalter, Bayreuth 1978; Jan Dhondt: Das frühe Mittelalter (= Fischer Weltgeschichte, Bd. 10), Frankfurt a.M. 1968.
3 M. Canard: La relation du voyage d' Ibn Fadlan chez les Bulgares de la Volga (= Annales de l'Institut d' Etudes Orientales d'Alger, Bd. 16), Algier 1958.
4 Valentin Gitermann: Geschichte Rußlands, 3 Bde., Hamburg 1949.
5 Vgl. dazu: Bosl, a.a.O., S. 157 f.; sowie D. M. Dunlop: The History of the Jewish Khasars, Princeton (N.J.) 1954.
6 Jehuda Halevi gilt als Begründer des mittelalterlichen Zionismus. Sein

Buch »Kitab al-Khazari« wurde in einer hebräischen Ausgabe »Sefer al-Kusari« seit der frühen Neuzeit mehrfach gedruckt. Eine lateinische Version »Liber Cosri« erschien 1660 in Basel; in englischer Übersetzung London 1931.

7 Rabbi Petachia: Die Reise um die Welt (Sibub Ha' olam), London 1856.

8 Zit. nach: F. Kudrjawzew: Der Goldene Ring, Leningrad 1988.

9 Vgl. dazu: Günther Stökl: Russische Geschichte. Von den Anfängen bis zur Gegenwart, Stuttgart 1962, S. 34–40.

10 Wikinger und Slawen, hrsg. v. Joachim Hermann, Berlin 1982; vgl. auch: Dhondt, a. a. O., S. 130 f.

11 Das heilige Rußland. 1000 Jahre Russisch-Orthodoxe Kirche, Freiburg/Basel/Wien 1987.

12 Vgl. dazu: Ludolf Müller: Helden und Heilige aus russischer Frühzeit, München 1984.

13 Vgl. dazu: Dhondt, a. a. O., S. 136 ff.

14 Arthur Koestler: Der dreizehnte Stamm. Das Reich der Khasaren und sein Erbe, Bergisch Gladbach 1989.

15 Ebd., S. 151.

16 Zit. nach: Koestler, a. a. O.

17 Zit. nach: Validi Togar Zaki: Ibn Fadlans Reisebericht, Leipzig 1939.

18 Die Nestorchronik, eingel. und komm. von D. Tschižewskij, Wiesbaden 1969.

19 Einige Naturgottheiten haben sich allerdings bis ins 15. Jahrhundert gehalten.

20 Tausend Jahre Christentum in Rußland, hrsg. v. K. H. Felmy, Göttingen 1988.

21 Zit. nach: Werner Scheck: Illustrierte Geschichte Rußlands, München 1975, S. 47.

22 Vgl. dazu wie zum Folgenden: Berthold Spuler: Geschichte der Mongolen. Nach östlichen und westlichen Zeugnissen des 13. und 14. Jahrhunderts, Zürich 1968; Walther Heissig: Die Mongolen, Düsseldorf/Wien 1979; Klaus Lech: Das Mongolische Weltreich, Wiesbaden 1968.

23 Paul Ratchnevsky: Chinggis-Khan, Wiesbaden 1983.

24 Zit. nach: Scheck, a. a. .O.

25 Diese Zahl ist mit Sicherheit überzogen, wie die Angaben in Chroniken und »Propaganda«-Schriften zumeist. Mittelalterhistoriker streichen in solchen Fällen vorsichtshalber schon mal eine Null.

26 Hansgerd Göckenjan/James R. Sweeny (Hrsg.): Der Mongolensturm, Graz/Wien/Köln 1985.

27 Die »Laurentius-Chronik« ist das älteste Denkmal der russischen Chronistik: Es handelt sich um eine Pergamenthandschrift von 1377, die in Nishnij Nowgorod unter der Leitung des Mönchs Laurentius (Lawrentij) nach einer Vorlage aus dem Jahre 1305 angefertigt wurde. Vgl. dazu: Die

Nestorchronik, übers. v. R. Trautmann, Leipzig 1931.

28 Aus dem alten Rußland. Epen, Chroniken und Geschichten, hrsg. v. S.A. Zenkovsky, München 1968

29 Zit. nach: Kudrjawzew, a.a.O., S. 194.

30 Ebd., S. 193

31 Neben der »Laurentius-Chronik« aus dem Jahre 1377 (vgl. dazu Anmerkung 27) die älteste Darstellung der Geschichte der Teilfürstentümer. Diese Handschrift stammt aus dem Hypatiuskloster in Kostroma und führt die »Erzählung der vergangenen Jahre« fort. Vgl. dazu z.B.: Stökl, a.a.O., S. 5.

32 Vgl. dazu und zum Folgenden: René Kappler: Die großen europäischen Reisenden: Plano Carpini, Rubuk und Marco Polo, in: Walther Heissig/Claudius C. Müller (Hrsg.): Die Mongolen, Innsbruck/Frankfurt a.M. 1989.

33 Johann de Plano Carpini: Geschichte der Mongolen und Reisebericht (1245–1247), übers. u. erläutert von F. Risch, Leipzig 1930. Daß es unter den Tataren sogar nestorianische Christen gab, spielt in diesem Bericht keine Rolle. Insgesamt verhielten sich die Tatarenfürsten anderen Religionsangehörigen gegenüber tolerant, soweit diese den Tribut pünktlich ablieferten.

34 Wie auch die folgenden Zitate: ebd.

35 Vgl. dazu: Berthold Spuler: Die Goldene Horde. Die Mongolen in Rußland 1223–1502, Wiesbaden 1965.

36 Vgl. dazu wie auch zur folgenden Darstellung: Werner Philipp: Altrußland bis zum Ende des 16. Jahrhunderts, in: Propyläen Weltgeschichte, Bd. 5, hrsg. v. Golo Mann u. August Nitschke, Frankfurt a.M./Berlin 1963, S. 242 ff.

37 Vgl. dazu: Günther Stökl: Russische Geschichte. Von den Anfängen bis zur Gegenwart, Stuttgart 1962, S. 127 ff.

38 Zit. nach: Gitermann, a.a.O., S. 119.

39 Ebd., S. 123.

40 Nikolaj Michajlowitsch Karamsin, Geschichte des russischen Reiches, Leipzig 1820–1833, Bd. 5, S. 143; vgl. dazu auch: Stökl, a.a.O., S. 174 ff.

41 Vgl. dazu: R. Grousset: L'empire des steppes. Attila, Gengis-Khan, Tamerlan, Paris 1960.

42 Karamsin, a.a.O., S. 161.

43 Vgl. dazu wie zum Folgenden: Gitermann, a.a.O., S. 132.

44 Zit. nach: Stökl, a.a.O., S. 184.

An der Wolga wird Moskau zur Großmacht

(zu S. 67–S. 122)

1 Eine Generation später formulierte der Mönch Filofej von Pskow daraus ein Programm: »... zwei Rome sind gefallen, aber das dritte steht, und ein viertes wird es nicht geben ... Die einzige apostolische Kirche ... floh zum Dritten Rom, das ist das Neue Große Rußland ... und der große fromme russische Zar allein führt und bewahrt sie.« (Zit. nach: Erich Donnert: Das russische Zarenreich. Aufstieg und Untergang einer Weltmacht, München 1992) – Iwan IV. zog den politischen Nutzen daraus.

2 Vgl. dazu: Gustave Alef: The Origins of Muscovite Autocrary. The Age of Iwan III, Berlin/Wiesbaden 1986.

3 Die Wetscheglocke, das Symbol der Nowgoroder Freiheit, wurde damals, 1471, nach Moskau gebracht.

4 Zit. nach: Gitermann, Geschichte Rußlands, Bd. 1, S. 403.

5 Auch diese Zahl dürfte maßlos übertrieben sein, aber sie taucht in russischen Chroniken auf.

6 Vgl. dazu wie zum Folgenden: Albert M. Ammann, SJ.: Abriß der ostslawischen Kirchengeschichte, Wien 1950.

7 Paul Miljukow: Grundzüge russischer Kulturgeschichte, Bd. 2, 1901, S. 80.

8 Ebd.

9 Persönliche Mitteilung der Novizin Marina während eines Besuchs im Kloster Makarjew.

10 Falsche Übersetzung von *grosnyj*, das von *grosa* (Strenge, Furcht, auch Androhung) kommt; zutreffender müßte der Beiname also lauten: der Strenge, Drohende oder Furchteinflößende.

11 Ein Beweis dafür, daß es trotz des propagandistischen Trommelfeuers von seiten der orthodoxen Kirche nicht um einen religiösen Kampf, sondern um einen politischen Schlagabtausch ging. Iwan IV. hatte eine expansive Außenpolitik begonnen, die Rußland zum Vielvölkerstaat machte. Vgl. dazu ausführlich: Andreas Kappeler: Rußland als Vielvölkerreich. Entstehung – Geschichte – Zerfall, München ²1993.

12 Ruslan G. Skrynnikow: Iwan der Schreckliche, München 1991, S. 51.

13 In zeitgenössischen Berichten taucht die Zahl von 120000 Kämpfern auf, die sich aber mit den Angaben zur Flußüberquerung nicht so ganz verträgt.

14 Nach: Reinhold Neumann-Hoditz: Iwan der Schreckliche, Reinbek 1990, S. 57.

15 Historie vom Zartum Kasan (= Slawische Geschichtsschreiber, Bd. 7), Graz 1969.

16 Gitermann, a. a. O., S. 165.

17 Vgl. dazu: Stökl, a. a. O., S. 240.

18 Prince Kurbsky's History of Iwan IV, Cambridge 1965.

19 Historie vom Zartum Kasan, a. a. O., S. 250 ff.
20 Richard Chancellor: The Book of the Great and Mighty Emperor of Russia and Duke of Muscovia, London 1809, Bd. 1, S. 263.
21 Gitermann, a. a. O., S. 405.
22 Vgl. Sigmund von Herberstein: Das alte Rußland, übertragen von Wolfram von den Steinen (= Manesse), Zürich o. J.
23 Michalonis Litvani: De moribus tartarorum fragmina, Basel 1615; zit. nach: Gitermann, a. a. O., S. 440.
24 Ebd.
25 Vgl. dazu John Lister Fennell: Iwan the Great of Moscow, London 1961; sowie Ian Grey: Ivan der Schreckliche, Reinbek 1988.
26 Ursprünglich ein juristischer Begriff: von vornherein »abgesondertes« Witwengut; von *opritsch* = außer.
27 Von *semlja* = Land.
28 So die Informationen im Kloster selbst.
29 Vgl. dazu: Stökl, a. a. O., S. 251 ff.
30 Der englische Gesandte Giles Fletcher, der wenige Jahre nach Iwans IV. Tod nach Moskau kam, hat die Situation genau beschrieben: Russia at the Close of the XVI century, London 1856.
31 Dazu kompakt und bündig: Carsten Goehrke: Die Moskauer Periode, in: Rußland (= Fischer Weltgeschichte, Bd. 31), Frankfurt a. M. 1981, S. 138 f.
32 Vgl. Neumann-Hoditz, a. a. O., S. 117.
33 Vgl. Gudrun Ziegler: Auf dem wilden Feld. 500 Jahre Kosaken, Hamburg 1993, S. 38 ff.
34 Skrynnikow, a. a. O., S. 326.
35 Vgl. auch Donnert, a. a. O., S. 79; sowie ders.: Iwan Grosny, »der Schreckliche«, Berlin ^{2}1980. Demnach sollte diese »Simeon-Posse« den Zarewitsch erschrecken und ihm klarmachen, daß die Thronfolge auch anders geregelt werden könne.
Tataren hingegen haben eine andere Erklärung dafür: Sie wollen einen Versuch der Versöhnung darin sehen: Bekbulatowitsch war ein direkter Nachfahre Dschingis-Khans; ein Herrscher, der ihn »beerbte«, war vom großen Volk der Mongolen ein für allemal anerkannt.
36 Vgl. dazu Stökl, a. a. O., S. 251.
37 Zit. nach: Gitermann, Bd. 1, Dokumententeil; vgl. auch Neumann-Hoditz, a. a. O., S. 124.

Die Zeit der Wirren geht von der Wolga aus

(zu S. 123–S. 165)

1 Heute vertreten Historiker eher die Ansicht, die Geschichte von der Abstammung Boris Godunows aus einem alten tatarischen Fürstenge-

schlecht sei eine Legende, die der nationalgeschichtlichen Verklärung der Romanow-Dynastie dienen sollte. Vielmehr sei er der Sohn eines reichen Bojaren aus der Gegend von Kostroma gewesen.

2 Victore Erokhine: Ouglitch, Moskau 1991, S. 28.

3 Er könnte tatsächlich einen epileptischen Anfall gehabt haben und sich dabei im Sturz verletzt haben. Vgl. Philip L. Barbour: Dimitrij. Abenteurer auf dem Zarenthron, Stuttgart 1966, S. 13 und S. 250 ff.

4 Diese Anschuldigungen entkräftet Sergej Fjodorowitch Platonov: Boris Godounov. Tsar de Russie, Paris 1929. Heute wird allgemein angenommen, daß die Romanows alles Interesse hatten, Boris Godunow als Intriganten und Usurpator erscheinen zu lassen, um so das russische Geschichtsbild nachträglich zu ihren Gunsten zu beeinflussen. Vgl. dazu auch Stökl, a. a. O., S. 257.

5 Barbour, a. a. O., S. 64.

6 Ebd., S. 95 f. Mussorgskij hat seiner Oper »Boris Gudunow« eine weitere Version zugrunde gelegt, derzufolge der Zar seinen Depressionen erlegen sei. Aber auch Selbstmord ist als Todesursache vermutet worden.

7 Sie war im Herbst 1993 in der Ausstellung »Matthaeus Merian der Ältere. Zeichner, Stecher und Verleger« im Museum für Kunsthandwerk, Frankfurt a. M., in Originalgröße zu sehen.

8 Jean Sauvage, 1536. Abgedruckt in: Gitermann, Geschichte Rußlands, Bd. 1, S. 444 f.

9 Ebd.

10 Vgl. dazu: Hedwig Fleischhacker: Rußland zwischen zwei Dynastien (1598–1613), Wien 1933.

11 Vgl. Barbour, a. a. O., Epilog.

12 Vgl. dazu wie zum Folgenden: Werner Scheck: Illustrierte Geschichte Rußlands, München 1975, S. 116; Ziegler, a. a. O., S. 63 ff.

13 Fleischhacker, a. a. O.

14 Das führte allerdings dazu, daß die städtische Bevölkerung von der künftigen militärischen Entwicklung und dem politischen Entscheidungsprozeß weitgehend ausgeschlossen blieb.

15 Ziegler, a. a. O.

16 Sein Alter ist in der Literatur mit sechzehn bzw. siebzehn Jahren unterschiedlich angegeben.

17 Auch zum Folgenden: Anatole Grigorevich Mazour: Rise and Fall of the Romanovs, Princeton (N. J.) 1960.

18 Dieses Geschehen machte der Komponist Michail Glinka im Jahre 1836 zur Handlung der ersten russischen Nationaloper. Ihr Titel: Ein Leben für den Zaren.

19 Vgl. dazu ausführlich Ziegler, a. a. O., S. 65 f.; Donnert, Zarenreich, S. 93.

20 Zit. nach Gitermann, Bd. 1, S. 472.

21 Ebd.

22 Vgl. dazu wie auch zum Folgenden: Klaus J. Gröper: Die Geschichte der Kosaken, München 1976; Philip Longworth: Die Kosaken. Geschichte und Legende, Wiesbaden 1971.
23 In einer anderen Version heißt es, er habe die Frau ins Wasser geworfen, weil seine Truppe ihm die Heirat nicht erlaubte.
24 Zit. nach: Gröper, a.a.O., S. 287.
25 Zit nach: Gitermann, Bd. 1, Dokumententeil.
26 Vgl. dazu: Norbert Kuchinke: Rußland unterm Kreuz, Bergisch Gladbach 1987.
27 Vgl. dazu wie auch zum Folgenden: Edgar Hösch: Orthodoxie und Häresie im alten Rußland, Wiesbaden 1975; sowie Konrad Onasch: Grundzüge der russischen Kirchengeschichte, Göttingen 1967.
28 Stökl, a.a.O., S. 309.
29 Peter Hauptmann: Altrussischer Glaube. Der Kampf des Protopopen Avvakum gegen die Kirchenreformen des 17. Jahrhunderts, Göttingen 1963; Rudolf Jagoditsch: Das Leben des Protopopen Awwakum, Berlin/Königsberg 1930; Viktoria Pleyer: Das russische Altgläubigentum, München 1961.
30 Nachzulesen in der Autobiographie des Protopopen Awwakum: übersetzt aus dem Altrussischen von Gerhard Hildebrandt, Göttingen 1965.

Die befohlene Öffnung nach Westen macht vor dem Fluß nicht halt

(zu S. 166–S. 214)

1 P. Krekšin: Peters des Großen Jugendjahre, hrsg. v. Frank Kaempfer, Stuttgart 1989.
2 Vgl. dazu wie auch zum Folgenden: Robert F. Massie: Peter der Große und seine Zeit, Königstein/Ts. 1982; Erich Donnert: Peter der Große, Leipzig/Wien/Köln/Graz 1988/89.
3 Vgl. dazu wie zum Folgenden: Peter der Große in Westeuropa, Bremen 1991.
4 Zit. nach: Massie, a.a.O., S. 129.
5 Vgl. dazu wie zum Folgenden: Reinhard Wittram: Peter der Große. Der Eintritt Rußlands in die Neuzeit, Berlin/Göttingen/Heidelberg 1954.
6 Reinhold Neumann-Hoditz: Peter der Große (= rowohlts monographien), Reinbek 1983.
7 Allerdings entsprach das den Gepflogenheiten der Zeit und wurde auch in europäischen Ländern so gehandhabt – nur eben unter verschiedenen Vorzeichen.
8 »Manifest der Zarin Katharina die Zweyte«. Faksimile in: Bernd G. Längin: Die Rußlanddeutschen unter Doppeladler und Sowjetstern, Augsburg 1991, S. 8.

9 Ebd.

10 Vgl. dazu: Klaus D. Schulz-Vobach: Die Deutschen im Osten. 1000 Jahre Siedlungs- und Kulturgeschichte, Hamburg 1989; sowie Ingeborg Fleischhauer: Die Deutschen im Zarenreich. Zwei Jahrhunderte deutsch-russische Kulturgemeinschaft, Stuttgart 1986.

11 A.a.O., S. 56f.

12 Schulz-Vobach, a.a.O., S. 227ff.

13 Zit. nach: Längin, a.a.O., S. 55.

14 Vgl. dazu auch: Ziegler, a.a.O., S. 146ff.

15 Zit. nach: Gitermann, a.a.O., Bd. 2, S. 458.

16 Diese besondere Ausprägung des russischen Absolutismus, ausgelöst durch verwaltungstechnische Probleme, hat sich dann bis 1861, bis zur Aufhebung der Leibeigenschaft gehalten. Vgl. dazu: Dietrich Geyer: Wirtschaft und Gesellschaft im vorrevolutionären Rußland, Köln 1975.

17 Ihnen ging es auch darum, »das ausländische Weib auf dem Thron«, die »neue Hure Babylon«, durch einen »wahrhaft christlichen Herrscher« zu ersetzen und die alte Ordnung wiederherzustellen. Peter Scheibert, in: Rußland (= Fischer Weltgeschichte, Bd. 31), Frankfurt a.M. 1981, S. 199.

18 Gitermann, a.a.O., Bd. 2, S. 458.

19 Alexander Puschkin: Geschichte des Pugatschow-Aufstandes, Stuttgart 1840. In seinem Roman »Die Hauptmannstochter« (Erzählungen und Anekdoten, München 1964) hat sich der große russische Dichter eingehend mit dem Aufstand an der Wolga beschäftigt. Puschkin geißelt zwar die Brutalität Pugatschows, charakterisiert ihn aber trotzdem als ehrlichen Menschen, dem er ein Quentchen Sympathie nicht versagen kann.

20 Scheibert, a.a.O., S. 201.

21 Vgl. dazu: Reinhold Neumann-Hoditz: Katharina II. die Große, Reinbek 1988; Isabel de Madariaga: Katharina die Große. Ein Zeitgemälde, Berlin 1993.

22 Vgl. dazu: Donnert, Das russische Zarenreich, S. 209.

23 Vgl. dazu: G. S. Thomson: Catherine the Great and the Expansion of Russia, London 1950.

24 Zu Charaktereigenheiten des Zaren: Donnert, a.a.O., S. 219.

25 Paul I., dessen erklärtes Vorbild – vor allem für Heer und Verwaltung – das Preußen Friedrichs II. war, strebte eine modernisierte Autokratie an. Alle Gewalt sollte vom Herrscher ausgehen, nicht vom Volk, wie die französischen Revolutionäre das forderten. Feste Gesetze sollten alle in eine alle Partner verpflichtendes, dauerhaftes Dienstverhältnis einbinden; Gehorsam und Disziplin sollten das Funktionieren im Alltag gewährleisten. Jeglicher Form von Macht entsprach Verantwortung, und das auf der ganzen Stufenleiter der Gesellschaft. Praktische Versuche dazu hatte Paul I. auf seinen Gütern in die Wege geleitet; durchaus im Sinne der Aufklärung.

26 Vgl. Donnert, Zarenreich, S. 223; sowie Scheck, a. a. O., S. 259.
27 Victor Graf Zubow: Zar Paul I. Mensch und Schicksal, Stuttgart 1963.
28 Wie auch die folgenden Zitate: Gitermann, a. a. O., Bd. 2, S. 391 f.
29 Ebd.
30 M. N. Wolkonskij: Die Dekabristen. Die ersten russischen Freiheitskämpfer des 19. Jahrhunderts, Zürich 1946.

Vorrevolutionäres Spannungsfeld

(zu S. 215–S. 266)

1 Wie auch die folgenden Zitate: Alexander von Humboldt: Reise durchs Baltikum nach Rußland und Sibirien, Stuttgart 1983.
2 Ebd., S. 50.
3 Ebd., S. 56.
4 Ebd., S. 59.
5 Briefwechsel zwischen Alexander von Humboldt und Graf Georg von Cancrin, Leipzig 1869, S. 82.
6 Bulghar ist die Schreibweise von Humboldt; a. a. O., S. 60.
7 Ebd.
8 A. a. O., S. 64 f.
9 Rose schrieb phonetisch: Gallitzin
10 Humboldt, a. a. O., S. 140.
11 Ebd.
12 Ebd, S. 142.
13 W. Bruce Lincoln: Nikolaus I. von Rußland. 1796–1855, München 1981.
14 Richard Pipes (Hrsg.): Die russische Intelligentsia, Stuttgart 1962.
15 Vgl. Stökl, a. a. O., S. 481.
16 Vgl. Donnert, a. a. O., S. 250 f.
17 Wie auch die folgenden Zitate: Gitermann: Geschichte Rußlands, Bd. 3, Dokumententeil.
18 Iwan Gontscharow: Oblomow, Berlin 1918, S. 147 f.
19 Ebd., S. 148.
20 Vgl. dazu: Peter Kolchin: Unfree Labor: American Slavery and Russian Serfdom, Cambridge (Mass.) 1987.
21 Stephen Hoch: Serfdom and Social Control, Chicago/London 1986.
22 William Blackwell: The Beginnings of Russian Industrialization, Princeton 1970.
23 Alexander N. Ostrowskij: Die Lage der dramatischen Kunst in Rußland, in: Gesamtausgabe, Berlin 1952.
24 Pipes (Hrsg.), a. a. O.; sowie S. V. Utechin: Geschichte der politischen Ideen in Rußland, Stuttgart 1966.
25 Michail Pogodin: Politische Briefe aus Rußland, Leipzig 1860, S. 214.

26 Sie konnten damit allerdings auch noch kaum Erfahrung haben. Freie Arbeitskräfte gab es in Rußland nur wenige. Zudem waren sie sehr teuer, und es hätte, um sie entsprechend einzusetzen, der Errichtung bestimmter administrativer Strukturen bedurft. Aber dazu fehlte es am Fachpersonal. Unter diesen Umständen war es für die Gutsherren ökonomisch besser, weiterhin an der unfreien Arbeit ihrer Bauern festzuhalten. Hier liegt der Grund für die lange Verzögerung der Bauernbefreiung.
27 Zit. nach: Jewgeni Kassin/Mark Redkin: Die Wolga (Bildband), Leipzig 1983, S. 76.
28 Häufig handelte es sich bei diesen Treidlern um Bauern, die ihre Dörfer zeitweilig verließen, um sich an der Wolga etwas Bargeld zu verdienen.
29 Vgl. dazu: Ch. Corbet: Nekrassov, l'homme et le poète, Paris 1948.
30 Abgebildet in: Scheck, a. a. O.
31 Vgl. dazu die hervorragende Biographie von Victor Borovsky: Fedor Shaliapin. A Critical Biography, London 1988.
32 Wie auch die folgenden Zitate aus: Maxim Gorki: Mein Freund Fjodor, Tübingen 1970.
33 Vgl. dazu: Tatjana Popowa: Borodin, Leipzig 1955.
34 Zitate nach: Maxim Gorki: Werke, München 1972.
35 Sie nannten sich Narodniki, weil sie »ins Volk gingen« und über Land zogen, um die Bauern zu mobilisieren.

Die Antagonisten

(zu S. 267–S. 312)

1 Vgl. die in allen Weltsprachen ausliegende Broschüre: Die Heimat W. J. Lenins in Uljanowsk, Moskau 1990.
2 Ebd., S. 17.
3 Ebd.
4 Louis Fischer: Das Leben Lenins, Bd. 1 (= dtv), München 1970, S. 17.
5 Vgl. dazu: Leo Trotzki: Der junge Lenin, Wien/München/Zürich 1969, S. 115 f.
6 Vgl. dazu: Pipes, a. a. O.; sowie Utechin, a. a. O.
7 Zu Marx' »Kapital« wurden in vielen dicken »Journalen« ausführliche Rezensionen verfaßt; und es wurde öffentlich diskutiert.
8 Fischer, a. a. O., S. 36.
9 Vgl. Trotzki, a. a. O., S. 210 ff.
10 Fischer, a. a. O., S. 37.
11 Briefzitate aus: Lenin: Werke, Bd. 37.
12 Gitermann, a. a. O., Bd. 3, S. 401.
13 Ebd., S. 402.
14 Ebd., S. 410.

15 Alexander Kerenski: Memoiren, Wien/Hamburg 1966, S. 21.
16 Ebd., S. 22.
17 Ebd., S. 23.
18 Ebd., S. 25.
19 Ebd., S. 29.
20 Ebd., S. 149.
21 Vgl. dazu: Dietrich Geyer: Die russische Revolution. Historische Probleme und Perspektiven, Stuttgart 1968; sowie Stökl, a. a. O., S. 636 ff. Zum geistesgeschichtlichen Hintergrund: Utechin, a. a. O.; sowie: Friedrich Heer: Europa – Mutter der Revolutionen, Stuttgart 1964.
22 Vgl. insbes. Geyer, Dietrich, a. a. O., S. 105 ff.
23 Kerenski, a. a. O., S. 504.
24 Leo Trotzki: Geschichte der Russischen Revolution, 2 Bde., Frankfurt a. M. 1931.
25 Vgl. dazu: Isaac Deutscher: Trotzki. Bd. 1: Der bewaffnete Prophet, 1879–1921, Stuttgart 1962, S. 394 ff.
26 Zit. nach: Fischer, Lenin, Bd. 1, S. 435.
27 Ebd., S. 438.
28 Dazu ausführlich: Isaac Deutscher: Stalin. Eine politische Biographie, Stuttgart 1962.
29 Zit. nach: Dimitri Wolkogonow: Stalin. Triumph und Tragödie, Düsseldorf 1989.
30 Deutscher, Trotzki; sowie ders.: Stalin, S. 220 ff.
31 Zit. nach: Wolkogonow, a. a. O.
32 Ebd., S. 89.
33 Ebd., S. 90.

Die Wolgaregion als »Arbeiter- und Bauernparadies«

(zu S. 313–S. 334)

1 Vgl. dazu die beiden zitierten Biographien von Isaac Deutscher.
2 Deutscher, Stalin, S. 269 ff.
3 Zit. nach: Wolkogonow, a. a. O., S. 131.
4 Ebd., S. 134.
5 Vgl. dazu wie auch zum Folgenden: Georg von Rauch: Geschichte des bolschewistischen Rußland, Wiesbaden 1955.
6 Ebd., S. 178 ff.
7 Entstanden in ebendiesem Jubiläumsjahr. Zit. nach: Längin, a. a. O.
8 Vgl. dazu: Schulz-Vobach, a. a. O.
9 Willy Brandt und Richard Löwenthal: Ernst Reuter. Ein Leben für die Freiheit, München 1957, S. 94.
10 Ebd., S. 103; sowie: Schulz-Vobach, a. a. O.

11 GULag: Glawnoje Uprawlenije Lagerej, Hauptverwaltung der Straflager in der UdSSR, weltweit zum Begriff geworden durch Solschenizyns »Archipel Gulag«.
12 Robert Conquest: Am Anfang starb Genosse Kirow, Düsseldorf 1970.
13 Originalton; übersetzt nach dokumentarischem Filmmaterial, Archiv des Süddeutschen Rundfunks, Stuttgart.
14 Auf eindrucksvolle Weise: Alexander Solschenizyn: Archipel Gulag, Bern 1974.
15 Ebd., S. 92.
16 Angaben über die Entstehungsgeschichte des Kanalsystems von Vadim Michailowitsch Lapidus, Kapitän des Wolgadampfers »Sergej Kirow«.

Der Große Vaterländische Krieg und seine Folgen

(zu S. 335–S. 368)

1 Vgl. dazu wie zum Folgenden: v. Rauch, a. a. O., S. 415 ff.
2 Zahlenangaben nach: Alexander Werth: Russia at War, London 1964; sowie William Craig: Die Schlacht um Stalingrad, München 1974.
3 Zit. nach: Längin, a. a. O.
4 Zit. nach: Ebd.
5 Zit. nach: Ebd.
6 Zit. nach: Tonaufzeichnung der Rede vom 9. 11. 1942, Archiv des Süddeutschen Rundfunks.
7 Franz Halder, Tagebuch, bearbeitet von Hans-Adolf Jacobsen, 3 Bde., Stuttgart 1962–1964; sowie Walther Hofer: Die Entfesselung des Zweiten Weltkriegs, Stuttgart 1954.
8 William Craig, a. a. O., S. 67.
9 Vgl. dazu: Manfred Kehrig: Stalingrad. Analyse und Dokumentation, Stuttgart 1974.
10 Vgl. dazu: Der Spiegel: Stalingrad – 50 Jahre, 37/1992.
11 Vgl. dazu: Geoffrey Jukes: Stalingrad. The Turning Point, New York 1968.
12 Zit. nach: Kehrig, a. a. O., S. 552, Dokumentensammlung.
13 Tonaufnahme, Archiv Süddeutscher Rundfunk.
14 Zit. nach: Craig, a. a. O., S. 143.
15 Ebd., S. 168; sowie Kehrig, a. a. O.
16 Tonaufnahme, Archiv Süddeutscher Rundfunk.
17 Nach: Paul Carell: Die Gefangenen, Frankfurt a. M. 1980; sowie Craig, a. a. O.
18 Udo Giulini: Stalingrad und mein zweites Leben, Neustadt 1978, S. 27.
19 Ebd., S. 31.
20 Georgi K. Schukow: Erinnerungen und Gedanken, Stuttgart 1969, S. 414.
21 Zit. nach: Jukes, a. a. O., S. 2.

22 Zit. nach: Georg Paloczi-Horvath: Chruschtschow, Frankfurt 1969, S. 340.
23 Ebd., S. 384 ff.
24 Ebd.
25 Ebd., S. 382.
26 In Baku wurde schon seit etwa 1860 Öl gefördert. 1895 waren auf den dortigen Erdölfeldern eine halbe Million Arbeiter beschäftigt. Baku hatte wichtige Bedeutung sowohl für die zaristische Industrialisierung als auch für die ersten sowjetischen Fünfjahrpläne. Der erste begann 1928.
27 Carell, a. a. O., S. 312.
28 Zit. nach: Deutschsprachige Informationsbroschüre.
29 Carell, a. a. O., S. 345 ff.
30 Zit. nach: Kosmonaut Nr. 1, hrsg. v. Verlag für fremdsprachige Literatur, Moskau 1961, S. 15.
31 Ebd., S. 78.

Der mühsame Abschied vom Sowjetsystem

(zu S. 369–S. 398)

1 Sowjetunion. Die Zentralen Republiken, Hamburg 1989.
2 Vgl. dazu: K. Heller: Der russisch-chinesische Handel von seinen Anfängen bis zum Ausgang des 19. Jahrhunderts, Erlangen 1980; Ann L. Fitzpatrick: The Great Russian Fair, Basingstoke/London 1990.
3 Vgl. dazu als Beispiel: Klaus Bednarz: Mein Moskau. Notizen aus der Sowjetunion, Hamburg 1985, S. 153 ff.
4 Andrej Sacharow: Den Frieden retten!, Stuttgart 1983.
5 Ebd.
6 Walter Leonhardt: Aufzeichnungen eines Vortrags, vom Autor überlassen.
7 Boris Jelzin: Aufzeichnungen eines Unbequemen, München 1990, S. 189 ff.
8 Ebd.
9 Ebd., S. 191.
10 Klaus Gestwa: Zum gegenwärtigen »öffentlichen Gebrauch« der Geschichte des Zarenreiches: Nationale Emotionen und russophile Tendenzen, in: Geschichte in Wissenschaft und Unterricht 44/1993. S. 282.
11 Die islamische Partei der Widergeburt. Berichte des Bundesinstituts für ostwissenschaftliche und Internationale Studien, 1993. S. 35.
12 Der Sturm auf das »Weiße Haus« in Moskau hat für viele Nichtrussen Symbolcharakter.
13 Klaus Gestwa: Die Wiedergeburt des Kosakentums, in: Osteuropa, 5/1993, S. 452 ff.
14 Ebd., S. 458.

15 Ebd., S. 453.
16 Ebd., S. 456.
17 Ziegler, a. a. O., S. 213.
18 FAZ, 20. 3. 1992.
19 Nach Einschätzung der Vereinigung der Rußlanddeutschen, die dem Bonner Innenministerium untersteht, fürchten achtzig bis neunzig Prozent der Deutschen in Kasachstan und Sibirien ein Abgleiten Rußlands in Richtung Faschismus. Bisher habe Moskau keine Zusage eingehalten. Und so sei es besser, von vornherein in die Bundesrepublik zu gehen.
20 Russische Akademie der Wissenschaften, Leningrad 1930.
21 Reuter, 23. 10. 1993.
22 O-Ton Shirinowskij: »Kasachstan ist eine künstliche Schöpfung. Kasachstan kann nur unter russischer Herrschaft gedeihen.« Zit. nach: FAZ, 16. 12. 1993.
23 Der Spiegel, 20. 12. 1993, S. 112 f.
24 Wie in Eisensteins Film »Iwan der Schreckliche«; Zur Symbolik des Kreuzes mit zwei Fingern vgl. S. 164 dieses Buches.

Zeittafel

Spätes 7. Jh.	Arabische Reiterverbände fallen ins Reich der Khasaren ein.
Um 730	dringen Khasaren weit ins Reich des Kalifen vor (zum Vergleich: 732 Schlacht von Tours und Poitiers). Expansion des Islam in Richtung Europa gestoppt.
Seit 9. Jh.	Warägische Kriegerkaufleute, Rus genannt, stoßen auf Flüssen (u. a. Dnepr und Wolga) in Richtung Süden vor (»Griechenwege«); wichtige Niederlassungen Nowgorod und Kiew. Durch Vereinigung von Gebieten um Ladoga- und Ilmensee und am Dnepr nehmen die Rus aktiv an ostslawischer Staatsbildung teil: Es entsteht die Kiewer Rus.
860	Belagerung Konstantinopels durch die Rus von See her.
865	An der unteren Donau siedelnde Bulgaren nehmen das Christentum an; danach Missionsreise Kyrills zu den Khasaren. Fehlschlag.
Um 900	Oleg (**879–912**) leitet die Befreiung der Kiewer Rus von der khasarischen Tributherrschaft ein. Dynastie der Rurikiden (bis 1598).
921/22	Bedrohung durch Turkstämme aus dem Osten, Flucht der Wolgabulgaren.
950	Die Rus intensivieren den Handel mit Byzanz; steigender Wohlstand, kulturelle Einflüsse auf das Reich von Kiew. Nachhaltige Schwächung des Khasarenreiches.
988	Unter Großfürst Wladimir I. (**978–1015**) nimmt die Kiewer Rus den christlichen Glauben an.
10./11. Jh.	Bewaffnete Einheiten aus Nowgorod, Susdal und Wladimir sichern Handelswege an der mittleren Wolga gegen Steppenstämme (Polowzer u. a.); allmähliche Ausbreitung des Christen-

tums. Blütezeit von Kiew: Jaroslaw der Weise (**1019–1054**) engagiert sich in Polen: Expansion im Baltikum (1030 Gründung Dorpats). Nach Jaroslaws Tod Erbteilung des Reiches, die zu Schwächung und Streitigkeiten führt (Senioritätsprinzip gegen Primogenitur). Unter Wladimir II. Monomach (**1113–1125**) noch einmal Vormacht Kiews. Dann Bruderkriege. Bojaren gewinnen Gewicht.

1185 »Igor-Lied« über eine mißglückte Heerfahrt des Fürsten Igor.

1207 Kreuzritter erobern Byzanz.

1221 Attacken der Tataren auf die Wolgaregion. Gründung von Nishnij Nowgorod.

1223 Niederlage eines russischen Heeres an der Kalka: Bei Dschingis-Khans Tod (1227) ist die untere Wolga tatarisch.

1236–1240 erobert Batu, Dschingis-Khans Enkel, Rußland, Polen und Ungarn, 1237 Fall von Rjasan, 1238 von Susdal, Wladimir und Moskau, 1240 von Kiew (Ende der Kiewer Rus).

1241 Schlacht von Liegnitz: Batu zieht sich trotz des Sieges zurück (Grund: plötzlicher Tod seines Onkels, Großkhan Ogödei). Ein Großteil der Kiewer Rus bleibt jedoch unter Mongolenherrschaft. Hauptstadt der »Goldenen Horde«: Saraj.

Vordringen von Deutschen, Litauern und Schweden bis in die nordwestlichen Gebiete der Rus.

1242 Alexander Newskij schlägt am Peipussee das Heer des Deutschen Ordens.

1246 trifft der päpstliche Legat Plano Carpini in Saraj ein; ausführliche Berichte über Leben und Religion der Mongolen an der Wolga.

1257 Großfürst Alexander Newskij begibt sich nach Saraj und läßt seine Herrschaft bestätigen.

1263 Tod des Großfürsten Newskij. Erstarken des Herrschaftsbereichs Wladimir–Susdal.

1272 Übertritt des Khans der Goldenen Horde zum Islam.

1300 Der Metropolit verlegt seinen Sitz von Kiew nach Wladimir.

Fürsten Rußlands stellen versuchsweise Tributzahlungen an die Goldene Horde ein, außer Iwan Kalita (**1325–1340**). Marodierende Tataren terrorisieren die Wolgaregion bis in russisches Gebiet.

1326 Iwan Kalita bewegt den Metropoliten zum Umzug nach Moskau und beginnt mit der »Sammlung russischer Erde«.

1328 erhält er als Iwan I. das Recht der Steuereintreibung für die Goldene Horde und die Großfürstenwürde; er nennt sich fortan »Großfürst der ganzen Rus«.

1380 Der Tatarenherrscher Emir Mamaj wird auf seinem Zug nach

Moskau in der Schlacht auf dem Schnepfenfeld geschlagen.

Timur Lenk läßt Mamaj durch Tochtemysch ablösen, der
1382 Moskau verwüstet. Tributerhöhung.

Feldzug Dimitrij Donskojs gegen Nowgorod; erweitert Herrschaft bis zur Wolga (Prestigewinn Moskaus: Nishnij Nowgorod wird angegliedert); stirbt 1389.

1391 geht Timur-Lenk gegen Unabhängigkeitsbestrebungen Tochtemyschs vor. 1395 wird Saraj zerstört.

1408 Timurs Nachfolger Edigü stößt bis nach Nishnij Nowgorod vor und zerstört erneut Moskau.

1410 Tataren erobern Wladimir und

1416 Kiew.

1438 setzt sich Ulug-Mahmet an die Spitze der Tataren und gründet Kasan als Hauptstadt eines Nachfolgestaates der Goldenen Horde. Bestätigt Wassilij II. als Großfürsten von Moskau. Krieg zwischen den Fürstentümern Moskau und Galitsch endet zugunsten Moskaus.

1453 Die Türken erobern Konstantinopel.

1462 Regierungsantritt Iwans III. (**1462–1505**), verheiratet mit der Nichte des letzten byzantinischen Kaisers, Sophia Palaiologina. Übernahme des Doppeladlers ins Moskauer Staatssiegel: symbolischer Anspruch auf das Erbe Konstantinopels als Hort der Orthodoxie: nennt sich im diplomatischen Schriftverkehr bereits »Zar der ganzen Rus«: 1463 wird Jaroslawl, 1478 Nowgorod unterworfen. Bündnis mit den Krimtataren ermöglicht Feldzug gegen die Wolgatataren.

1510 Wassilij III. Iwanowitsch (**1505–1533**) unterwirft Pskow und Smolensk. Unter seiner Protektion entwickelt der Mönch Philotheos (Filofej) die Doktrin von Moskau als dem »Dritten Rom«.

1547 Iwan IV. (**1533–1584**) als »Zar und Selbstherrscher der ganzen großen Rus« gekrönt«. Rückt 1549 gegen Kasan vor. Noch einmal behaupten die Tataren ihre Macht. Erst 1552 nach mehrwöchiger Belagerung der Festung Fall von Kasan. Iwan IV. begnadigt den Tatarenherrscher Jediger Mahmet.

1556 Fall von Astrachan; damit ist die gesamte Wolga in russischer Hand. England strebt Intensivierung des Handels mit dem erstarkenden Moskauer Reich an.

1558 Beginn des Krieges um Livland (Narwa und Dorpat erobert), der erst 1582 mit einem Vergleich mit Polen und Schweden endet.

1560 Iwan IV. geht gegen Hochadel vor; Hinrichtungen und Güterkonfiskation.

1564 Iwans Freund, Fürst Kurbskij, läuft zu Polen über. Schreckensherrschaft (1565–1572) als Versuch, die absolute Macht der Krone gegen den Hochadel (Fürsten, Bojaren) durchzusetzen. Eingezogene Güter erhält der Dienstadel; Bindung der Bauern an die Scholle. Soziale Unruhen, wirtschaftliche Schwächung. Das Haus Stroganow erschließt den Ural und dringt nach Sibirien vor.

1571 Krimtataren brennen Moskau nieder; fordern Kasan und Astrachan zurück.

1582 Der Zarewitsch Iwan stirbt an einem Schlag, den ihm sein Vater versetzt hat.

1584 Nach dem Tod Iwans IV. wird sein schwachsinniger Sohn Fjodor Iwanowitsch (**1584–1598**) zum Zaren gekrönt; die Regentschaft führt Fjodors Schwager Boris Godunow.

1591 erliegt Iwans letztgeborener Sohn Dimitrij in Uglitsch einer Schnittverletzung.

1598 Als Fjodor Iwanowitsch stirbt (Ende der Rurikidendynastie), wird Boris von einer neu geschaffenen Landesversammlung (Semskij Sobor) zum Zaren (**1598–1605**) gewählt. Die Konkurrenten um die Macht, die Romanows, werden vorerst ausgeschaltet.

1601 Gerüchte tauchen auf, Dimitrij sei am Leben.

1604 überschreitet Dimitrij mit einem polnischen Heer die Grenze.

1605 Zar Boris stirbt; Fürst Schujskij übernimmt die Vormundschaft für Boris' unmündigen Sohn Fjodor; Schujskij setzt weiter Gerüchte in Umlauf. Der aufgebrachte Mob stürmt den Kreml, erschlägt den jungen Zaren und empfängt (den falschen) Dimitrij als Sieger.

1605–1613 Zeit der Wirren (Smuta): Die anfängliche Begeisterung für Dimitrij schlägt bald in allgemeine Unzufriedenheit um (u. a. mit dem polnischen Gefolge des Zaren). 1606 Ermordung Dimitrijs. Schujskij, zum Zaren erwählt, behauptet sich zunächst mit schwedischer Hilfe; 1610 gestürzt. Besetzung Moskaus durch polnische Truppen und Krönung eines polnischen Prinzen zum Zaren.

Von Nishnij Nowgorod aus Erneuerungsbewegung, angeführt von Kusma Minin, einem Kaufmann, der eine Armee zur Befreiung Rußlands aufstellt. 1612 Rückeroberung Moskaus (Befehlshaber: Fürst Posharskij) und Vertreibung der Polen; massive Unterstützung durch Kosakenverbände.

1613 Wahl von Michail Fjodorowitsch Romanow (**1613–1645**) zum Zaren. Wirtschaftliche Probleme. Auseinandersetzungen mit marodierenden Kosakenverbänden (Ataman Iwan Saruzkij) und Wolgapiraten. Friedensschluß mit Schweden (1617) und Polen (1618).

1648 Unruhen in Moskau gegen Zar Alexej Michailowitsch (**1645** bis **1676**). Reform von Straf- und Steuerrecht; Privilegien der ausländischen Kaufleute beschnitten (mit Ausnahme der Engländer). Festschreibung der Leibeigenschaft.

1653 Kirchenreform des Patriarchen Nikon. Spaltung (»Raskol«) der russisch-orthodoxen Kirche. Der Führer der »Altgläubigen«, Petrowitsch Awwakum, wird hingerichtet (1682).

1654 Als sich Kosaken der Ukraine der Oberhoheit des Zaren unterstellen, kommt es zum Krieg mit Polen, der sich zum Ersten Nordischen Krieg ausweitet (1655–1660).

1667–1671 Stenka Rasin tyrannisiert Don- und Wolgagebiet (Stützpunkt bei Zarizyn; Plünderungen der Städte bis Astrachan, an denen sich Bauern bis in den Ural beteiligen). Der Aufstand, der schließlich den ganzen Süden des Reiches erfaßt, wird 1671 blutig niedergeschlagen; Rasin in Moskau hingerichtet.

1677–1681 Russisch-türkischer Krieg. Nach Waffenstillstand schließt Zar Fjodor III. Alexejewitsch (**1676–1682**) einen Vergleich mit dem Osmanischen Reich. Dnepr als Grenze anerkannt, Tributzahlungen Moskaus und Neutralität bei türkischen Unternehmungen auf dem Balkan. (Als Folge: 1683 Belagerung von Wien).

1682 Durch Strelitzenaufstand gelangt nach Fjodors Tod Sophia Alexejewna an die Macht. Regentschaft für die minderjährigen Zaren Iwan und Peter.

1686 »Ewiger Friede« mit Polen. Rußland tritt der »Heiligen Allianz« gegen die Türken bei. Expansion in Asien bis zum Amur.

1689 Peter I. (**1682/1689–1725**) Alleinherrscher.

1696 Asow eingenommen.

1697/98 reist Peter I. nach Holland, England und Wien. Strelitzenaufstand erzwingt vorzeitige Rückkehr. Einschneidende Reformen.

1700–1720 Zweiter Nordischer Krieg.

1703 Gründung der neuen Hauptstadt: St. Petersburg

1709 Sieg bei Poltawa über den Schwedenkönig Karl XII. Wasa.

1721 Nach Friedensschluß mit Schweden (Nystad) nimmt Peter den Kaisertitel an; fortan »der Große«. Erhebliche Gebietsgewinne.

1722/23 Krieg gegen Persien; Derbent und Baku werden russisch.

1724 krönt Peter seine Gemahlin Katharina zur Kaiserin.

1725 Peter stirbt. Katharina wird per Akklamation zur Nachfolgerin erklärt (**1725–1727**).

1727 Rückverlegung der Hauptstadt nach Moskau durch Peter II. Alexejewitsch (**1727–1730**).

1730 Anna Iwanowna (**1730–1740**), Nichte Peters d. Gr., übersiedelt wieder nach St. Petersburg. Krieg gegen das Osmanische Reich (**1735–1739**); erste Gebietsgewinne am Schwarzen Meer.

1741 Nach dem Tod Annas gelangt Peters jüngere Tochter Elisabeth (**1741–1762**) durch Staatsstreich auf den Thron. Teilnahme am Siebenjährigen Krieg gegen Friedrich II. von Preußen. In Moskau Gründung der ersten russischen Universität (1755).

1762 Peter III. Fjodorowitsch wird schon nach wenigen Monaten gestürzt und ermordet. Seine Gattin Sophie Frederike von Anhalt-Zerbst läßt sich als Katharina II. Alexejewna (**1762–1796**) krönen. Im Sinne der Aufklärung Reformen; trotzdem Verschärfung der Leibeigenschaft. Ab

1764 Ansiedlung Deutscher an der Wolga.

1768–1774 Im russisch-türkischen Krieg und durch 1. Teilung Polens (1772) große Gebietsgewinne vom Südwesten (an der Dneprmündung Zugang zum Schwarzen Meer und freie Schiffahrt in türkischen Gewässern) bis zum Nordwesten.

1773/74 Aufstand an der Wolga; der Anführer Jemeljan Pugatschow – er gibt sich als Zar Peter III. aus – 1775 hingerichtet.

1783 Krim wird russisch. Fürst Potemkin kolonisiert die neuen Gebiete im Süden.

1792 Erneuter Sieg über das Osmanische Reich; weitere Gebietsgewinne am Schwarzen Meer.

1793 u. 1795 In der 2. und 3. Teilung Polens fallen noch weitere Gebiete im Westen an Rußland, so ein Küstenstreifen am Schwarzen Meer bis zum Dnestr. 1794 Gründung Odessas.

1796 Beim Tod Katharinas hohe Staatsverschuldung. Ihr Sohn Paul I. (**1796–1801**) versucht, Rußland vom Westen und den Folgen der Französischen Revolution (1789) abzukapseln.

Pläne, mit Napoleon gemeinsam England zu erobern und in Indien einzugreifen. Daraufhin Ermordung des Zaren durch Gardeoffiziere.

1801 Krönung Alexanders I. (**1801–1825**).

1803–1805 Gründung der Universitäten Kasan, Charkow und Wilna.

1812 Einmarsch der Grande Armée in Rußland. Brand von Moskau; Flucht Napoleons nach der vernichtenden Niederlage an der Beresina. Polen unter russischer Verwaltung.

1815 Mit der Rückkehr der Besatzungstruppen dringen neue politische Ideen in Rußland ein. Kasan als Mittelpunkt einer freiheitlichen Bewegung.

1825 Krönung Nikolaus' I. (**1825–1855**). Dekabristenaufstand blutig niedergeschlagen. Zu lautstarken Forderungen nach einer Verfassung versucht die Polizei (»Dritte Abteilung«) mit schärferer

Kontrolle der Intelligenzija zu begegnen. Zunehmend sozialkritische Literatur: Gogol, Puschkin, Lermontow, Gontscharow, Ostrowskij u. a. Beginnende Industrialisierung.

1828/29 Russisch-türkischer Krieg: Gebietsgewinne in Armenien und Donaufürstentümern.

1829 Reise Alexander von Humboldts an die Wolga und in den Ural.

1830 Polnische Revolution wird von russischen Truppen niedergeschlagen.

1853–1856 Krimkrieg: England und Frankreich unterstützen den Sultan gegen Rußland. Belagerung von Sewastopol (Gründung des Roten Kreuzes).

1855 Thronbesteigung Alexanders II. (**1855–1881**).

1861 Aufhebung der Leibeigenschaft. Millionen Bauern sollen die Freiheit erhalten, bleiben aber im Mir-System (kollektive Landnutzung und Haftungsgemeinschaft) eingebunden.

Bauernaufstand an der Wolga unter Führung von Anton Petrow; gibt sich als Zar aus.

1863 Polnischer Aufstand. Eroberungskrieg gegen Turkestan, Taschkent und Samarkand. Reformen in Verwaltung und Justiz, Bildungswesen und Pressezensur.

1866 Attentat auf Alexander II.

Reformen teilweise rückgängig gemacht.

1867 Rußland verkauft Alaska an die USA.

1874 Verbot von Gewerkschaften.

1877 Kriegserklärung an die Türkei. Russische Truppen dringen bis Istanbul vor, erobern es aber mit Rücksicht auf die Westmächte nicht.

1878 Berliner Kongreß: Bismarck tritt als »ehrlicher Makler« zwischen Rußland, England und Österreich auf; doch schon

1879 Zweibund Rußlands mit Österreich.

1881 Alexander II. ermordet. Alexander III. (**1881–1894**) verfügt weitere Rücknahme von Reformen. Ausbau der Geheimpolizei (Ochrana); Pogrome gegen Juden. Wachsende innenpolitische Schwierigkeiten und Repressalien. Revolutionäre Bewegung hat auch an der Wolga Zulauf. Plechanow gründet in Genf erste marxistische Gruppierung. Ab 1880 erneuter Industrialisierungsschub (1891 Bau der Transsibirischen Eisenbahn).

1887 Attentatsversuch auf Alexander III., Alexander Uljanow hingerichtet.

1894 Nikolaus II. (**1894–1917**) sieht sich einer Absatzkrise und wachsender Unzufriedenheit gegenüber.

1895 Lenin und Martow gründen den »Kampfbund«; seine Führer ein Jahr später nach Sibirien verbannt.

1898	Erster Parteitag der Sozialdemokratischen Arbeiterpartei Rußlands. Lenin geht in die Emigration.
1903	Spaltung der neugegründeten Arbeiterpartei in Menschewiki (Martow, Plechanow und Bronstein/Trotzkij) und Bolschewiki (Lenin, der die Diktatur des Proletariats mit einer Elitepartei erzwingen will).
1904/05	Russisch-Japanischer Krieg. Verheerende Niederlage der russischen Truppen; Untergang der Ostseeflotte; Verlust von Port Arthur; Rückzug aus Mandschurei und Süd-Sachalin.
1905	»Blutiger Sonntag« von St. Petersburg: Truppen schießen auf friedliche Demonstranten. Streik und revolutionäre Unruhen im ganzen Reich. Im Sommer Generalstreik in Odessa. Nikolaus II. akzeptiert Reichsduma als beratendes parlamentarisches Organ. Bolschewiki, Menschewiki u. a. bilden den ersten Sowjet (Rat). Die Nichtsozialisten antworten mit der Partei der »Konstitutionellen Demokraten« (KD = Kadetten).
	Oktobermanifest der Regierung sichert allen Bürgern Freiheit zu.
1906	Erster Allrussischer Gewerkschaftskongreß; Nikolaus II. erläßt ein Grundgesetz; Agrarreform Stolypins. Duma tritt zusammen, wird aber bald wieder aufgelöst. Ebenso
1907	die zweite Duma. Die dritte Duma wird vorwiegend vom Landadel gestellt.
1908	Verstärkte außenpolitische Aktivitäten.
1912	Stolypin ermordet.
1912	Erster Balkankrieg (um europäische Türkei). Vierte Duma.
1914	(28. 6.) Ermordung des österreichischen Thronfolgerpaars in Sarajewo. Rußland unterstützt Serbien, Generalmobilmachung. Österreich-Ungarn stellt Serbien ein Ultimatum: Beginn des Ersten Weltkriegs.
1917	In Nishnij Nowgorod wird die rote Fahne gehißt. Februarrevolution. Bildung der Provisorischen Regierung. Abdankung des Zaren.
	April: Rückkehr Lenins mit deutscher Hilfe.
	Juni: Die von Kerenskij durchgesetzte Offensive im Westen führt zum militärischen Zusammenbruch.
	Juli: Kerenskij Premierminister.
	Oktoberrevolution.
	November: Deklaration über die Rechte der Völker. Rußlands Ausrufung selbständiger Republiken.
	Dezember: Waffenstillstand.
1918	Friede von Brest-Litowsk.
	Bürgerkrieg. In Samara sammeln sich Kontingente der »Wei-

ßen«. Tschechische Legion stößt hinzu. Interventionstruppen werden an der Wolga erwartet. Trotzkijs Aufruf zur Verteidigung des Vaterlands. Rote Truppen erobern Kasan, Simbirsk und Samara. Schlacht bei Zarizyn unter Beteiligung Stalins (Stalingrad). Konflikt Stalin/Trotzkij verschärft sich.
Verfassung der Russischen Sozialistischen Föderativen Sowjetrepublik; Rätesystem.
Juli: Zarenfamilie in Jekaterinburg erschossen.
Ernst Reuter Volkskommissar an der Wolga, Schaffung der Autonomen SSR der Wolgadeutschen.

1919 Wechselnde Fronten im Bürgerkrieg; Hungersnot.

1920 Russisch-polnischer Krieg.
Sultan Galijew ruft die Tatarische Sowjetrepublik aus; Hauptstadt: Kasan.

1921 Neue Ökonomische Politik (NEP), bis 1928.

1922 Stalin Generalsekretär der Partei; Gründung der Union der Sozialistischen Sowjetrepubliken (UdSSR).

1924 Tod Lenins.

1928 Stalin ordnet Zwangskollektivierung und forcierte Industrialisierung an. Hungersnot.

1929 Stalin schaltet nach und nach die Mitglieder des Politbüros aus, die ihm die Macht streitig machen könnten (Trotzkij, Sinowjew, Kamenjew); dann geht er auch gegen Bucharin u. a. (Befürworter der NEP) vor. Sein Programm: Sozialismus in einem Lande.
1. Fünfjahrplan; Personenkult um Stalin; Massendeportationen.

1934 2. Fünfjahrplan. Verordnung über Sowjetpatriotismus.

1935 Schauprozesse. Gulag.

1936 »Säuberung« auf Armee ausgedehnt.

1937 Fertigstellung des Moskau-Wolga-Kanals (Zwangsarbeiter).

1939 3. Fünfjahrplan.
Nichtangriffspakt mit Hitler. Geheimabkommen über eine Teilung Polens. Baltikum fällt an die Sowjetunion.

1939/40 Krieg mit Finnland.

1941 Deutscher Überfall auf die UdSSR (Unternehmen »Barbarossa«). Ende der Republik der Wolgadeutschen. Verschleppung von Hunderttausenden nach Sibirien. Regierung nach Kujbyschew verlegt, Stalin bleibt im Kreml.

1942/43 Schlacht um Stalingrad.

1945 Konferenz von Jalta. (9. 5.: Kapitulation Deutschlands.) Territoriale Gewinne im Westen.

1946 Beginn des Kalten Krieges. 4. Fünfjahrplan.

1948 »Säuberung« der Partei (Shdanowschtschina). Kampagne gegen den »Kosmopolitismus«.

1953	Tod Stalins.
1955	Gründung des Warschauer Pakts. Adenauer in Moskau.
1956	XX. Parteitag der KPdSU: Geheimrede Chruschtschow, Rechenschaftsbericht über Stalin-Ära.
1956	Forcierter Bau von Interkontinentalraketen.
1957	Start des Sputnik.
1961	Weltraumflug Gagarins.
1964–1983	Ära Breschnew.
1983	Andropow Generalsekretär der KPdSU,
1984	Tschernenko, dann Gorbatschow.
1985	Einleitung der Perestroika durch Gorbatschow.
1990	Diskussion um die Rehabilitierung der Wolgadeutschen. Das Parlament in Kasan erklärt Souveränität.
1991	Nach Putsch Auflösung der Sowjetunion.
1992	März: Referendum der Tataren. Kasan ruft einseitig die volle Unabhängigkeit Tatarstans aus. Juni: Rehabilitierung der Kosaken.
1993	Putsch gegen Jelzin. Ende Oktober: Privatisierung von Grund und Boden. Dezember: Annahme einer neuen Verfassung. (Aus den Wahlen geht Wladimir Wolfowitsch Shirinowskij als Sieger hervor.)

Band 61296

Gerhard Konzelmann

Arafat

Die westliche Welt fürchtete ihn, den Mann mit Stoppelbart und palästinensischem Kopftuch. Der Chef der Kommandoorganisation Al Fatah und Vorsitzende der Palästinensischen Befreiungsorganisation PLO war als Terrorist verschrien. Er war verantwortlich für den Anschlag auf die israelische Olympiamannschaft in München, für Flugzeugentführungen, für blutige Anschläge in Israel. Er selbst hat Attentate und gezielte israelische Luftangriffe überlebt. Er war der Verlierer der Bürgerkriege in Jordanien und im Libanon. Oft hieß es, er sei tot, aber er hat sieben Leben. Er war der Feind des Staates Israel – und ist nun sein Partner im Kampf gegen religiöse Fanatiker im Gazastreifen.

BASTEI LÜBBE